한반도 헌법국가의 주요문제

- 정통성확립과 민주법치 그리고 평화통일 -

김 승 대 저

法 文 社

머 리 말

　이 논문집은 필자가 한국의 국가론적 헌법 주제들에 관하여 발표한 논문들을 묶어서 출간하는 것이다. 각 논문들은 거의 10여년의 기간에 걸쳐서 여러 학회지나 대학연구소의 법학지 등에 발표한 것들로서 산발적으로 흩어져 있어 필자의 생각을 일관되게 나타내지 못하였는데, 이제 이를 통합한 논문집을 내는 것이 그간의 연구결과를 체계화하는 데에 상당한 의미가 있을 것으로 생각되었고, 개인적으로는 어느새 회갑(回甲)을 맞이하는 연배에 이르러 그 간의 연구생활을 한번 정리하는 계기를 가지고자 하여 이 책을 발간하게 되었다.

　지구상의 어느 나라이든 국민의 뜻에 따른 정통성 있는 국가구성을 제대로 이루어내는 데에 어려움이 없었던 경우는 없겠지만, 우리나라도 근대 이후 입헌주의 국가를 완성하는 과정에서 많은 고초를 겪었다. 특히 일본제국의 국권침탈과 국가의 분단, 6·25동란 및 이어진 독재체제의 등장은 한반도에 민주적 정통성 있는 헌법국가를 탄생시키는 데에 있어서 넘어야 할 중대한 장애가 되었다. 해방 후 70여년이 지난 지금 이러한 국가적 난관들이 어느 정도 극복되었다고 생각되지만 그로 인하여 남은 문제점들이 여전히 헌법적 분석과 해결의 대상이 되고 있다.

　이러한 맥락에서 여기서 필자가 다룬 큰 테마는 첫째로 '한반도 국가의 민주적 정통성과 영토적 완결성'이다. 여기에는 일제(日帝) 과거의 법적 청산, 영토조항과 한중국경의 간도(間島) 영유권의 헌법적 해석, 독도(獨島)의 헌법적 지위, 수도(首都) 이전에 관한 논란의 헌법적 해결, 군사쿠데타(coup d'état)의 위헌성 법리 등이 포함되었다. 이 주제들은 군사독재가 한창이던 학창시절부터 필자가 많이 고민한 우리나라 특유의 법적 난제들로서 언젠가 학자가 되면 능력을 다하여 꼭 다루어보고자 소망하였던 것들이다. 다만 수도이전의 문제는 필자가 법조인으로서 헌법재판을 연구할 때 직접 맞이하게 된 사건으로서 그 때의 집중적 노력의 결과이다.

　나아가 필자가 두 번째로 다루고자 한 큰 테마는 '한반도 국가의 평화·통일'이다. 평화 문제로서 21세기에 들어온 이후 전지구적으로 번지고 있는 테러(terror)의 공포로 인한 헌법적 위기를 어떻게 극복하여야 할 것인지 하는 것과 북한의 핵무기에 대응하여 우리 국가의 핵대응(核對應) 능력 개발을 헌법적 평화주의의 관점에서 어떻게 볼 것인지를 고찰해 보았다. 그러나 국가법을 다루는 연구자로서 무엇보다 중요한 시대적 과제는 결국 한반도 통일(統一)의 문제라고 보고 세 방향의 다른 각도에서 통일 문제를 헌법적으로 분석해 보는 시도를 하였다. 먼저 민주법치에 의한 남북한 통일의 헌법적 과정을 구상하고, 통일을 헌법개정과 헌법재판의 측면에서 다시 살펴보았다. 마지막으로 다룬 것은 '헌법재판제도의 현명한 운용'에 관한 것이다. 헌법재판(憲法裁判)은 우리나라가 진정한 법치국가로 변모하는데 크게 기여하는 제도이지만, 그 주체가 직업적 사법관들로 구성되어 민주적 정당성이 크게 부족하므로 국민적 대표성을 가진 국회와 대통령의 국가적 정책결정을 판단함에 있어서는 합당한 법적 한계를 가져야 할 것이다. 이를 헌법적으로 어떻게 이해하고 구성해야 할 것인지를 고민하면서 다루어 보았다.

필자는 법조인생의 후반부에 로스쿨 교수로 일하면서 후진 법조인을 양성하는 보람을 느껴왔는데, 비록 졸고(拙稿)들을 모은 것이지만 이번 논문집의 발간으로 필자의 학문적 보람에 더하여 우리나라의 국가법 발전에 조금이나마 기여하는 부분이 있다면 개인적으로 더 말할 나위없는 기쁨과 영광의 원천이 될 것이다. 마지막으로 채산성이 없는 이 책의 출판을 허락하여 주신 법문사의 사장님과 행정적 지원에 진력하여주신 권혁기 대리님 및 힘든 교정과 정리를 맡아주신 최문용 차장님과 편집부 관계직원 여러분들께도 깊은 감사의 말씀을 전한다.

2017년 2월
분당 서재에서
저자 김 승 대

차   례

제4장　수도이전과 관습헌법　　　　　　　　　　112

제7장 핵무기 개발과 헌법상 평화주의 216

제 1 장

일제 과거청산과 법치주의 원칙

일제 과거청산과 법치주의 원칙

I. 서론적 고찰

1. 해방과 일제 과거의 청산

한국에서의 일본제국주의(이 글에서는 '일제'라고만 줄여서 표현하기로 한다) 지배 과거의 청산은 대한민국 건국 직후 제헌국회에서 제정된 반민족행위처벌법[1]이 실제 시행에서 만족할 만한 결과를 내지 못한 채 폐지되어 버린 이후, 반세기에 이르는 장구한 기간 동안 아무런 적극적 조치도 이루어지지 못한 채 잠복한 상태가 유지되었다. 이와 같이 일제 과거청산이 시기적절한 성과를 이루지 못한 것은, 해방 직후 친일세력을 척결하고자 하는 민족세력의 정치적 역량이 친일세력의 저항을 제압하고 과거청산을 완수할 만큼 충분하지 못하여 적절한 실행시기를 일단 놓치게 되었고, 다시 여러 정치적, 사회적 이유에서 당면한 다른 국가목표에 밀려나서 방치되어버린 탓이라고 생각된다. 특히 해방 및 미·소 군대의 진주와 함께 좌·우대립이 본격화되어 정권 쟁취를 위한 투쟁에 몰입함으로써 일제 과거청산과 같은 다수의 사활적 이해가 달린 복잡한 국가과제를 차근히 해결해 나갈 여유를 가질 수 없었던 것이 이러한 불행한 역사를 조장한 큰 원인이 되었다고 본다. 당시 세계를 휩쓴 냉전의 영향을 받아 한국도 자유주의와 공산주의의 이념대립에 빠져 들었고, 이념 문제를 둘러싼 정

---

* 본 장(章)은 2007년 4월 저자가 헌법재판소에 제출한 2008헌바141 친일반민족행위자 재산의 국가귀속에 관한 특별법 제2조 등 위헌소원 사건에 대한 참고인의견서 중 주요내용을 논문화하여 일부 수정·보완한 것임.
1) 1948년 9월 22일 시행 법률 제3호. 이 법률은 제헌헌법 부칙 제101조에서 "이 헌법을 제정한 국회는 단기 4278년 8월 15일 이전의 악질적인 반민족행위를 처벌하는 특별법을 제정할 수 있다."라고 규정한 바에 따라 헌법 명문의 위임에 의하여 제정된 것이므로 소급처벌입법 등 헌법위반의 문제는 성질상 발생할 수 없다.

치투쟁의 격화는 무력투쟁으로 발전하여 6 · 25전쟁이 발발하였으며, 전선이 전 국토에 걸쳐 요동치면서 점령자가 바뀔 때마다 보복적 숙청 · 학살이 자행되고 이를 피하기 위한 대규모 이주가 이루어지는 과정에서 상대방에 대한 풀기 어려운 원한이 축적되었다. 그 후유증으로 세계의 냉전구조가 공산주의적 전체주의의 몰락과 자유민주주의적 다원주의의 완전한 승리로 종결되어버린 최근에 이르기까지도 우리의 국가와 사회에서는 좌우 양 세력의 대립이 잔존하여 그로 인한 정치 · 사회적 혼란을 겪었으며, 이와 같은 상황에서 먼저 일제 과거의 청산작업을 차근히 완수하여야 한다는 순수한 취지의 국민적 합의가 이루어질 여유가 없었다. 또한 전쟁 이후에 남북한은 상호 대립과 체제경쟁으로 상대에 대한 우위를 확보하는데 역량을 집중하였는데, 특히 남한은 경제 건설과 빈곤탈피에 국민적 합의가 이루어져서 모든 국력을 이 문제의 해결을 위하여 집중한 결과 산업국가로 탈바꿈하게 되어 이러한 구조변화에 동반한 사회적 문제의 해결에 치중하게 되었으며, 그 과정에서 일제의 과거청산의 과제는 역사적 과거가 되어 더욱 국민의 인식에서 멀어지게 되었다. 요컨대 일제 과거청산이 미흡하였던 것은 해방 직후와 그에 후속하는 시기 동안 정치가 및 일반 시민들을 비롯한 우리 국민 전체가 충분한 문제해결 역량을 가지지 못하였던 데에 원인이 있었다고 할 것이다.

그러나 일제 과거청산은 뒤에서 자세히 논하는 바와 같이 일제와 그 부역세력에 반대하여 대한국민이 민주주의와 법치주의를 바로 세우는 고차원의 의미를 가진다는 점에서 국가 전체 내지 국민 전체의 정통성 확립을 위하여 큰 중요성을 가지는 헌법적 작업으로 쉽게 포기될 수 없는 과제이다. 비록 시기가 지체된 감이 있더라도 헌법적 차원에서 볼 때 언젠가는 반드시 완수되어야만 하는 법적 의무로서의 성격을 가지고 있으며, 현실정치에서 정치적 이득을 얻어내려는 특정 집단의 파당적 목적에 봉사하는 한낱 수단으로 활용당하여서는 안된다.

어쨌든 일제 과거청산의 과제는 해방 후 반세기가 지난 21세기 벽두에 이르기까지 '미해결의 헌법적 과제'로 남아 있었던바, 그 후 친일파 후손들이 제기한 재산환수 소송과 이를 계기로 마련된 특별입법들에 의하여 새로운 국면을 맞이하게 되었다. 이하에서 먼저 그 과정을 살펴본다.

2. 친일반민족 행위자 재산환수 소송의 전개

대한민국이 북한과의 체제경쟁에서 어느 정도 우위를 확보하고 경제발전도 진전을 보인 이후 일제의 과거청산의 문제는 새로운 국면을 맞이하게 되었다. 그 직접적인 계기가 된 것은 1980년대 후반부터 친일 반민족행위자의 후손들이 선조인 반민족행위자가 일제로부터 사정받아 보유하였던 재산을 되찾겠다고 나서서 그 재산의 환수소송을 전개하기 시작한 데에 있었다. 해방 이후 상당한 시간이 경과하였음에도 불구하고 이와 같은 친일파 후손의 재산환수소송이 새삼스럽게 제기된 것은, 구체적으로는, 대법원이 토지조사부의 사정에 관하여 절대적 효력을 인정함에 주저하던 태도에서 벗어나 토지조사부에 소유자로 등재된 자는 반증이 없는 이상 토지소유자로 사정받고 그 사정이 확정된 것으로 추정된다고 판결함으로써, 보존등기에 의하여 소유자로 등재되었다고 하더라도 사정명의인과 다를 경우 자신으로의 취득의 원인관계를 입증하지 못하면 더 이상 소유권을 주장할 수 없게 된 법적 상황 변화(대법원 1986. 6. 10. 선고 전원합의체 84다카1773 소유권확인 판결)에 원인이 있다고 사료된다. 대법원 판례의 이러한 태도 변화로 인하여 일제시대에 토지를 사정받고 해방 후 소유권 보존등기를 하지 못한 친일파의 후손들이 친일재산을 환수할 수 있는 법률적 방도가 제한없이 열리게 되었던 것이다. 그런데 실제로 친일파 후손들이 친일재산의 환수를 목적으로 한 소송들을 잇달아 제기하자, 수십년 동안의 휴지기를 둔 탓에 일반 국민의 의식 속에서 희미하여져 있었던 일제의 과거청산의 문제가 새로운 문제의식을 가지고 재조명되어 등장하게 되었다. 특히 일제의 국토강점에 가담하여 그 대가로 일제로부터 훈장과 작위 및 금품과 토지 등을 하사받은 일이 역사적 사실로서 공지되어 있는 친일파 인물의 후손들이 조상인 친일파의 재산을 국가 등으로부터 환수하겠다고 나선 데 대해서 비난하는 사회적 반향이 일어났다. 일반 국민들로서는 이러한 소송상 청구가 법적으로 인용되는 것이 정의의 관념에 뚜렷하게 반하는 것으로 인식되었던 것이다.

그러나 이 문제에 대하여서도 현행 실정법에 근거하여 판결을 내릴 수밖에 없는 법원으로서는 이러한 사회적 여론의 향배에도 불구하고 친일파의 재산이라고 하여도 일반 민사법의 법리에 벗어나 이를 특별히 달리 취급하여 그 재산권을 부정할 수는 없다는 판단을 하는 경우가 많았다. 그러나 법원이 비록 몇몇 친일재산의 환수소송에서 친일파 후손의 청구를 인용하고 국가를 패소시킨 사례가 있기는 하지만, 그러한 판결들에서도 그 이유를 잘 살펴보면 친일파 후손에게 친일재산을 귀속시키는 그러한 재판결과는 정의에 반한다는 것을 수긍하고 있으며 특히 현행법상 친일재산의 국가귀속에 관한 아무런 입법이 행하여져 있지 아니하기 때문에 그러한 결과에 이를 수 밖에 없음을 지적하고 있음을 확인할 수 있다. 요컨대 입법의 흠결을 탓하고 있는 것이다.

따라서 다양하게 전개되고 있는 이러한 유형의 소송들에 대하여 국가적 차원에서 정의로운 결과를 얻어내기 위해서는, 현행 법률을 전제로 한 법리주장만으로는 크게 미흡하며 비록 반세기 이상의 장구한 세월이 흐르기는 하였지만 이 시점에서라도 조속히 친일재산의 국가귀속 내지 환수를 정하는 법률을 제정·시행하여야 한다는 결론을 얻을 수 있다.

3. 새로운 입법 동향

이러한 분위기 하에서 친일재산을 규명하고 한계지우며 또한 친일재산에 대한 국가귀속을 규정하는 법률의 제정이 추진되었다. 제16대 국회는 2004년 3월 22일 '일제강점하 친일반민족행위 진상규명에 관한 특별법(이하 줄여서 '친일진상규명법'이라고만 한다)'을 제정하였다.[2] 친일진상규명법은 일제의 국권침탈이 시작된 러·일전쟁 개전시부터 1945년 8월 15일까지 일제를 위하여 행한 친일반민족행위의 진상을 규명하여 역사의 진실과 민족의 정통성을 확인하고 사회정의의 구현에 이바지함을 목적으로 하여(제1조) 친일반민족행위를 18가지의 유형으로 분류하여 규정하였다(제2조).[3]

이어서 제17대 국회는 2005년 12월 29일 '친일반민족행위자 재산의 국가귀속에 관한 특별법(이하 줄여서 '친일재산국가귀속법'이라고만 한다)'을 제정하였다. 친일재산국가귀속법은 일제의 식민통치에 협력하고 우리 민족을 탄압한 반민족행위자가 친일반민족행위로 축재한 재산을 국가에 귀속시키되 선의의 제3자를 보호하여 거래의 안

---

2) 친일진상규명법의 입법과정과 쟁점 등에 대하여는 이완범, 친일파 처리문제에 대한 일 연구; 일제 강점하 반민족행위 진상규명에 관한 특별법 형성과정과 쟁점, 전망을 중심으로, 105-127면; 조세열, 면죄부가 된 친일진상규명법, 특집 미룰 수 없는 친일파 청산, 68-87면 등 참조.

3) 그 후 2006. 4. 28. 일부개정으로 친일반민족행위 유형은 20개 사항으로 확대되었다.

전을 도모함으로써 정의를 구현하고 민족의 정기를 바로 세우며 일제에 저항한 3. 1운동의 헌법이념을 구현함을 목적으로 하였다(제1조). 또한 그 재산이 국가에 귀속되는 친일반민족행위자와 그들의 재산, 즉 친일재산의 개념과 범위를 한정하고(제2조), 이러한 친일재산은 원인행위 발생시를 시점으로 이미 국가의 소유인 것으로 하되 제3자가 선의로 취득한 권리를 해하지는 못하도록 하였다(제3조). 나아가 친일재산의 조사 및 처리 등을 다루기 위한 친일반민족행위자재산조사위원회를 설치하고 운영하는 데 대하여 규율하고 있다(제4조 이하).

이와 같이 친일진상규명법과 친일재산국가귀속법이 새로이 제정되어 관련 소송에서 법적 기준이 됨으로써 친일재산의 귀속을 둘러싸고 앞서 나타난 바와 같은 법적 혼란은 크게 진정될 수 있게 되었다. 이 법률들을 적용함으로써 법원은 이제 '신의칙'이나 '정의'와 같은 추상적 원칙에 의지하지 아니하더라도 일제에 부역하여 그 기회에 축재한 친일파의 후손들이 그 재산을 법의 이름으로 차지하려는 기도를 거부할 수 있게 되었다.

이하에서는 친일재산의 법적 처리를 둘러싼 위와 같은 상황전개를 염두에 두고 일제의 과거청산과 친일재산국가귀속법에 관련된 헌법적 문제점들을 고찰하여 보기로 한다.

Ⅱ. 일제 과거청산에 대한 우리 헌법의 입장

1. 불법국가(不法國家)의 통치와 과거청산

(1) 불법국가와 불법통치

1) 불법국가의 일반적 개념

일반적으로 불법국가(Unrechtsstaat)라고 함은 그 국가내에서 법치국가의 원칙이 통용되지 아니하고 독립된 재판권이 존재하지 아니하여 불법(Unrecht)의 실현 그 자체를 목적으로 하는 법률이 제정, 시행되거나 이러한 목적으로 국가기관이 법을 해석·적용하더라도 이에 대하여 국가가 아무런 자정능력(自淨能力)을 가지지 아니함으로써 그러한 불법이 국가권력에 의하여 통용되는 국가를 말한다. 이와 같이 국가기관들이 법적 평화와 평등에 대한 중대한 위반 내용을 포함한 법률과 처분들을 대량 창출하고 있으면서 체제 내부적으로 이러한 행위들이 불법이라는 것을 인식할 수 없는 국가는 '불법체제'(Unrechtssystem) 내지 '불법국가'에 해당한다. 이것은 '법치국가(Rechtsstaat)'에 대립되는 개념이라고 할 수 있으나, 단지 국가권력의 일부분이 권위주의적으로 운용됨으로 인하여 법치국가라고 하기에는 미흡한 단계에 있는 '비법치국가(Nicht-Rechtsstaat)'의 정도가 아니라, 국가의 권력행사를 통하여 적극적으로 불법을 자행한다는 점에서 그 의미가 강하고 적극적인 것이다. 예컨대 독일의 나치체제나 개인적 인권이 무시되고 전체주의가 지배하는 구동독 혹은 북한 체제가 이러한 불법국가의 사례에 속한다고 할 것이다.[4]

2) 식민통치와 불법국가

그런데 어느 일방의 국가가 다른 국가를 강제적으로 점령하여 그 주민을 예속민으로 삼으면서 그들의 의사와 이익을 무시한 무단통치를 행한다면 피점령국가의 주민은 통치권력에 의하여 불법이 실현되고 통용되는 상태 하에 놓이게 된다. 피점령국 주민은 국가의 주권자로서 마땅히 보장받아야 할 법치국가적 보호를 사실상 상실하게 되고, 그 사법기관이 점령국에 의하여 재구성되어 식민통치를 정당화할 법적 도구 역할을 하게 됨으로써 결국 주민의 자유와 권익의 보장을 위한 공정한 재판을 이행할 독립된 재판권을 가진 사법부를 상실하게 된다. 이와 같이 피점령국의 주민들은 점령국이 장악한 통치기관에 의하여 식민통치를 받으면서 주민의 이익에 반하는 불법을 강요받아도 이를 자정(自淨)할 제도상의 견제능력을 기대할 수 없게 되는 것이다. 따라서 이러한 점령국의 통치는 불법통치가 된다고 할 것이고, 피점령국에 관한 점령국의 존재는 불법국가가 된다고 하지 않을 수 없다.

(2) 불법국가의 과거청산

1) 불법국가 과거청산의 헌법적 근거 – 법치국가의 회복·재건

역사의 과정에서 이러한 불법국가가 패망하고 그 점령통치가 종식되면 불법통치

---

4) 불법국가의 전형적인 모델로는 지도자의 명령이 최고의 통치규범으로 인정되었던 독일의 나치체제를 일반적으로 거론한다. 그러나 법치국가적 원칙이 통용되지 않고 인권보장이 준수되지 아니한 구 동독 체제나 현재의 북한체제와 같은 사회주의를 표방한 전체주의 체제들도 이러한 불법국가의 범주에 해당할 것이다.

자체가 소급적으로 무효화되어야 하고, 그 기간 중 통치의 명목으로 자행되어 그 결과물로 남게 된 것들에 대하여는 불법통치 이전상태에로의 복구, 회복하는 작업이 필요하게 된다. 즉 법치국가의 수립 내지 재건을 위한 논리적 필연으로서 '불법국가의 과거에 대한 청산·극복(Vergangenheitsbewältigung)'이 필요하게 된다.

자연법적 정의의 관점에서 볼 때 이러한 불법국가에 의한 불법통치는 가급적 조속히 종식되어야 하며 종식된 즉시 그 결과와 잔재들은 전면적으로 철저히 극복되어야 할 것이다. 그리고 법치국가 원칙의 실현이라는 측면에서 보더라도 가급적 빠른 시일 내에 불법국가 이전의 국가상태와 사회상태를 회복하는 것이 요청된다. 불법국가의 소급적 부정이야말로 법치국가의 복원과 확대를 의미할 것이기 때문이다.

2) 불법국가 법제도의 소급폐지의 요청

불법국가의 통치에 의한 과거청산은 불법국가의 법제도를 기준으로 하여서는 제대로 이루어질 수 없다. 왜냐하면 불법국가에 의한 불법은 형식상으로는 그 국가가 마련한 나름대로의 법적 기반에 근거하여 이에 부합하는 합법성을 구비하여 실행되는 것이기 때문이다. 그런데 여기서 불법국가의 불법통치를 실현하기 위하여 정통국가와 그 법체계를 폐지시키는데 앞장섰던 자들이 불법국가가 패망한 이후에 불법국가의 존립 당시의 법체계상으로 자신들의 행위가 적법하였다는 이유를 들면서 법치국가의 이름으로 오히려 불법국가로부터 받은 권리와 이익을 보호받고자 주장하는 일이 발생하기도 한다. 그러나 이러한 주장은 불법국가와 법치국가의 법질서를 구분하지 아니한 채 법질서의 가치에 관하여 혼란된 인식을 가지는 데에서 나온 것이다. 그들의 불법행위는 행위 당시의 정통국가의 법체계가 실효성을 유지하면서 존재하였더라면 당연히 처벌과 제재의 대상이 되었을 것이나, 바로 그들 자신의 불법적 행동과 조치로 인하여 정통국가의 국가권력이 제대로 그 기능을 발휘할 수 없는 상태로 되어버린 것이므로 정통국가의 권력적 공백을 이유삼아 자신들의 불법행위로 인한 결과에 대한 책임을 회피할 수 없다고 보아야 정의의 관념에 적합하고, 나아가 법치국가 실현의 이념에 부합하는 것이다. 왜냐하면 불법국가의 과거를 청산하여 불법국가의 통치가 없었던 것과 같은 법률적 상태를 복원하는 것은 새로운 법치국가 수립의 논리적 전제조건으로서 요청되기 때문이다.

따라서 이러한 경우 새로 건립되는 정통국가는, 법치국가의 원칙에서 유래하는 헌법적 의무로서, 그 헌법에 불법국가에 동조하여 수혜를 받은 자들의 권익을 박탈하는 조항을 특별히 두는 방법으로 과거청산을 시행하여 법치국가의 복원과 실현을 위하여 노력하여야 한다고 사료된다.

(3) 불법국가 과거청산에 있어서의 법치주의 원칙의 적용

1) 법치국가 원칙의 탄력적 적용

문명화된 현대의 법치국가(Rechtsstaat)에서는 과거청산을 기화로 하여 단지 과거의 정치적 반대자에 대한 무제한적 감정적 보복을 하는 것이 허용될 수 없다. 과거청산에 있어서도 국민의 자유와 권리가 정당한 절차에 의하지 아니하고 자의적으로 침해되어서는 안된다고 하는 법치국가 원칙의 정신이 훼손되지 말아야 한다.

다만 불법국가의 과거청산을 위한 특별조치를 시행하는데 있어서는 불법이 실행될 당시 정통국가의 법체제가 사실상 붕괴되어 있었고 일반인으로서는 불법국가가 조성한 법제도에 따라 생활할 수밖에 없었던 사정이 전제되어 있으므로 이를 특별히 참작하여 법치국가 원칙이 그대로 적용되는 일반적 경우와는 달리 보다 탄력적인 적용을 하는 것이 불가피하다.

2) 과거청산에 있어서의 법적 안정성의 고려

불법국가의 과거청산에 있어서 법치국가 원칙은 불법국가의 법제도를 기준으로 하여 적용되어야만 하는가. 우선 이 점에 있어서 과거청산의 목적이 바로 불법국가의 제도를 극복하고 법치국가를 회복하고자 하는데 있다는 점이 명확히 인식되어야 한다. 법치국가 원칙은 당해 입헌국가의 주권적 인민의 대표가 정한 법률에 의하여 통치하고 이러한 법률에 대한 인민의 신뢰를 보호하고자 하는 것이므로 불법국가의 패망 이후에 새로 수립된 국가는 그 이전의 불법국가의 법제도를 계속하여 보장하여야만 법치국가의 원칙에 충실해지는 것은 아니다. 불법국가의 법제도는 당해 인민들의 대표에 의하여 설정된 것이 아니기 때문에, 불법국가 내에서의 일이었지만 그 당시의 법을 준수한 행동이었으므로 그 패망 이후에도 보호받아야 한다는 주장은 법치국가 원칙으로부터 그 헌법적 정당성을 확보할 여지가 없는 것이다.

다만 불법국가 내에서 통용되던 일반적 법제도를 믿고 이에 따라 행동하여 법률관계를 진전시켜 왔는데 그 패망을 계기로 하여 갑자기 이전의 모든 법률관계가 부정된다면 일반인의 사회생활에 커다란 혼란을 가져오고 사회전체의 법적 안정성은 위태로워질 것이다. 이와 같은 부작용을 극소화하기 위해서 불법국가의 불법을 청산하는데 관련이 없거나 연관성이 희박한 일반적 법제도에 대해서는, 비록 그것이 불법국가가 지배하던 시대에 불법국가에 의하여 조성한 것이기는 하지만, 복원된 법치국가가 부분적으로 혹은 포괄적으로 그 존속과 잠정적 적용을 인정할 수도 있을 것이다. 그러나 이는 법적 안정성을 고려하여 특별히 정책적 결단을 내린 것에 불과하며 법치국가 원칙으로부터 당연히 인정되어야 할 필연인 것은 아니다.

불법국가의 조치나 법제도 중 특히 체제적 불법과 직접 관련된 주요한 내용에 대하여서 법치국가가 이를 더 이상 적용하여서는 안된다. 여기서는 법적 안정성보다는 정의의 이념이 관철되어야 하기 때문이다. 따라서 이러한 불법에 의하여 조성되어 있는 기존의 권익상태는 불법이전의 상태로 복원시켜야 한다. 특히 불법국가의 권력에 편승하여 정통국가를 소멸시키는데 협조함으로써 불법국가로부터 이득을 취한 자에 대하여는 과거청산의 차원에서 철저히 그와 같은 불법이익이 환수되어야 하고, 관련된 행위의 법적 효력이 부인되어야 할 뿐만 아니라 이에 대한 제재를 가할 것이 요청된다.

3) 법적 안정성의 고려 방법

그런데 한편 법치국가의 원칙은 일정한 행위자의 권익을 박탈하기 위해서는 행위가 일어난 시점과 장소에 통용되는 법규범에 그 박탈의 근거가 존재할 것을 일반적으로 요구하며, 여기서 정의의 실현을 위한 과거청산과 법치국가 원칙의 실현을 위한 신뢰보호는 서로 모순되는 긴장관계에 놓이게 된다. 그러나 이 두 가치는 어느 쪽도 포기될 수 없으므로 서로 적절히 조화를 이루어야 할 것이다.

불법국가의 과거청산에 있어서 이와 같은 법적 안정성의 고려는 다음과 같은 두 가지의 법기술적 방법에 의하여 이러한 조화점을 찾을 수 있을 것이다.

① 정통국가의 법규범의 관념적 존속

첫째 방법은 불법국가의 물리적 힘에 의하여 실효성을 상실한 상태에 있었으나 규범적, 관념적으로는 여전히 존재하고 있는 정통국가의 법규범을 그와 같은 불법행위에 적용하는 것이다. 불법국가는 정의롭지 못한 힘에 의하여 기존의 정통국가의 기능을 완전히 파괴하고 그 대신 도입한 불법적 법제도를 마치 정당한 법인 것처럼 통용시키는 상태를 스스로 조성하였기 때문에 정통국가의 법규범이 형식적으로 존재하지 않는 외관을 갖추었다는 이유만으로 행위 당시의 불법성이 면해진다고 할 수는 없다. 따라서 이와 같은 사정 하에서는 외관상 소멸한 것처럼 보이는 정통국가의 관련 법규범이 관념적으로 존재하며, 이 규범을 찾아서 이에 위반된다고 판단한다면 행위 당시의 불법성을 인정할 수 있게 된다.

② 불법국가의 법규범의 재해석

둘째 방법은 불법국가가 도입한 법규범을 그 불법성을 배제한 새로운 해석에 의하여 적용하는 것이다. 불법국가가 도입한 법규범은 행위 당시 행위지에서 통용되는 법규범이므로 이렇게 한다면 법치국가 원칙을 준수하는 형식적 외관을 갖추게 된다. 그러나 이러한 법규범은 이제는 그 시간적 장소적 맥락에서 벗어나 '불법국가의 소멸과 법치국가의 복원'이라는 새로운 해석필터를 가지고 재해석되어 행위지법 및 행위시법으로 취급되게 된다. 따라서 불법국가의 관련 법규범은 문언은 그대로이지만 그 본질이 변화하여 불법국가 존속당시에 가지고 있던 의미에서 벗어나 법치국가적 의미내용을 새로이 가지게 되는 것이다. 이러한 해석방법은 규범의 문언적 동일성은 유지되고 헌법상의 법치국가 원칙의 요구가 명목적으로 충족되는 것으로 해 주지만 실제로는 법치주의는 형식적으로만 내걸고 그 내용에는 자연법이 은폐되어 존재한다는 점(은폐된 자연법적 사법, Verschleierte Naturrechtsjustiz)에서 비판을 받기도 한다.[5]

필자의 생각으로는 해석상 우선 제1의 방법이 가능하다면 제1의 방법에 의하되, 그것이 불가능한 경우에는 제2의 방법의 적용 가능성을 고려해보는 것이 바람직하다고 본다.

2. 한반도에서 불법국가로서의 일본제국

1910년 8월 이후 한국은 일제에 의하여 강점되어 그 통치를 받게 되었다. 그러나 일제의 한반도 지배는 국가간의 유효한 병합조약에 의하여 개시된 것이 아니라 물리적 힘에 근거한 사실적 점령에 의하여 초래된 것일 따름이어서 그 시작부터 규범적 정당성을 결여하였다. 또한 일제 치하에서 한국인은 그 영토의 주권자가 아니라 일제

---

5) Josef Isensee, Der deutsche Rechtsstaat vor seinem unrechtsstaatlichen Erbe, Vergangenheits-bewältigung durch Recht, SS. 106-107.

의 권력에 복속하는 노예적 신민(臣民)으로 취급하여 그 통치하에서 한국인은 주권적 국민으로서의 기본권을 보장받지 못하였다. 일제는 군사력으로 한국인의 저항을 억압한 다음 소위 '조선총독'을 파견하여 그에 의한 무단통치로서 강제점령을 시작하였으며, 민족자결의 정신에 입각한 정당한 주권적 의사표시이자 자주독립의 공화국을 창설하겠다는 한민족의 주권 행사로서의 성격을 가지는 3·1운동이 전개되자 전국에 걸쳐 수많은 가담자들을 체포·구금·고문·학살하였고, 주변국들에 대하여 침략전쟁을 일으켜서 그 전쟁에 징병·징용·정신대 등의 방법으로 한국인들을 동원함으로써 자신들의 침략전쟁의 수행도구로서 한국인들을 희생시켰을 뿐만 아니라, 종국에는 한국어의 사용을 금지하고 창씨개명을 강요하는 등의 방법으로 한민족 자체를 말살하려고 시도하였다. 이와 같이 일제의 강점시기에 일제가 저지른 한국인에 대한 불법행위는 단지 일본인 개인의 범죄행위에 의하여만 산발적으로 저질러진 것이 아니라 일제의 통치권력 자체에 의하여 조직적, 체계적으로 광범위하고 보편적으로 이루어진 것이다.

따라서 일제의 한반도 통치는 한국인을 노예화하고 민족을 말살하고자 한 불법통치임이 분명하고, 일제는 적어도 그 한반도 지배의 측면에서 한정하여 볼 때에 앞서 본 불법국가로서의 성격을 가진다고 본다.

3. 일제강점기의 한국의 국가상태

(1) 법적으로 무효인 일제의 한국합병

일본제국의 한국강점은 메이지유신 직후부터 계획되어 일련의 점진적 과정에 의하여 이루어졌다.

그 과정 중 결정적인 단계는 노일전쟁의 일본 승리 이후 발생한 1905년 11월 17일의 을사보호조약 체결의 사건이라고 할 것이다. 그런데 이 조약은 체결된 것처럼 보이는 외관(外觀)을 갖추었지만, 실제로는 일본군대가 한국의 황제와 정부책임을 맡은 대신(大臣)들을 협박하는 상황에서 한국 측 당사자의 자유로운 의사를 배제한 채 그 의사에 반하여 강제적으로 서명을 받음으로써 이루어졌다. 이와 같이 을사보호조약은 일제가 한국이라는 국가와 그 국가대표에 대하여 강박의 수단을 행사하여 그

결과로 나타난 것이므로 조약체결에 관한 국제법을 위반하여 법적으로 무효인 것이다.[6]

나아가 일본제국의 한국강점계획의 종착점은 1910년 8월 22일의 한국합병조약이라 할 수 있다. 그러나 이 조약 또한 한국 측의 적법한 비준을 결여하고 있다. 한일합병에 관한 한국황제의 비준서에는 순종의 국새를 사용한 황제의 서명이 보이지 아니한다.[7] 그밖에도 일제가 한국을 합병하기 위하여 취한 일련의 조치들은 모두 그들의 군사력 내지 물리적 힘에 기초한 강박에 의하여 강제로 실현된 것이며 합병의 상대방인 한국 측의 자유로운 의사에 기초한 동의를 전반적으로 결여하고 있다. 요컨대 일제가 한국합병을 위하여 계획적으로 추진한 일련의 조약들은 모두 중대한 하자를 포함하고 있으며, 이에 따라 일제의 한국합병은 당초부터 법적으로 무효인 것이다.

(2) 일제 강점기의 한국의 존속

따라서 일제강점 당시 우리 한국의 국가적 상태는 일본제국의 영토강점으로 인하여 사실상 국가가 와해되어 제 기능을 다할 수 없는 상태에 있었기는 하지만 법적으로는 한국이라는 국가 자체가 소멸된 것이라고 할 수 없다. 그렇다면 한국이라는 국가가 현실적인 조직을 잃고 사실상 사라졌으나, 규범적으로나 관념적으로는 그대로 존속하는 상태에 있다고 보아야 할 것이다. 이러한 상황을 법적으로 평가해 본다면, 한국은 그 국가조직이 사실상 붕괴됨으로써 국가의 '행위능력'은 상실하였지만 국가로서의 '권리능력' 내지 권리주체성은 계속 보유하면서 존속하고 있는 상태에 있다고 보는 것이 합당하다고 본다. 이러한 추상적 법적 국가존속 상태는 독일의 분단시기에 전체 독일의 존재를 인정하였던 독일의 국가법 이론에서도 사례에서도 발견된다.[8]

---

6) 1905년 을사보호조약의 체결 당시의 강박적 정황은 다음과 같은 기록으로 넉넉히 파악할 수 있다.
  '항거의 표시로 대신 중 한명이 자살을 하거나 협상 사실이 누설되는 경우 많은 군중들의 항거가 있었기 때문에 부장한 일본 군인들은 공사관저 및 다른 시내 중요장소에서 초병을 섰다. 자동화기로 부장한 군대가 수도의 주요 대문에 배치되었다. 전도시는 군사적 경계상태에 처하게 되었다.
  내각 회의장은 군인들의 번뜩이는 총검이 궁궐뜰에 가득하고 내각회의장소에서는 검이 서로 부딪치는 소리를 들을 수 있었다.
  내각수반(영의정)을 대리한 한규설 참정대신이 회의에서 일관되게 반대의사를 표시하자, 다른 각료들에게는 그가 살해되었다는 소문이 퍼지는 상황 속에서 일본군인들이 그를 다른 방으로 끌고가서 격리하였다.'
  백충현, 한국의 일본병합에 대한 국제법적 고찰, 한국병합의 불법성 연구, 234-235면.
7) 백충현, 전게 논문, 232면.
8) 독일의 경우 제2차 세계대전의 패전으로 이전의 전체 독일(Reich)가 사실상 소멸하였지만 1944년 9월

4. 헌법적 의무로서의 일제의 과거청산

(1) 역대 헌법의 일제과거청산에 관한 규정 검토

1) 제헌헌법의 관련 규정

일제 과거를 법적으로 청산한다는 정책은 해방 이전 대한민국 임시정부의 강령에 의하여 이미 천명되었을 뿐만 아니라, 해방 이후 헌법제정권자인 대한국민이 제정한 1948년 7월 헌법에서도 그 전문(前文)에서 '우리들 대한국민은 기미 3·1운동으로 대한민국을 건립하여 세계에 선포한 위대한 독립정신을 계승하여 이제 민주독립국가를 재건함에 있어서'라고 하여 임시정부의 계승을 천명하고 부칙 제101조에서는 '이 헌법을 제정한 국회는 단기 4278년 8월 15일 이전의 악질적인 반민족행위를 처벌하는 특별법을 제정할 수 있다.'라고 규정하여 친일반민족행위자의 반역행위로 인한 재산을 박탈하는 헌법적 근거를 설치함으로써 이미 명확히 된 바 있었다.

2) 제헌헌법 이후의 각 개정헌법에 있어서의 관련 규정

3·1운동과 대한민국 임시정부의 법통계승에 관한 제헌헌법 전문의 내용은 제2공화국 헌법에서도 문구(文句)상 변경됨이 없이 그대로 유지되었으며, 제3공화국 헌법에서는 '유구한 역사와 전통에 빛나는 우리 대한국민은 3·1운동의 숭고한 독립정신을 계승하고 4·19의거와 5·16혁명의 이념에 입각하여 새로운 민주공화국을 건설함에 있어서'로 개정되었고, 유신헌법에서는 '유구한 역사와 전통에 빛나는 우리 대한국민은 3·1운동의 숭고한 독립정신을 계승하고 4·19의거 및 5·16혁명의 이념을 계승하고 조국의 평화적 통일의 역사적 사명에 입각하여 새로운 민주공화국을 건설함에 있어서'로 바뀌었다가, 제5공화국 헌법에서는 '유구한 민족사, 빛나는 문화, 그리고 평화애호의 전통을 자랑하는 우리 대한국민은 3·1운동의 숭고한 독립정신을 계승하

의 런던조약과 1945년 7월의 포츠담 조약 등에 의하여 전체 독일과의 평화협정의 체결로 독일문제를 완결지울 것임이 명시되었으므로 전체 독일은 규범적, 관념적으로 존속하고 있으며, 이러한 전체 독일은 국가로서의 권리능력은 가지나 국가조직 자체가 와해되었기 때문에 행위능력은 상실한 상태에 있다고 보았다. 이는 서독의 통설과 서독 정부의 입장이다. Joachim Nawrocki, Die Beziehungen zwischen den beiden Staaten in Deutschland, 3. Kapitel Die rechtliche Lage SS.21-28 참조. 여기서 일제의 한국 국권침탈이 법적으로 무효인 이상 논리적 구조가 유사한 위 독일이론을 한반도에 준용하여 전체 한국의 존재를 인정할 수 있다고 본다.

고 조국의 평화적 통일과 민족중흥의 역사적 사명에 입각한'이라는 문구로 개정되었
다. 제헌헌법 부칙 제101조와 같은 악질적 반민족행위를 처벌하는 법률 제정의 근거
가 되는 조항이 계속 존치되지는 아니하였으나, 약간의 표현상의 변화에도 불구하고,
제헌헌법 전문에 나타난 바와 같은 '3·1운동의 독립정신과 대한민국 임시정부의 항
일정신'은 그 이후의 개정헌법 전문에서도 계속 유지되어왔다.

3) 현행 헌법의 관련 규정

현행 헌법의 전문은 제헌헌법 이래로 그 전문에서 일제통치의 과거청산을 언급하
는 방식을 그대로 수용하여, '유구한 역사와 전통에 빛나는 우리 대한국민은 3·1운
동으로 건립된 대한민국임시정부의 법통…을 계승하고, …1948년 7월 12일에 제정되
고 8차에 걸쳐 개정된 헌법을 이제 국회의 의결을 거쳐 국민투표에 의하여 개정한
다.'고 규정하고 있다. 여기에 반민족행위 처벌에 관한 특별조항을 두지 아니한 것은
제헌헌법을 제외한 위 후행헌법들의 경우와 같다.

(2) 일제 과거청산 관련규정의 헌법적 의미 해석

헌법 전문의 내용에 의거할 때 현재의 대한민국의 헌법제정권력자는 '유구한 역사
와 전통을 가진 대한국민'이라고 하겠다. 여기서 '유구한 역사와 전통'이라고 함은 고
조선으로부터 시작하여 삼국시대와 고려, 조선조 및 대한제국으로 이어지는 한국의
역사와 그 국가생활의 전통을 의미하는 것이다. 우리 헌법의 제정권자는 바로 이와
같이 한반도에서 국가생활을 대대로 영위하여 오고 있는 한민족의 주민임을 말하고
있는 것이다.

한편 헌법제정권력자의 존재는 그의 결단에 의하여 건립된 헌법국가를 논리적으
로 선행한다고 할 것이다. 그런데 헌법전문은 대한민국 헌법의 제정권력자를 '대한'의
'국민'으로 표현되고 있는 바. 이것은 이 헌법제정권력자가 이미 국가, 즉 '대한'을 건
립한 상태에 있음을 전제로 하고 있음을 알 수 있다. 현재의 대한민국은 한반도에 존
속한 국가와 연속된 바로 그 '대한'의 국가이며 그 국가와 동일성을 가진다.

여기서 '3·1운동으로 건립된 대한민국임시정부의 법통…을 계승한다'는 것은 여
러 가지 의미를 내포한 것이라고 볼 것이지만 그 중 일제의 한반도 강점의 법적 정
당성을 부인함과 동시에 일제통치의 과거를 극복하고 이를 청산하겠다는 의지를 표

현한 것이라고 보아야 할 것이다. 일제의 한국강점기에 수립되어 활동한 대한민국임시정부의 법통을 계승한다고 하는 것은 일제의 법통을 인정하지 아니한다는 의미를 포함하므로 일제와 한국의 합병의 불법성과 한반도에서 불법국가로서의 일제의 성격을 확인하는 내용을 가진 것이라고 해석하고자 한다.

또한 대한민국 임시정부가 한민족의 국가로서 법적 정통성을 가진 것을 인정하고, 현재의 대한민국은 바로 이 대한민국임시정부의 법적 정통성을 계승하고 있음을 밝힌 것이다. 이것은 결국 현재의 대한민국이 대한민국임시정부, 나아가 더 거슬러 올라가면 일제 강점기가 시작되기 이전의 조선 및 대한제국과 동일한 국가임을 밝힌 것이라고 할 수 있다. 즉 국가의 동일성(Identität)의 관점에서 볼 때, 한반도를 영역으로 하여 대한국민에 의하여 수립된 국가는 '대한제국＝대한민국임시정부＝대한민국'으로 연결된다고 본다.[9]

대한 국민은 유구한 역사와 전통 속에서 국가생활을 하여 왔으나 일제의 영토 강점을 거치면서 국가생활의 실현에 물리적 장애를 받았고 그 장애는 일제의 패망으로 제거되었으므로 차제에 그 헌법제정권력을 발동하여 1948년 7월의 헌법을 제정하였다. 그리고 그 이후의 헌법의 변화는 헌법의 동일성이 유지되는 범위 내에서 부분개정 내지 전면개정이 이루어진 것에 지나지 않는다. 따라서 제헌헌법의 전문이나 이에 관련된 본문과 부칙의 내용은 그 이후의 개정헌법이나 현행헌법에 이르기까지 후행 헌법의 내용에 의하여 특별히 변경되었음이 분명하지 아니한 한, 우리 헌법의 기초가 되는 기본이념이자 헌법적 해석지침으로 그대로 기능한다고 보아야 할 것이다.

(3) 헌법 전문의 법적 효력

앞서 본 바와 같이 우리 헌법의 전문은 '유구한 역사와 전통에 빛나는 우리 대한국민은 3·1운동으로 건립된 대한민국임시정부의 법통…을 계승하고, …1948년 7월 12일에 제정되고 8차에 걸쳐 개정된 헌법을 이제 국회의 의결을 거쳐 국민투표에 의하여 개정한다.'고 선언하고 있다.

이러한 헌법의 전문이 그 본문과 마찬가지로 헌법으로서의 가치 내지 헌법적 효

---

9) 이헌환, 반민족행위자 재산환수에 관한 헌법적 검토, 친일반민족행위자의 재산환수 특별법 공청회 자료집, 2004. 9. 17. 13-17면 동지(同旨). 여기서는 특히 대한제국과 대한민국 임시정부의 동일성을 논하고 있다.

력(valeur constitutionnel)을 가지는지 여부가 문제될 수 있다. 이에 관해서는 이론상 아래와 같이 이를 부정하는 견해와 인정하는 견해가 나뉘고 있지만,[10] 우리 헌법재판소는 '우리 헌법의 전문과 본문에 담겨있는 최고 이념은 국민주권주의와 자유민주주의에 입각한 입헌민주헌법의 본질적 기본원리에 기초하고 있다. 기타 헌법상의 제 원칙도 여기에서 연유되는 것이므로 이는 헌법전을 비롯한 모든 법령해석의 기준이 되고, 입법형성권 행사의 한계와 정책결정의 방향을 제시하며, 나아가 모든 국가기관과 국민이 존중하고 지켜가야 하는 최고의 가치규범이다'라고 하여 규범적 효력을 긍정하고 있다.[11]

외국의 사례 중 프랑스의 경우를 보면 헌법전문에 헌법적 효력이 인정될 뿐 아니라 헌법전체의 구조에서 중요한 비중을 차지하는데, 이는 헌법 본문에는 통치구조적 규율만이 존재할 뿐이어서 기본권의 보장에 관련하여서는 1789년 인권선언을 언급하고 있는 헌법전문을 통하여서만 헌법적 포섭이 가능하기 때문이다.[12] 우리 헌법의 전문도 단지 헌법의 유래나 헌법제정의 경위 등을 서술하고 있는 데에 그치지 아니하고, 국권상실과 회복에 관련하여 대한민국의 국가적 정통성, 일제통치의 불법성, 일제 과거 청산의 헌법적 요청 등 본문에서 담지 못한 대한국민의 헌법적 근본결단에 관한 내용을 담고 있다고 사료된다. 이와 같이 우리 헌법의 경우에도 전문은 본문이 표현하지 못하는 헌법적 가치를 담고 있기 때문에 그 한도에서는 헌법적 효력을 가진다고 보아야 합당하다고 본다. 전문이 포섭하고 있는 이러한 내용에 대하여 효력을 부인함으로써 헌법적으로 이를 무시하게 되면, 우리 헌법은 반드시 헌법에 의하여 규율하여야 할 중요 내용에 대하여 규율을 누락한 흠결을 가진 규범이 될 것이며, 이와 같은 결과는 우리 헌법의 해석상 바람직하지 않다.

특히 대한민국의 국가적 정통성(법통)과 일제의 과거청산의 헌법적 요구와 관련된 문제에서 헌법전문의 규범적 효력은 본문만으로는 구현될 수 없는 규율내용을 되살

---

10) 법실정주의적 경향이 강하였던 19세기의 독일 국법학을 대표하는 안쉬츠, 마이어 등과 영미헌법학자들의 일부는 헌법전문(Präambel, preamble)이란 헌법의 유래라든지 헌법제정의 목적 또는 헌법제정에 있어서 국민의 결의 등을 기술한 선언적인 것에 불과하고 법적 규범력을 가지는 명령적인 것은 아니라고 주장하였다. 이에 대하여 슈미트, 헤세, 라이프홀츠 등 20세기의 대표적 독일 공법학자들과 독일연방헌법재판소는 헌법전문의 규범적 효력을 인정하는 입장에 있다. 권영성, 헌법학원론, 법문사, 2006, 129-130면.

11) 헌재 1989. 9. 8. 88헌가6, 판례집 1, 199, 205.

12) Dominique Turpin, Droit constitutionnel, 2003. 7. Paris, Puf, p. 121. 'le préambule fait partie de la Constitution'

릴 수 있게 되는 실제적 의미를 가진다고 할 것이다.

(4) 소결－일제 과거청산의 헌법적 의무성

헌법 전문의 규범적 효력은 인정되어야 마땅하고 헌법전문의 내용에 의하면 대한민국의 국가의 법적 정통성에 관하여 '3·1운동으로 건립된 대한민국 임시정부의 법통을 계승한다'고 천명하고 있다. 이러한 헌법전문에 근거하여 ① 한반도 내의 국가의 정통성에 관련하여, 조선-대한제국-대한민국임시정부-대한민국으로 이어지는 대한민국의 국가의 연속성을 인정한 것, 즉 대한민국은 원래 조선이라는 국호를 가지고 있다가 대한제국으로 국호를 바꾸고 다시 국가조직이 와해되어 관념적 규범적 존속상태에 있다가 3·1운동으로 민주공화국으로 체제를 변경하면서 대한민국 임시정부로 법통을 유지하며 이어오는, 한반도의 주민을 국민이자 헌법제정권력자로 한 바로 그 한국과 동일성을 가지는 나라이며,[13] ② 일제는 무력에 의하여 일시적으로 한반도를 사실상 지배한 데 불과하여 한반도내에서 국가조직을 참칭한 불법국가로서 그 통치는 불법통치에 해당하며 ③ 일제의 패망으로 국권을 회복한 대한민국은 법치국가로서 불법국가인 일제의 과거를 청산하여 법치국가 원칙을 수립·회복하여야 할 헌법적 의무를 부담한다고 해석하고자 한다.

결국 우리 헌법의 해석상 일제의 과거청산은 국가의 헌법적 의무사항에 해당하고 따라서 입법자는 일제의 과거청산을 시행할 입법을 마련할 헌법적 의무를 부담하며 집행부는 이러한 입법을 충실히 실행하여 일제 과거청산의 과제를 완수할 작위의무를 부담한다고 본다.

따라서 여기에 제헌헌법 부칙 101조와 같은 친일반민족행위자 처벌에 관한 헌법조항을 반드시 별도로 설치할 필요는 없다고 할 것이다. 동 조항은 그것에 의하여 일제 과거청산의 조치에 새로이 헌법적 근거를 만들어 주는 바와 같은 '창설적 효력(konstituitive Wirkung)'을 가지는 규정이 아니기 때문이다. 이는 법치국가의 헌법원

---

13) 자유민주주의와 국민의 기본권이 실효적으로 보장되는 대한민국만이 한반도에 존재하여오는 전체 한국과 동일성을 가지는 국가로 보아야 하며, 북한은 비록 한국의 영토내에서 발생한 국가이기는 하지만 그 체제내에 인민의 자유를 비롯한 기본권이 제대로 보장되고 있지 않으며 자유민주주의를 지향하고 있지 아니한 전체주의 국가이므로 한반도 내의 국가의 정통성을 남한, 즉 대한민국과 분점할 수 없다고 보아야 한다. 이와 같이 독일이론에 있어서 서독이 동독의 존재에 의하여 비록 영토적으로는 제한되어 있기는 하지만 전체 독일과 동일한 국가라고 본 독일 연방헌법재판소의 기본조약 판결과 이론적 구조를 같이 하여 볼 수 있다. BVerfGE 36, 1, 16 참조.

칙과 헌법전문에서 이미 도출된 일제 과거청산의 헌법적 의무를 다시 구체적으로 확인하는 '선언적 효력(deklaratorische Wirkung)'을 가지는 데에 불과한 것이다. 요컨대 현행헌법에서는 제헌헌법 부칙 조항과 같은 확인조항이 존재하지 아니하여도 일제의 과거청산은 헌법적 의무로서 실현되어야 하는 것이다.[14]

Ⅲ. 과거청산의 외국 사례 검토

1. 나치 부역자에 대한 프랑스의 과거청산

(1) 나치 부역자 과거청산 계획의 수립

프랑스는 제2차 세계대전 중 나치 독일에게 군사적으로 패배하여 1940년 6월로부터 1944년 8월에 이르는 4년여의 기간 동안 영토의 일부 혹은 전부에 대하여 나치 독일의 점령통치를 받았다. 독일에 대한 항복으로 프랑스의 제3공화국이 사실상 붕괴되고 정부는 독일의 직접점령지역에 포함된 파리에서 축출되어 페탱(Philippe Pétain)과 라발(Pierre Laval)이 지도하는 새로운 정부가 중부지역의 휴양도시인 비쉬(Vichy)에서 수립되었다. 비쉬정부는 처음에는 독일과 연합국의 사이에서 프랑스의 국익을 수호하는 균형정책을 추구하는 듯 하였으나 후기에는 드골이 이끄는 해외의 자유 프랑스 임시정부와 정통성을 다투면서 독일에 대하여 협력하고 연합국에 대항하는 정책을 추구하였다. 이에 대하여 드골의 자유프랑스 정부는 전쟁 중 이미 페탱과 라발을 반역자로 규정하고 이들을 포함한 대독 부역자(collaborateur)들을 처단하여 나치점령의 과거를 청산하는 작업(épuration)을 할 것임을 공공연히 천명하였다.

전쟁 중 드골의 자유프랑스 정부에 의하여 수립된 대독 부역자의 처벌과 청산을 위한 계획의 처리 방식은 기존의 프랑스형법을 자신들의 입장에 따라 해석하여 처벌하는 것을 기본으로 하였다.[15] 우리나라와는 달리 프랑스는 나치의 국토 강점 이전에 이미 고도로 발전된 법 체제, 특히 형사처벌 관련 법제를 완비하고 있었고, 나치 부역자들은 국가반역행위을 범한 자들이므로 이러한 제3공화국의 형법을 적용한다면

---

14) 이헌환, 전게 논문, 26면 동지(同旨).
15) 프랑스 형법 제75조 내지 86조의 국가방위에 해로운 행위 및 적과 내통한 행위에 대한 처벌조항을 말한다.

죄형법정주의와 소급처벌의 금지 등 형법 및 헌법원칙에 비추어 큰 문제없이 과거청산을 법적으로 수행할 수 있다고 보았기 때문이다.

(2) 새로운 법적 근거의 마련

1944년 6월 연합국이 자유프랑스군과 함께 프랑스 본토에 상륙하여 국토회복이 시작되고 8월에는 수도인 파리가 탈환됨에 따라 나치 부역자에 대한 사법적 처리가 현실로 다가왔다. 드골정부는 제3공화국 이래의 기존의 형법에 의거하여 일반법원에서 일반적 형사절차에 따라 대독부역자의 재판을 하도록 맡기는 것은 과거청산을 느슨하게 하고 법리적으로나 정책적으로 문제가 야기될 수 있다는 것을 인식하고 이 문제를 특별히 처리하기 위한 소급효를 가진 특별법을 마련했다.

그리하여 임시정부가 소재하던 알제(Alger)에서 1944년 6월 27일 공포한 법률명령(ordonnance)에 의하여 청산위원회를 구성할 법적 근거를 마련하고, 같은 해 8월 26일의 법률명령에 의하여 '국치죄(l'indignité nationale)라는 기존에 알려지지 아니한 형태의 범죄와 국민자격박탈(la dégradation nationale)이라는 새로운 형태의 형벌을 소급적으로 도입하였다.[16] 이러한 입법조치는 '정치적 사법(justice politque)'을 실현하는 성격을 가진 것으로서 입법자가 사실상태에 부합하는 결과를 영속적으로 창출할 온전한 자유를 다시 발견한다는 의미에서 수용되었다.[17]

---

16) 국치죄 도입에 관한 1944. 8. 26. 법률명령
제1조 1940. 6. 16. 이후에, 프랑스나 외국에서 의도적으로 독일이나 그 동맹국들에게 직간접적인 도움을 주었거나 의도적으로 국민의 통일성이나 프랑스인의 자유와 평등을 침해한 죄가 인정된 모든 프랑스인은 국치죄를 범한 자로서, 제9조에 정한 형벌에 처한다. 단, 그 행위가 심각한 범죄에 해당하는 경우에는 더 무거운 처벌을 받는다.
특히 다음과 같은 행위들이 국치죄를 구성한다.
1. 1940년 6월 16일과 프랑스 공화국 임시정부의 수립일 사이에 프랑스에서 권력을 행사한 정부 또는 사이비정부(그 명칭이 무엇이든 간에)에 참여한 행위
2. 상기 정부들의 중앙, 지역, 도 기관들에서 지휘업무를 담당한 행위
3. 유태인문제 담당위원회의 중앙, 지역, 도기관들에서 지휘업무를 담당한 행위
4. 어떤 기구이든지 간에 부역기구, 특히 다음 기구들 중 하나에 참여한 행위
재항군인회 경비대, 민병대, 협력그룹, 아프리카 팔랑훼, 반볼쉐비키 민병대 삼색군단, 전국인민연합, 직접 부조 노동자위원회, 프랑스 해외청년단 재독 프랑스 노동자 전국연합, 포로운동, 포로경비대
5. 1942년 1월 1일 이후에 프랑스인민당, 프랑스주의당, 사회혁명운동당에 가이했거나 가입을 유지한 행위
6. 적에 대한 협력을 위한 예술계, 정계의 시위나 정치적 시위 및 여타 시위를 조직하는데 자발적으로 참여한 행위
7. 적에 대한 협력, 인종차별주의, 전체주의적 교의를 위한 논설, 소책자, 서적을 발표하였거나 강연한 행위. 116-117면 참조

(3) 청산의 실행

일반적 부역자들은 일반 법원과 군사법원의 관할로 맡겨졌으나, 그 중 특히 비쉬 정부의 지도자급에 해당되는 자들을 처단하는 것은 1944년 11월에 창설된 특별고등 법원(Haute Cour de Justice)이 담당하게 되었고, 부역자들에 대한 정보를 수집하고 이들을 색출해내기 위한 과거청산 행정위원회(Commissions d'épuration)가 구성되었 다. 이와 같이 국치죄의 특별형법이 마련되고 부역자들 중 지도자급의 전담 특별법원 까지 설치되어 대상자들의 조사와 재판, 처벌이 시작되었다.

그러나 전쟁이 완전히 종결되지 못한 상황에서 조급히 시작된 과거청산작업은 프 랑스 전국에 걸쳐 대독부역자들에 대한 무질서한 보복을 불러일으켰다. 과거청산작업 은 국가에 의하여 통제되어 법적으로 진행되기도 하였으나 이와 병행하여 사실력에 기초한 비법률적, 정치적 청산도 아울러 진행되었던 것이다.[18] 협박과 포상 등의 방 법으로 밀고가 장려된 가운데 수단을 가리지 않고 대독부역자들을 철저히 색출해내 어 법적 절차를 무시한 채 체포·구금되었으며 그 중 다수의 혐의자들은 고문을 당 한 후 재판없이 즉결처형되었다.[19] 페탱과 라발도 이 시기에 이미 체포되어 재판을 받게 되고, 페탱은 사형선고를 받은 뒤 감형되어 죽음을 면하였지만, 라발은 재판과 정에서 자신의 행위가 패전 프랑스의 국민들을 나치 독일로부터 보호하기 위한 불가 피한 조치였을 뿐이며 국가반역행위를 하지 아니하였다고 극력 변소하였지만 재판부 에 의하여 수용되지 아니한 채 유죄를 인정받고 사형을 선고받았으며 그 즉시 사형 이 집행되었다.[20] 프랑스에서의 나치 부역자에 대한 재판은 1980년대의 바르비재판, 2000년대의 파퐁재판에 이르기까지 계속되었다.

---

17) l'Epuration, http://www.maurice-papon.net/epuration.htm 참조.
18) 프랑스의 정규 법원에 의하여 사형이 선고된 자는 2,861명이며 그 중 8명은 특별고등법원과 군사법원 에 의한 선고이다. 또한 이들 중 총 770명만이 실제로 사형이 집행되었다. Jacques Villette, Pour la réhabilitation de Maurice Papon, http://www.maurice-papon.net/epuration.htm
19) 1944년과 1945년에 약 100만 명이 법적 절차 없이 체포·구금되었으며, 약 10만 명이 살해되었는바, 그 중 다수는 처형 전에 심하게 고문당하였다. l'Epuration, http://www.maurice-papon.net/epuration.htm
20) 박원순, 프랑스 과거청산의 교훈: 페탱원수와 라발수상의 재판, 특집1; 역사 바로세우기의 특별법 제정, 93면.

(4) 소 결

제2차 세계대전 말기와 종전 직후에 있었던 프랑스에서의 나치 협력자의 과거청산은 사법절차에 따라 진행되기는 하였지만, 정상적인 사법절차를 벗어나 약식처형의 형태로 과격한 처리를 하는 경우도 많았다. 그러나 이러한 적법절차에 관한 논쟁을 떠나서 프랑스의 과거청산은 매우 광범위하고 철저하게 진행되었다고 하는 점에 특징이 있다고 사료된다. 나치독일에 협력하는 국가조직과 이에 대항한 국가조직이 존재하였으므로 상호 정당성을 주장하여 국민적 분열과 혼돈이 야기될 소지가 있었지만, 나치협력자에 대한 과거청산을 철저히 완수함으로써 새로 성립한 공화국에 대한 정통성을 확고히 하고 전후 프랑스 사회를 통합하는데 기여하였다는 점에서 긍정적으로 평가된다.

2. 나치 체제에 대한 독일의 과거청산

(1) 불법국가로서의 나치 독일

제2차 세계대전에서 패배한 나치독일의 국가체제는 불법국가(Unrechtsstaat)의 전형인 것으로 말해지고 있다. 앞서 살펴 본 바와 같이 불법국가의 개념을 그 국가내에서 법치국가의 원칙이 통용되지 아니하고 그 조직상 독립된 재판권이 존재하지 아니하는 등의 사유로 불법의 실현 그 자체를 목적으로 하는 법률이 제정, 시행되거나 이러한 목적으로 국가기관이 법을 해석 적용하는 것에 대하여 국가가 아무런 자정능력(自淨能力)을 가지지 아니함으로써 그러한 불법이 국가권력에 의하여 통용되는 국가로 볼 때, 나치독일의 국가체제야말로 이러한 개념에 가장 잘 부합한다. 나치독일은 입헌주의 헌법에 속하는 바이마르(Weimar)헌법을 형식적으로 폐지하지는 아니하였으나, 소위 수권법(Ermächtigungsgesetz)에 의하여 지도자의 명령이 법률과 같은 법적 효력을 가지도록 하고, 또 여기에 법률이나 법률적 효력을 가진 명령이 헌법적 구속을 받지 아니하도록 함으로써 바이마르헌법을 허울적 존재로 만들어버렸다. 사법부는 나치의 전체주의 정책을 옹호하거나 묵인하는 자들로 채워지고 행정부의 정책에 반하는 판결을 하는 것이 사실상 불가능하여졌으므로 정권 차원의 불법행위에 대하여 아무런 견제를 하지 못하였다. 이와 같이 국가체제의 내부로부터의 법치국가적 자정 능력을 상실한 나치독일은 전쟁을 일으켜 주변국을 침략하고 유대인등에 대하여 인종학살을 저지르는 등 체제 차원의 불법을 자행하다가 외부적 세력인 연합국들의 무력에 의하여 결국 패망하였다.

(2) 연합국에 의한 전범 처리

전후 나치에 대한 과거청산은 독일 자체에 의하여서가 아니라 전승 연합국들에 의하여 국제법적 틀 내에서 시작되었다. 즉 연합국들은 1945년 8월 4일에 전범자 처리에 관한 4대국 협정을 체결하고 뉘른베르크 국제재판소 조례를 공포하였다. 이 재판소의 임무는 평화에 대한 범죄, 전쟁범죄 및 인도에 대한 범죄의 처벌이었다. 소급처벌이라는 법적 문제점에 대하여 연합국이 근거로 한 것은 전쟁의 일반적 금지를 규정한 1928년의 켈로그·브리앙조약이었다.[21] 전승 연합국의 재판관들로 구성된 이 재판소는 1945년 11월 헤르만 괴링을 포함한 22명의 나치 지도자들에 대한 기소를 받아 위 범죄들이 인정된다는 이유로 사형 12명, 금고형 7명, 무죄 3명을 선고한 바 있다.

(3) 독일 자체에 의한 과거청산

1) 독일 국내법에 의한 처벌과 보상의 실시

전승국들의 나치 지도자와 가담자들에 대한 처벌과는 별도로 독일 국내법에 의한 나치의 처벌도 병행되었다. 그러나 패전 후에 재건된 서독에서 아데나워가 이끄는 기민·기사연합의 우파정권은 연합국이 전범처리를 주도한 만큼 나치 전범의 색출과 처리에 대하여 소극적 태도를 보였다.

일반 독일인들은 나치의 정책이 이념은 좋았지만 잘못된 방법으로 실행되었다는 식으로 보았으며 냉전의 도래로 나치 과거청산에 대한 연합국 측의 요구가 완화되자 사면법까지 제정하여 나치 관련자의 사회복귀를 허용하였다.

그러나 1960년대 이후 사민당 정권이 수립되고 나치에 대하여 인권에 입각한 새로운 시각에서 평가가 내려지게 되자 나치 전범에 대한 처벌과 나치정권으로부터 피해를 입은 자에 대한 보상이 보다 적극적으로 이루어지게 되었다.[22]

---

21) 보통 부전조약(不戰條約)이라고 통칭되는 이 조약은 63개국에 의하여 조인되어 당시 거의 모든 주요 국가들이 참여한 국제규범이다.

2) 공소시효 문제의 법적 해결

나치의 정권적 불법행위는 광범위하게 저질러졌고 수많은 관련자가 있었던 만큼 과거청산작업은 단기간 내에 완수될 수 없었으므로 관련 범죄의 공소시효를 차단하는 문제가 법제도 상으로는 중요하게 대두하였다. 이와 관련하여 독일형법은 1939년 이래 謀殺罪(Mord)의 공소시효를 20년으로 규정하고 있었다.[23] 그러나 나치의 패망 후 독일 연방헌법재판소는 '국가를 위한다는 명목으로 모살이 저질러져서 국가지도부(Staatsführung)의 뜻에 따라 소추되지 아니한 경우에는 그 기간동안 공소시효는 정지되는 것'을 인정하였다.[24] 따라서 나치의 학살행위에 대한 공소시효는 독일이 패망한 1945년 5월 8일을 기산점으로 하여 1965년 5월 8일에 모두 그 시효가 만료되게 되었다. 그러나 이 시효기간의 만료가 임박해지자 1965년 4월 13일 시효계산법[25]이 제정되었고, 동법은 독일 법원이 재판 기능을 제대로 발휘하지 못하였던 1945년 5월 8일부터 1949년 12월 31일까지의 기간을 시효계산에서 제외하도록 정하였다.[26] 이렇게 하여 20년의 시효기간은 1969년 12월 31일까지로 연장되었는데 그 시효기간이 다시 다가오자 1969년에 시효논쟁이 다시 재연되었다. 그 결과 제9차 형법개정법률에 의하여 민족학살죄(Völkermord)의 공소시효는 완전히 배제되고, 모살죄의 시효기간은 20년에서 30년으로 연장되어 결국 1979년 12월 31일이 시효만료점이 되게 되었다. 그러나 이 시효기간도 다가오자 다시 제16차 형법개정법률[27]에 의하여 모살에 대한 공소시효의 적용을 완전히 배제하여 버렸다. 이로써 인종학살, 살인 등을 수반한 나치범죄에 대한 처벌은 영구히 가능하게 되었다.[28]

---

22) 수원지방법원 2005. 11. 15. 선고 2004가단14143 소유권보존등기말소 사건 판결 24-25면 참조.
23) 독일형법은 제78조에 공소시효(Verjährung)에 관한 규정을 두고 있으며, 동조 제3항에서 무기징역에 해당하는 죄는 30년, 법정형의 최고가 10년 이상인 경우에는 20년, 위 5년 이상인 경우에는 10년, 위 1년 이상인 경우에는 5년으로 정하여 우리나라의 경우보다 공소시효가 비교적 장기간으로 되어있다. 그리고 동조 제2항에서는 공소시효의 적용대상이 되지 않는 범죄들을 정하고 있는바 민족학살죄(Völkermord)과 모살죄(Mord)의 경우가 이에 해당한다. 그중 민족학살죄의 공소시효 배제는 제9차 형법개정법률에 의하여 처음으로 도입된 것이다. 이는 유엔과 유럽공동체의 노력에 부응한 것인데 나치범죄에 대한 실제적 적용면에서는 오히려 모살죄가 적용되고 있어 민족학살죄는 지금까지 적용면에서는 별다른 실효성이 없었다고 한다.
24) 952.9.18. 선고 BVerfGE 1, 418.
25) esetz über die Berechnung strafrechtlicher Verjährungsfristen vom 13. 4. 1965. BGBl. I S.315.
26) 동 법은 연방헌법재판소에 제소되어 합헌판단을 받았다. 1969. 2. 26. BVerfGE 25,269 결정.
27) 1979. 7. 22. 발효.
28) StGB Leipziger Kommentar 3, Art.61-79b, 10. Aufl., 1985, Art. 78., rdnr. 5. 참조.

이와 같이 독일에서는 나치 불법범죄의 완전한 처벌을 위하여 처음에는 시효정지 이론을 판례에 의하여 인정하다가 시효기간이 다가오자 동기간 이내에 이를 延長하고 나아가 시효적용을 완전히 排除하는 입법을 도입하는 방법을 채택하였는바,[29] 이는 부진정소급입법 방식을 통한 문제해결이라고 평가할 수 있다.

(4) 소 결

이상에서 살핀 바와 같이 나치독일에 대한 과거청산은 연합국과 독일 자체에 의하여 함께 수행되었다. 그런데 여기서 주목되는 것은 전후 독일은 나치의 체제를 법치국가 원칙이 사멸한 '불법국가(Unrechtsstaat)'로 파악하고 이에 대한 과거청산을 헌법적으로 정당화하고 있다는 점이다. 나치체제에 관련한 모든 형태의 과거청산은 이러한 불법국가를 부정하고 법치국가인 독일을 재건하기 위한 조치로 파악되며 이렇게 정립된 불법국가 과거청산의 이론적 구성은 동서독의 통일에 의하여 구 동독의 정권적 불법행위에 대한 청산이 문제되었을 때에도 그대로 원용되어 적용됨으로써 통일에 따른 혼란과 비용을 최소화하는 데 기여하였다.

3. 구동독 체제에 대한 통일독일의 과거청산

(1) 불법국가로서의 구동독 체제

앞서 봄 바와 같이 불법국가에서 행하여지는 불법(不法)은 불법의 실현 그 자체를 목적으로 하는 법률이 제정·시행되거나, 이러한 목적으로 국가기관이 법을 해석·적용하는 것을 통하여 형성되는 것으로서 법치국가 내에서 범하여지는 산발적인 불법과는 전혀 차원이 다른 체제적 불법이다. 동독의 공산당 권위주의체제도 이러한 체제적 불법(體制的 不法)의 경우에 해당하였다고 할 수 있다. 동독에서 불법을 가능하게 하였던 공산당독재는 1968·74년의 동독헌법 제1조 제1항에서 최고의 헌법원리로서 보장되고 있었으며, 동독의 국가지도부에 의한 개개의 불법행위는 반법치국가적

---

29) 이러한 방법은 후술하는 바와 같이 "부진정소급입법"이라고 할 수 있다. 다만 앞서본 최초의 헌법판례 (BVerfGE1, 418)에서는 연합국 점령후 1946. 5. 29. 헷센주에서 제정된 (나치)처벌법(Ahndungsgesetz) 에 대하여 합헌판단을 하였다. 동 처벌법은 나치범죄에 대하여 사후적으로 공소시효기간의 적용을 배제하는 내용을 가졌다. BVerfGE 1, 418, 419f.

(反法治國家的) 체제와 법적 구조에 의하여 매몰되어 버리는 상황에 처해 있었기 때문이다. 동독체제가 저지른 불법행위의 대표적인 사례는 동서베를린간에 설치된 장벽과 동서독 경계선에 설치된 차단시설을 넘어서 동독을 떠나려는 인민을 총격·사살한 것이다. 이 문제에 대한 과거청산은 직접 총격을 가한 동독 국경수비대 대원들뿐만 아니라 탈출을 위하여 장벽이나 국경에 접근한 자들을 무차별 사살하도록 명령한 국가최고지도부 즉 동독 국방위원회(Nationaler Verteidigungsrat)의 위원들을 처벌함으로써 실현되었다. 또한 정권적 차원에서 저질러진 각종의 범죄행위에 대하여서는 동독이 존속하였던 기간동안 공소시효가 정지된다는 내용의 특별법을 제정하여 시행하였다. 이러한 과거청산의 과정에서 소급처벌과 신뢰보호 위반등의 헌법문제에 대한 논의가 전개되었다.

이처럼 동독공산당이 권력을 독점한 전체주의적 지배형태로 발현되었던 구동독(舊東獨) 체제도 불법국가로 평가하는 것이 통일 후 독일의 입장이며, 이러한 법적 구성은 나치체제의 독일을 불법국가로 평가한 것과 논리적 맥을 같이 하는 것이다. 다만 아래와 같은 점에서 구동독의 불법체제는 나치체제와 구분된다.

(2) 나치독일과의 차이

먼저 나치의 과거는 전체 독일이 관련된 문제였으나, 동독공산당의 경우는 독일의 동부지역에 관한 문제로 한정되어 있으며 서독지역의 주민은 무관하다고 할 수 있다. 즉 나치의 경우는 전 독일의 역사에 관한 문제이나 동독공산당의 경우는 東獨住民의 歷史 문제로 국한된다. 여기서는 소련점령군에 의하여 강요되고 소련군의 힘에 의하여 유지된 국제공산주의의 표준작품으로서의 독특한 독일적 불법체제가 문제되고 있다.

국가적 불법의 발현형태에 있어서도 나치체제와 동독체제는 매우 대조적이다. 나치체제는 12년간 계속되었을 뿐이나 세계전쟁을 일으켜 대량학살을 벌인 반면, 동독체제는 45년간 계속되면서 세계적 분쟁을 일으킨 일은 없고 비밀테러와 체제유지를 위한 압제와 감시를 행하였을 뿐이다. 양 체제는 모두 비판의 대상이 되었으나 그 정도가 같지 아니하며, 나치체제는 전면적으로 부정된 반면 동독체제는 부문별로 비판되고 있다. 즉 동독의 국가지도부와 슈타지(국가공안부)에 그 비판이 집중되어 있는 것이다.[30]

---

30) 그러나 동독의 체제가 나치체제와 마찬가지로 전체로서 불법국가의 모습을 띠고 있는 점이 부정되는 정도는 아니다.

또 여러 가지의 원인으로 나치의 과거극복과 동독공산당의 과거극복은 그 책임주
체가 달라져 있다. 나치의 과거극복은 연합국이라는 외세에 의하여 주도되었으며 법
치국가적 원칙을 기준으로 하기 보다는 피해회복적 차원에서 이루어졌다. 독일측이
이러한 과거극복의 주체가 된 것은 훨씬 이후의 일이다. 동독공산당의 과거극복 문제
는 이와는 달리 처음부터 통일독일의 책임이 되어 있어 외세가 개입되어 있지 아니
하며 그 대상은 독일의 동부지역에 한정되어 있었다. 그리하여 통일독일의 주축이 된
서독측이 과거청산의 주체가 되었다고 할 것이나, 다만 동독혁명 직후 동독측은 자기
책임하에 정치적, 법적 과거극복을 할 수 있는 기회를 가졌으나 신속한 통일로 인하
여 충분한 시간적 여유를 가지지 못하였다.

나치와 동독공산당의 과거극복은 그 헌법적 전제조건의 면에서 특히 대조적이다.
나치의 과거극복은 법치국가가 확립되기 이전부터 도입되었다. 그러나 동독의 법적
청산은 처음부터 확립된 법치국가의 기준에 의하여 수행되게 되었다.

이와 같이 나치의 과거극복에 비교하여 볼 때 동독의 과거극복은 ① 구동독지역
이라는 독일의 일부분에 대한 문제이며 ② 처음부터 외세의 개입없이 독일인에 의한
자주적 청산이고 ③ 철저한 법치국가적 기준에 의한 청산이라는 점에서 그 특징을
찾을 수 있다고 할 것이다.

(3) 과거청산의 실현과정

통일 후 구동독지역에서 법치국가적 지배질서를 정착시키는 과정에서 대두된 중
요한 문제는 반법치국가적 행위를 한 가해자들을 처벌하여 구체제의 불법을 청산하
는 일이었다. 이러한 가해자처벌의 문제는 다양한 형사소송의 형태로 전개되었으나,
특히 그 중에서 헌법적 논점으로 가장 크게 부각된 것은 ① 호네커를 비롯한 구 동
독지도부에 대한 처벌문제 ② 국경수비대의 동독탈출자 사살행위에 대한 처벌 문제
③ 형사처벌에 있어 걸림돌이 되는 공소시효의 진행 제거 입법의 위헌 여부의 문제
④ 몰수 재산권의 회복 문제 등 이었다. 아래에서 이를 간략히 살펴본다.

1) 구동독지도부에 대한 처벌

블법국가의 특징은 국가지도부 자체에 의하여 불법이 이루어진다는 데에 있다. 그
렇기 때문에 불법국가의 과거청산은 이러한 체제의 지도부에 속하여 체제적 불법을

직접 결정하고 명령한 자에 대한 제재가 그 핵심이 될 수밖에 없다. 구동독 체제의 체제 불법은 광범위한 것이었지만 통일 이후 특히 베를린 장벽과 동서독 국경에서 서베를린과 서독으로 탈출하려는 자에 대한 총격사살명령을 결정한 동독의 국가지도부 소속자들을 처벌하는 것에 의하여 대표되었다. 공산당의 핵심간부로서 동독 국방위원회의 구성원들인 에리히 호네커(Erich Honecker), 빌리 슈토프(Willi Stoph), 에리히 밀케(Erich Mielke), 하인츠 케슬러(Heinz Kessler) 등은 동 국방위원회의 결의로서 국경수비대에게 동독을 탈출하려는 자들을 총격사살하라는 명령을 내렸다. 서독은 이를 살인의 범죄행위로 간주하고 그 교사범으로서 위 동독지도부에 속한 자들을 기소하였다. 통일 직전까지 동독의 실권자이던 호네커는 재판 중 신병을 이유로 베를린주 헌법재판소의 결정에 의하여 석방된 이후 망명이 허용되었으나, 나머지 공산당 간부로서 총격사살명령의 결정에 연루된 자들은 대부분 기소되어 유죄판결을 선고받았다.[31]

2) 국경수비대의 총격사살에 대한 처벌

동독 국방위원회의 명령에 의하여 국경수비대원으로서 동서독 국경 혹은 베를린 장벽에서 탈출기도자들을 사살한 자들에 대하여도 통일 후 형사처벌의 절차가 시작되었다. 재판 과정 중 이들은 자신들은 군인의 신분으로 상관의 명령에 따라야 하였으므로 달리 행동할 기대가능성이 없었으므로 그들을 처벌하는 것은 헌법위반이라는 취지의 변소를 하였으나, 독일 연방헌법재판소는 인간성에 반한 범죄에 있어서는 아무리 상관의 지시에 의한다고 하더라도 그 책임을 면할 수 없다고 판단하여 이들의 형사처벌의 합헌성을 확인하였다.

3) 공소시효 정지 특별법의 시행

동독탈출자에 대한 총격사살 사례에서 보는 바와 같이 살인 등 일반범죄를 수반한 동독의 정권적 불법행위는 엄밀히 볼 때 동독형법에도 위반되었다. 그러나 이러한 행위에 대하여 동독의 정권지도부는 처벌의사를 가지지 아니하였으며 오히려 권장하고 이를 실행하도록 명령까지 하였던 것이다. 그리하여 통일 후 구동독의 불법적 과거를 청산함에 있어서 동독지도부에 의한 정권적 차원의 범죄에 대하여서는 동독의

---

31) 예컨대 국방장관을 지낸 하인즈 케슬러는 징역 7년 6월을 선고받았으며, 에리히 밀케는 총격사살명령 사건에서는 고령과 신병으로 책임을 면하였으나 그밖의 살인교사 등으로 징역 6년을 선고받았다. 빌리 슈토프는 기소되었으나 고령으로 인하여 공판수행능력이 없다는 판정을 받아 공소취소되었다.

존속기간동안 공소시효의 진행이 정지되었다고 보는 것이 일반적 견해가 되었다. 이는 정권적 차원의 불법행위를 처벌함에 있어서는 국가지도부의 의사가 곧 법률과 같은 성격을 가지므로 법률적 장애가 있는 경우 공소시효의 진행이 정지된다고 규정한 형사소송법 조항을 여기에 적용할 수 있다고 보는 것이다. 나치 시대에 수권법에 의하여 입헌주의가 사실상 종말을 고한 이후 총통 즉 국가지도자의 명령은 곧 법률과 같은 효력을 가지고 있었으므로 이와 같은 해석이 무리없이 성립하였는바, 구동독의 국가지도부의 결정에 대하여서도 동일한 법적 논리가 원용된 것이다. 그러나 이와 같은 공소시효 정지 문제에 관하여서는 이론이 있을 수 있기 때문에 1993년 4월 4일 '동독공산당의 불법행위에 있어서의 시효정지에 관한 법률'이라는 명칭의 공소시효 진행에 관한 특별법을 제정하여 입법으로 이 점을 분명히 정하였다.[32] 따라서 이 시효특별법은 이미 시효가 만료된 법률관계를 다시 규율하는 성격의 진정소급입법에는 해당하지 않고 단지 당연히 시효가 정지된 것으로 해석되고 있는 법률관계를 그와 같이 명확히 하여 주는 역할을 할 뿐인 확인적 입법으로서 소급효를 가지는 것이 아니라고 설명되고 있다.[33]

4) 몰수 재산권의 회복

독일통일의 과정에서 구동독지역에서 소련점령군 당국과 공산당정권에 의하여 몰수된 재산권을 여하한 방법으로 회복시킬 것인가 하는 것이 과거청산의 주요한 문제가 되었다. 이 점에 관하여는 통독협상이 진행되던 1990년 6월 15일 동서독 당국은 ① 1945년에서 1949년까지의 소련점령 당시의 점령당국에 의하여 무상수용된 재산에 관하여는 그 재산권의 소급적 원상회복을 포기하기로 하는 반면 ② 1949년 10월 7일 건국된 동독공산당 정권의 출범 이후 몰수된 재산권은 원칙적으로 원소유자 또는 그 상속인에게 반환되고, 예외적으로 원소유자등은 그 반환에 갈음하여 보상을 선택할 수 있도록 하는 것(반환우선의 원칙)[34]으로 합의하였다. 또한 이러한 내용은 다시 통일조약에서도 변경없이 반영되어 조약 제41조에 의하여 공동성명은 통일조약의 구성

---

32) 동 법 제1조는 '동독공산당 정권이 정치적 혹은 그밖에 자유민주적 법치국가의 질서와 불합치하는 이유로 처벌되지 아니한 행위의 소추에 있어서는 1949. 10. 11.부터 1990. 10. 3.까지 공소시효가 정지된다'고 규정하였다.

33) Bodo Pieroth/Thorsten Kingreen, Die Verfassungsrechtliche Problematik des Verfährungs gesetzes, NJ 1993. 9. SS. 388-390.

34) 공동성명의 내용에 관하여는 법무부, 독일법률·사법통합개관 1992. 520-521면; 이승우, 동서독 통일과 불법청산문제-미해결 재산문제를 중심으로-(독일통일의 법적 조명), 146-147면, 참조.

부분이 되었고 조약 제4조제5항에 의하여 기본법 조항으로 삽입되어 헌법적 차원에서 명시되었다.[35]

위와 같은 독일정부의 방침은 소련점령당국에 의한 수용조치를 당한 경우와 그 후에 성립된 구동독 공산당정부에 의하여 수용조치를 당한 경우를 차별적으로 처리하는 결과가 되어 평등 원칙에 반한다는 이유 등으로 이러한 분리취급에 반대하는 사람들로부터 다수의 헌법소원이 제기되었다.

연방헌법재판소는 동 사건에서[36] ① 기본법 제143조는 헌법소정의 개정절차에 의하여 합헌적으로 추가된 것일 뿐만 아니라 기본법 제79조 제1항에 규정된 헌법개정의 내용상 한계를 넘어선 것이 아니고, ② 동 수용은 독일연방공화국의 국가권력에 의하여 행하여진 것이 아니므로 그 수용이 독일의 헌법질서에 부합되지 않는다고 하여 효력을 부인할 수 없으며 통일이라는 헌법적 목적을 위해서는 입법자는 동 원상회복에 관한 권리의 배제에 동의할 수 있으며, ③ 전쟁의 결과로 인한 보상은 독일의 국가기관이 손해를 가한 경우와 반드시 동일방식이 되어야 하는 것은 아니며, ④ 통일협상시 동독과 소련이 동 수용의 계속유효를 주장하였으므로 독일통일을 위하여 이를 수용할 것인지 여부는 연방정부의 판단에 따라야 한다는 점 등을 이유로 하여 합헌의 결정을 하였다.[37]

4. 일제 부역자에 대한 중국의 과거청산

(1) 한간(漢奸)의 처벌

1945년 8월 일제가 패망하자 중일전쟁 중 일제에 협력한 중국인들 특히 일제가 남경(南京)에 세운 괴뢰정부인 소위 남경정부의 관련자들이 전후처리의 일환으로 처벌을 받았다. 이러한 친일반역자들을 '한간(漢奸)'이라고 칭하였는데, 장개석의 국민당 정부는 전후 1945년 12월 징치한간조례(懲治漢奸條例)를 제정하여 이에 근거하여 한간을 재판하였다.[38] 국민당 정부의 한간 처벌은 만주국과 몽고자치정부 관련자, 남경

---

35) 기본법 제143조 제3항.
36) BVerfGE, 1991.4.23. NJW 1991. 349ff.
37) 판례월보 253호, 윤진수, 동서독 통일조약에 관한 독일연방헌법재판소 91.4.23. 판결 평석 참조.
38) 징치한간조례의 자세한 내용은 민족문제연구소, 친일파의 축재과정에 대한 역사적 고찰과 재산환수에 대한 법률적 타당성 연구 보고서-국회법제사법위원회 정책연구개발용역과제-, 2004. 12. 제3장 부역자

정부군 지휘자로서 종전 후에 국민당정부의 치안유지 임무를 수행한 자는 한간에서 제외하고, 기타 남경정부 관련자라도 주모급이 아닌 자 등에 대해서는 관대한 처벌을 한다는 원칙에서 탄력적으로 실행되었다. 그러나 소급입법에 의한 처벌금지와 같은 서구식 법원칙이 통용되지 아니하였으므로 단지 전후 전범처리의 한 과정으로서 일제부역자들에 대한 심판이 이루어졌다. 중국의 한간처벌은 1946년부터 본격적으로 시행되어 14,932명이 처벌받았는데 그 중 369명이 사형, 979명이 종신형, 13,370명이 유기징역형을 선고받았다.[39]

(2) 한간 재산의 몰수

한간에 대해서는 사형 혹은 징역형의 형사적 처벌이외에도 재산의 몰수형이 부가하여 가하여졌다. 징치한간조례 제2조 제1항에 의하면 전쟁 중 중국, 즉 국민당 정부에 반항을 도모한 자는 사형 또는 종신형에 처하도록 규정하였는데 나아가 제8조는 동 죄를 범한 자에 대하여 그 재산의 전부를 몰수하도록 정하였다. 다만 제9조는 이러한 전재산 몰수의 형을 집행할 때에는 가솔의 생활비는 고려하여야 하도록 배려하고 있다. 이러한 규정에 따라 한간의 유죄판결을 받은 자들 중 상당수가 전재산 몰수형을 병과받게 되었다.

Ⅳ. 일제 과거청산의 헌법적 의무의 이행상황

1. 해방후 미군정기의 일제 과거청산의 미흡

(1) 일본의 패망과 미군정의 실시

일제의 한국점령은 정당한 법적 근원에 의하여 이루어진 것이 아니라 사실력에 의한 불법점령의 형태로 한국 국민에게 강요된 것이었다. 1945년 8월의 일제의 패망은 이와 같은 실력에 의한 불법점령의 종식을 의미한다. 논리적으로는 일제의 패망은 행위능력을 상실한 채 존속되어 오고 있는 '한국' - 3·1운동 이후에는 '대한민국' -

---

재산몰수 해외사례 검토 중 118, 126면 참조.
39) 민족문제연구소 작성 위 연구보고서 중 제3장 부역자 재산몰수 해외사례 검토 135면.

이라는 국가의 국가성이 즉각적이고도 완전하게 회복되는 결과를 수반하여야 마땅하다. 하지만 일제의 불법통치의 종결이 우리 민족의 역량에 의거하여 실현되지 못하고, 제2차 세계대전 중 미·일전쟁에서 일본이 미국에게 군사적으로 철저하게 패배한 결과로서 초래되었던 점으로 인하여 이와 같은 한국의 국가성의 회복은 지연되게 되었다. 전승국인 미국은 패망한 일제의 군대가 점령지 현지의 세력에게 항복하지 말고 미군이 올 때까지 그대로 치안을 유지할 것을 명령함으로써 우리 국민은 일제가 패망하였음에도 불구하고 곧바로 자주적 국가조직을 재건할 기회를 얻지 못하였다. 이에 따라 일제 패망에도 불구하고 한국에서의 치안을 일단 그대로 담당·유지한 일본군은 새로 진주한 미·소연합국의 군대에 항복하였고, 일제의 한반도 불법점령 상태는 종결되었으나 그 대신 미·소연합국의 군대에 의한 점령이 새로 시작되었다. 이처럼 일제로부터 해방되었음에도 불구하고 한국 국민은 바로 국가를 재건하지 못한 채, 일본에 대한 군사적 승리자인 미국과 소련의 군사력에 의한 점령을 다시 받는 처지에 놓이게 되었다.

결국 한국국민은 일제의 패망으로 새로운 외세의 군사적 점령상태 하에 놓이기 되었으므로 한국 국민의 국가는 일제 강점기와 마찬가지로 당분간 그 행위능력을 완전히 회복하지 못하였고 '관념적 규범적으로만 존속'하는 잠복적 상태가 여전히 계속되었다.

(2) 미군정과 일제의 과거청산

법적 측면에서 38도선 이남의 남한지역에 대한 미국의 군사적 점령은 일본의 불법지배와는 명백히 성격을 달리한다. 미국의 한반도 점령은 일본의 노예화로부터 한민족을 해방하고 그 이후의 자유독립국가의 수립을 가능하도록 지원하기 위한 것이었으며, 그러한 의미에서 전시점령에 해당하지 않는 독특한 성격의 점령형태(occupation sui generis)에 해당한다.[40] 따라서 일본의 불법통치와는 헌법적으로 다른 평가를 받을 수밖에 없다. 미군정은 ① 그 목적에 있어서 한반도의 점령은 지역을 미국의 통치권 하에 영구히 종속시키려는 의도로 진행된 것이 아니라 한반도에 한민족의 국가를 재건하기 위한 의도를 가지고 시작되었고 ② 방법에 있어서 한국민의 권익을 억압한

---

40) 백충현, 전게 논문, 229면.

무단통치를 행한 것이 아니며, ③ 그 기간에 있어서 영구적인 것이 아니라 한국의 국가가 재건될 때까지 과도적, 잠정적 통치형태로 존재한 특수한 성격의 점령이라고 할 것이다.

따라서 미군정의 활동은 우리 헌법상 법적 청산(淸算)의 대상이 아니다. 과도적 군정의 종료와 동시에 새로 시작하는 한국은 국민의 자기결정에 의한 독자적인 헌법구조에 의하여 국가를 재건하면 될 것이며, 법치국가 원칙에서 파생되는 법적 안정성의 유지 관점에서 미군정의 시기에 발생한 법질서의 결과는 가급적 승계하는 방향으로 처리되어야 마땅하다.

한국민으로의 정권이양을 전제로 하면서 과도적으로 시행된 미군정에 대한 전체적 헌법적 평가는 미군정 통치의 개별적 내용들에 대한 정치적 당부에 대한 평가와 구별되어야 한다고 본다. 정치적 측면에서 논자의 관점에 따라 미군정의 통치의 개별적 내용들이 많은 비판을 받고 있으며, 이러한 비판들은 한민족의 민족이익을 기준으로 평가할 때 일면 타당성을 가질 수 있다. 특히 미군정이 일제의 과거청산 문제에서 보인 소극적이고 미온적인 태도 또한 그러한 비판의 대상이 되고 있다. 그러나 미국은 당시 한반도의 정세를 신속히 안정시켜서 소련의 세력이 한반도 전체를 지배할 것을 우려하고 이를 방지하는데 최우선적인 정책목표를 두고 있었으며, 그러한 정책을 추진하는 과정에서 한국 인민의 대다수가 열망하던 친일파에 대한 과거청산을 소홀히 취급하게 된 것이 있었다고 하더라도 그것만으로는 미군정의 통치가 일제의 통치와 같이 불법적 지배의 성격을 가지거나 이를 승계하는 것은 아닐 것이다.

일제에 대한 과거청산은 한민족이 자신의 국가를 재건하여 그 헌법원칙에 따라 스스로 시행할 문제이며 독립국가로 가기 위한 과도적 과정으로 거치고 있는 미국의 군정체제에 이를 요구하고 그들에게 이를 맡길 사안도 아니다. 따라서 미군정 체제가 일제의 과거청산에 소홀하고 나아가 이를 외면하였다고 하더라도 이 점에 대한 정치적 비판은 별론으로 하고 우리 헌법을 근거로 일제의 과거청산을 법적으로 논하는 측면에 있어서는 별다른 논의의 실익이 없다고 본다.

2. 반민족행위처벌법의 입법동향

(1) 미군정기 입법의원의 입법활동

해방 직후에는 두 번의 친일반민족특별법의 제정 동향이 있었다. 그 중 첫 번째의 것은 미군정 당시 군정의 자문기구로 존재하였던 입법의원에서 1947년 7월 2일 통과되었던 '민족반역자 부일협력자 전범 간상배에 대한 특별법률 조례'이다. 이 특별법안은 민족반역자 부일협력자 전범 간상배의 개념을 각각 정의하고 이들에 대한 처벌규정을 두는 형사특별법의 성격을 가진다. 따라서 친일반민족행위자들의 재산의 처리문제에 대한 특별입법으로서의 의미를 가지지는 못하였다. 이 법안은 그 성립 이전의 행위에 대하여 처벌을 정하고 있는 점에서 진정소급입법이 아닌가 하는 의문을 가질 수 있으나 불법국가(Unrechtsstaat)의 과거청산의 문제에서는 소급입법의 의미를 그와 같이 단순히 파악할 수는 없다.[41] 그러나 어떻든 이 법안에 대하여 미군정이 1947년 11월 27일 인준을 보류하였으므로 법안 단계에서 폐기되고 말았다.[42]

(2) 제헌헌법 발효 이후 반민족행위처벌법의 제정과 적용

제헌헌법은 부칙 제101조에서 '이 헌법을 제정한 국회는 단기 4278년 8월 15일 이전의 악질적인 반민족행위를 처벌하는 특별법을 제정할 수 있다.'고 규정하여 일제 통치에 대한 과거청산 특히 친일반민족행위자에 대한 형사적 처벌을 가하는 입법조치를 시행할 것을 명시적으로 확인하고 있다.

이러한 헌법조항에 의거하여 국회는 1948년 9월 7일 친일반민족행위자에 대한 형사적 처벌에 관하여 규율하는 '반민족행위처벌법'을 제정·통과시키고 동 법률은 9월 22일 공포·시행되었다. 전문 32개조로 된 이 법률은 친일 반민족행위자의 개념을 정의하고 그 해당자를 행위의 경중에 따라 형사적으로 처벌할 뿐만 아니라 여기서 그 부가형으로 몰수형을 규정하여 전 재산의 몰수까지 가능하도록 규정하였다. 또한

---

41) 이 문제에 대한 헌법적 평가는 제6장 6-1.에서 후술하는바, 위 법안에 대해서도 친일재산국가귀속법의 경우와 같은 법리 적용이 가능할 것이다.
42) 동 법안의 제정과정과 쟁점 등에 관하여는 허종, 1947년 남조선과도입법의원의 '친일파 처벌법' 제정과 그 성격, 한국근현대사연구 2000년봄호 제12집, 150-179면 참조.

일제에서 일정한 관직을 받고 활동한 자는 공무원 임용이 될 수 없도록 하여 공직취임권을 제한하였다. 나아가 이러한 반민족행위자의 조사를 위한 특별조사위원회와 이를 처단하기 위한 특별재판부를 구성하고 운용하는 데 관하여도 규율하였다.

이와 같은 입법은 불법국가의 사실력에 의한 지배를 받다가 국권을 회복한 한국에게는 법치국가의 수립을 위하여 당연히 헌법적으로 요청되는 바이며 또한 제헌헌법의 명문의 규정에 의하여 헌법적 정당성이 확인된 것이기도 하다. 따라서 이 법률의 제정과 시행은 헌법이 일의적으로 요청하고 있는 작위의무의 실현으로서 헌법적 정당성을 가지는 것이다. 다만 이 법률은 해방 직후의 급변하는 정치적 상황에 의하여 시행에 곤란을 겪다가 6·25전쟁의 와중에 대한민국의 국권의 수호가 최우선의 국가적 과제로 되어있던 1951년 2월 14일 일단 폐지되었다.[43]

그러나 불법국가가 조성한 불법적 상태는 국권의 회복을 위하여 완전히 제거되어야 하므로 일제의 과거청산을 충분히 실현되지 못하고 계속 사회적 문제로 남아있는 한 새로운 입법조치가 헌법적으로 요청되는 상태는 계속될 것이다. 위 법률이 제대로 시행되어 일제에 매국한 친일파의 대표적 인물에 대한 처벌과 이익박탈이 광범위하고 실효성있게 이루어짐으로써 일제의 과거청산이 실질적으로 완수되었다는 사회적 공감대가 형성되어 동 법률이 폐지되었다면 모르나, 실제 현실에는 거의 적용이 되지 아니한 채 다른 정치적 사정에 의하여 폐지되었다면, 일제의 불법청산이라는 입법목적은 여전히 달성하지 못한 채 미완의 헌법적 과제로 여전히 남아있다고 하지 않을 수 없다. 따라서 위 입법의 폐지에도 불구하고 일제의 불법통치에 대한 과거청산의 헌법적 의무는 후일 정치적 상황이 안정되고 국가적 위기가 해소되어 이를 실행할 국가적 여건과 역량이 조성된다면 지체없이 입법을 실행하여야 할 입법자에 대한 헌법적 의무는 계속된다고 하여야 할 것이다. 그와 같은 국가적 여건이 조성되었음에도 불구하고 일제의 과거청산에 대한 입법을 행하지 아니한다면 그때의 입법자는 헌법적 작위의무를 위반한 것으로서 헌법위반의 책무를 면할 수 없다고 할 것이다.

3. 일제청산 입법에 대한 헌법적 작위의무의 존속

이상에서 살펴 본 바와 같이 한국 국민의 의사를 무시하고 한반도를 강점한 일제

---

43) 그 정치적 과정에 대해서는 이헌환, 전게 논문 27-29면 참조

의 지배는 불법지배에 해당하는 바, 일제가 패망하여 한국이 재건된 이상 재건된 국가에게는 일제의 불법의 결과들을 청산하여 불법국가 지배 이전의 상태를 회복할 의무가 있다고 하겠다. 다만 전 국토와 거의 대부분의 한국인이 일제의 사실상 지배를 받았고 또한 그 기간이 장기간이었던 점을 감안하여 구체적으로 어느 정도의 한도 내에서 범위를 설정하여 처벌과 재산몰수의 대상이 되도록 하는 등의 과거청산의 수위를 결정하는 것은 입법자가 그때그때의 국가적, 사회적 상황을 참작하여 법률에 의하여 그 기준을 설정하여 시행하여야 한다는 의미에서 입법적 형성의 자유를 가진다고 할 것이다. 그러나 수십년간 전 국토에 걸쳐 일제의 불법통치를 받은 뒤 건립된 자주국가로서의 대한민국은 법치국가를 새로 정립하여야 한다는 당위를 위해서라도 일제의 과거청산을 반드시 실시하여야 하며 이것은 입법재량의 한도를 넘어서 헌법적으로 요구되는 의무사항이라고 하여야 할 것이다.

그런데 이러한 헌법적 의무를 무시하고 입법부가 관련 법률을 제정하지 아니하고 또한 집행부도 아무런 과거청산작업을 구체적으로 시행하지 아니하고 있다면 이것은 헌법적 작위의무가 있음에도 불구하고 이를 이행하지 아니한 부작위에 해당한다고 사료된다. 따라서 이러한 헌법적 작위의무를 위반한 부작위는 헌법위반에 해당한다고 할 것이다.[44)]

---

44) 이와 관련하여 헌법재판소도 입법자가 헌법상 명확한 입법의무가 발생하였음에도 불구하고 이를 이행하지 아니하였다면 그러한 입법부작위는 헌법에 위반된다고 판시한 바가 있다.
   '우리 헌법은 제헌(制憲) 이래 현재까지 일관하여 재산의 수용(收用), 사용(使用) 또는 제한(制限)에 대한 보상금을 지급하도록 규정하면서 이를 법률이 정하도록 위임함으로써 국가에게 명시적으로 수용(收用) 등의 경우 그 보상(補償)에 관한 입법의무(立法義務)를 부과하여 왔는바, 해방 후 사설철도회사(私設鐵道會社)의 전 재산을 수용(收用)하면서 그 보상절차(補償節次)를 규정한 군정법령(軍政法令) 제75호에 따른 보상절차(補償節次)가 이루어지지 않은 단계에서 조선철도(造船鐵道)의 통일폐지법률(統一廢止法律)에 의하여 위 군정법령(軍政法令)이 폐지됨으로써 대한민국의 법령에 의한 수용(收用)은 있었으나 그에 대한 보상을 실시할 수 있는 절차를 규정하는 법률이 없는 상태가 현재까지 계속되고 있으므로, 대한민국은 위 군정법령(軍政法令)에 근거한 수용에 대하여 보상에 관한 법률을 제정하여야 하는 입법자의 헌법상 명시된 입법의무(立法義務)가 발생하였으며, 위 폐지법률(廢止法律)이 시행된 지 30년이 지나도록 입법자가 전혀 아무런 입법조치를 취하지 않고 있는 것은 입법재량(立法裁量)의 한계를 넘는 입법의무불이행(立法義務不履行)으로서 보상청구권(補償請求權)이 확정된 자의 헌법상 보장된 재산권(財産權)을 침해하는 것이므로 위헌이다.' 조선철도주식사건, 헌재 1994. 12. 29. 89헌마2, 판례집 6-2, 395, 409 참조.

V. 친일재산국가귀속법의 헌법적합성

1. 소급입법에 의한 재산권 제한의 일반론

헌법 제13조 제2항은 '모든 국민은 소급입법에 의하여 …… 재산권을 박탈당하지 아니한다'고 규정하고 있다. 법치국가의 원칙은 신뢰보호의 원칙을 내용으로 포함하며 신뢰보호의 원칙은 특히 재산권 보장의 측면에서 의미를 가지는 바, 위 헌법조항은 이와 같이 법치국가 원칙에서 파생되는 신뢰보호의 원칙상 '소급입법에 의한 재산권의 박탈'이 금지됨을 밝히고 있는 것이다. 여기서 소급입법은 과거에 완성된 사실 또는 법률관계를 규율대상으로 하는 진정소급입법과 과거에 시작되었으나 아직 완성되지 아니하고 진행과정에 있는 부진정소급입법으로 구분된다.

진정소급입법과 부진정소급입법에 의한 재산권 박탈의 헌법적 효력 판단 기준에 관하여 헌법재판소는 다음과 같이 판시한 바 있다.

소급입법은 새로운 입법으로 이미 종료된 사실관계 또는 법률관계에 작용케 하는 진정소급입법과 현재 진행 중인 사실관계 또는 법률관계에 작용케 하는 부진정소급입법으로 나눌 수 있는바, 부진정소급입법은 원칙적으로 허용되지만 소급효를 요구하는 공익상의 사유와 신뢰보호의 요청 사이의 교량과정에서 신뢰보호의 관점이 입법자의 형성권에 제한을 가하게 되는 데 반하여, 기존의 법에 의하여 형성되어 이미 굳어진 개인의 법적 지위를 사후입법을 통하여 박탈하는 것 등을 내용으로 하는 진정소급입법은 개인의 신뢰보호와 법적 안정성을 내용으로 하는 법치국가원리에 의하여 특단의 사정이 없는 한 헌법적으로 허용되지 아니하는 것이 원칙이고, 다만 일반적으로 국민이 소급입법을 예상할 수 있었거나 법적 상태가 불확실하고 혼란스러워 보호할 만한 신뢰이익이 적은 경우와 소급입법에 의한 당사자의 손실이 없거나 아주 경미한 경우 그리고 신뢰보호의 요청에 우선하는 심히 중대한 공익상의 사유가 소급입법을 정당화하는 경우 등에는 예외적으로 진정소급입법이 허용된다(헌재 1999. 7. 22. 97헌바76등, 판례집 11-2, 175, 193).[45]

---

45) 진정소급입법의 합헌성 판단 법리에 관하여서는 독일연방헌법재판소도 우리 헌법재판소와 동일한 입장을 취하고 있다. 독일연방헌법재판소는 '진정소급입법도 특정한 법적 상황에 대한 객관적 신뢰가 정

과거의 사실관계 또는 법률관계를 규율하기 위한 소급입법의 태양에는 이미 과거에 완성된 사실·법률관계를 규율의 대상으로 하는 이른바 진정소급효의 입법과 이미 과거에 시작하였으나 아직 완성되지 아니하고 진행과정에 있는 사실·법률관계를 규율의 대상으로 하는 이른바 부진정소급효의 입법이 있다. 헌법 제13조 제2항이 금하고 있는 소급입법은 전자, 즉 진정소급효를 가지는 법률만을 의미하는 것으로서, 이에 반하여 후자, 즉 부진정소급효의 입법은 원칙적으로 허용되는 것이다. 다만 부진정소급효를 가지는 입법에 있어서도 소급효를 요구하는 공익상의 사유와 신뢰보호의 요청 사이의 비교형량 과정에서, 신뢰보호의 관점이 입법자의 형성권에 제한을 가하게 된다(1999. 4. 29. 94헌바37등, 판례집 11-1, 289, 318; 헌재 2002. 7. 18. 99헌마574, 판례집 14-2, 29, 43).

2. 부진정소급입법으로서의 합헌성

(1) 부진정소급입법 판단의 근거

반세기 이전의 행위로 인한 재산귀속의 여부가 문제되고 있는 내용적 특성에 비추어 친일파 재산의 귀속에 관하여 특별한 규율을 하는 친일재산국가귀속법은 '이미 종료한 사실관계 혹은 법률관계에 새롭게 작용하는 진정소급입법'에 해당하지 않겠는가 하는 생각이 앞설 수 있다. 그러나 이 문제를 정확히 판단하기 위해서는 친일파가 일본에 협력한 대가로 재산을 취득하였을 당시인 일제강점기에 그 재산취득에 적용될 법규범의 현상에 관하여 보다 면밀히 살펴 볼 필요가 있다.

원래 일제강점기 일본의 불법적 점령통치에 가담하였거나 이를 원조한 행위는 한국의 입장에서는 국가에 대한 반역행위에 해당하는 것이다. 그런데 친일파의 이와 같은 행위가 자행될 시기에는 우리 국가가 와해되어 국법이 실효적으로 존재하지 아니하였으므로 이러한 국가반역행위를 제재할 법적 수단이 이미 없었기 때문에 실정법

당화될 수 없는 경우에는 예외적으로 허용된다고 하는바, 그 예외사유로서 ① 소급입법에 의하여 소급적 규율이 이루어지는 시발점의 법적 상황에서 국민이 이미 그러한 규율을 예견하였어야만 했을 때 ② 현존의 법적 상황에 불명확과 혼란이 존재하여 국민이 이를 제대로 신뢰하지 아니한 경우 ③ 무효인 규범이 초래한 사이비 합법성을 정리하기 위해서 입법자가 법적 하자가 없는 규범으로 무효인 규정을 소급적으로 대체하는 경우 ④ 공공복리상의 불가피한 사유가 법적 안정성의 요청에 우월하는 경우 등을 들고 있다. BVerfGE 13, 261, 272; 권영성, 소급입법에 의한 재산권의 제한(연습), 1997. 7. 고시연구 104면 참조.

(實定法)을 기준으로 볼 때 위법이라고 할 만한 것이 없지 않은가 하는 의문이 제기
될 수 있다.

그런데 이 점과 관련하여서는 대한제국의 형법대전의 관련 죄목, 기미 3·1운동
의 헌법적 의미와 대한민국 임시정부 건국강령의 친일파재산몰수 규정의 내용 등을
먼저 살펴 볼 필요가 있다.

1) 대한제국 형법대전의 관련규정

앞서 본 바와 같이 일제강점기 동안 비록 한국의 국가조직은 일제의 물리적 힘에
의하여 와해된 상태에 있었으나 그 국가 자체는 규범적, 관념적으로 존속하고 있었
다. 그 구체적 법적 구성은 국가의 행위능력은 결여되어 있었으나 권리능력은 존속한
상태라고 본다.

한편, 일제가 한국을 침탈한 것은 메이지유신 이후 한일합병에 이르는 수십년의
기간 동안 점진적으로 이루어진 것이지만, 그 완성 시점은 1910년 8월의 한일합병으
로 볼 수 있을 것이다. 이 시기를 기점으로 하여 한국의 국가조직은 사실상 와해되고
일제의 통치기구가 이를 대신하였다. 그런데 한일합병 당시의 한국은 근대화된 법체
계를 완비하지는 못하였으나, 법분야별 근대화의 진전이 있었고, 특히 형사법의 분야
에서는 1905년 4월 29일 반포된 형법대전(刑法大典)이 통일 형법전으로 시행되고 있
었음을 주목할 필요가 있다. 이 형법대전은 우리 역사상 처음으로 형법이라는 명칭을
지닌 체계적 법전으로서 비록 전통적인 대명률(大明律)의 내용을 기초로 하여 수정,
축조한 것이라는 한계는 있으나 형사법적 분야에서 근대화된 형법전으로 나아가는
과도적인 규범으로서의 의미를 가진다. 어쨌든 이 형법대전은 한일합병 당시 한국에
서 시행되고 있던 형법이었고, 한일합병으로 일제강점기가 시작된 이후 1912년 3월
18일 일제에 의하여 공포된 조선형사령에 의하여 폐지되었다.[46] 효력이 잔존하던 형
법대전의 일부 조항들도 1917년 12월 일제의 조치에 의하여 완전히 폐지되었다.[47]

당연한 것이지만 이 형법대전에 의하면 국가에 대한 반역죄, 내란죄, 외환죄 및

---

46) 조선형사령 부칙 제41조. 동 조항은 형법대전이 폐지되지만 그 일부조항은 당분간 조선형사령 시행 전
과 동일한 효력을 가지되 감등(減等)에 대하여는 일본형법 제87조(법률상 감경)의 예에 의한다고 규정
하고 있다. 그 존속조항은 형법대전 제473조 모살죄, 제478조 고살죄, 제498조 친속존장 살해죄의 제1
호, 제516호 강도, 절도상해죄, 제536조 강도, 절도강간죄와 각 죄의 미수범 처단규정 들이다. 문준영,
대한제국기 형법대전의 제정과 개정, 법사학연구 제20호, 1999, 52면.

47) 문준영, 전게 논문, 53면.

국권손괴죄 등이 처벌대상으로 규정되어 있었다. 대표적인 내용을 보면, 반역죄는 대역죄와 모반죄로 분류하고 이에 가담한 자를 모두 교수형에 처하도록 하였다(형법대전 190조 내지 192조). 내란죄는 정부를 전복하거나 기타 정사를 변경하기 위하여 난을 작하는 행위로서 모두 교수형에 처하도록 하였다(형법대전 제195조). 또한 외국정부에 향하여 본국 보호를 암청(暗請)하거나 국가비밀 정형(情形)을 외국인에게 누설하거나 외국인에게 아부하거나 빙자하여 본국인을 협박 혹은 침해하는 행위 등을 국권손괴죄(國權損壞罪)로 처단하였다(형법대전 제200조). 그리고 형법총칙의 내용 중에는 부가형으로서 몰입(沒入)형을 정하고 있고 이에 의하면 일반범죄에 관한 물건은 관(官)에 몰입하도록 규정하였다(형법대전 118조).

이와 같이 일제의 강점이 시작될 당시를 기점으로 볼 때 시행되던 한국의 위 형법조항들은 일제강점기 동안 한국이라는 국가가 행위능력을 상실한 기간 동안 그 국가와 운명을 같이 하였다고 할 것이다. 따라서 한국의 형법대전은 일제의 강제력에 의하여 배제됨으로써 더 이상 정상적으로 현실에 적용되지 못하는 상황에 처하였으나[48] 그 국가가 규범적으로 존속한 것과 마찬가지로 규범적 의미에서는 그대로 존속하였다고 할 것이다. 다만 장차 한국이라는 국가의 국권의 회복에 의하여 그 현실적 적용력이 회복되어야 하는 일종의 사실상의 효력정지 상태에 있었다고 본다.

2) 기미 3·1운동의 헌법적 의미

주지하는 바와 마찬가지로 1919년 3월 1일을 기하여 한반도 전역에서는 일제의 강점에 항의하고 한국인의 자주·독립국가의 재건을 요구하는 대규모 국민운동이 전개되었다. 이 운동은 국내에서는 일제의 군사력과 경찰력에 의하여 철저히 진압되고 그 후에도 일제의 불법적 강점통치가 계속되었지만 해외에서는 그 정신과 취지에 따라 대한민국 임시정부가 창건되었다. 이 임시정부는 3·1운동의 정신에 입각하여 한국의 국가형태를 민주공화국으로 하기로 정하였다. 이와 같은 상황을 종합한다면, 1919년의 3·1운동에 의하여 대한국민은 헌법제정권력자로 등장하여 그 이전의 군주국의 정체를 버리기로 하고 이제는 민주공화국인 대한민국을 창건하기로 결단하였다고 판단할 수 있다고 생각된다. 그렇다면 구한국의 형법체제인 형법대전의 규범적 효

---

48) 일제는 합병에 즈음하여 과도적, 잠정적으로 형법대전의 효력을 부분적으로 인정한 바 있으나, 이것은 그들의 불법통치를 원활히 도입·시행하기 위한 목적에서 이루어진 것일 뿐이므로 이를 구한국의 법제를 적법하게 교체한 정황으로 파악할 수 없다고 본다.

력은 이러한 사건에 의하여 다시금 모호해지는 결과를 초래하기는 한다고 할 것이다. 하지만 대한민국 임시정부가 일제의 국토강점에 반대하여 투쟁을 전개하는데 그 주된 활동을 전개하고 있었던 만큼 구한국의 형법대전 중 일제에 협력한 자들에 대하여 징벌을 하는데 필요한 조항들의 규범적 효력은 일제 강점기에도 여전히 유지된 것이라고 보아야 할 것이다.

3) 대한민국 임시정부 건국강령의 과거청산 규정

한국은 1910년 8월 이후 일본제국의 불법적 영토강점에 의하여 국가조직이 와해되고 공권력이 사실상 소멸한 상태에 있었지만 국가의 존속이 중단된 것은 아니다. 여기에 1919년의 3·1운동을 통하여 대한국민은 대한민국 임시정부를 건립하고 국가의 정체를 민주공화국으로 변경하였다. 따라서 이 시기부터 한국은 임시정부의 국가조직을 통하여 국가의 행위능력을 부분적으로 회복하였으나 아직 국토의 전체가 일본제국에 의하여 강점된 상태가 계속되고 있었으므로 행위능력의 회복은 그 한도에서 극히 부분적이고 제한적인 정도에 머무는 것이었다. 그러나 비록 불완전한 상태이기는 하지만 이 시기에 대한민국 임시정부에 의하여 형성된 국가 규범의 내용은 당시의 한국의 공법체제를 파악함에 있어서 결정적인 해석기준이 된다고 보아야 할 것이다. 여기서 특히 대한민국 임시정부가 1941년 11월 28일에 제정된 건국강령의 내용이 구체적 의미를 가지고 있다. 건국강령에 의하면 일본제국주의에 앞잡이 노릇을 한 부적자(附敵者)의 공민권 박탈과 아울러 그 재산의 몰수를 이미 명시하였다(제3장 제5호 제2항).[49] 이러한 건국강령의 내용은 당시 대일항전의 시기에 조급히 작성된 것이어서 그 내용의 구성이 체계적이지 못하여 헌법규범으로서는 완전성을 가지지 못한 것이기는 하지만 그 내용 중에, 적국인 일본제국의 국토 강점에 협력한 자의 재산에 대한 몰수를 특별히 규정한 것은 반역행위로 인하여 취득한 이익을 국가가 회수함으로써 국가와 민족 자존의 정권(正權)을 지키고자 한 것으로서 해방 이후 당연히 실현되어야 할 헌법정책적 내용의 일부분을 확인한 것이다. 따라서 건국강령의 이러한 내용은 일제 과거청산에 관한 우리 헌법의 입장을 판단함에 있어서 중요한 해

---

49) 건국강령 제3장 제5호 제2항: 적의 침략·침점 혹은 시설한 관공·사유 토지와 어업·광산·농림·은행·회사·공장·철도·학교·교회·사찰·병원·공원 등의 산업과 기타 토지 및 경제·정치·군사·문화·교육·종교·위생에 관한 일체 사유자본과 부적자(附敵者)의 일체 소유자본과 부동산을 몰수하여 국유로 함.

석지침이 되어야 한다는 점에서 그 헌법선구적 의미를 무시할 수 없다.[50]

4) 소 결

친일파가 일제에 협력하여 활동하고 그 대가로 재산을 취득하였을 당시 적용되어야 할 법규범의 상태가 이와 같다고 본다면 친일파의 재산 취득은 행위 당초부터 불법성이 내포되어 있었던 것이고 또 동 재산이 그 취득행위 시부터 안정적이고 확정적으로 당해 친일파 행위자에게 귀속되어 있었다고 보기 어렵다. 일제강점의 시기에 불법국가인 일제가 만들어 실행한 법체제의 정당성은 부인되어야 할 것이므로 이를 기준으로 판단할 수는 없고, 나아가 대한민국의 법제도를 기준으로 판단할 때 친일파가 매국적 행위로 취득하였거나 일제의 비호하에 수집한 재산에 대하여 그 소유권을 보장한 바가 없고, 대한제국의 형법대전 조항이나 임시정부의 건국강령의 내용 등에 의할 때 오히려 국가에 의한 몰수의 원칙을 천명하고 있으므로 그 권리관계는 국가에 의하여 명확히 보장되지 아니한 불확정상태에 있다고 볼 수밖에 없기 때문이다. 이와 같이 당초부터 불확정상태로 있던 행위에 대하여 그것이 지닌 불법성을 사후에 처리한다고 하더라도 이것은 이미 종료한 사실관계 혹은 법률문제를 새로이 다루는 것이 되지는 않는다. 그 사실관계나 법률관계는 행위 당시부터 법적 귀속에 의문과 불명확성을 내포하고 있었던 것이고, 당초부터 존재한 이러한 불명확성을 사후에 확정하고 있을 뿐이기 때문이다.

따라서 친일파가 일제에 협력하는 대가로 취득한 재산을 사후에 국가에 귀속시키는 친일재산국가귀속법은 진정소급입법으로서의 성격을 가진 것이 아니라 부진정소급입법의 성격을 가진 것으로 보아야 정확하다고 할 것이다.

(2) 부진정소급입법의 합헌성

헌법 제13조 제2항이 금하고 있는 소급입법은 진정소급효를 가지는 법률만을 의미하는 것으로서, 부진정소급효의 입법은 원칙적으로 허용된다. 다만 부진정소급효를 가지는 입법에 있어서도 소급효를 요구하는 공익상의 사유와 신뢰보호의 요청 사이의 비교형량 과정에서, 신뢰보호의 관점이 입법자의 형성권에 제한을 가하게 될 뿐이다.

그런데 친일재산국가귀속법에 의하여 달성하고자 하는 입법의 목적은 한반도 내

---

50) 권영성, 전게 논문, 97면에서도 건국강령의 재산몰수규정이 헌법전문의 해석에 중요한 지침이 됨을 인정하고 있다.

에서 불법으로 존재하였던 일제 과거의 잔재를 청산한다고 하는 것이다. 이러한 법익은 국가의 법적 정통성을 확립하는데 결정적인 중요성을 가지고 있으며, 북한과의 경쟁관계에서 우리 국가의 정당성을 강화하기 위하여서도 반드시 완수되어야할 민족적 차원의 중대한 공익에 해당한다. 이에 반하여 친일재산국가귀속법에 의하여 침해될 수 있는 당사자들의 권익과 이를 후손들에게 상속까지 해 가면서 영구히 유지하는데 대하여 가지는 신뢰는 한국민에 대한 배신행위를 통하여 정의를 심각하게 훼손해 가면서 감행한 행위의 대가로 조성된 것으로 당초부터 영속적 보장이 불가능한 불완전한 것이었다. 따라서 이 사건 부진정 소급입법에 있어서 소급효를 요구하는 공익적 사유의 실현과 소급효를 받는 사인의 신뢰보호의 요청 간의 비교형량을 하여 볼 때에 문제된 공익이 문제된 사익에 비하여 압도적으로 우세하여 신뢰보호의 관점에서 보아도 입법형성의 재량이 잘못 행사된 것이라고 할 수 없다.

그렇다면 친일재산국가귀속법은 부진정소급입법으로서 헌법 제13조 제2항의 소급입법에 의한 재산권 박탈금지 조항에 위배되지 아니한다고 할 것이며, 나아가 헌법상 신뢰보호의 원칙의 관점에서 보아도 위헌적 요소를 내포하고 있지 아니하다고 할 것이다.

3. 진정소급입법으로 볼 경우의 합헌성

위에서 살펴 본 바와 같이 친일재산국가귀속법은 부진정소급입법으로 보아야 할 것이다. 하지만 일제의 한국 점령의 불법성으로 인하여 한국이라는 국가의 관념적 존속이 법적으로 인정되어야 한다고 하더라도, 실제로는 한반도에 거주하는 모든 한국민들이 강요된 일제의 법제도에 따라서 생활하여 온 것이 사실이다. 한편 일제가 도입한 법제도, 특히 민사법 등 일반법 제도는 서구의 근대적 법제도를 모방한 것으로서 그 한도 내에 제한된 서구적 합리성을 지닌 측면이 있었던 반면에, 이를 대신할 한국의 법제도는 아직 완전히 형성되지 못한 상태에 있었다. 나아가 일제가 채택한 일반법 제도는 해방 이후 별도의 입법적 조치에 의하여 한국의 법제도로서 수용되기도 하였으므로 이러한 모든 정황들을 고려하여 친일파가 일제강점기에 취득한 재산은 그들에게 종국적으로 귀속된 것으로 해석할 수밖에 없다고 하는 법실정주의적 견해가 제기될 수 있다. 이러한 견해에 의하면 친일재산국가귀속법이 '진정소급입법'이라고 주장될 소지도 물론 존재한다.

그러나 이러한 점을 고려하여 친일재산국가귀속법이 진정소급입법의 성격을 가진다고 본다고 하더라도, 우리 헌법의 해석상 그것이 위헌이라고 하기는 어렵다. 진정소급입법은 개인의 신뢰보호와 법적 안정성을 내용으로 하는 법치국가원리에 의하여 특단의 사정이 없는 한 헌법적으로 허용되지 아니하는 것이 원칙이다. 그러나 이러한 원칙도 절대적인 것은 아니며 진정소급입법이라도 일반적으로 국민이 소급입법을 예상할 수 있었거나 법적 상태가 불확실하고 혼란스러워 보호할 만한 신뢰이익이 적은 경우나 신뢰보호의 요청에 우선하는 심히 중대한 공익상의 사유가 소급입법을 정당화하는 경우 등에는 예외적으로 진정소급입법이 허용된다.

친일재산국가귀속법의 경우에 앞서 살펴 본 바와 같이 ① 일본의 한반도 지배는 강박과 위협에 의한 강제점령으로서 법적 정당성이 결여된 불법통치이며, ② 일제강점기에도 한국의 국가성의 존속이 인정되어야 하므로 친일파의 일제 협력은 국가에 대한 반역행위에 해당한다고 보아야 하고, ③ 일제의 강점 기간 동안 한국의 국가기능은 사실상 소멸하여 행위 당시 친일행위자에 대한 처벌이 불가능하였으므로 어차피 소급입법에 의한 제재가 불가피하였으며, ④ 이와 같은 친일행위로 인한 이득은 언젠가 일제가 패망할 경우 당연히 청산의 대상이 될 것임을 행위 당시에도 충분히 예상할 수 있었다고 평가되고, ⑤ 이러한 예상과 행위 당시의 일제가 강요한 법제도상의 괴리로 인하여 그 법적 상태는 불확실하고 혼란스러웠으므로 그들의 재산을 보호해주는 일제의 법제도에 대한 신뢰는 보호할 가치가 없으며, ⑥ 불법국가인 일제에 대한 협력을 원인으로 한 재산취득은 정의에 반한 행위로서 일제 패망 이후에 이를 계속 보호받는데 대한 신뢰이익이 극미(極微)한 반면, ⑥ 이러한 신뢰보호의 요청에 우선하는 일제과거 청산의 공익은 소급입법을 정당화하기에 충분할 정도로 중대하다고 할 것인 바, 이러한 모든 사정들을 고려할 때 친일재산국가귀속법은 진정소급효를 가진 것임을 전제로 한다고 하더라도 그러한 진정소급입법에서는 관계된 당사자들의 신뢰는 보호될 가치가 희박하며 소급효를 인정함으로써 유지하고자 하는 공익적 이유에 우선당하여야 마땅하다고 할 것이다. 따라서 친일재산국가귀속법은 진정소급입법으로서의 성격을 가진다고 보더라도 예외적으로 헌법이 허용하는 범위 내의 규율에 해당하여 결국 헌법에 합치한다.[51]

---

51) 권영성, 전게 논문, 104면도 진정소급입법의 예외적 정당화 사유를 적용하여 같은 취지로 판단하고 있다.

제 **2** 장

한반도 영토·국경과 헌법

한반도 영토·국경과 헌법

I. 머 리 말

헌법 제3조는 대한민국의 영토는 한반도와 그 부속도서로 한다고 규정하는데, 이 조항의 해석문제는 오랜 논쟁거리로서 주로 북한 체제의 존재 현실과 헌법 제4조의 통일조항과의 관련 하에서 그 존치 여부와 의미내용을 놓고 다양한 견해가 전개되어 왔다. 그러나 학계의 논의와는 별도로 대한민국의 영토가 한반도 전역에 미친다는 명제와 평화통일 요청의 명제는 이미 수십년간 헌법에 명문(明文)으로 병존하여 왔고,[1] 긴장과 화해가 반복되는 남북한 관계의 법적 설명에 일정한 역할을 하여오고 있다. 이 글에서는 그동안 충분히 이루어져왔다고 생각되는 헌법 제3조와 제4조의 모순논쟁에서 벗어나, 일제강점을 헌법적으로 평가하고 남북한 관계의 법적 현실과 장래 한반도의 통일 등 동아시아의 정세 변화를 감안하여 볼 때 헌법상의 영토적 규율이 어떠한 구체적 의미를 가지며 또한 가져야 할 것인지를 분석하여 본다. 나아가 현재의 영토조항이 통일 후의 국경확정 문제에 대하여 가지는 연관성도 검토함으로써 미래의 영토조항의 바람직한 존재방향을 모색하여 보고자 한다.

이를 위하여 논의하는 순서는 먼저 영토·국경문제에서 대한 헌법적 규율의 입법례를 유라시아 대륙의 전통적 입헌주의 국가와 신생 입헌주의 국가들을 포괄하여 소개하면서 최근의 세계적 입법경향을 파악하고(Ⅱ), 우리 헌법상의 영토조항의 의미를 남북한 관계 규율의 법적 현실에 입각하여 분단국이론의 정립과 남북한 화해협력의

---

* 본 장(章)은 2009년 10월 부산대학교 법학연구 제50권 제2호 117-143면에 게재한 논문 '우리 헌법과 한반도 영토·국경 문제'를 일부 수정·보완한 것임.
1) 영토조항은 1948년 헌법(제헌헌법) 제4조에서 현재와 같은 내용으로 규정된 이래 계속 존속되어 왔으며, 평화적 통일의 헌법적 요청은 1972년 헌법(유신헌법)에서 그 전문 등에 처음으로 나타난 이래 현행헌법 제4조의 평화통일조항에 이르기까지 37년간 지속되어왔다.

기준 및 남북한 통일의 방법제시의 세 가지 분야로 나누어 분석하며(Ⅲ), 현재 영토
조항의 내용을 기준으로 간도 영유권 문제를 헌법적으로 해석한 다음(Ⅳ), 한반도 통
일 이후의 영토의 헌법적 규율에 관하여 법리적, 법정책적 검토를 행하여 본다(Ⅴ).

Ⅱ. 영토·국경에 대한 헌법적 규율의 입법례

1. 각국 헌법의 영토조항 개관

영토에 대한 헌법적 규율방식은 나라에 따라 다양하게 나타난다. 크게 보아서 헌
법에서 명문으로 규율하는 법제와 헌법전에서 이를 다루지 않는 법제로 나누어 볼
수 있다. 아래에서 살펴보는 바와 같이 역사적으로 영토확장에 나섰던 구미 제국들이
대체로 영토조항을 설정하지 않거나 설정하더라도 내용이 구체성을 가지도록 하는데
인색한 입법태도를 보이는 반면, 자국의 영토 현상에 대하여 불만을 가진 국가나 신
생 입헌주의국가들은 거의 빠짐없이 각자의 영토적 특수성을 반영한 영토조항을 설
치하고 있는 점에서 차이를 보인다. 이하에서는 이러한 인식하에 영토확장형 국가,
영토보존형 국가로 대별하여 살펴보고 아울러 분단상태에 있는 국가들의 헌법은 별
도로 개관해 본다.

(1) 영토확장형 국가의 경우

1) 미 국

미국 헌법에는 영토에 관한 언급이 없다. 그러나 판례법상 영토에 관한 문제가 다
루어지고 있는데 주(州)로서 미국연방에 포함되어 헌법이 적용되는 영역(State)과 미
국의 통치권이 미치는 영토(territory)를 구분하고 있는 점을 주목할 필요가 있다. 예
컨대 푸에르토 리코(Puerto Rico)는 미국이 획득하고 통치하는 지역이나, 미국에 합병
되어 미국연방을 구성하는 주(State)가 된 것은 아니다. 이러한 지역에 헌법의 어떠한
조항이 적용되고 적용되지 아니할 것인가 하는 점은 입법부가 재량으로 판단할 문제
이며 기본권의 보장을 비롯한 헌법의 모든 조항이 직접 적용되지는 아니한다.[2] 연방

---

2) John E. Nowak, Ronald D. Rotunda, Constitutional Law, 7th ed. p. 242-244.

대법원은 푸에르토 리코 지역에 대하여 연방조세의 통일에 관한 헌법조항이 적용되지 않는다고 하였으나,[3] 그 후 다른 헌법조항의 적용을 인정하였다.[4] 관타나모 (Guantanamo)는 쿠바로부터의 영구조치지로서 미국의 통치권이 미치지만 미연방의 영역은 아니므로 미국헌법이 원칙적으로 적용되지 않는다. 그러나 최근 테러와의 전쟁으로 인한 적전투원 수감자의 인권문제가 제기되자 연방대법원이 기본권 관련 조항의 적용을 인정한 사례가 있다.[5]

요컨대 미국은 헌법적용영역과 통치영역을 구별하고 있으며, 미국헌법상 영토는 미국의 구성부분으로서 헌법이 완전히 적용되는 각 주와 미국의 통치권이 미치나 헌법이 자동 적용되지 않으며 상황에 따라 일부 조항의 적용을 인정하는 해외영토로 구분되고 있다고 볼 수 있다.

2) 프랑스

프랑스 헌법에는 프랑스의 영토를 명백히 서술하는 조항이 존재하지 않는다. 그러나 이론상으로는 영토는 국가의 3대 구성요소의 하나로서 주요한 논의의 대상이 되고 있다. 그러나 프랑스 혁명 이후에만 보아도 프랑스의 영토는 나폴레옹 1세의 시기에 극대화되었다가 왕정복고 후 다시 축소되고 나폴레옹 3세 때에는 이탈리아 통일을 틈타 사보이와 니스 지역으로 영역을 확대하였으나 독일에 패전하여 알사스·로렌을 상실하였고, 세계대전을 전후하여서는 알사스·로렌 뿐만 아니라 독일의 루르지방이나 자알란트까지 점령하는 등 변화가 심하였다. 제2차 세계대전 이후에는 세계 각지의 식민지를 대부분 상실하였다. 이러한 역사적 변화를 겪은 나라로서 프랑스가 헌법에 영토를 한정하는 조항을 둘 의지를 보이지 아니한 것은 당연할 것이다. 그러나 영토는 국가의 구성요소로 인정되므로 헌법에서는 영토를 국내적으로 조직하고 편성하는 문제, 즉 행정구역의 조직·편성의 문제로 언급하고 있다.[6]

3) 일 본

일본은 침략전쟁에서 패전한 이후 사소한 지역을 제외하면 미국의 단독 점령에

---

3) Downes v. Bidwell, 182 U.S, 244 (1901).
4) Balzac v. Puerto Rico, 258 U.S, 298 (1922).
5) Boumediene v. Bush 128 S. Ct. 2229 (2008).
6) 프랑스 헌법 제12장 제72조 내지 제74조. 헌법강학상으로는 헌법총론의 국가이론에서 국가의 3요소 중 하나로 영토를 설명한다. Dominique Turpin, Droit constitutionnel, PUF, Paris, 2003. 중 le droit de l'Etat pp.33-39. 참조.

의하여 영토를 보전하였으므로 독일과는 달리 영토에 관한 복잡한 규율의 필요가 없게 되었다. 냉전체제의 성립으로 인한 분할 점령의 고통은 전쟁의 책임이 없는 한국이 대신 떠안게 되었다. 이러한 역사적 상황을 반영하여 일본 헌법은 영토에 관하여 어떠한 언급도 하지 않고 있다.

또한 주변국을 자주 침략하였던 역사적 행적과 패전 이후의 무반성적 태도에 비추어 볼 때, 장래에도 일본에서 "일본의 영토는 일본열도와 부속도서로 한다."는 방식의 영토조항이 그들의 헌법에 등장하리라고는 기대하기 어렵다.

4) 독 일

서독은 패전 이후 소련점령지구를 제외한 미·영·불의 점령지구를 영역적 기반으로 하여 연방국가로서 재출발하였다. 1990. 10. 3. 통일되기 이전의 기본법은 전문(前文)에서 연방에의 참여가 거부된 독일인이 존재한다는 것을 전제로 장차 독일이 통일되어야 함을 선언하고 있다. 또한 제23조에서는 기본법의 효력이 서독의 12개 주(Land)에 미치는데 기본법이 발효되지 못한 '그밖의 독일지역(andere Teile Deutschlands)'은 연방에 가입함으로써 기본법의 효력을 받게 된다는 것을 규정하였다.

기본법이 독일의 영토 범위를 직접 언급하지는 아니하지만 이러한 조항의 문언들을 종합하면 서독지역을 넘어서는 전체 독일지역이 존재하는 것을 말하고 있다. 즉 기본법은 전체 독일영역의 일부에 해당하는 서독지역에만 잠정적으로 발효된다는 것이다. 전체 독일이 장차 통일을 이루면 잠정적 부분헌법인 기본법은 소멸하고 대신 독일헌법이 전체 독일지역에 발효할 예정이었다.[7]

그렇다면 통일 이전의 기본법은 독일 국가의 영역에 관하여 단지 침묵하고만 있는 것이 아니고, 독일의 영토는 기본법의 발효 영역을 넘어서는 패전 이전의 독일의 국가(Reich)영역임을 암시하고 있다고 판단된다. 그 영역이 반드시 나치 정권의 침략 전쟁이 개시되기 전인 1937년 12월 31일 당시의 영역을 말하는 것인지는 명백하지 않으나, 적어도 기본법의 발효지역을 넘어서는 지역에 해당함은 분명히 하고 있다.[8]

요컨대 서독 기본법은 독일의 국가영토에 관하여 규정하고 있으나 명백하고 완결

---

7) 통일이전의 서독 기본법 제146조(기본법의 유효기한) 이 기본법은 독일국민이 자유로운 결정으로 의결한 헌법이 효력을 발생하는 날에 그 효력을 상실한다.

8) 다만 기본법 제116조 제1항은 '1937년 12월 31일 현재 독일 영역 이내의 독일 혈통을 가진 자'에게 독일국적이 인정됨을 규정함으로써, 국적에 있어서는 분단상황을 고려하지 아니하며 오직 독일단일국적만을 인정함을 헌법상 명백히 하고 있다.

적인 서술은 하지 않고, 부분적·상징적·암시적 언급만을 하고 있었다.

1990년 통일 이후 기본법은 새로운 헌법에 의하여 대체되지 않았고, 분단시대의 기본법이 제146조에서 예정한 통일헌법으로서 거듭나게 되었다. 분단의 기형상태를 극복한 기본법은 국가영역에 관하여 연방 구성주를 나열하는 방식으로 규정하고 있다. 이는 연방국가 헌법에서 일반적으로 사용되는 영토 규율방식이라고 할 수 있으며, 독일은 통일에 의하여 영토문제를 완결짓고 정상적인 연방국가의 규율로 돌아가고 있다고 평가된다.

5) 러시아

러시아 연방헌법은 제4조에서 러시아연방의 주권은 그 전 영역에 미치며(제1항), 러시아연방은 그의 영토보전 및 불가침을 보장한다고 선언한다(제3항). 제5조에서 연방의 편제에 관하여 규정하고 있다.[9] 러시아 연방에는 체첸인, 타타르인을 비롯한 수많은 비러시아계 민족들이 거주하면서 언제든지 러시아가 약화되기만 하면 독립하려는 경향을 보이고 있으므로 러시아헌법의 영토보전조항은 단지 상징적 이론적 의미만을 가지는 조항이 아니며, 러시아가 가진 현실적 영역과 판도를 유지하겠다는 헌법제정권력의 의지를 표현한 절박한 의미를 가진 조항이라고 할 수 있다.

6) 중 국

중국은 광대한 영토보유국으로서 동질성이 없는 다수의 민족을 포섭하고 있음에도 불구하고 국가의 기본구조로서 연방제를 채택하지 않고 특유의 단일제에 의하고 있다. 영토에 관한 언급을 하는 헌법조항은 존재하지 아니하나, 헌법전문에서 대만문제에 관하여 "대만은 중화인민공화국의 신성한 영토의 일부분이다. 조국통일 완성의 대업은 대만 동포를 포함한 전 중국인민의 신성한 직책이다."라고 선언하고 있다. 여기서 중국이 영토확장형 국가로서 기본적으로 영토획정에 관한 헌법적 규율을 피하면서도 대만과의 통일문제만은 민감하게 다루고 있는 사정이 나타나고 있다.

---

9) 러시아 연방헌법 제5조 ① 러시아연방은 러시아연방의 동권의 구성 주체인 공화국·지방·주·연방특별시·자치주·자치관구로 구성한다.
　② 공화국(국가)은 그 독자적인 헌법과 법률을 가진다. 지방·주·연방특별시·자치주·자치관구는 그 독자적인 헌장 및 법령을 가진다.
　③ 러시아연방의 연방구조는 국가의 통일·국가권력체제의 통일·러시아연방 권력기관과 러시아연방 주체의 권력기관간의 관할사항 및 권한의 구분·러시아 연방에 있어서의 제 민족의 평등과 자결에 기초한다.
　④ 러시아연방의 모든 구성 주체는 연방국가 권력기관과의 관계에서 상호 동등하다.

(2) 영토보존형 국가의 경우

1) 아시아의 독립국가

몽골 헌법 제4조는 몽골의 영토와 국경은 불가침임을 선언하며 여기서 외국군대의 몽골 통과는 법률상 허용되지 않으면 금지되도록 규정한 점이 특이하다. 중국과 러시아에 둘러싸인 몽골의 지정학적 상황에서 나온 규정일 것으로 생각된다.[10]

오랜 내전 끝에 통일된 베트남은 그 헌법 제1조에서 영토의 보전을 선언하면서 본토뿐만 아니라 영해와 영공의 보전을 언급하고 있다.[11]

인도 헌법 제1조는 인도가 각 주로 구성된 연방국가임을 밝히고 인도의 영토는 각 주의 영토와 연방직할지로 구성됨을 밝히고 있다. 연방국가이면서 각 주의 영토 이외에 연방의 직할지를 설정하고 있는 점과 '장래 획득할 영토'에 대한 언급도 하고 있는 점이 특이하다.[12] 인도는 서구의 식민지가 된 아시아 국가로서는 최대의 인구와 영토를 가진 국가였는바 영국으로부터의 독립과정에서 국토의 분열과 이탈 및 새로운 경계 확정 등의 문제가 많았던 사정이 이러한 특이한 영토조항을 가지도록 하였다고 생각된다.

2) 동유럽의 체제전환 국가

체코 헌법은 영토의 불가분성을 선언하고 국경의 변경은 헌법개정에 의하여서만 가능하다고 규정한다.[13] 헝가리 헌법은 영토의 보전과 국제조약에 의하여 정하여진

---

10) **Article 4**
   1. The territorial integrity and frontiers of Mongolia shall be inviolable.
   2. The frontiers of Mongolia shall be safeguarded by law.
   3. Stationing of foreign troops in the territory of Mongolia, allowing them to cross the state borders for the purpose of passing through the country's territory shall be prohibited unless an appropriate law is adopted.
11) **Article 1.** The Socialist Republic of Vietnam is an independent and sovereign country enjoying unity and territorial integrity, including its mainland, Islands, territorial waters and airspace.
12) Article 1. Name and territory of the Union
   (1) India, that is Bharat, shall be a Union of States.
   (2) The States and Territories thereof shall be a specified in the First Schedule.
   (3) The Territory of the India shall be comprise-
      (a) the Territories of the States;
      (b) the Union Territories specified in the First Schedule; and
      (c) such other Territories as may be acquired;

국경을 방어할 것임을 선언하고 있다.14) 폴란드 헌법은 국가가 영토의 독립성과 완전성을 확보함을 선언하고 있다.15) 이는 국제조약을 준수한다는 헌법규정과 결합하여 주변국들간의 조약에 의하여 보장된 폴란드의 영토를 헌법적으로 보장하는 방법을 취하고 있다.16)

불가리아 헌법 제2조 제2항은 영토의 보전과 불가침성을 선언하고 있다. 루마니아 헌법은 영토라는 제목의 제3조에서 영토의 불가양성을 선언하고 국경은 법률(조직법)로 구현되도록 하고 있다. 특이한 것은 영토 내 타 민족의 식민을 금하는데 이는 루마니아의 특수한 역사적 상황에 대한 대처로 생각된다.17)

세르비아 헌법은 영토와 국경이라는 제목의 제8조에서 영토의 불가분성을 규정하고 국경의 변경은 헌법개정의 절차에 의하여야 함을 분명히 하였다. 몬테네그로 헌법은 영토라는 제목의 제8조에서 몬테네그로의 영토는 단일하고 불가양이며, 몬테네그로는 영역적 단위인 자치체로 조직된다고 규정한다.

3) 구소련에서 분리된 신생국가

카자흐스탄 헌법 제2조는 국가의 주권이 전 영토에 미치며, 영토의 보전과 불가침성 및 불가양성을 규정하고 있다.18) 영토의 헌법적 성격을 규정하면서도 영토의 범위 자체를 서술하지 않는 이러한 입법례는 영토보존형 국가의 전형적이고 기본적인 규정방식이라고 할 수 있다. 벨라루스의 헌법은 영토의 통일성과 불가분성을 선언하지

---

13) Article 11. The territory of the Czech Republic forms an indivisible whole, the borders of which may be altered only by constitutional act.
14) Article 5. The State of the Republic of Hungary shall defend … territorial integrity of the country and its borders as established in international treaties.
15) Article 5. The Republic of Poland shall safeguard the independence and integrity of its territory.
16) 1990년 독일의 통일에 즈음하여 미·영·프·소의 전승4국과 독일 폴란드 간에 체결된 이른바 2＋4조약이 여기에 해당한다.
17) Article 3 - Territory
   (1) The territory of Roumania is inalienable.
   (2) The frontiers of the Country are enshrined by an organic law, with the observance of the principles and other generally recognized regulations of international law.
   (3) The territory is organized administratively into communes, towns and counties. Some towns are declared municipalities, according to the provisions of the law.
   (4) No foreign populations may be displaced or colonized in the territory of the Romanian State.
18) Art. 2. ② The sovereignty of the Republic extends to its entire territory. The state ensures the integrity, inviolability and inalienability of its territory.

만 덧붙여 영토의 조직과 편제에 관한 기본적 사항을 포함하고 있다.[19]

그러나 우크라이나 헌법 제2조는 현재 국경선 내에 존재하는 우크라이나의 영토는 불가침이고 불가양이라고 규정한다. 이는 카자흐스탄의 헌법의 내용과 대동소이한 것이나, 헌법상의 영토의 범위가 '현재 국경선' 내의 그것임을 분명히 하는 점에서 차이가 있다. 그루지아 헌법 제2조는 여기서 더 나아가 그루지아 공화국의 영토는 1991. 12. 21.의 그것과 같다고 하여 영토의 범위를 특정된 역사적 일시를 기준으로 하여 확정짓고 있다.

한편 아제르바이잔 헌법의 영토조항인 제11조는 특별히 상세하여 관심을 끈다. 제11조 제1항에서 영토의 보전과 불가분성을 규정하지만 제2항에서 영해 특히 카스피해의 소속 해역이 아제르바이잔 국가영역의 본질적 부분임을 밝히고 있다. 아제르바이잔의 카스피해역은 막대한 양의 유전지역으로서 구소련 등 열강이 침탈하여온 바였으므로 이를 보전하고자 하는 특별한 의지로 보여진다.

키르키즈스탄 헌법 제3조는 현재의 국경을 기준으로 한 영토는 불가침·불가분임을 선언하고, 지방자치의 실현을 위하여 영토를 하부 행정단위로 구분함을 규정한다.

(3) 분단국가의 경우

1) 아일랜드

1937년 채택된 아일랜드 헌법 제2조는 '아일랜드 섬 전체가 아일랜드 공화국의 단일한 국가영토'라고 규정하였다.[20] 아일랜드 대법원은 이 헌법조항이 실제로 권리나 의무를 발생시키는 창설적 효과를 가진 규정이 아니라는 취지의 일관된 판단을 하여왔다. 그러나 아일랜드 민족주의자들은 이 조항에 근거하여 정부가 아일랜드의 통일에 적극적으로 활동하여야 할 법적 의무를 부과한다고 주장하였고, 이에 대응하여 북아일랜드 주민의 다수를 차지하는 영국계 주민들은 이 조항들이 영국령인 북아일랜드가 아일랜드 공화국의 영토임을 불법적으로 선언한 것으로 보았다.

이 분쟁은 1998년 영국과 아일랜드 간에 벨파스트 협정(Belfast Agreement)이 체결되고 이 조약에 따라 아일랜드는 1999. 12. 2.의 헌법개정으로 위 조항들의 내용을

---

19) 벨라루스 헌법 제9조 제3문.
20) **Article 2.** The national territory consists of the whole island of Ireland, its islands and the territorial seas.

완전히 변경함으로써 새로운 국면을 맞았다. 새로운 개정조항은 '아일랜드 섬 전체가 단일한 국가영토'라는 문언을 삭제하고, '모든 아일랜드 섬 출생자에게 아일랜드 국민에 소속될 태생적 권리를 부여'하는 내용으로 전환하였다.[21] 국가를 구성하는 요소로서의 물적 요소인 영토와 인적 요소인 국민 중에서, 구법 조항은 아일랜드 섬을 준거점으로 하여 '영토의 단일성'을 선언하였지만, 신법조항은 '국민의 단일성'을 인정하는 방향으로 전환하였다고 할 것이다. 그리고 북아일랜드는 그 주민의 다수가 통합을 인정하지 않는 한 아일랜드 공화국과 통합할 수 없음을 확인하였다.[22] 북아일랜드 지역은 영국계 주민이 다수를 차지하므로 이러한 해결책이 이들을 안심시키는 효과를 가져올 것으로 기대되었으나, 북아일랜드에서는 이러한 해결책에도 반대하는 세력이 여전히 다수를 차지하였다. 또한 아일랜드는 국적결정에 있어서 부득이 혈통주의에서 출생지주의로 전환함으로써 북아일랜드에 들어와 자녀를 출산한 부모 등 불법이민자들에게 국적을 부여할 수밖에 없게 되어 이러한 상태를 시정하기 위하여 다시 헌법을 개정하여 아일랜드 섬에서 출생한 자라고 하더라도 부모중 일방이 아일랜드 국적자가 아니면 국적을 취득할 수 없는 것으로 하였다.[23]

2) 대 만

대만의 중화민국 헌법 제4조는 '현존하는 국경에 의한 중화민국의 영토는 국회의 결의에 의하지 아니하고는 변경할 수 없다.'고 규정한다. 이와 같이 헌법상으로는 영토를 정확히 기술하지 않은 채 '현존하는 국경'으로만 언급하고 있다. 또한 2차대전 직후 발효된 이 헌법의 영토조항은 중국 전역을 대상으로 한 것으로 이해되고 있다. 대만에서는 이 영토조항을 개정하여 대만의 경계를 확정하는 내용으로 하고자 하는 헌법개정의 움직임이 있으나 중국은 이를 대만의 중국 이탈 내지 독립움직임으로 받

---

21) **Article 2.** It is the entitlement and birthright of every person born in the island of Ireland, which includes its islands and seas, to be part of the Irish Nation. That is also the entitlement of all persons otherwise qualified in accordance with law to be citizens of Ireland. Furthermore, the Irish nation cherishes its special affinity with people of Irish ancestry living abroad who share its cultural identity and heritage.

22) **Article 3.** It is the firm will of the Irish Nation, in harmony and friendship, to unite all the people who share the territory of the island of Ireland, in all the diversity of their identities and traditions, recognising that a united Ireland shall be brought about only by peaceful means with the consent of a majority of the people, democratically expressed, in both jurisdictions in the island.

23) 2004. 6. 11.의 국민투표에 의한 제27차 헌법개정으로 헌법 제9조를 개정하였다.

아들이고 반대하고 있다.[24]

3) 키프로스

키프로스는 섬 남부를 관할하는 키프로스 공화국과 북부를 관할하는 북키프로스 터어키 공화국으로 분단되어 있다. 북키프로스 공화국 헌법 제2조는 영토에 관하여 불가분이라는 언급을 하고 있는 반면,[25] 그리스계인 키프로스 공화국의 헌법은 헌법의 구성부분으로 인정된 영국과의 협정에 의하여 두 개의 영국기지를 제외한 키프로스 섬이 영토인 것으로 규정한다.[26] 남북 키프로스는 유엔의 중재 하에 통일협상을 진행중이다.[27]

2. 영토 관련 입법례에 대한 평가

(1) 입헌주의적 선진국의 경우

이상 살펴본 입법례에서 주목되는 점은 일반적으로 우리나라의 학자들이 헌법연구를 함에 있어서 주요한 준거로 삼고 있는 미국, 영국 및 프랑스 등 입헌주의적 선진국의 헌법에는 영토조항이 존재하지 않는다는 점이다.[28] 독일은 예외적으로 영토에 관련된 조항이라고 할 만한 것이 있었으나 연방가입의 근거조항으로서 연방국가의 예에 따른 것이었고,[29] 그나마 독일통일과 함께 헌법에서 삭제되었다. 그러나 선진국의 이러한 상황에 사로잡혀 헌법에 영토조항을 두지 아니하는 입법례가 대부분이며

---

24) 대만의 중화민국 헌법은 1946. 12. 25. 국회에서 채택되어 1947. 1. 1. 공포되었고 1947. 12. 25. 발효된 것인 바, 이는 국민당이 대륙을 상실하고 대만으로 들어오기 전의 일이다. 따라서 그 영토조항이 대만을 중심으로 한 것이 아니라 중국 전체를 규정하는 것임은 당연하다.
25) Article 2. ① The State of the Turkish Republic of Northern Cyprus is an indivisible whole with its territory and people.
26) Treaty of Establishment of the Republic of Cyprus ARTICLE 1.
The territory of the Republic of Cyprus shall comprise the island of Cyprus, together with the islands lying off its coast, with the exception of the two areas defined in Annex A to this Treaty, which areas shall remain under the sovereignty of the United Kingdom. These areas are in this Treaty and its Annexes referred to as the Akrotiri Sovereign Base Area and the Dhekelia Sovereign Base Area.
27) 키프로스 통일협상에 관한 자세한 것은 법무부 발간자료, 키프로스 통일방안 연구, 2004. 참조.
28) 프랑스 헌법에는 영토의 자치단체로의 편제 조항이 존재하지만 이는 국경의 확정과 관련이 없으므로 여기서 말하는 영토조항으로 볼 것이 아니다.
29) 기본법 제23조 제2문.

세계적 주류라고 주장한다면 이는 잘못된 것이다. 세계 각국의 입법례를 전체적으로 조망할 때 헌법에서 영토에 관하여 직접 규율하는 조항을 두고 있는 나라가 보통이며 헌법이 이에 대하여 침묵하는 나라는 오히려 소수에 속한다.

미국, 영국, 프랑스와 독일 및 일본 등 헌법이론상 모범으로 삼고 있는 주요국들의 헌법에서 영토조항이 보이지 않는다는 것을 이유로 문명국가의 헌법에서는 영토에 관한 헌법조항이 불필요한 사족(蛇足)인 것처럼 취급되어서는 안된다. 대한민국의 헌법은 우리 국민과 우리의 정치적 사회적 사정에 맞게 고안되고 해석되어야 하며, 영토에 관하여 우리와는 입장이 다른 선진국의 입법태도를 맹종하여서는 안될 것이다.

20세기 초두를 기준으로 볼 때 아시아와 아프리카의 대부분의 지역은 서구열강의 식민지로 전락한 상태였다. 그럼에도 불구하고 서구제국들은 지구의 구석구석까지 식민지를 찾아 나서면서 영토확장과 제국의 건설에 열을 올리며 서로 경쟁하였다. 이는 열강의 욕심이 서로 충돌한 세계대전이 발발할 때까지 계속되었다. 영토를 헌법에 한정하여 규정한다는 것은 이러한 제국주의 열강에게는 관심의 대상이 될 수 없을 뿐만 아니라 그들의 제국경영에 해롭기까지 하였다. 이들 국가에게는 영토를 헌법에서 한정하는 것이 대외팽창과 침략정책에 대한 자승자박(自繩自縛)이 될 뿐이며, 따라서 이들 국가는 헌법에 영토조항을 두고 있지 않다. 영토에 대한 법적 규율은 헌법에 의한 국내법적 규율대상으로 삼지 않고, 국제조약에 의하도록 하는 국제법적 해결방식을 선호하는 경향을 보였다.

(2) 신생 입헌주의 국가의 경우

두 차례의 세계대전이 종식된 이후 구미열강은 세계지배를 할 정치적, 경제적, 군사적 힘을 상실하고 아시아, 아프리카의 다수의 지역이 해방되었다. 나아가 20세기 말기에는 구소련의 지배하에 있던 다수의 국가들의 해방이 뒤따랐다. 이들 신생국가들 중에는 식민지 모국이나 주변국과 영토분쟁을 안고 출범한 국가들이 많았으며 특히 내분에 의하여 분단되어 국가적 정통성 분쟁을 수반한 국가들도 생겨났다. 이와 같이 불안한 출범을 하는 신생국가들의 경우 그들의 영토를 국내법적으로도 분명히 선언하여 내적인 결속을 다지고 대외적으로도 이를 분명히 하려는 경향을 가진다. 국제관계에서는 아직 식민모국이나 주요 강대국에 대하여 자신의 국가이익을 충분히 지키고 관철시킬만한 역량을 가지지 못하므로 국제법적 차원의 해결에 전적으로 의

존할 수 없으며 영토에 대한 법적 규율에 관하여 헌법에 의한 국내법적 규율이 선호
된 것이 당연한 일이다.

각국의 입법례 중 헌법적으로 특히 중요한 의미를 가지는 것은 1990년 공산주의
블록의 붕괴에 따라 체제를 전환하여 새로운 입헌주의 헌법을 제정한 동구권 제국과
구소련으로부터 분리된 제국의 경우이다. 이들 국가들은 거의 공통된 입법경향을 보
이는데 그것은 ① 영토에 대한 명문의 헌법조항을 설치하면서 ② 그 내용은 영토의
보전(integrity), 불가분성, 불가양성을 천명하는 것을 기본으로 함에 있다. 구체적인
영토의 범위에 관하여서는 국가별로 그들의 주된 관심사에 따라 적절히 규정을 두기
도 한다.

오늘날 이들 신생 국가의 헌법들은 가장 최신의 헌법적 논리를 담고 나타난 실정
법으로서의 의미가 크다. 비록 신생 입헌주의 국가라고는 하지만 입헌주의 헌법과 그
이론의 원류라고 할 수 있는 서구제국의 법적 지원을 받아 제정된 헌법들이기 때문
이다. 이들 국가는 주로 유럽에 위치하여 유럽연합에 가입함으로써 서구제국과 동일
한 경제적 수준으로 발전하기를 원하기 때문에 이탈리아, 독일, 프랑스 등의 저명한
헌법학자들이 주도하여 운영하는 '법을 통한 민주주의 유럽위원회(통칭 베니스위원
회)[30]'의 지도에 따라 헌법과 국가제도를 개편하였다. 이러한 연유로 이들 국가의 헌
법들은 각 나라 고유의 정치적 사정을 반영함과 동시에 최신의 입헌주의 헌법이론이

---

30) 유럽평의회(Council of Europe)는 베를린장벽이 무너진 직후인 1990년 그 산하에 '법을 통한 민주주
의 유럽위원회(European Commission for Democracy through Law)'라는 국제적 법률기구를 만들
어 동구권과 러시아가 유럽의 자유민주주의 사회에 편입될 것에 대하여 법률적으로 대비하고 있다. 이
위원회는 본부를 베니스에 두고 있으므로 베니스위원회(Venice Commission)라고 통칭되고 있는데
매년 수십회의 법률가회의를 하면서 동구권의 헌법적 체제개혁작업을 연구하고 의견을 내는 등의 활동
을 하고 있다. 위원회에는 서구의 주요한 공법학자와 동구와 러시아의 관리와 헌법학자등이 참여하면
서 체제의 전환과 헌법개혁에 관한 정하여진 주제를 논의한다. 이탈리아헌법법원장을 역임한 바있는
페르골라(Antonio la Pergola)가 오랜기간 위원장으로 활동하였으나, 2007년 이후 노르웨이의 법학자
얀 에릭 헬거슨(Jan Erik Helgesen)이 맡고 있다. 이 위원회는 매년 동구권과 러시아등지에서 현안인
법적 주제에 관하여 정기적으로 세미나를 개최하는 등의 활동도 하고 있다. 이 위원회가 채택한 법적
의견은 이에 관련된 동구권의 국가들에게 법적 구속력은 없으나 장래 유럽국가의 일원이 되기를 바라
는 동구권의 국가들은 이 위원회의 권고적 의견을 무시하기 어려운 실정이다. 예컨대 우크라이나는 사
형제도(死刑制度)를 가지고 있음에도 불구하고 이 위원회가 우크라이나의 사형제도가 '우크라이나 헌
법'에 위배된다는 의견을 제시하자 그 이후 사형의 집행을 중지하고 말았다. 이와 같이 유럽은 이 위원
회를 통하여 동구권과 러시아의 헌법개혁에 상당한 영향력을 행사하고 있다. 이 위원회는 매년 3회에
걸쳐 관보(Bulletin)을 발행하고 있는 바 여기에는 동구권과 러시아등 구소연방 제국의 헌법판례들이
수록되고 있다.
http://en.wikipedia.org/wiki/Venice_Commission 참조.

적절히 반영된 보편성을 가지고 있다.

Ⅲ. 우리 헌법상의 영토조항의 의미 해석

1. 영토조항의 헌법적 의의

(1) 기본적 헌법사항으로서의 영토적 규율

오늘날 헌법은 입헌주의 헌법으로서 그 주요한 존재가치가 국민의 기본권 보장규범으로서의 역할에 있는 것이 사실이다. 그러나 한편 헌법은 국가를 구성하는 기본적인 법적 틀이며, 이러한 의미에서의 헌법은 근대입헌주의의 발전이전에도 어느 국가에도 이미 존재하는 국가의 최고법규범을 말한다. 국가를 구성하는 데에는 인적 요소로서의 국민과 권력적 요소로서의 주권 및 통치권외에도 국가가 존재할 공간적 요소로서의 영토가 반드시 요청된다. 비록 국가의 영토는 인접국과의 경계를 세부적으로 획정하는 것에 의하여 확정되는 것이기는 하지만, 영토에 대한 법적 규율의 기초적이고 원칙적인 사항은 국내법의 최고규범인 헌법에 의하여야 한다.

그러므로 국가를 구성할 국민에 관한 사항과 국가가 존재할 영토에 관한 사항은 국가를 구성하는 기본적 법적 틀인 헌법에서 규율하여야 할 소위 '헌법사항(憲法事項)'인 것이다.[31] 헌법을 가진 나라라면 어떤 나라이든 관계없이 헌법에 영토에 관한 기본적 규율을 담는 것이 헌법의 법적 의미에 비추어 요구된다고 본다.

(2) 불문헌법으로서의 영토적 규율

헌법에 영토를 한정하는 조항을 두는 것은 특히 팽창주의적 국가운영에는 걸림돌이 될 것이고 헌법에 영토확장이 가능한 길을 명문으로 열어두는 것은 대외적 침략을 추구하는 것으로 국제적인 불신을 사게 되어 헌법이 국가나 국민의 이익에 부합되지 않고 무용한 분쟁거리를 제공하는 결과를 가져올 것이다. 이를 피하기 위하여 일부 국가들이 헌법에서 영토에 관하여 침묵하는 길을 선택하고 있다고 본다. 그러나

---

31) 헌법에서는 ① 국가적 공동체의 형태와 기본질서에 관한 사항, ② 개인의 자유와 권리에 관한 사항 그리고 ③ 정치적 통치기구에 관한 사항을 3대 주요 헌법사항으로 한다. 권영성, 헌법학원론(2007년도판), 법문사, 10면 참조. 영토는 이 중 ①의 사항에 해당한다.

이러한 국가들에서도 헌법상 영토에 관한 규율이 전혀 없다고 볼 것은 아니다. 헌법에 명문의 규정이 없지만 영토에 관한 규율은 '불문헌법(不文憲法)'으로 존재한다고 보아야 이론적으로 자연스럽다고 생각된다. 국가는 그 관할 영토가 없이는 정상적으로 존재할 수 없으며 영토에 관한 규율은 기본적 헌법사항이므로 어느 국가이든 영토헌법이라고 할 만한 내용의 헌법사항을 가질 수밖에 없다. 다만 헌법에 명문의 규정이 없다면 그 내용은 헌법전(憲法典)뿐만 아니라 조약 등 국제법적 규율 내용, 법률 등 국내법적 규율의 내용, 국가가 실제로 관할권을 행사하고 있는 지역의 범위, 국민들의 영토에 대한 역사적 인식, 국가가 취하여온 영토에 관한 정책 등을 종합하여 확정될 것이다.

(3) 영토의 경계와 범위의 규율의 특수성

영토에 관한 기본적 규율이 헌법사항이라고 할 때 실제 각국 헌법의 영토조항에서 등장하는 내용은 일반적으로 그 국가가 보유하는 영토의 보전, 불가분성, 불가양성을 천명하는 것이 되고 있다. 그러나 이는 기존 영토의 성격을 규정하는 것이므로 기존 영토의 경계와 범위는 이러한 규율의 전제사항이 되어 있다. 다만 영토의 경계와 범위는 복잡한 세부적 기술(記述)을 요하므로 이를 완결적으로 헌법조항에 써넣는 것이 반드시 용이하지만은 않다. 예컨대 일본과 아일랜드와 같이 섬나라인 경우에는 간단한 문장으로 국토를 기술할 수 있지만 일반적으로는 이러한 서술이 어렵다고 할 것이다. 우리나라 헌법의 경우에도 '한반도'로 한정되지만 한반도의 범위가 어디까지인지에 관하여서는 해석의 여지가 남아있다. 그러므로 영토의 경계와 범위는 헌법사항임에도 불구하고 헌법에서 직접 기술하지는 아니하는 경향이 존재하는 것은 법리적 원인이라기보다는 법기술적(法技術的) 원인에 의하는 것이라고 할 것이다. 또한 영토의 경계와 범위에 관하여 특수한 상황에 처한 국가는 헌법에서 이를 직접 규정하는 경우가 많은데, 이는 헌법에서 규정할 필요가 없는 사항을 사족으로 첨가한 것이 아니라, 당초부터 마땅히 헌법에 의하여 규율되어야 할 헌법사항을 규정한 것일 뿐이다.

2. 영토조항 관련 학설의 대립

영토조항의 해석을 둘러싼 견해는 학자들마다 제각각의 견해를 펼치는 실정이므

로 분류하기조차 어렵다. 그러나 굳이 분류한다면 ① 대한민국의 헌법은 북한지역을
포함한 한반도 전체에 미치고 북한은 불법단체라고 보는 견해, ② 영토조항이 헌법
제4조의 평화통일조항과 충돌하므로 개정·삭제하여야 한다는 견해, ③ 평화통일조
항이 영토조항에 우선하여야 한다는 견해, ④ 헌법의 변천으로 보아 영토조항의 의미
를 다시 해석하는 견해, ⑤ 영토조항과 평화통일조항을 조화적으로 해석하는 견해,
⑥ 국제법적 영토개념에 입각하여 남한지역만 영토라고 보는 견해, ⑦ 남북관계의
이중성으로 보아 양 조항이 모두 유효하다고 보는 견해 등으로 나누어 볼 수 있을
것이다.[32] 이러한 견해들도 사실 크게 보면 대한민국이 현실적으로 북한지역을 관할
하지 못하고 있으므로 이에 어긋난 내용을 담고 있는 영토조항은 법적으로 무의미하
므로 삭제되어야 한다는 견해와 그럼에도 불구하고 법적 의미가 존재하며 이를 고려
하여 존치되어야 한다는 견해로 나눌 수 있다고 본다.

판단컨대, 헌법에 영토조항과 평화통일조항이 병존하고 있는 상태에 엄존하고 있
는 이상, 어느 한 조항에 치우친 해석은 곤란하고 양 조항의 실제적 의미를 모두 살
리는 방향으로 해석되어야 할 것이다. 이렇게 볼 때 영토조항의 경우 이는 대한민국
의 영토 범위를 규범적으로 천명하는 기본적 의미를 가질 뿐만 아니라, 한반도 단일
국가로서의 대한민국의 국가성을 명확히 하고, 남북한 화해·교류의 헌법적 한계를
설정하며, 나아가 통일의 헌법적 방식을 제시하고 있는 점에서 우리 헌법상 중대한
의미를 가진 핵심조항이라고 생각된다. 또 이는 제헌헌법 이래 헌법제정권력자의 결
단과 의지가 반영되어 존속하여온 조항이므로 일부 개인들이나 정치적 집단의 사사
로운 의견에 의하여 존폐가 좌우될 수 있는 성격의 조항이 아니다.

3. 우리 헌법상의 영토조항의 의미

헌법 제3조는 '대한민국의 영토는 한반도와 그 부속도서로 한다.'고 규정한다. 우
리 헌법상의 이 영토조항은 앞서 살펴 본 입법례에서 흔히 나타나는 영토의 보전이
나 불가분, 불가양성을 선언하는 방식이나 영토의 편제에 관하여 규정하는 방식과는

---

32) 도회근, 헌법 제3조(영토조항)의 해석, 권영성교수 정년기념논문집 - 헌법규범과 헌법현실 -, 법문사,
1999, 849-869면; 같은 저자, 헌법의 영토와 통일조항 개정론에 대한 비판적 검토, 헌법학연구 제12권
제4호, 2006. 11. 35, 40-52면 각 참조. 이 글들에서 국내 학설의 내용와 분류는 이미 상세히 소개되
었으므로 이 글에서는 이러한 소개와 논의를 중복하지 않는다.

달리, 영토의 범위를 직접 규정하는 방식을 취하고 있다. 이 조항은 제헌헌법 이래 유지되어온 헌법조항으로서, 한반도의 북부지역에 별도의 정치적 실체가 국가로서 사실상 존재함에도 불구하고, 대한민국의 영토는 건국 이래 일관하여 북한지역을 포함한 한반도 전역이라는 점을 밝혀온 점에서 특별한 의의가 있다.

그러나 이 조항은 단순히 영토의 규범적 범위를 천명한 점을 넘어서서 ① 대한민국의 국가적 연속성과 국가적 정통성에 관한 우리 헌법제정권력자의 의지와 결단을 표현하고 ② 남북한 화해·교류에 있어서의 헌법적 한계를 제시하며 ③ 남북한 통일의 헌법적 방식에 대한 기준을 제공하는 점에서 더욱 큰 헌법적 의미를 가진다고 생각한다. 이하에서 이를 나누어 살펴본다.

(1) 한반도 단일국가로서의 대한민국

헌법전문에서 표현된 바와 같이, 원래 한반도 지역에는 유구한 역사를 통하여 '대한국민', 즉 한민족을 구성원으로 하는 하나의 국가가 존재하여 왔다. 일본의 강점(強占)이 있기 직전 그 국가는 대한제국(大韓帝國)이었다. 일본은 한반도를 강점할 당시 대한제국과 을사보호조약 및 합병조약[33]을 체결하여 대한제국은 소멸하였다고 주장하였으나, 이는 절차상 모두 무효인 조약이며 법적인 효력을 인정할 수 없다.[34] 여기에는 거국적인 3·1독립운동과 국외에서의 임시정부의 수립 및 독립운동과 항일 무력투쟁 등의 역사적 사실도 고려되어야 한다.[35] 따라서 일제강점 당시 우리 한국의 국가적 상태는 일본제국의 영토강점으로 인하여 국내에서 사실상 국가가 와해되어 제 기능을 다할 수 없는 상태에 있었기는 하지만 법적으로는 대한제국으로 명명되었던 한민족의 한반도 단일국가 자체가 소멸된 것이라고 할 수 없다. 그렇다면 한국이라는 국가가 사실상 존재를 잃었지만 '규범적으로는 그대로 존속하는 상태'에 있다고 보아야 할 것이다. 이러한 상황을 법적으로 평가해 본다면, 한국은 그 국가조직이 사

---

[33] 일본제국의 한국강점계획의 종착점은 1910년 8월 22일의 한국합병조약이라 할 수 있다. 그러나 이 조약 또한 한국 측의 적법한 비준을 결여하고 있다. 한일합병에 관한 한국황제의 비준서에는 순종의 국새를 사용한 황제의 서명이 보이지 아니한다. 백충현, 상게서, 232면.

[34] 이는 우리나라의 국제법학자들의 통설적 견해이며 우리 정부의 공식적 해석이다. 이근관, 국제조약법상 강박이론의 재검토, 한국병합의 불법성 연구, 2003, 253면. 특히 이근관 교수는 국가자체에 대한 강박조약과 국가대표에 대한 강박조약을 구별하여 당시의 국제법상 후자만이 무효인데 일본의 한국병합 관련 조약은 여기에 해당한다는 점을 강조한다. 상게논문, 261-288면.

[35] 따라서 이러한 사정들을 고려하여 일제 강점기 동안의 일본의 한반도 지배에 관하여 그 영토병합으로서의 실효적 지배가 있었는지 여부에 대하여서도 의문이 제기되어야 마땅하다.

실상 붕괴됨으로써 국가의 '행위능력'은 상실하였지만 국가로서의 '권리능력' 내지 권리주체성은 계속 보유하면서 존속하고 있는 상태에 있다고 보는 것이 합당할 것이다.[36)]

　　일본의 강점기간 동안 관념적, 규범적으로 존속을 유지하여온 한반도의 한민족 단일국가가 일제의 강점이 종료되자 행위능력을 회복하여 현출된 것이 바로 대한민국이라고 보아야 한다. 논리적으로 볼 때, 일본의 강점이 종료된 후 한반도에 존속하는 한민족 단일국가는 세 가지 형태로 재조직되어 나타날 수 있다. 즉 ① 남한에서 조직된 대한민국이 되든지 ② 북한에서 조직된 인민공화국이 되든지, 아니면 그 어느 쪽도 아니고 ③ 통일이 이루어질 때까지 계속 잠재된 상태로 관념적 존속을 계속하다가 통일한국이 되든지 하는 것이다. 헌법상 이 문제는 애매한 상태로 방치될 수도 있으나, 제헌헌법 이래 우리 헌법은 그렇게 하지 않았다. 즉 헌법상의 영토조항에 의하여 헌법제정권력자의 의도가 대한민국이 대한제국 이래 존속하여온 한반도 단일국가라고 함에 있음을 분명히 표현하였다고 본다.

　　따라서 대한민국은 일본의 강점이 종료된 후 한민족 단일국가가 국가이념과 조직의 재편을 통하여 회복된 것일 뿐이다. 즉 대한민국은 대한제국이 멸망하고 그 지역의 일부를 승계하여 새로 창설된 국가가 아니라, 일제의 강점에도 불구하고 부단히 존속하여온 한민족의 단일국가 그 자체이며 대한제국과 동일성(同一性, Identität)을 가진 바로 그 국가이다. 이러한 국가동일성의 명제는 북한문제와 독도문제 및 간도문제 등 모든 한반도의 영토·국경문제들을 다룸에 있어서 필수적으로 고려되어야 할 법적 기준이며 먼저 해결되어야 할 기본적 전제로서의 의미를 가진다.[37)]

---

36) 이는 독일의 경우 제2차 세계대전의 패전으로 이전의 전체 독일(Reich)이 사실상 소멸하였지만 1944년 9월의 런던조약과 1945년 7월의 포츠담 조약 등에 의하여 전체 독일과의 평화협정의 체결로 독일문제를 완결지울 것임이 명시되었으므로 전체 독일은 규범적, 관념적으로 존속하고 있으며, 이러한 전체 독일은 국가로서의 권리능력은 가지나 국가조직 자체가 와해되었기 때문에 행위능력은 상실한 상태에 있다고 보았던 서독의 통설과 서독 정부의 입장과 동일한 논리를 한반도의 상황에 적용한 것이다. 여기서 일제의 한국침탈이 법적으로 무효인 이상 이와 같은 독일의 이론을 한반도에 적용하는 것은 하등의 논리적 결함을 내포하지 않는다고 본다. 관련된 독일이론에 대하여는 Joachim Nawrocki, Die Beziehungen zwischen den beiden Staaten in Deutschland, 3. Kapitel Die rechtliche Lage SS.21-28. 또는 Jochen Abr. Frowein, Die Verfassungslage Deutschlands im Rahmen des Völkerrechts, VVDStRL 49, 1990, SS. 7-33. 등 참조.

37) 이렇게 볼 때 이한기(李漢基) 박사의 다음과 같은 단정(斷定)이 이해될 수 있다. "…북한을 해방하여 통일을 달성하는 문제가 국내문제임은 말할 것도 없다. 독도(獨島)에 대한 대한민국의 실효적 점유도 이와 같은 역병합(逆倂合)의 경우라고 믿는다. 간도(間道)는 역사적 사실로 보아 한국의 영토임이 분명하나 중국과의 교섭의 여지를 남겨놓고 있는 문제라고 생각된다." 이한기, 한국의 영토, 서울대학교 출

그러므로 한민족 단일국가가 다시 행위능력을 회복하는 과정에서 외세의 개입에 의하여 북한지역에서 별도의 조직이 편성되어 사실상 국가로서의 조직을 형성하고 현재까지 존속한다고 하더라도 이는 평화적 통일과정에 의하여 소멸되어야 할 대상일 뿐이다. 비록 북한체제가 국제사회에서 국가로 행세하고 있기는 하나, ① 당초부터 북한주민들의 자유로운 자기결정에 의하여 성립된 국가가 아니고, ② 법치주의가 통용되지 않고 기본적 인권이 보장되고 있지 않으며 독립된 사법부에 의한 자정능력이 없을 뿐 아니라, ③ 주민을 아사지경에 몰아넣는 등 경제적으로 붕괴되어 있고, ④ 핵무기와 대륙간 미사일을 개발하고 마약과 위조지폐를 생산하는 등 국제질서를 준수하지 아니하는 불법국가(Unrechtsstaat)이며, ⑤ 6·25내전을 일으켜서 많은 인명을 희생시킨 민족적 원죄를 지고 있으므로 북한의 사실상의 국가성은 잠정적인 것일 뿐이며, 대한민국과 함께 한반도 국가의 정통성을 공유할 수 없다.

나아가 통일에 의하여 재편되는 국가도 기존의 대한민국의 승계국가가 아니라 바로 대한민국 자체라고 해석되어야 한다. 통일에 즈음하여 가사 국호에 변경을 가한다고 하더라도 그 국가의 동일성에 변화를 가져오지 않으므로 이러한 결론에서는 차이가 없다. 결국 과거의 대한제국과 현재의 대한민국 및 미래의 한반도 통일국가는 모두 동일한 국가이며, 전자의 국가는 소멸하고 후자의 국가가 이를 승계하는 관계에 있지 않다(이를 도식화한다면, 대한제국＝대한민국＝통일한국).

요컨대 한민족의 한반도 단일국가는 일제의 강점에도 불구하고 결코 소멸하지 않고 존속하여 왔으며, 헌법 제3조는 대한민국은 바로 그 한반도 단일국가임을 천명한 근거조항으로서의 의미를 가진다.

(2) 남북한 화해·교류에 있어서의 헌법적 한계의 설정

대한민국의 국가성을 위와 같이 보게 됨으로 인하여 영토조항은 대한민국이 한반도 문제에서 행위할 수 있는 한계와 기준을 설정하는 역할도 하고 있다. 즉 북한지역은 현재 대한민국의 국내지역(Inland)으로서 실효적 지배를 받지 못하고 있지만 동시에 결코 외국이 될 수 없으며(Nicht-Ausland),[38] 그곳에 나타난 정치적 실체를 국가

판부, 1996, 137-138면.

38) 남북한 관계가 국제법적 관계가 될 수 없다는 점은 남북한 양 당국이 드물게 명확한 의견 일치를 보이고 있는 사항이다. 남북기본합의서도 그 전문에서 남북한 관계가 '나라와 나라 사이의 관계가 아닌 통일을 지향하는 과정에서 잠정적으로 형성되는 특수관계라는 것을 인정한다'고 명확히 규정하였다.

로 승인할 수도 없다.[39] 따라서 남북한 간에 성립하는 합의는 엄밀한 의미에서의 국제조약이 될 수 없다.[40] 또한 북한정권 혹은 북한의 기업체와 교역하는 것은 대외무역이 아니며[41], 북한의 주민은 외국인이 될 수 없는 것이다.

이 점에 관하여 대법원은 북한이탈주민이 당연히 대한민국의 국적을 가짐을 인정하여 국적취득의 절차가 필요없고 자동적으로 우리 국민으로서의 공민권을 행사할수 있다고 판단하고 있다.[42] 다만 북한주민의 지위의 특성을 고려하여 북한주민의 국적문제를 다음과 같이 정리하여야 타당하다.[43]

---

39) 따라서 북한지역에 대사관을 설치하고 대사를 파견할 수 없다.

40) 국제법상의 조약의 개념을 일반화하여 볼 때 조약이 되기 위하여는 다음과 같은 5가지 요소가 필요하다. 그것은 ① 당사자간의 의사의 합치(an expression of concorring wills), ② 복수의 법주체에게 귀속되는 의사의 합치(concurrung wills attributable to two or more subjects of law), ③ 복수의 국제법 주체의 존재(two or more subjects of public international law), ④ 법적 효과를 창출하고자 하는 의도(intention to produce legal effects), ⑤ 국제법상의 법적 효과(legal effects under public international law)의 5가지 요소이다. Introduction to the Law of Treaties, Paul Reuter, English translation, 1989, London, pp 22-27. 참조.
판단컨대 남북한 간의 합의는 국제법적 영역이 아닌 분단국의 특수관계의 영역에서 이루어지는 합의이므로 국제법적 효과를 창출하지 않으므로 개념상 국제조약이라고 볼 수 없다. 그러나 실질적으로 국제법이 준용되는 결과를 발생시키는 것이 편리하므로 이를 준용하는 것은 별개의 문제이다. 2005. 12. 29. 제정되어 2006. 6. 30. 시행된 '남북관계 발전에 관한 법률'이 일정한 경우 남북합의서에 대하여 일정한 경우 국회의 동의를 받아야 하도록 규정하는 것도 이러한 맥락으로 이해되어야 정당하다.

41) 따라서 북한과의 거래행위에는 관세를 부과할 수 없고 내국세가 부과되어야 한다.

42) 대법원은 헌법상의 영토조항을 근거로 하여 북한지역도 대한민국의 영토에 속하는 한반도의 일부를 이루는 것이어서 대한민국의 주권이 미치고 북한주민도 대한민국 국적을 취득·유지하는데 아무런 영향이 없는 것으로 해석하고 있다. 그리하여, 국적에관한임시조례(1948. 5. 11. 남조선과도정부법률 제11호) 제2조 제1호는 조선인을 부친으로 하여 출생한 자는 조선의 국적을 가지는 것으로 규정하고 있고, 제헌헌법은 제3조에서 대한민국의 국민되는 요건을 법률로써 정한다고 규정하면서 제100조에서 현행법령은 이 헌법에 저촉되지 아니하는 한 효력을 가진다고 규정하고 있으므로, 조선인을 부친으로 하여 출생한 자는 설사 그가 북한법의 규정에 따라 북한국적을 취득하였다고 하더라도, 위 임시조례의 규정에 따라 조선국적을 취득하였다가 1948. 7. 17. 제헌헌법의 공포와 동시에 대한민국 국적을 취득하였다고 한다. 대법원 1996. 11. 12. 96누1221, 공1996하, 3602.

43) 독일의 경우, 1972년 체결된 동서독 기본조약 제6조는 '동서독은 쌍방의 고권(Hoheitsgewalt)이 각자의 국가영토에 한정된다는 원칙에서 출발한다. 쌍방은 상호 국가의 대내 및 대외문제에 있어 각자의 독립성과 자주성을 존중한다'고 규정하여 영토고권(Gebietshoheitsgewalt)의 부분에 한정하여 상대방의 존재를 인정하였다. 그러나 서독은 유엔동시가입에도 불구하고 동독을 국가로 승인하지 아니함으로써 그 주권(Souveränität)을 인정하지 아니함은 물론, 통치권(Regierungshoheit) 중 대인고권 (Personalhoheit)도 인정하지 아니하였다. 따라서 국적문제의 처리에 있어서는 동독시민권자에게도 기본법 소정의 귀화(歸化) 등 국적취득의 요건을 별도로 요구하지 않고 독일국적이 자동적으로 부여되도록 하였다. 다만 동독주민이 서독지역 내에 들어오게 된 경우에만 국적취득의 효과가 발생할 수 있으며, 동독주민이 동독영토 내에 거주하고 있는 경우에는 이러한 독일국적취득의 효력이 정지(ruhend)되는 것으로 보는 "개방문(開放門, offene Tür)의 원칙"이 여기서 적용된다고 하였다. Otto Kimminich, Der Grundvertrag, Hansischer Gildenverlag - Joachim Heitmann & Co., 1975, S.99-101.

① 북한주민은 대한민국의 국적을 가지는 우리 국민이다.

② 그러나 북한주민이 북한에 거주하고 있는 동안은 위와 같은 국적의 효력이 정지되어 있는 상태에 있다.

③ 북한주민이 북한체제를 탈피할 목적으로 북한지역의 국경을 벗어났을 때 그에 대한 국적의 효력정지 효과는 해제되고 대한민국의 국적은 '자동적으로' 회복된다.

④ 따라서 북한을 탈출하고 해외의 우리 공관에 진입한 북한이탈주민에 대하여 외교부 공무원은 우리 국민으로서 외교적 보호를 하여줄 법적 의무를 진다.[44)]

④ 다만 북한주민이 남한에 입경하는 등 북한지역을 벗어나더라도 북한체제에 반대할 의사가 없는 경우에는(예컨대 북측 회담대표 등) 국적 효력의 정지상태가 계속되며 국적이 회복되지 아니한다.

북한주민을 외국인으로 보지 아니하고 그 국적문제를 이와 같이 특수하게 해석할 수 있는 헌법적 근거는 헌법 제3조의 영토조항이 유일한 것이다.

(3) 남북한 통일의 헌법적 방식에 대한 해석기준의 제공

헌법 제3조의 영토조항에 의거하여 북한지역은 이미 대한민국의 영토이며 다만 현실에 있어서 북한의 존재로 인하여 사실상 그 규범력이 제한되고 있을 뿐이다. 그러므로 정부는 통일을 실현시킴으로써 대한민국의 영토 내에 존재하는 이질적 권력집단을 소멸시키고 헌법의 규범력을 복원시켜야 할 것이다. 통일은 영토조항에 의하여 헌법적으로 당연히 요청되고 있는 사항을 실현하는 과정일 뿐이다.

영토조항에 의하여 대한민국은 한반도 전체를 관할하는 국가임이 헌법에 이미 확인되어 있으므로 대한민국은 통일을 계기로 한반도 북부지역에 관할권을 확대하는 것을 헌법적으로 정당화하기 위한 별도의 헌법개정의 조치를 하는 것이 필요하지 않다. 통일은 단지 남북한 당국간의 통일합의서의 체결과 발효에 의하여 실현되는 것이

---

44) 외교통상부는, 우리의 실효적 지배권이 현실적으로 미치지 못하는 북한지역 거주자 또는 제3국에 체류하는 북한주민들에 대해서 우리 국적을 인정하는 것은 북한당국과의 마찰 또는 제3국과의 관계에서 외교적인 문제가 생길 가능성이 있지만, 최소한 북한주민이 '이미 국내에 들어와 있는 경우'에 그가 원하는 한 우리 국적을 인정하는 것은 문제가 없다는 견해를 보이고 있다. 헌재 2000. 8. 31, 97헌가12, 판례집 제12권 2집 , 167, 174. 참조. 그러나 판단컨대 이러한 외교부의 견해에 의하면 북한을 탈출하여 국외에서 방랑중인 탈북자에 대하여서는 외교적 보호를 할 의무가 없게 되어 정부로서는 편리하겠지만 탈북자의 인권보호의 측면에서 문제가 아닐 수 없다. 따라서 국경탈출의 시점부터 국적회복을 인정하여 국가가 이들에 대한 법적 보호를 시작하여야 마땅하다.

며 별도의 헌법적 절차는 요구되지 않는 것이다. 또한 통일은 ① 국민투표 없이, ② 통일을 임무로 한 특별한 국민대표기관의 구성과 회합 없이, ③ 새로운 헌법의 제정 없이 이루어질 수 있다.

다만 헌법 제4조에 의하여 대한민국은 평화적 통일을 추구하여야 하므로 통일은 반드시 북한주민을 대표한 북한 당국과의 평화적 협상에 의하여 실현되어야 한다. 이와 관련하여 북한과의 협상이 결실을 맺는 경우 이를 합의문에 담아서 양측이 규범적으로 구속되도록 하는 절차를 밟아야 할 것이다.[45]

이 협상의 과정에서 북한주민의 이익을 고려하여 필요하면 헌법개정을 합의하는 등 북한측에게 양보를 할 수 있으며, 그러한 의미에서 반드시 우리 헌법을 북한지역에 무조건 확장하는 방법에만 의거하는 것이 아니다. 통일협상과정에서는 헌법사항에 속하는 모든 문제들이 논의될 수 있으며 다만 자유민주주의와 법치주의 및 기본권 보장의 핵심요소 등 이른바 헌법의 핵에 해당하는 사항은 포기될 수 없다. 이러한 사항은 헌법개정의 한계에 속하며 이를 폐기하는 것은 헌법의 파괴에 해당하기 때문이다.[46]

요컨대 영토조항에 비추어 우리의 통일방식은 통일합의서의 체결과 북한지역에 대한 우리 헌법의 효력을 사실상 - 헌법 제3조로 인하여 규범적으로는 이미 발효하고 있다고 해석하여야 할 것이므로 - 확대하는 방식에 의하게 되나, 북한주민의 이익을 헌법적으로 반영하기 위하여 필요한 헌법개정을 통일합의서 체결과 동시에 혹은 사후에 실시할 수 있다고 본다.

---

45) 종래 남북한 당국간의 합의는 잘 알려진 바와 같이 '남북한 합의서'의 형식으로 작성되고 발효되어 왔다. 이러한 방식은 헌법에 직접 근거규정을 두고 있지는 아니하지만 장기간 일종의 헌법적 관습으로 지속되어오다가, '남북관계 발전에 관한 법률'에 반영되어 실정법화하였으므로 이제는 남북한 간의 합의는 동 법이 요구하는 절차를 준수하여야 한다. 그러나 이 법에 의하더라도 통일합의서의 발효절차에 관하여서는 명확한 규정을 두고 있지 않다. 따라서 통일합의서에 헌법개정사항을 담게 된다면 동 합의서 자체가 헌법개정의 절차에 따라 개정헌법과 함께 발효되도록 함이 타당하다.

46) 독일통일에서도 민주주의와 기본권의 보장 등 헌법의 동일성(Verfassungskontinuität) 유지는 국가통일(Staatseinheit)보다 더 우선하는 가치로 인식되었다. Josef Isensee, Staatseinheit und Verfassungskontinuität, VVDStRL 49, 1990, S.45. 참조.

Ⅳ. 간도 영유권과 영토조항의 해석

간도(間島)는 서(西)로는 백두산을 기점으로 서북으로 노령(老嶺)산맥과 노야령(老爺嶺)산맥을 거쳐 태평령(太平嶺), 석두령(石頭嶺), 황구령(荒溝嶺)에 연하는 이동(以東)의 훈춘지방을 포함하고 남으로는 두만강에 연하는 약 18만2천 평방리의 지역이다.[47] 간도의 영유권 문제에 관하여서는 국제법적 차원의 연구 분석이 허다하므로 이를 반복하지 않으며, 다만 이를 헌법 제3조의 해석문제로 파악하여 국내법적 시각에서 평가해 보기로 한다.

1. 국가영토로서의 한반도의 헌법적 해석

헌법 제3조는 대한민국의 영토를 한반도와 부속도서로 규정한다. 여기서 이 조항상의 '한반도'의 범위를 어디까지로 보아야 할 것인지에 대한 헌법 해석이 필요하다. 이는 먼저 헌법조항에 있는 용어의 문리(文理)적 의미로부터 출발하여야 할 것이다. 그러나 영토와 국경에 관한 헌법조항을 해석함에 있어서는 이러한 조문의 문리적 지리적 개념만으로는 충분하지 않다. 이는 한반도 국가의 역사적 판도와 그 주민의 전통적 생활영역을 감안하고 인접국과의 정당한 국경 합의를 전제로 하여 종합적으로 판단되어야 할 것이다. 그러므로 헌법 제3조에서 정한 국가영토로서의 '한반도'의 해석은 문리적, 지리적 해석상 한반도에 포함될 수 있는 영역으로서 역사적, 규범적 해석에 의하여 특정되어지는 지역으로 보아야 할 것이다.

(1) 문리적 지리적 의미

지리적 의미에서 반도(半島)란 3면이 바다에 둘러싸이고 1면으로만 육지 내지 대륙으로 통한 지형을 말한다. 이를 우리나라 지형에 적용할 경우 동서남해에 면한 육상 영토 부분이 될 것인데, 일반적으로는 압록강 하구와 두만강 하구 이남의 지역으로 생각되고 있다. 그러나 필자의 견해로는 지형상 한반도의 범위를 널리 포괄할 때

---

47) 이한기, 전게서, 제3장 간도(間島), 309면.

반드시 현재 우리나라의 실제 관할 영역에 그치지 않고 서쪽으로는 요동지역을 포함한 요하(遼河) 하구 이동의 지역이고 동쪽으로는 블라디보스톡 해안 이서의 지역이될 수 있다고 본다. 그리고 그 사이의 지역은 동서의 이 두 지점을 연결하는 선이 되어야 할 것이나, 반드시 직선적일 필요는 없고 구체적 경계선은 지리적 요인보다는후술하는 역사적, 인구분포적 요소에 의하여 결정될 부분이라고 본다.

(2) 한민족 국가의 역사적 범위

한반도 국가의 역사적 전통을 생각할 때 고조선(古朝鮮)의 강역은 차치하더라도고대국가의 형태가 확연히 드러난 삼국시대의 북쪽 변경을 결정한 고구려의 강역은앞서 본 요하입구와 블라디보스톡의 경계 사이 지역뿐만 아니라 만주평야의 중심지역을 모두 포함하고 있었고, 발해(渤海)의 경우에도 요동지역을 제외한 그 대부분의지역을 차지하였다. 그러나 고려 이후 압록강과 동한만 선으로 축소되기도 하였지만,고려는 그 이북의 실지(失地)를 회복하고자 부단히 노력하였으며 특히 1170년의 윤관의 동북지역 정벌에서는 간도 북부로 추정되는 공험진(公嶮鎭)에 이르는 지역을 정복하여 다시 영토화하려는 노력을 보이기도 하였다.[48] 이러한 노력은 조선왕조에서도계속되어 세종(世宗)의 사군육진(四郡六鎭)의 개척으로 현재의 압록강과 두만강 선에이르는 영역을 회복하였다. 마침내 중국 청조의 융성기인 18세기 초 양국간의 국경의확정문제가 제기되어 1712년 양국의 관헌이 국경을 현장조사한 가운데 백두산정계비(白頭山定界碑)가 세워졌는데, 여기서 양국의 대표는 서쪽으로는 압록강 동쪽으로는토문강(土門江)을 국경으로 함을 합의하였다. 그 중 토문강은 백두산록에서 발원한송화강의 지류이므로 이에 따라 동 수류(水流)의 이남인 간도(間島) 지역이 조선의 영토에 속하게 된다. 그러나 이후 중국은 정계비상의 토문강이 두만강을 의미한다고 주장하여 이를 부정하는 조선 측과 구한말에 이르기까지 대립하였다.[49]

1905년 을사보호조약으로 조선의 외교권을 침탈하던 일제가 1909년 중국의 청조

---

48) 윤관이 공험진을 설치한 선춘령(先春嶺)의 위치에 대하여는 여러 주장이 갈리고 있으나 일반적으로 회령의 두만강 북쪽 700리 지점으로 추정된다. 이한기, 전게서, 314면. 그리고 1909년 일제의 간도파출소는 간도 지역 답사 중 포이합통강(布爾哈通江)에서 윤관의 여진정벌 연대인 고려 예종 3년의 연호가적힌 석비(石碑)를 발견한 바 있다. 최장근, 한중일 삼국의 간도영유권에 관한 인식, 일어일본학 19집, 2003, 229면.
49) 백두산정계비의 건립과 그후 고종 대에 청조와 국계교섭(國界交涉) 중 토문강의 의미 해석을 놓고 다툰 자세한 과정은 이한기, 전게서, 317-334면을 참조함.

와 이른바 간도협약(間島協約)을 맺어서 두만강 이북 간도의 영유권이 중국에 있음을 양해하였고, 압록강-정계비-석을수(石乙水)-두만강 선을 경계로 하는데 동의함으로써 백두산 천지와 정상부 산록의 대부분을 중국이 차지하도록 하였다. 나아가 분단 이후 중국과의 국경지역을 사실상 관할하게 된 북한은 1962년 중국 정부와 조중국경조약(朝中國境條約)을 체결하여 압록강-백두산천지-홍토수(紅土水)-두만강 선을 기본으로 하는 중국과의 경계를 새로이 확정하고 현재에 이르고 있다. 북한은 이 조약에서 동부 국경의 기준을 두만강으로 인정하여 간도지역을 포기하는 대신, 백두산 천지에 대한 절반 이상의 관할권과 두만강 지류 중 북쪽에 해당하는 홍토수를 경계로 함으로써 중국으로부터 약간의 대상(代償)을 취하는 형태로 경계협상을 결말지었는데, 이는 간도협약의 내용과 비교할 때 우리 측 국경을 다시 백두산 천지와 두만강의 최북단 지류로 끌어올려 그만큼의 영토를 다시 확보한 차이가 있다.[50]

(3) 한민족의 실제 거주지역

한민족의 실제 거주 지역은 유사 이래 삼국시대 당시까지 요하 이동 송화강(松花江) 이남에 걸쳐 있었지만 고구려의 멸망과 함께 압록강 이남으로 축소되었다. 고구려의 일부 유민이 발해를 건국하고 북부지역에 남았으나 발해의 멸망으로 이마저도 소멸되어 한민족의 생활영역은 압록강 이남으로 정하여져서 현재에 이른다. 다만 서부지역은 조선 초 다시 두만강 이남 영역으로 확대되었으며, 19세기 중엽에는 조선·청 양국이 이 지역을 무인지대로 하기로 하였던 봉금(封禁)정책의 이완기에 두만강 북안의 간도평야 지역으로 한민족의 거주지역이 확대되었는데, 이 지역은 현재에 이르기까지 중국의 연변조선족자치주(延邊朝鮮族自治州)로 편제되어 다수의 조선족이 여전히 거주하는 지역으로 남아있다.[51]

---

50) 이현조, 조중국경조약체제에 관한 국제법적 고찰, 국제법학회논총 제52권 제3호, 2007, 181-183면.
51) 연변조선족자치주는 80만명의 조선족이 거주하는 중국 최대의 한인 거주 지역이다. 자치주 전체 인구 가운데 조선족 인구 비율은 36.7%이며, 조선족이 전체 인구의 2%에 불과한 돈화 시를 제외한 연변 지역의 조선족 인구 비율은 46.5%이다. 19세기 중반부터 조선인들이 두만강을 건너 이곳으로 이주하기 시작했다. 1881년, 연변(延邊)지역의 조선인은 약 1만 명이었고, 1907년에는 연길(延吉)에만 조선인 가구 수가 5만 호에 이르렀는데 한족(漢族)은 조선인의 4분의 1도 되지 않았으며, 3·1 운동 전인 1916년에 연변의 조선인은 이 지역 총인구 26만5천 명 중 약 20만 명이었다. 1930년에는 연길 현, 화룡 현, 훈춘 현, 왕청 현 등 4개 현의 조선인은 39만 명으로 해당 지역 총인구의 76.4%를 차지했다. https:// ko.wikipedia.org/wiki (검색일 2016년 12월 10일).

(4) 인접국과의 국경 합의와 그 법적 효력

한반도가 대륙으로 향한 북방의 경계에 관한 이웃국가와의 합의에 관하여 먼저 고려되어야 할 것은 1712년의 백두산정계비(白頭山定界碑)의 내용이다. 이는 청국과 조선 간에 국경선을 확정하는 경계기준을 명확히 담고 있으며, 그 이후 양국 간의 국경논의는 그 비문 내용의 의미 해석만을 둘러싸고 이루어지고 있을 뿐이므로 비록 이것이 근대 국제법이 통용되기 전의 국가합의라고 하더라도 양국의 국경조약으로서의 법규범적 의미를 인정하여야 한다는 것이 일반적 견해이다. 그 후 일제와 청국간의 간도협약(間島協約)이 체결되고 이에 따라 일제는 한국의 영토 중 간도와 백두산 천지 일대를 중국에게 양보하였으나 일제가 우리나라를 대신하여 그 국토를 양보 처분할 권한은 없으므로 이 조약의 법적 효력은 우리 헌법상 용인될 수 없다. 나아가 한중 국경지역을 사실상 관할하고 있는 지금의 북한정부가 1962년 중국과 체결한 조중국경조약과 이에 부수하여 1964년 합의된 조중국경의정서(朝中國境議定書) 또한 북한의 국가성을 우리 헌법상 부인하는 이상 그 법적 효력을 인정할 수 없다. 그 외에 한중 국경의 확정에 대한 의미있는 국가적 합의는 존재하지 아니하므로 결국 한중간의 국경은 규범적으로는 아직도 1712년 조선과 청국 간에 합의된 백두산정계비의 내용에 의한다고 해석할 수밖에 없다.[52]

(5) 소 결

이상 살펴본 바와 같이 헌법 제3조의 국가영토로서 한반도의 개념은 한반도의 지리적 개념을 기초로 하여 그 국경획정의 역사와 현재의 한민족의 실제 거주지역의 한계 및 인접국과의 국경 합의 등을 감안하여 신축적으로 해석되어야 한다고 본다. 그렇게 볼 때 헌법 제3조 상의 '한반도'의 북쪽 한계선은, 비록 300년 이상의 장구한 세월이 흐르기는 하였지만 여전히 1712년의 백두산정계비의 합의 내용을 기준으로 판단하여야 한다고 생각된다. 그 이후에는 우리 헌법상 인정할 수 있는 유효한 국경 합의가 더 이상 존재하지 않기 때문이다. 따라서 우리 헌법 제3조의 해석상 한반도는 '압록강과 토문강의 경계 이남지역'이라고 보는 것이 합당하다고 할 것이고, 여기서

---

52) 이한기, 전게서, 343면; 이현조, 전게논문, 191면.

토문강은 정계비 설치지역과 연결된 송화강의 지류임이 지형상 명백하므로 이에 의할 때 두만강 이북의 간도지역이 우리 영토인 한반도 지역에 일응 포섭된다.

그러나 대한민국 헌법의 실제 효력은 휴전선 이북을 사실상 관할하고 있는 북한 정권의 존재로 인하여 한중 국경지역에 미치지 못하고 있으며 간도지역은 1909년 간도협약 이후 중국이 오랜 기간 실효적으로 영유하고 있는 것이 현실적 상황이므로 우리 헌법 중심의 이러한 법적 해석은 해당 지역에 아무런 법적 실효성을 가지지 못하는 상태에 있다. 그러므로 남북한 통일의 단계에 이르게 되면 한국과 중국 간의 새로운 국경협상에 의하여 국경선이 최종적으로 확정되기 전까지의 잠정적 헌법해석으로 밖에 인정될 수 없는 한계를 가진다고 할 것이다.

2. 남북한 통일과 영토조항의 해석－조중국경조약 내용의 수용가능성－

이상에서 살펴 본 바와 같이 헌법 제3조의 해석상 국가영토인 한반도를 압록강-백두산-간도를 포함한 지역으로 일응 본다고 하더라도, 장래 남북한 통일을 이룰 시점에서는 통일한국은 중국과 국경문제를 분명히 확인하는 합의를 다시 이루어야 할 법적 필요가 발생할 수 있다. 중국은 이미 북한과의 조약에 의하여 간도지역의 영유권을 확고히 하고 이를 행사하고 있고, 통일한국이 북한의 소멸로 북부국경 지대에 실효적 지배를 시작하면서 중국과 간도지역에 대한 분쟁을 시작할 의사를 보이면 중국은 반드시 한국의 통일 자체를 저지하려 할 것이며 이는 통일에 대한 심각한 장애를 야기할 것으로 예상되기 때문이다. 그러므로 헌법적 요청인 한반도 통일의 평화적 완성을 원활히 실현하기 위해서는 한중 국경선에 관한 법적 안정을 신속히 이루어내지 않으면 안된다. 이에 따라 이 시기 정부에게 간도의 영유권에 관하여 중국과 협상할 광범위한 헌법적 정책재량을 부여할 필요가 있다고 본다. 즉 통일의 안정적 실현을 위하여 소멸국가인 북한이 중국과 이미 체결하여 실제 적용되고 있는 조중국경조약과 조중국경의정서의 내용을 인정하고 이를 중국과 통일한국에 적용하는 합의를 하는 것은 우리 헌법상 용인할 필요가 있다고 본다. 종래 우리 헌법상 영토로 해석되는 지역의 일부(간도)를 외국에게 할양하는 취지의 이러한 조약이 헌법에 합치될 수 있겠는가 하는 의문이 있을 수 있다. 그러나 이는 ① 백두산정계비는 18세기 초 형성된 것으로 이때는 동아시아에 근대국제법이 정립되지 못한 시기이며 그 내용이 지나치게 간략하여 300년이 지난 현재에 이르기까지 한중간에 해석상 분쟁을 야기하고 있는 점, ② 간도지역은 중국이 1909년 일제와의 간도협약 이후 지금에 이르기까지 실제 영유하여 온 곳으로 우리 측의 주장은 현실 점유적 측면에서 실효성이 결여되어 있는 점, ③ 중국과의 변경지역을 사실상 지배하는 북한정권이 중국과의 조약에 의하여 정계비의 내용을 폐기하고 새로운 경계를 정하면서 간도의 중국의 영유를 이미 인정한 점, ④ 국제법상의 국경조약 계속성의 원칙에 의하면 북한이 체결한 조중국경조약은 그 승계국가인 통일한국이 계승하여야 마땅하다는 점, ⑤ 조중국경조약에 의하면 백두산천지를 양국이 분할 공유하고 두만강 상류 북단 지역을 북한이 영유도록 하였는데, 이는 정계비상 경계기준에 의할 때보다 오히려 국경을 북상시켜 간도지역 양보에 대한 약간의 대상조치가 되고 있는 점 등 실제 사정들을 감안할 때 일반적인 영토 할양의 경우라고는 보기 어렵고, 오히려 장기간 지속된 국가간 영토분쟁에 대한 합리적 해결책의 실현으로서 국제평화주의의 원칙상 우리 헌법상으로도 용인되는 한계 내에 있다고 보는 것이 합리적이라고 생각한다.[53]

결론적으로 헌법 제3조의 한반도의 북측 경계는 현재로서는 압록강과 토문강을 경계로 한 백두산정계비의 기준에 따라 해석할 수밖에 없으나, 남북한 통일의 시점에서는 중국과의 새로운 국경합의에 의하여 재검토되어야 하며 그 내용은 현재 북한이 조중국경조약에 의하여 중국과 합의한 경계선을 용인하면서 비록 간도지역을 포기하는 것이 된다고 하여도 통일 실현의 헌법적 요청에 부합하는 조치로서 헌법상 용인될 수 있는 것으로 해석함이 상당하다고 본다.

V. 한반도 통일 이후의 영토조항의 미래

이상 살펴본 바를 종합하면 남북한 통일이 완수될 때까지 현재의 영토조항은 그대로 존치되어야 할 헌법이론과 해석상의 필요가 절실하다. 이 조항은 남북한 분단이 시작되자 이를 의식하여 설정된 것이며 그 의미는 모두 남북한 분단문제의 법적 해석과 연결되어 있기 때문이다. 따라서 남북한의 분단이 계속되는 한 헌법제정권력자

---

53) 이한기 교수도 "간도(間道)는 역사적 사실로 보아 한국의 영토임이 분명하나 중국과의 교섭의 여지를 남겨놓고 있는 문제라고 생각된다."고 한다. 이한기, 전게서. 138면.

인 국민, 즉 헌법전문에 표현된 '대한국민'의 의사가 극적으로 변화하였다는 징표가 발견되지 않는다면 그대로 유지될 수밖에 없다. 그러나 한반도의 통일이 완수되고 나면 이러한 조항이 계속 존재함이 과연 헌법이론적으로 정당한지 혹은 헌법정책적으로 필요하고 타당한 것인지 재검토되어야 한다고 본다. 이에 관하여 필자는 통일 이후 헌법상의 영토조항은 ① 법리적으로 그 내용을 변경함이 필요하고 정당하나, ② 법정책적으로는 종래 내용대로의 유지·존속함이 필요할 것이라고 결론짓고자 한다. 이하에서 그 이유를 살펴본다.

1. 논리적 고려: 통일 이후의 영토조항 내용의 변경

영토의 장소적 한정을 서술하는 식으로 되어있는 현재의 헌법조항은 세계적으로 볼 때 이례적인 입법례이다. 여기에는 1948년 건국 당시 나라가 대한국민의 의사에 반하여 분단되었던 정치적 현실이 여실히 반영되어있다. 그런데 이제 남북한의 통일에 의하여 대한국민의 국가가 정상화되면 이러한 내용의 영토조항의 헌법적 존재의미는 상실된다. 그러나 반드시 영토조항 자체가 헌법에서 사라져야 한다는 것은 아니다. 영토조항의 폐지보다는 세계 각국의 일반 입법례를 좇아서 ① 영토에 관한 헌법적 규율을 유지하되, ② 영토의 보전, 불가분성 및 불가양성을 천명하고, ③ 영토를 하위 행정단위로 편성하는 기본적 구조문제를 규정하는 것을 내용으로 변경하는 것이 가장 적절하다고 본다. 그리고 구체적인 국경문제는 비록 그것이 헌법사항에 속함을 부인할 수 없지만 간결성과 함축성을 추구하는 헌법조항에 직접 기술하는 것은 적합하지 아니하므로 주변국과의 합의와 조약에 의한 문제해결에 맡길 것이다. 이와 같은 처리는 국가영토의 헌법적 규율에 관한 보편적 이론과 입법례에 가장 자연스럽게 부응하는 것이다.

한편 북한과의 관련을 중시하여 제헌헌법이래 헌법에 존치되어온 현재의 영토조항의 내용은, 한반도가 통일된 이후에는 통일한국의 국경문제 처리와 관련하여 헌법제정권력자가 동 조항의 설정 당시 전혀 고려하지 않은 의외의 효과를 가져올 우려가 있다. 원래 이 조항은 전적으로 한반도의 분단에 대한 헌법제정권력자의 불만에서 유래하였던 것이고, 또한 분단문제의 극복을 위하여서만 의미를 가졌다. 그런데 이 조항의 존재 자체가 한반도 동북부 지역의 정확한 국경획정의 문제에 영향을 미치게 된다면 영토조항의 원래의 설정 취지에 전혀 배치되는 것이다. 주지하는 바와 같이 한반도 동북부의 국경확정과 관련하여 우리나라와 중국과 사이에서는 아직 해결을 보지 못한 간도(間島) 영유권 문제가 잠복하고 있다.[54] 간도는 지리적으로 볼 때 한반도로 정의될 수 있는 지역을 벗어난 곳으로 일견 생각될 수 있으므로 이 문제에 기존의 영토조항이 해석상 영향을 미치게 하는 것은 헌법제정권력자의 의사와 합치되지 않을 수 있다. 따라서 이 점에서도 분단시대의 영토조항의 내용은 통일 이후의 시대에는 변경되는 것이 논리적이다.

2. 정책적 고려: 통일 실현과 연관된 쟁점으로서의 영토조항의 존치 여부

영토조항의 통일 후의 존속문제에는 다른 하나의 중요한 정책적 고려사항이 있다. 이 조항의 존속 여부가 남북한 통일의 실현 자체에 밀접히 연관될 수 있다는 점이 그것이다. 우리나라의 지정학적 상황으로 볼 때 한반도의 통일에 미국·중국·러시아 등 주변국의 정치·외교·군사적 영향이 미칠 것을 배제할 수 없고, 특히 통일 이후 대부분의 국경을 접할 중국의 영향력은 매우 중요한 의미를 가질 것이라는 점은 굳이 정치학자가 아니더라도 공지(公知)의 상황으로서 용이하게 예상할 수 있다. 또한 앞서 지적한 간도문제 등을 통일이 되기 전에 크게 쟁점화하여 중국을 자극한다면 통일실현에 악영향을 미칠 것도 예상가능한 일이다. 독일의 경우 이른바 '2+4 조약'과 독일·폴란드 국경조약에 의하여 오데르-나이세 선을 폴란드와의 국경으로 종국적으로 인정하였던 것이 미국·소련·영국·프랑스가 독일의 통일을 법적으로 인정하여준 결정적인 전제조건이 되었던 바와 마찬가지로, 남북한 통일도 통일한국의 영토가 중국과의 관계에서 안정된 상태로 확정되는 것을 전제로 하여서만 실현되는 상황이 발생할 가능성도 배제할 수 없다. 요컨대 간도문제를 포함한 중국과의 미해결 국경문제의 해소는 남북한 통일 이후의 문제가 아니라 통일을 위한 전제조건으로서 작용할 소지가 더 크다고 본다. 이러한 경우 통일협상의 내용에 따라서는 기존의 영토조항이 이제는 새로운 의미를 가지고 그대로 존치되어야 할 상황이 전개될 수 있다.

---

54) 중국과의 국경확정의 문제와 간도 영유권 주장 등에 관한 대표적 법적 검토로서는, 이석우, 영토취득과 관련한 국제법의 일반원칙과 한국의 간도영유권 주장의 향후 연구방향에 대한 시론적 제언, 백산학보 제72호, 2005. 8, 261-290면; 같은 저자, 한국의 간도영유권 주장을 위해 극복하여야 할 현대 국제법의 법리연구, 백산학보 제74호, 2006. 4, 295-340면 참조.

헌법의 영토조항과 통일문제 해결의 연관성은 독일통일의 사례에서 잘 나타나는데, 여기서 독일통일 당시 서독 내무장관 볼프강 쇼이블레의 관련 기록 중 인상적인 부분을 언급하고자 한다.

"1990년 2월 20일 나(쇼이블레)는 미국 국무장관 제임스 베이커를 워싱턴에서 만났다. … 베이커는 독일에서의 상황전개를 언급하면서 우리 독일인이 통일의 경우에 오데르-나이세 국경선을 어떻게 처리할 작정인지를 알고자 했다. 그는 '왜 독일인이 그렇게 어렵게 생각하시오?'라고 질문했다. 우리가 법적인 처리를 미루고 있는 점에 대해 이해할 수 없었던 것이다.

나는 그에게 우리는 국경문제는 오로지 통일문제와 결부시켜서만 해결이 가능하다고 믿으며 그 이전에는 해결될 수 없다고 설명했다. 또한 그때는 국경문제를 확실하게 확정지을 것이라고 덧붙였다. 그러자 베이커는 나에게 '서독 기본법 제23조는 어떻게 되느냐'고 질문했다. 미국 외무장관이 우리 기본법을 이런 상세한 점까지 잘 알고 있는데 대해 놀라지 않을 수 없었다. 당시 독일에서는 아직 언급되지도 않았었다. …

기본법 제23조는 독일의 다른 영토는 연방가입 이후에 기본법이 적용된다고 규정하였다. 이 조항에 의하면 언젠가 독일에 소속되었던 영토는 언제나 독일연방에 가입하는 것이 가능하다는 문제점이 있었다. 여기에는 특히 1937년 독일에 속했던 영토[55]가 쟁점이 될 것이 당연했다.

나는 베이커 장관에게 통일 완성 이후에 서독 기본법 제23조는 삭제할 용의가 있다고 대답했다. 왜냐하면 서독 기본법의 적용범위를 독일 구영토까지 포함한다면 독일통일이 유럽의 항구적 평화에 기여한다는 공동관심사에도 위배되는 것이다. 베이커 장관은 한동안 놀란 듯이 나를 보더니, 나의 대답에 매우 만족한다고 말했다."[56]

한국과 독일은 그 영토의 분단과 현재 국경의 획정이 서로 전혀 다른 역사적 맥락에서 이루어진 것이다. 하지만 독일의 통일과 영토조항의 존부가 유럽의 항구평화에 기여하는 것이 되어야 하였듯이 장차 한국의 통일과 영토조항의 내용도 동아시아의 항구평화에 기여하는 것이 되어야 할 것이다. 또한 헌법 제4조는 평화적 통일의

---

55) 이는 오데르-나이세 강 이동의 구 슐레지엔과 동프로이센 등 구독일제국 영토로서 현재는 폴란드·러시아 영토로 되어있는 지역을 말한다.
56) Wolfgang Schäuble, Der Vertrag: wie ich über die deutsche Einheit verhandelte, Deutsche Verlags-Anhalt, 1991, SS. 59-60.

노력의무를 부과하고 있으므로 북한과 중국간의 기존 경계의 현상과 북·중간의 기존 조약의 내용을 존중하는 것은 이러한 헌법적 요구에 부응하는 것이기도 하다. 간도문제 등 미해결 국경문제의 처리가 통일실현의 선결문제(先決問題)가 되어 상호 모순·충돌할 경우, 통일의 실현은 헌법제정권력자의 명문의 요구이자 결단사항으로서 단지 영토경계에 관한 분쟁에 비교하여 보다 중대한 국가이익이 된다고 본다. 따라서 법익형량적 판단에 의하여 볼 때에도 헌법이 침묵하고 있는 '간도 영유권 등 북방 국경의 확보'의 이익은 '통일의 실현'이라는 명확한 헌법적 요구에 우선당하는 것으로 해석하여야 할 것으로 생각한다.

Ⅵ. 맺음말: 영토조항의 바람직한 존재방향

이상에서 살펴 본 바와 같이 우리 헌법상의 영토조항은 다른 모든 국가의 영토조항과 마찬가지로 영토의 유지와 보전에 관련하여 우리나라가 가진 특수한 지정학적 역사적 특수상황을 반영하고 있다. 외관상 아일랜드공화국의 구 영토조항과 유사하기도 하고 분단상황의 특수성은 서독의 경우와 비견될 수도 있지만, 그 유사성보다는 특수성이 더 두드러진다고 본다. 그리고 우리 헌법상의 영토조항은 국가의 정통성에 관한 헌법제정권력자의 의지가 담겨있고, 북한과의 화해·교류에 대한 법적 한계를 설정하며, 나아가 분단의 극복을 위한 헌법적 해석방도를 제공하고 있으므로 헌법적으로 의미있는 조항으로서의 역할을 하고 있다. 적어도 한반도의 분단이 극복되지 전까지는 문언의 변경없이 그대로 존치되어야 할 조항이라고 보아야 할 것이다. 다만 독일에서 영토 관련 기본법 조항은 통일조약의 발효에 따른 헌법의 개정으로서 삭제된 것과 마찬가지로, 우리의 영토조항도 장차 통일의 실현을 계기로 하여 그 내용 변경과 존속 여부에 대한 새로운 조명을 받아야 할 것이다.

제3장

한반도 해양주권과 헌법

한반도 해양주권과 헌법

I. 머 리 말

　독도의 영토적 귀속에 대한 일본의 억지주장이 지속되고 있는 가운데[1] 일본과의 독도문제의 외교적 해결은 가까운 장래에 기대하기 어려운 것으로 보인다. 한편 해양법에 관한 국제연합 협약(United Nations Convention on the Law of the Sea, 이하 '유엔해양법협약'이라 한다)에 따라 배타적 경제수역 제도가 도입된 이후 상당한 세월이 흘렀지만 우리나라의 해양인접국에 해당하는 일본 및 중국과 사이에서 그 중복수역에 대한 경계획정의 합의 또한 이루어지지 못하고 있다. 한반도 주변 해역을 둘러싼 이러한 장기적인 법적 불안상태는 우리나라의 해양주권의 기초를 흔들고 있으며, 국가영역에 대한 주권의 확립은 헌법의 기초를 형성한다는 점에서 이는 헌법적으로도 중요한 쟁점이 되고 있다.[2]

　그런데 2016. 7. 12. 헤이그의 국제중재재판소가 남중국해의 해상지형들에 대한 중국과 필리핀의 영유권분쟁과 관련하여 배타적 경제수역의 범위확정에 대한 구체적 법적 기준을 제시하는 판결을 내놓았다. 그동안 해양에 무인도나 암초 등 해상지형을 보유한 세계 각국은 광대한 배타적 경제수역을 확보하기 위하여 무리한 일방적 조치를 감행하면서 국제분쟁을 마다하지 않는 일반적 분위기가 조성되어 왔다. 이 판결은

---

* 본 장(章)은 2016년 12월 한국법학원 저스티스 통권 제157호 5-38면에 게재한 논문 '한반도 해양주권과 헌법-배타적 경제수역의 범위 확정 문제를 중심으로-'를 수정·편제한 것임.
1) 일본의 독도 영유권에 관한 억지주장 사례는 무수하므로 일일이 거론하기 어려우나, 최근에는 일본 방위성이 작성한 2016년 일본방위백서에 '우리나라(일본)의 고유영토인 다케시마(독도)의 영토문제가 여전히 미해결인 채 존재하고 있다'고 표현했다. 연합뉴스, '올해판 일 방위백서의 독도기술', 2016. 8. 2. 기사 참조.
2) 2016. 5. 27. 한국헌법학회가 독도의 헌법적 지위에 관한 학술대회를 개최한 것도 해양주권에 관한 헌법학자들의 관심을 잘 보여준다. 그 논의의 자세한 내용은 2016. 5. 27. 한국헌법학회 제90회 학술대회 '대한민국 영토 독도의 헌법적 검토' 자료집 참조.

배타적 경제수역 발생의 법적 해석기준을 최초로 확립하고 해양법질서에서의 무법(無法)적 상황을 타파하고자 하는 것으로 의미가 클 뿐만 아니라, 대양에 아무런 해상영토도 가지지 않은 채 원양해양국가로서 발돋움하여 나가고자 하는 우리나라에게는 더욱 주목할 가치가 있다. 특히 우리 헌법의 국제법존중주의에 비추어 볼 때 이 판결의 취지는 우리 헌법상 해양주권의 의미를 해석함에 있어서 새로운 법적 기준을 제공할 수 있고, 독도를 둘러싼 우리 해양주권의 범위 확정[3]에도 영향을 줄 수 있다.

이 글에서는 한반도 주변 해양을 둘러싼 기존의 법적 논란과 새롭게 전개되는 법적 상황을 전제로 하여, 우리 해양주권의 헌법적 의미와 내용을 살펴봄으로써 한반도 해역에서의 법적 불안상태로 인하여 발생하는 국민의 기본권 침해에 대한 보호 등을 검토함과 아울러 해양인접국과의 협상에서 정부가 준수하여야 할 헌법적 기준을 파악해 보고자 한다. 나아가 독도를 둘러싼 배타적 경제수역의 범위 확정의 문제에서 우리 헌법이 요구하는 법리적 기준을 검토하고 이에 따라 그동안 논란이 되어온 신한일어업협정의 합헌성 평가에 대한 새로운 시각을 제시하여 보고자 한다.

Ⅱ. 해양주권의 헌법적 의미와 관련 규정의 해석

1. 해양주권의 헌법적 의미

헌법이론상 주권(主權, sovereignty)은 국가를 지배하는 단일하고 불가침한 시원적인 최고권력으로서, 대외적으로 독립한 권력이고 분할될 수 없으며 그 전부 또는 일부를 양도할 수도 없는 성질의 것으로 설명된다. 다만 국가의 주권이 단일하고 불가분하다고 하더라도 주권에서 유래하는 개별적 구체적인 국가의 통치권은 분할 가능한 권력이다. 이와 같이 주권과 통치권은 개념상 구분된다고는 하나, 통상 주권이라고 말할 때에는 그것이 통치권의 의미로서 사용되기도 한다.[4]

그런데 이 글에서 다루고자 하는 해양주권(海洋主權, maritime sovereignty)은 국

---

3) 국제법상 국가간 배타적 경제수역의 범위를 정하는 문제는 주로 그 '획정(delimitation)'이라고 칭하여진다. 그러나 헌법에서는 배타적 경제수역에서 국민의 기본권 향유의 안정성의 확보로서 문제되기 때문에 경계의 '획정'이라기보다는 경계의 '확정(determination)' 문제로 보는 것이 더 타당하다고 보고 주로 이 용어를 사용하기로 한다.
4) 권영성, 헌법학원론, 법문사, 2007, 116-120면.

가가 육상의 영토에 대하여 가지는 주권과는 달리 그 내용이 전면적, 무제약적, 불가분적인 것이 아니다. 해양법상 국가가 영토에 인접한 해양에 대하여 가지는 관할권은 영해, 접속수역, 배타적 경제수역 및 대륙붕으로 나뉘어 부여되고 있는데,[5] 그 모든 경우에 육상 영토에 대한 배타적 권리에 비교하여 불완전한 관할권을 내용으로 하고 있다. 다만 육상영토에 직접 인접하여 인정되는 영해의 경우에는 해양법상 외국선박의 무해통항권을 인정하여야 하는 제약이 있기는 하나, 그 외에는 육상영토와 다름없이 연안국의 통치권이 전면적으로 적용되므로 이에 대한 국가의 권리는 본질상 주권적 권리에 해당한다고 일반적으로 인정되고 있다. 그러나 1982년의 유엔해양법협약에 의하여 도입되어 해양 인접국들 사이에 가장 문제가 되고 있는 배타적 경제수역의 경우에는 이와 달리 해당 국가에게 경제적 분야에 한정된 부분적 관할권만 인정되며,[6] 이러한 관할의 부분적 성격은 접속수역이나 대륙붕의 경우에도 마찬가지이다. 이처럼 해양에 관하여 각 국가에게 인정되는 관할권은 육상 영토 내에서 가지는 완전한 주권과 비교할 때 제한적인 것인바, '국가의 해양주권'이라는 용어는 영해에 대한 주권적 권리를 제외한다면 엄밀히 말해서 해양에 대하여 국가가 가지는 분할가능한 '통치권'의 의미로 사용되는 것이다.

헌법은 명문으로 해양주권을 다루고 있지는 않지만 해양주권의 헌법적 의미와 내용을 도출할 수 있는 여러 조항들을 두고 있다. 헌법 제3조, 제6조, 제10조와 제120조가 그러한 조항들이다. 이하 이 조항들의 해양주권 관련성을 살펴본다.

2. 헌법 제3조와 해양주권 ─ 독도의 영토성 ─

헌법 제3조는 '대한민국의 영토를 한반도와 그 부속도서로 한다'고 선언하고 있다.

---

5) 유엔해양법협약상 영해(Territorial Sea)는 영해기선(territorial baseline)으로부터 12해리까지 인정되는 수역이며, 접속수역(Contiguous Zone)은 이로부터 다시 12해리까지의 수역이다. 또한 배타적 경제수역(Exclusive Economic Zone)은 기선으로부터 200해리까지의 해역으로서 이중 영해 부분은 제외된다. 나아가 대륙붕(Continental Shelf)은 영해 밖으로 육지영토의 자연적 연장에 따라 대륙변계의 바깥끝까지의 해저지역이나, 대륙변계의 바깥끝이 영해기선으로부터 200해리에 미치지 않는 경우 200해리까지, 200해리를 넘는 경우 350해리까지 인정된다.

6) 유엔해양법협약 제56조에 따라 연안국은 그 배타적 경제수역에서 (a) 해저의 상부수역, 해저 및 그 하층토의 생물이나 무생물등 천연자원의 탐사, 개발, 보존 및 관리와, 해수·해류 및 해풍을 이용한 에너지생산과 같은 이 수역의 경제적 개발과 탐사를 위한 그 밖의 활동 (b) 인공섬, 시설 및 구조물의 설치와 사용, 해양과학조사 및 해양환경의 보호와 보전 등에 관한 관할권을 가진다.

이처럼 헌법 제3조는 대한민국 '영토'의 범위를 규정하며, 그 해양주권 자체를 직접 규율 대상으로 하는 조항은 아니다. 그렇지만 이는 한반도 주변해역에 존재하는 도서들에 대한 영토 범위 확정의 헌법적 근거조항이고 해양주권은 영토에 면한 해역에 인정되기 때문에 대한민국의 해양주권이 미치는 구체적 해역대를 결정하는 기준을 제공하는 의미를 수반하고 있다. 즉 대한민국의 해양주권은 헌법 제3조의 '한반도 부속도서'의 의미 해석을 통하여 그 육지기반의 범위가 설정되는 관계에 있다고 할 것이다.

(1) 한반도 부속도서의 헌법적 해석

우리 헌법이 1948년 최초의 근대적 헌법 이래로 영토조항을 계속 가지고 있는 것은, 대한민국이 일본의 강점 이전의 한반도 국가인 대한제국(이전의 조선)과 국가적 동일성을 가지므로 대한민국의 영토는 대한제국의 그것과 같은 것임을 확인하는 내용을 담은 것이라고 할 수 있다. 그러므로 헌법 제3조에서 말하는 '한반도의 부속도서'는 일본의 강점 이전부터 한반도 국가인 대한제국 내지 조선의 영역에 속하여 왔던 한반도 인근의 섬을 말한다고 할 것이다.

여기서 한반도에 부속한다는 것의 의미는 한반도와 지리적 근접성이 있으며 한반도 주민의 정치·경제적 생활과 연관된 곳이라는 의미로 해석되어야 할 것이다. 그렇다면 한반도의 부속도서가 되기 위해서는 ① 지리적으로 한반도 주변 해역에 존재한 섬으로서[7] ② 한반도 주민인 우리 국민의 거주 기타 경제적 활동의 범위 내에 있어 왔으며 ③ 역사적으로 한반도 국가의 판도(版圖)로 인식되고 관리가 이루어져 온 곳이어야 한다고 본다.[8]

---

7) 부속도서의 여부는 규범적 판단으로서 인간의 생활과 관련된 개념으로 파악하여야 하므로, 그 중 자연적 요건은 지리적(geographical) 개념으로 족하며 반드시 인류탄생 이전의 지질학적(geological)인 것이 될 필요는 없다고 본다. 예컨대 지질학상으로 독도의 해저지형이 한반도 내지 울릉도의 지괴와는 분리된 형태의 독립된 해저화산에서 돌출된 것이라고 하더라도 부속도서의 개념에는 영향을 미치지 아니하며, 해상의 거리상 한반도 혹은 한반도의 부속도서인 다른 본섬과 지리적으로 가장 근접된 것이면 자연·지리적 요건은 충족된다고 할 것이다. 이에 대한 반대의견으로 지질학적 요소로 부속도서의 개념을 판단하는 견해로는 박선영, "영토헌법주의와 대한민국 영토 독도", 한국헌법학회 제90회 학술대회 '대한민국 영토 독도의 헌법적 검토' 자료집(2016. 5), 12면 참조.
8) 한반도의 부속도서의 헌법적 해석을 논한 헌법학자의 자료는 거의 존재하지 않으며, 다만 한반도와 그 부속도서는 '지리적 역사적 개념'이라는 언급 정도만 발견된다. 김철수, 헌법학개론, 18전정신판, 박영사, 2006, 112면 참조. 이는 우리 헌법학계에서 헌법 제3조의 영토조항은 주로 북한과의 관계에서 논의되는 주제로 간주되어 오고 있기 때문이다.

(2) 독도의 영토주권

헌법 제3조가 말하는 '한반도의 부속도서'가 구체적으로 어떤 섬들을 포함하는 것인가 하는 점에 관하여 현재 대한민국의 관할권이 미치는 모든 섬들이 이에 해당하지만 오직 독도(獨島)에 관하여서만 일본의 억지 주장으로 인하여 우리 헌법의 관련 해석이 외부적인 도전을 받아왔다.

독도가 헌법 제3조의 한반도 부속도서에 해당하는지 여부를 살펴볼 때, 독도는 ① 한반도 주변 해역인 동해에 위치하면서 삼국시대 이후 정치적으로 한반도 국가에 편입되어 온 울릉도와 가시거리 내에 있는 속도(屬島)로서 ② 전통적으로 어로(漁撈) 등 우리 국민의 경제적 활동의 무대가 되어 왔고 ③ 역사상 한반도에 있었던 여러 국가들에 관한 공식문서들 상으로도 울릉도와 함께 우리나라 고유(固有)의 영토로 관리되어 온 곳이므로[9] 우리 헌법 제3조의 '한반도의 부속도서'에 해당함이 명백하다고 할 것이다.[10]

(3) 독도에 관한 일본의 주장에 대한 헌법적 판단

독도(일본명 다케시마, 竹島)에 대한 일본의 영토귀속 주장을 대상으로 한 법적 비판에 관하여서는 국제법적 시각의 허다한 선행연구가 존재하므로 이를 여기서 반복하지 않으며, 다만 헌법적 검토에 필요한 한도 내에서 그 요지를 정리하여 보고자 한다.

---

9) 1435년부터 1881년까지 지속된 조선의 울릉도에 대한 공도정책(空島政策, 조선은 도민을 본토로 불러오는 정책을 刷還政策, 울릉도로 건너가는 것을 금하는 정책을 海禁政策이라 칭함)은 자국령 섬에 대한 행정적 관리의 한 형태일 뿐이다. 또 이 정책을 시행할 당시에도 조선은 이른바 수토관(搜討官)을 파견하여 섬을 관리하여 왔음이 역사기록상 나타난다. 호사카 유지, 독도 1500년의 역사, 교보출판사, 2016. 8, 141-142면.

10) 한국측의 각종 사서와 기록, 행정조치 등은 독도가 우리나라의 판도로 인식되고 관리되어 왔음을 입증하고 있다. 중요하게 거론되는 것은 ① 1145년 삼국사기의 우산도(독도) 언급, ② 1451년 고려사의 울릉도 외 우산도 언급, ③ 1454년 세종실록 지리지 강원도 울진현조(蔚珍縣條)에 "우산, 무릉 두 섬은 울진현 바로 동쪽 바다 한가운데 있는데 두 섬의 거리가 멀지 아니하여 일기가 청명하면 서로 바라볼 수 있다"고 한 기록, ④ 1531년 신증 동국여지승람의 팔도총도와 강원도 부분지도에 울릉도와 우산도가 나란히 표시된 점, ⑤ 1693년 숙종실록에 안용복이 왜인들에게 독도가 우산도로서 조선의 섬임을 주장하고 왜인들을 쫓아낸 기록, ⑥ 1900. 10. 25. 대한제국 칙령 제41호에서 울릉군의 관할지에 울릉도와 石島('돌섬'의 의미인 獨島를 한문화한 표기)를 명시한 점, ⑦ 1906. 3. 5. 울릉군수 심흥택의 보고서에서 '본군 소속 독도(本郡所屬獨島)'에 대한 일본인의 동향을 보고한 점 등이 있다. 한국측 자료의 내용과 그 자료가치에 대한 자세한 설명은 이한기, 한국의 영토, 서울대학교 출판부, 1996, 234-264면 참조.

1) 무주지선점론에 대한 비판

독도가 자국의 영토라고 하는 일본의 주장은 이 섬이 고래로 일본의 고유영토였다는 취지의 고유영토론(固有領土論)과 무주지(terra nullius)인 상태에 있는 것을 선점하였다는 취지의 무주지선점론(無主地先占論)으로 대별된다. 그러나 독도가 역사적으로 일본의 고유영토라는 주장은 특히 2000년대 이후에 들어와서 한일 양국의 학자들의 이에 반하는 공문서의 공개[11]와 고지도(古地圖)의 발굴[12]에 의하여 더 이상 학술적인 주장으로서 존립이 불가능할 만큼 철저히 무너진 상태이므로, 이제는 일본 주장의 핵심은 '1905년 2월 무주지 상태에 있던 독도를 선점함으로써 영토화하였다'는 요지의 무주지선점론으로 귀착되어 있다.

그러나 독도는 그 이전부터 역사적으로 조선의 영토로 인식되고 관리되어온 섬으로서 무주지인 섬이 아니었으므로[13] 당시 일본제국의 독도편입은 그 법적 전제부터 잘못된 것이다. 또한 당시는 러일전쟁의 개전으로 일본군이 우리나라를 군사적으로 강점하기 시작한 시점으로서 일본은 동해에서 러시아 해군을 막기 위한 군사적 목적으로 독도를 점령함과 아울러 일본 시마네현(島根縣)의 일부로 편입하는 행정조치를 감행하였으며 이를 바로 대한제국 정부에 통보하지도 아니하였다. 당시 대한제국은 이미 나라 전체가 일본에 의하여 군사적으로 점령되는 과정에 있었으므로 일본의 독도에 대한 일방적 행정편입 조치에 대하여 실력으로 대항하는 것이 불가능했다. 그러

---

11) 새로이 나타난 대표적인 자료로 메이지정부 시대의 '태정관(太政官) 결정'을 들 수 있다. 이 사안에서 일본 정부는 독도(다케시마)가 조선과의 관계에서 그들의 고유영토가 아닌 점을 명확히 공식확인하였다. 1877. 3. 29. 일본 정부는 국무를 총괄하던 태정관의 결정으로 '내무성이 문의한 다케시마 외1도는 우리나라(일본)와 관계없는 것임을 알아둘 것(本邦關係無)'이라고 지령하여 독도에 관한 조선과의 영토 획정을 의문의 여지없이 종결하고 있다. 또 이 결정은 그보다 훨씬 거슬러서 1696. 1. 29. 도쿠가와 막부(德川幕府)가 당시 조선과 사이에서 울릉도(당시 일본에서는 '竹島'로 호칭)의 영유에 관한 논란이 일자 일본인들에 대한 죽도도해금지령(竹島渡海禁止令)을 발하고 이를 조선에 전달하도록 하였던 역사적 사실에 유래한 것이다. 종래 일본 정부와 강경론의 학자들은 이 태정관 결정을 알면서도 공개하지 아니하였던 것으로 의심되는데 공개 이후에도 제대로 된 반론을 내놓지 못하고 있다. 다케우치 다케시, 독도=죽도 문제 고유영토론의 역사적 검토, 선인출판사, 2013. 70-77, 84, 150-157, 199면; 공노명 외 2인, 독도가 우리 땅인 이유, 제이앤씨 출판사, 2013, 119-120면 참조.
12) 일본의 공식지도인 1779년의 개정일본여지노정전도(改定日本輿地路程全圖), 1785년의 삼국접양지도(三國接壤之圖), 1808년의 일본변계약도(日本邊界略圖), 1838년의 다케시마방각도(竹島方角島) 등에서 울릉도와 독도는 일본 영토가 아닌 한국의 영토로 표시되어 있다. 호사카 유지, 앞의 책, 177-185면 참조.
13) 앞서 본 바와 같이 대한제국은 이미 1900년 칙령 제41호로 독도를 대한제국의 관할지로 규정하였으며, 1906년에야 일본의 행정편입 사실을 알게 된 울도군수 심흥택이 상부기관에 올린 보고서와 이에 대한 대한제국 정부의 지령 등이 당시 조선의 독도에 대한 주권 인식과 관리 사실을 특히 잘 증명하고 있다. 당시 독도가 무주지의 상태가 아닌 점에 관하여는 이한기, 앞의 책(각주 10), 278-282면 참조.

므로 대한제국의 영토인 독도에 대한 일본의 이러한 행정조치는 당초부터 무효이고, 일본 점령의 사실상태는 일본제국의 한반도 강점(强占)의 종식과 함께 종료되었으며, 이로써 그동안 일본제국에 의하여 방해받아왔던 독도에 대한 영토권한이 그 사실상 방해상태가 제거됨으로써 헌법상 '당연 회복'된 것이다.[14]

2) 종전조약(終戰條約)에 의하여 일본의 영토로 확인되었다는 주장에 대한 비판

나아가 일본은 제2차 세계대전의 패전 이후 연합국들과 체결한 강화조약인 1952년의 샌프란시스코조약에서 독도가 일본의 영토에 포함되었다는 주장을 자신들의 고유영토론 내지 무주물선점론의 중요한 보강논리로서 연결시켜 왔다. 그러나 이 조약에서 최종적으로 독도가 일본의 영토인 것으로 명기되지도 아니하였을 뿐만 아니라,[15] 가사 이 조약에서 독도의 일본 귀속이 명기되었음을 가정해 본다고 하더라도, 그 실제 귀속국인 대한민국을 배제한 채 미국·영국과 일본 등 제3국들이 모여서 임의로 우리나라의 영토를 처분하는 합의를 하는 것은 국제법적 논의와는 별도로 우리 헌법상으로는 전혀 수용될 수 없으며 우리 국내법상 그 법적 효력은 인정되지 않는다.[16]

그러므로 독도영유권에 관한 일본의 주장은 인정될 수 없고, 독도는 헌법 제3조에 규정한 한반도의 부속도서로서 대한민국의 영토이다.

3. 헌법 제6조와 해양주권

헌법 제6조 제1항은 '헌법에 의하여 체결·공포된 조약과 일반적으로 승인된 국제법규는 국내법과 같은 효력을 가진다.'라고 규정한다. 이에 따라 1982년에 체결되어 1994년 발효되었으며, 우리나라의 경우 1996년 1월 비준·발효된 '유엔해양법협

---

14) 독도에 대한 우리나라 관할권의 실제 회복 과정은 다음과 같다. 먼저 연합국사령부가 1946. 1. 29. 훈령 SCAPIN 제677호로 독도를 일본의 범위에서 제외한 다음, 같은 해 6. 22. SCAPIN 제1033호로 독도 자체와 그 12해리 이내에 일본인과 그 선박 등의 출입을 금지시켰고(이른바 맥아더라인), 이를 계승하여 이승만 정부는 1952. 1. 18. '대한민국의 인접해양의 주권에 관한 대통령 선언'으로 주변국과의 수역경계선(이른바 평화선)을 설정하여 독도를 한국의 관할권 안에 포함시켰으며, 1954. 6. 주둔경비대를 파견하여 독도를 지배하였다. 와다 하루키, 독도문제는 일본에서 어떻게 논의되고 있는가, 제이앤씨 출판사, 2015, 99면.

15) 샌프란시스코 강화조약 제2조의a: 일본은 한국의 독립을 인정하고, 제주도 거문도 및 울릉도를 포함한 한국에 대한 모든 권리와 소유권 및 청구권을 포기한다.

16) 국제법적으로는 조약의 제3자적 효력이 문제될 수 있지만, 그렇다고 하더라도 샌프란시스코 조약의 한국에 대한 효력은 부정적이다. 이석우, 동아시아의 영토분쟁과 국제법, 집문당, 2007, 203-204면 참조.

약'은 국내법적 효력을 가진다. 또 우리 헌법은 독일이나 프랑스와는 달리 조약의 법률우위적 효력을 명확히 규정하고 있지는 아니하나, 유엔해양법협약은 해양에서의 모든 국가활동에 적용되는 기본적 법적 틀을 제공하는 규범으로서[17] 독일 기본법상 법률우위적 효력을 가진 '국제법의 일반원칙(die allgemeinen Regeln des Völkerrechts)'에 상응하며,[18] 우리나라의 경우 해양주권의 범위와 내용을 결정하는 기본적이고 핵심적인 헌법사항을 규율하는 규범으로서 그 국내법적 효력도 단순 법률 이상의 것이 되어야 할 것이라고 본다.[19] 즉 법률 등 국내입법이 그 내용상 이 협약과 충돌하는 경우 협약의 내용이 우선하는 것으로 해석하는 것이 합당할 것이다.[20] 그러므로 소송에서 이 협약과 법률의 내용상 충돌이 있을 경우 해당 법원은 당해 사안에 원칙적으로 협약을 적용하여야 할 것이다. 그러나 조약이 법률에 효력상 우선한다는 취지의 명백한 헌법조항을 두고 있지 아니한 이상, 당해 법률은 무효가 되는 것이 아니며 형식적으로 존재하나 구체적 쟁송에서 적용불능(unanwendbar)인 상태에 빠지게 된다고 할 것이다.[21] 또한 이러한 법률에 기초한 행정행위도 위법하며 취소의 대상이 될 것이다.[22]

동 협약에 따라 영해의 범위는 종래 3해리로부터 12해리로 확장되었으며,[23] 특히 배타적 경제수역이 제도적으로 도입되어 영해기선(territorial baseline)으로부터 200해

---

17) James Harrison, Making the Law of the Sea, Cambridge University Press, 2011. p. 60.
18) 독일 기본법 제25조: 국제법의 일반원칙은 연방법의 일부이다. 이는 법률에 우선하며 연방주민의 권리와 의무를 직접 창출한다.
19) 프랑스헌법 제54조와 제55조도 조약이 헌법에 위반할 수 없으나, 원칙적으로 법률의 상위의 효력을 가지는 것으로 규정하고 그 취지에 따라 해석되고 있다. Dominque Turpin, Droit Constitutionnel, PUF, 4ème éd, 2003, pp. 131-147. 그러나 우리 법제상 명령적 효력을 가지는 조약도 인정되고 있으며, 국민의 권리의무에 관한 중요한 사항을 직접 규율하는 가진 조약은 법률에 대하여 사실상 상위의 효력을 가지도록 규정하는 등 조약의 효력 인정의 범주는 다양하다. 법률에 조약의 우선적 적용을 직접 규정한 예로서 선박안전법 제16조가 '선박의 안전성과 인명의 안전에 관한 조약에 이 법과 다른 규정이 있을 때에는 그 규정에 의한다'고 규정한 사례 등을 들 수 있다. 배종인, 헌법과 조약체결: 한국의 조약체결 절차, 삼우사, 2009, 72-74면.
20) 성낙인, 헌법학 제16판, 법문사, 2016, 320면. 같은 취지임.
21) Jarras/Pieroth, GG kommentar 8. Aufl. C.H.Beck, 2006, Art. 25. rdnr. 13.
22) von Münch/Kunig, Grundgesetz-Kommentar, Band 2, 3. Aufl. C.H.Beck, 1995, Art. 25, rdnr. 40.
23) 유엔해양법협약 제3조는 "모든 국가는 이 협약에 부합하는 기선(baseline)으로부터 측정하여 12해리를 넘지 아니하는 범위에서 영해의 폭을 설정할 권리를 가진다."고 규정하고, 이에 따라 영해 및 접속수역법 제1조는 "대한민국의 영해는 기선(基線)으로부터 측정하여 그 바깥쪽 12해리의 선까지에 이르는 수역(水域)으로 한다. 다만, 대통령령으로 정하는 바에 따라 일정수역의 경우에는 12해리 이내에서 영해의 범위를 따로 정할 수 있다."고 규정한다.

리에 해당하는 광범위한 해역에 대한 경제적 관할권을 부여하는 취지로 연안국의 해양주권이 획기적으로 강화되었다.[24] 또한 동 협약 이전에는 국제법상 원칙적으로 수심 200미터 이내로 제한되었던 대륙붕에 관하여서는 기술발전 등의 새로운 사정을 감안하여 확대된 기준을 창설함으로써 연안국가의 해양주권의 효력 범위가 확장되었다.[25]

이상과 같이 확장된 해양주권 실현의 문제를 헌법적 관점에서 논리적 단계로 나누어 볼 때, 1단계로 헌법 제6조에 의거하여 유엔해양법협약을 수용함으로써 한반도 주변해역의 영해와 배타적 경제수역 및 대륙붕에 대한 해양주권의 국내법적 확장이 이루어졌고,[26] 2단계로 대한민국의 해양주권이 미치게 된 각 유형들의 해역에 대하여 그 성질상 허용하는 범위 내에서 헌법의 일반조항 특히 경제적 분야의 기본권 조항 등이 적용되게 되었으며, 3단계로 헌법 제10조 2문에 따라 배타적 경제수역에서의 국민의 기본권을 보장하기 위한 국가의무 이행의 문제가 발생하였다고 구성해 볼 수 있다.

4. 헌법 제10조 2문과 해양주권

(1) 국가의 기본권보장의무의 내용

헌법 제10조는 '모든 국민은 인간으로서의 존엄과 가치를 가지며, 행복을 추구할 권리를 가진다. 국가는 개인이 가지는 불가침의 기본적 인권을 확인하고 이를 보장할

---

24) 대한민국의 배타적 경제수역은 유엔해양법협약에 따라 기선으로부터 그 바깥쪽 200해리의 선까지에 이르는 수역 중 대한민국의 영해를 제외한 수역이다. 배타적 경제수역법에 의할 때 대한민국은 배타적 경제수역에서 ① 해저의 상부 수역, 해저 및 그 하층토(下層土)에 있는 생물이나 무생물 등 천연자원의 탐사·개발·보존 및 관리를 목적으로 하는 주권적 권리와 해수(海水), 해류 및 해풍(海風)을 이용한 에너지 생산 등 경제적 개발 및 탐사를 위한 그 밖의 활동에 관한 주권적 권리 및 ② 인공섬·시설 및 구조물의 설치·사용, 해양과학 조사, 해양환경의 보호 및 보전 기타 유엔해양법협약에 규정된 주권적 권리를 가진다. 배타적 경제수역법 제3조 참조.

25) 유엔해양법 협약 제76조(대륙붕의 정의)는 ① 연안국의 대륙붕은 영해 밖으로 영토의 자연적 연장에 따라 대륙변계의 바깥끝까지로 함을 원칙으로 하되(제1호), ② 대륙변계의 바깥끝이 영해기선으로부터 200해리에 미치지 아니하는 경우에는 동 200해리까지의 해저지역으로 하고(제2호), ③ 영해기선으로부터 350해리를 넘거나 2,500미터 수심을 연결하는 선인 2,500미터 등심선으로부터 100해리를 넘을 수 없는 것(제5호)으로 규정하였다.

26) 이에 따라 우리 국내법상 이를 규율하기 위한 입법이 이미 실행된 바가 있는데 예컨대 배타적 경제수역법이 이에 해당한다. 또한 '국가관할해역 관리에 관한 법률'이라는 포괄적 규율 내용의 법률안이 마련되는 등 입법동향이 있었으나 초안단계에서 머물고 아직 법안은 통과되지 못한 상태에 있다.

의무를 진다.'라고 규정한다. 일반적으로 헌법 제10조 2문에 따른 국가의 기본권 보장의무는 가능한 여러 가지 방법의 기본권 보호조치 중 어떠한 것을 실현할 것인가의 선택을 국가가 할 수 있어야 한다는 의미에서 국가의 의무위반 여부에 대한 사법심사에 있어서는 '최소한의 보호조치'를 취하였는지 여부를 기준으로 한다. 즉 사법심사의 기준으로서 과소보호금지의 원칙이 적용되며, 이에 따라 국가가 기본권 보호에 필요한 조치를 전혀 실행하지 않거나, 기본권 보호를 위한 조치를 실행하였다고 하더라도 이것이 불완전하고 불충분하여 국가에게 인정되는 재량권을 명백히 일탈하거나 남용한 경우에는 국가는 이러한 헌법적 요구에 위반한 것이 된다.[27]

이러한 법리는 해양에서의 국민의 기본권 보장을 위하여 국가가 이행하여야 할 보호의무에 있어서도 그대로 적용될 것이다.

(2) 해양주권의 실현과 국가의 기본권보장의무

배타적 경제수역 제도의 도입으로 우리 국민은 동 수역 내에 어로활동 등 일정한 경제적 자유와 권리를 향유할 수 있게 되었으며, 국가는 헌법 제10조 2문에 따라 국민에게 이를 보장할 의무를 부담하며, 이러한 헌법 제10조 2문의 취지를 고려할 때 국가가 대향국과의 경계획정 합의를 이루는 것으로 실행될 것이다. 그런데 국가간 이견으로 합의가 어렵다는 이유만으로 국가가 200해리의 배타적 경제수역에 대하여 국민의 경제적 기본권 보장을 위한 필요한 조치를 제대로 이행하지 아니하는 것은 국민에 대한 기본권 보장의무 위반에 해당할 수 있으며 국가는 그러한 사정을 고려하면서도 국민의 기본권 실현을 위한 합당한 조치를 실행하여야만 헌법적 요구를 충족할 수 있을 것이다.

이를 보다 구체적으로 논한다면, 일본과 중국 등 대향국들과 최종적인 합의를 이루지 못한 상태라고 하더라도, 국가는 대향국과의 중첩수역 중 ① 대향국의 기선으로부터 200해리 밖에 해당하는 우리나라의 최근접 해역, ② 양국간의 중간선을 기준으로 우리나라 내측에 해당하는 해역, ③ 위 중간선을 기준으로 대향국 내측에 해당하는 해역으로 나누어, 국민의 권익 실현을 위하여 가능하고 적절한 조치를 각각 실행

---

27) 헌법재판소가 국가의 기본권 보호의무에 관하여 이와 같은 내용의 과소보호금지의 원칙을 적용한 사례로, 헌재 1997. 1. 16, 90헌마110; 2008. 7. 31. 2004헌바81; 같은날 2006헌마711; 2008. 12. 26. 2008헌마419 등 다수의 판례가 존재한다.

하여야 한다고 보는 것이 합당할 것이다. 유엔해양법협약에 중첩수역을 분할할 경우 반드시 양측의 중간선 기준 방식으로 해결하도록 되어있는 것은 아니지만,[28] 원래 배타적 경제수역의 제도 자체가 연안국과의 거리를 기준으로 허용되는 관할권이므로 분쟁이 있는 경우에도 우선 양측과의 거리를 기준으로 잠정적 조치를 하는 것이 합당하다고 생각되기 때문이다.[29]

그러므로 먼저 대향국의 기선으로부터 200해리를 벗어난 ①의 해역은 상대국과 합의 여부에 상관없이 우리측 배타적 경제수역에 해당하여 즉시 국민의 경제적 기본권을 실현해 주기 위한 모든 조치를 실행하여야 헌법의 요구에 부응할 것이다. 다만 여기서 국가가 가진 인적·물적 기타 재정적 능력의 한계로 인한 불이행은 국가의 보호조치 의무 위반이 되기 어렵다. 또한 ② 대향국의 기선으로부터 200해리 내에 속하면서 양국간의 중간선을 기준으로 우리나라 내측에 해당하는 해역에 대하여서도 일응 우리 측의 관할권상의 우위를 부인할 수 없으므로 국민의 경제적 기본권을 보호하기 위하여 지체없이 이행될 것이 요청되는 필수적이고 중요한 기본적 조치는 이행되어야 한다고 할 것이다. 나아가 ③ 중간선 기준 밖에 위치하여 대향국에 더 근접한 해역에 대하여서는 양국간 합의가 실현되기 이전에 일방적으로 우리 국민의 권익 보호를 위한 조치를 취할 것을 기대하기 어렵고 이러한 보호조치가 없다고 하여 국가가 그 보호의 헌법적 의무를 해태한 것이 되지는 아니한다고 해석함이 적절하다고 생각한다.

결국 헌법 제10조 2문에 따라 국가는 배타적 경제수역의 최종 경계획정에 관한 일본·중국과 협상의 진전 여부와는 별도로 가능한 부분은 즉시 우리나라의 해양주권이 실현되도록 조치하여야 할 헌법적 의무를 부담하며, 이는 특히 해양에 관하여 경제적 활동을 하는 국민들의 기본권 실현에 실질적 의미를 가질 것이다.

---

28) 유엔해양법협약 제74조 제1호는 "서로 마주보고 있거나 인접한 연안을 가진 국가간의 배타적경제수역 경계획정은 공평한 해결에 이르기 위하여 … 국제법을 기초로 하는 합의에 의하여 이루어진다."라고만 규정한다. 결국 이 조항 상 제시된 해결의 원칙은 첫째 합의에 의한다는 것, 둘째 인정된 국제법에 의한다는 것, 형평성있는 해결(equitable solution)이 이루어져야 한다는 것이라고 할 수 있다. Umberto Leanza and Maria Cristina Caracciolo, The Exclusive Economic Zone, in the Manual on International Maritime Law, Oxford University Press, 2014, p. 204.
29) 국가간 이루어진 배타적 경제수역 경계 확정 협정의 실제 사례에서도 중간선 내지 등거리선에 의하여 합의가 이루어진 것이 가장 많다. 예컨대 1976. 11. 20. 컬럼비아와 파나마 간 협정, 1985. 7. 20. 태국과 버마 간 협정, 1983. 10. 25. 영국과 프랑스 간 협정, 1988. 9. 13. 호주와 솔로몬제도 간의 협정 등이 그 사례이다. op. cit, p. 205.

(3) 이어도와 배타적 경제수역에서의 해양주권의 실현

1) 이어도 관할권의 헌법적 의미

중국과 중첩적인 배타적 경제수역에 위치하는 이어도[30)]는 수중암초(reef)로서 유엔해양법협약상으로나 우리 헌법 제3조 상으로나 도서(island or rock)에 해당하지 아니하여 영토귀속의 대상이 아니며, 이를 기점으로 하여 배타적 경제수역이나 대륙붕이 기산될 수 없다.[31)] 그러나 수중암초인 이어도는 한·중 양국의 연안 기선과의 거리를 비교할 때 그 중간선으로부터 대한민국의 기선(基線)에 보다 가까운 해역에 위치하여 앞서본 ②의 경우에 해당한다. 따라서 중국과의 배타적 경제수역에 관한 최종 합의가 이루어지기 전이라고 하더라도 우리 국민의 경제적 기본권을 보호하기 위하여 이행될 것이 요청되는 필수적이고 중요한 기본적 조치는 국가에 의하여 지체없이 이행되어야 우리 헌법 제10조 2문에 부합한다고 할 것이다. 그러한 의미에서 우리 정부가 수중암초인 이어도 해상에 종합해양과학기지를 건설하고 기상관측과 해양환경·생태를 조사 및 어족자원 관리 등의 활동을 하는 것은 배타적 경제수역에서 헌법상의 국민의 기본권 보호의무 요청에 부응하는 조치를 한 적절한 사례에 해당한다고 본다.[32)]

2) 관할권 행사의 한계

이처럼 이어도 해상에 인공구조물을 설치한다고 하여 새로운 영토가 창출되거나 해양주권의 범위가 새로이 확장되는 것은 아니며, 배타적 경제수역에서 이미 부여된 우리나라의 관할권을 행사하고 실현하는 의미만 있을 뿐이다. 그러므로 대한민국이 이어도 해역에서 가지는 관할권은 배타적 경제수역법 제3조에서 허용된 경제탐사, 과학조사, 및 환경보호의 영역의 그것에 국한된다. 그 이상의 활동은 국제법 위반이 될 뿐 아니라 이를 헌법적으로 수용한 우리 국내법상으로도 위헌·위법의 요소를 가지게 될 것이다. 특히 문제가 될 수 있는 것은 군사적 활동일 것인데, 이는 원칙적으로 금지될 것이지만 위의 허용된 활동이라고 하더라도 그것이 언제든 군사적 목적으로

---

30) 이어도는 한국 마라도 기점으로 서남쪽 149킬로미터, 중국 퉁타오 기점으로 북동쪽 247킬로미터 해역에 위치하는 최간조 시의 수심 4.6미터에 존재하는 수중암초이다.
31) 김부찬, 국제해양법과 이어도 문제, 온누리디앤피, 2015. 12, 192면 같은 취지임.
32) 이어도 주변수역의 한중어업협정상의 지위에 관하여서는, 같은 책, 211-213면 참조.

전용될 수 있다고 볼 수도 있으므로 여기서의 군사적인 것의 의미는 그 활동의 주된 목적을 기준으로 판단되어야 할 것이다.

나아가 이러한 해상구조물의 설치가 인근 해역의 환경을 오염시키고 해양생태계를 교란·방해하는 활동이 되어서는 유엔해양법협약에 위반될 뿐만 아니라 우리 헌법상의 환경권 보호의 취지에도 반하여 위헌적인 국가활동이 될 것이다. 이 점에 관하여 이어도 인공구조물에서의 활동이 전체적으로 보아 국민의 경제적 기본권을 확장하기 위하여 필요한 조치로서 기능하는지, 아니면 깨끗한 해상환경을 유지하고 그 혜택을 입으면서 생활할 국민의 환경권을 침해하는 조치로서 기능하는지 여부에 대한 종합적인 고려와 판단이 필요하다.

5. 헌법 제120조와 해양주권

(1) 해양자원의 국가적 관리

우리 헌법 제9장 '경제'에서는 자원개발 등의 국가적 관리에 관하여 규정하고 있는데, 이는 배타적 경제수역에서의 해양자원의 관리 등에 연관된다. 헌법 제120조 제1항은 '광물 기타 중요한 지하자원·수산자원·수력과 경제상 이용할 수 있는 자연력은 법률이 정하는 바에 의하여 일정한 기간 그 채취·개발 또는 이용을 특허할 수 있다.'라고 하며, 제2항은 '국토와 자원은 국가의 보호를 받으며, 국가는 그 균형있는 개발과 이용을 위하여 필요한 계획을 수립한다.'라고 규정하고 있는데, 이들 조항들은 배타적 경제수역에서의 국민의 기본권 행사에 그대로 확장되어 적용되는 내용을 가지고 있다.

우리 헌법상의 이러한 경제조항의 요청에 따라 배타적 경제수역 내에서의 모든 주요한 해저지하자원과 수산자원 및 경제상 이용할 수 있는 해양 자연력에 대해서는 국민들은 그 채취·개발 또는 이용을 함에 있어서 국가의 '특허'가 개입될 수 있음을 용인하여야 하며, 국민들이 이러한 절차를 이행하는 데에 불편함이 없도록 국가는 적시에 필요한 법률을 제정하여 이에 관한 특허를 행할 절차를 마련하여야 할 것이다.

(2) 기본권으로서의 국민의 수산자원 채취권

헌법 제120조 제1항이 규율하는 여러 자원 중 배타적 경제수역과 관련하여 특히 중요한 문제가 되는 것은 수산자원이라고 생각한다. 수산자원은 해양자원의 기본을 이루는 것으로서 우리 국민 중 어민(漁民) 등 수산업에 종사하는 국민 모두가 생업을 위하여 다루는 한반도 공동체의 주요 자원이기 때문이다.

무릇 수산자원을 획득하는 일은 선사시대로부터 인류가 수렵·채취 생활을 시작한 이래, 인간이 그 생존을 위하여 영위하여온 대표적인 경제활동이다. 자연이 제공하는 수산자원의 채취는 국가의 발생 이전부터 인류가 '천부적으로' 향유하던 인간으로서의 권리에 속하며, 따라서 수산자원 채취의 자유는 경제적 영역에 속하는 권리이기는 하나 최대한 보장되어야 할 것이다. 또한 현대의 산업적 국가경제체제 내에서 어민 등 근해 수산업 종사자는 경제적 약자 계층에 속하는 경우가 대부분이며 우리나라의 경우도 그러하다. 결국 헌법 제120조를 근거삼아 생계를 위하여 어업을 영위하는 연근해 어민의 수산물 채취의 자유를 국가가 특허의 명목으로 임의로 제한·박탈할 수는 없다고 할 것이다.[33]

헌법의 문언상으로도 특허의 대상이 되는 것은 '중요한' 수산자원이다. 이를 반대로 해석하면 일반적 수산자원은 특허의 대상이 아니며 헌법이 국민에게 그 자유로운 채취를 허용한 부분이라고 할 것이다. 여기서 무엇이 '중요한' 수산자원으로서 특허의 대상이 되어야 할 것인지는 헌법해석에 의하여 정하여져야 할 문제일 것인데, '수산자원 중 남획과 환경오염 등으로 인하여 현저히 개체수가 감소하여 어로 기타 채취활동을 전면 금지하지 않으면 가까운 장래에 완전히 멸종될 상태에 있는 어종'이라고 해석하는 것이 상당하다고 본다. 그런데 오늘날 거의 모든 어종이 인간의 남획 대상으로서 그대로 두면 멸종 위기에 빠진다고 할 수도 있지만 이를 모두 중요한 수산자원에 포함된다고 할 수는 없고, 일반적 어족보호의 공익 추구는 헌법 제37조 제2항에 의한 기본권 제한의 일반원칙에 따라 법률로 제한하는 방법에 의하여 실현되어야 할 것이다.

---

33) 그러나 오늘날 새로 개발되고 있는 여러 현대적 기법에 의한 대규모의 조직적 수산자원 채취는 중요한 수산자원 채취로서 국가의 특허대상이 되어야 할 것이다. 예컨대 광대한 해역을 배타적으로 관리하면서 바다목장을 개설하여 인공어초(魚礁)를 설치하고 특정의 어류를 집중 채취하는 활동 등이 그러하다.

그러므로 현재의 유엔해양법협약의 체제 아래에서 우리나라의 주권적 권리가 미치는 배타적 경제수역 내에서는 우리 국민은 원칙적으로 수산자원의 채취 즉 어업의 자유를 향유하고, 이에 대한 제한은 해양환경의 유지나 어족자원의 보호 등 정당한 공익상 근거를 가진 법률에 의하여만 허용하며 그것도 과잉금지 원칙의 심사기준에 적합하도록 필요최소한의 정도로 한정된다고 보아야 할 것이다.

Ⅲ. 해양주권과 국민의 기본권

1. 배타적 경제수역 내에서의 국민의 기본권 보장

우리 국민은 국가의 통치권이 미치는 국가영역 내에서 그 기본권을 발현할 수 있다. 그리고 배타적 경제수역 내에서 국가는 경제·과학·문화 분야의 이용에 관한 관할권만이 가지므로 여기서 인정되는 국민의 기본권 또한 이에 상응한 활동분야에 관한 것을 내용으로 할 것이다.

그렇게 볼 때 배타적 경제수역 내에서 우리나라의 해양주권에 근거하여 국민이 향유할 수 있는 기본권에는 ① 어로 등 수산자원 채취와 그 영업활동의 자유, ② 해양자원 개발·채취와 그 영업활동의 자유, ③ 해양과학적 연구·탐사의 자유, ④ 해양문화 향유를 통한 행복추구권 등 자유권적 기본권 등이 있고, 이러한 해양활동에 참여함에 있어서 불합리한 차별 취급을 받지 아니할 평등권과 이를 원활히 수행하기 위하여 국가에 필요한 협조를 구할 청구권적 기본권도 이에 포함될 수 있다.

나아가 이러한 해양 경제활동에 부수하여 발생하는 제3자에 의한 인권침해, 예컨대 배타적 경제수역 내에서 조업하는 어선 내에서의 건강권 침해나 고문·가혹행위 또는 부당노동행위, 자원개발 연구를 위한 목적의 해상플랫폼에서 일어나는 연구활동의 제한이나 크루즈선 등 관광선에서의 근로조건 위반 등에 대해서 국가의 보호를 받을 수 있는 권리도 포함된다.[34]

---

34) 국제법적 차원에서는 제2차 세계대전 이후 각종의 인권보호규정이 마련되었고 특히 유엔인권협약은 구속력 있는 국제규범으로 정립되어 있다. 그러므로 우리나라 주변 해역이라고 하더라도 영해를 벗어난 해역을 항해하는 선박 등에서는 원칙적으로 우리 해양주권이 미치지 못하므로 우리 국내법인 헌법이 아니라 국제법적 규범인 인권규범에 의한 보호를 받을 것이다. 이러한 국제인권규범은 주로 항해중인 선박 내에서 발생하는 생명권의 보호, 고문행위의 금지 기타 노예적 예속을 강요하는 것 등 대표적

그리고 이러한 기본권의 적용에 있어서는, 신체의 자유나 해양과학 연구의 자유 등 자유권적 기본권에 대한 제한이 문제될 경우에는 헌법 제37조 제2항에 의거한 과잉금지 원칙에 따라 엄격한 합헌성 심사가 관철되어야 할 것이나, 해양자원의 채취 등 일반적인 경제적 기본권의 문제에서는 해양환경의 유지 보호나 수산자원의 보전 등 중요한 공익의 배려를 위한 국가의 재량적 조치를 존중함을 원칙으로 하여야 하며, 다만 국가의 재량권 일탈이나 남용이 명백한 경우에만 헌법이 용인하는 기준을 넘는다고 보아야 할 것이다.

2. 이른바 영토권의 기본권성 인정의 문제

(1) 기본권으로서의 '영토권' 개념의 부적합성

헌법재판소는 신한일어업협정 사건 결정에서 국민의 기본권으로서 이른바 영토권을 인정한 바가 있다.[35] 여기서 헌법재판소가 영토권의 개념을 보충적 기본권으로라도 굳이 도입한 이유는 일본과 관계에서 배타적 경제수역이나 어업구역의 설정의 문제에 관하여 어업에 종사하는 국민들에게 어떠한 형태로든 관여할 기본권이 주어진다고 보는 것이 합당하다고 보았기 때문으로 생각된다. 이는 그 결정문에서 "국가의 공간적 존립기반의 변경은 국가의 법질서의 변화를 가져오고 이는 다시 국민의 주관적 기본권에 영향을 미친다"는 논리를 편 점이나 "기본권 보장의 실질화를 위해서

인 해상에서의 인권침해행위에 대하여 적용된다. 종래 이러한 국제법에 의거한 인권보호는 주로 당해 선박의 선적국이나 당해 인원의 국적국, 또는 최근에는 항만국의 책임으로 인정되었고, 연안국은 그 영해 내에서의 행위가 아닌 한 원칙적으로 이러한 관할권이 인정되지 않았다. 하지만 배타적 경제수역의 인정에 따라 동 수역내의 시설물에 대해서는 연안국의 관할권이 인정된다. Irini Papanicolopulu, Human Rights and the Law of the Sea, in David J. Attard, The IMLI Manual on International Maritime Law, Oxford University Press, 2014, p. 520.

35) 헌법재판소는 영토권의 개념에 관하여 "헌법 제3조의 영토조항은 우리나라의 공간적인 존립기반을 선언하는 것인바, 영토변경은 우리나라의 공간적인 존립기반에 변동을 가져오고, 또한 국가의 법질서에도 변화를 가져옴으로써, 필연적으로 국민의 주관적 기본권에도 영향을 미치지 않을 수 없는 것이다. 이러한 관점에서 살펴본다면, 국민의 개별적 기본권이 아니라 할지라도 기본권보장의 실질화를 위하여서는, 영토조항만을 근거로 하여 독자적으로는 헌법소원을 청구할 수 없다할지라도, 모든 국가권능의 정당성의 근원인 국민의 기본권 침해에 대한 권리구제를 위하여 그 전제조건으로서 영토에 관한 권리를, 이를테면 영토권이라 구성하여, 이를 헌법소원의 대상인 기본권의 하나로 간주하는 것은 가능한 것으로 판단된다."라고 설명하면서 그 보충적 기본권성을 인정하였다. 신한일어업협정 제1차 결정, 헌재 2001. 3. 21. 99헌마139등, 판례집 13-1집, 694-695면; 신한일어업협정 제2차결정, 2009. 2. 26. 2007헌바35, 판례집 21-1집, 81면.

보충적 기본권으로나마 인정하는 것이 필요하다"고 언급한 점 등을 통하여 잘 알 수 있다.

판단컨대, 국가의 해양 관할권 확대에 상응한 국민의 기본권 향유범위의 공간적 확장은 당연히 이루어져야 하고 그 한도 내에서는 헌법재판소의 결정 논리에 찬성하는 바이다. 그러나 헌법재판소도 인정한 바와 같이, 영토조항이 국민 개개인의 주관적 권리인 기본권을 보장하는 것으로 해석하는 견해는 거의 존재하지 않는다. 영토조항은 국가공동체를 구성하는 본질적인 요소에 대한 규정이며 국민의 국가에 대한 주관적인 헌법상의 권리를 보장하는 것과는 전혀 의미가 다르기 때문이다. 따라서 영토를 요구할 권리, 즉 영토권은 국제법상 국가가 다른 국가에 대하여 가질 수 있는 권리를 의미할 수는 있어도 하나의 국가 안에서 개인으로서의 국민이 국가에 대하여 가지는 기본권으로는 도저히 성립할 수 없다.

또한 본래 이 사건에서 문제되는 것은 육상의 토지가 아니라 해역에 관한 것이므로 이를 '영토'권이라고 명하는 것 자체가 단어의 의미상으로도 부적절할 뿐만 아니라, 육상영토와 해역의 관할권 확대의 법적 의미 차이를 고려하지 못한 면에서도 부정확하다고 생각한다. 이를테면 육상의 토지는 그것이 국가의 영토로서 새로이 획득되어 관할 범위 내에 들어온다면 국가의 배타적 지배권 하에 들어가서 일단 국가의 소유로 출발하든지 아니면 특정의 개인에게 매각되어 그의 배타적 지배로 들어가든지 할 것이고, 일반인이 여기에서 국민으로서 그 토지에 관련한 기본권을 주장할 여지가 거의 없을 것이다. 그러나 배타적 경제수역의 해역이 새로이 설정되는 경우는 이와 다르며, 국민은 국가나 개인소유의 대상이 아닌 공동자산으로서의 바다에서 어로행위를 통한 수산자원의 채취 등을 행할 경제적 자유를 가진다는 의미에서 기본권의 행사 범위의 전반적 확대가 이루어지기 때문이다.

또 영토권을 인정한다고 하더라도 여기에 포섭되는 내용이 구체성이 결여되어 이것이 기본권으로서 자유권인지 평등권인지 아니면 청구권인지 등 법적 본질을 파악하기 어려우며, 그 개념의 불명확성으로 인하여 기본권의 종류와 체계에 혼란을 초래할 것이므로 영토권은 더 이상 우리 헌법의 기본권으로 포섭하지 않는 것이 바람직하다고 본다.

(2) 국민의 '배타적 경제수역 접근권'의 기본권 도입 필요성

영토권을 주장할 수 없다고 하더라도 해양주권의 발현 범위와 관련하여 국민의 국가에 대한 주관적 공권이 전혀 부인되는 것은 아니라고 본다. 국민은 우리나라의 관할 해양에서 각종 경제활동을 할 자유와 평등한 처우를 받을 권리를 가지며, 나아가 헌법이 인정하는 범위에서 국가에게 권리실현에 필요한 행위를 요구할 권리를 가질 것이다. 배타적 경제수역이 해양법제도로 도입되어 국가의 해상주권이 확대된 이상, 국가는 해양인접국들과 협상을 조속히 그리고 합리적으로 완료하여 국민들에게 해상 에서의 권리실현에 장애가 생기지 않도록 할 헌법적 의무가 발생할 것이며, 이러한 국가의무에 상응하여 국민에게는 국가에 이를 청구할 기본권이 존재한다고 해석하는 것이 필요하다. 이 기본권을 구체적으로 표현하자면 '배타적 경제수역 접근(access)권' 이라고 말할 수 있다고 생각한다. 예컨대 국가가 공권력적 활동을 통하여 집적하게 된 국민의 개인정보의 규모와 중요성이 커지자 국가에 대한 청구권적 기본권으로서 의 국민의 개인정보청구권이 헌법적으로 논의되고 수용된 것과 마찬가지로, 해양법체 제의 변화로 배타적 경제수역 제도가 도입됨으로 인하여 국가가 새로이 보유하게 된 관할권에 대하여는 국민에게 상응한 접근·이용을 국가에 청구할 권리가 발생한다고 보아야 할 것이다. 이는 헌법이 제정될 당시에 예상할 수 있는 내용이 아니지만 헌법 제37조 제1항에 근거하여 헌법에 열거되지 아니한 기본권으로서 도입되어야 한다고 생각한다.[36)]

그렇다면 이 배타적 경제수역 접근권은 개인이 동 수역 내에서 국가의 간섭이나 방해를 배제하고 임의로 이를 자신의 권익 실현을 위하여 활동하는 내용의 자유권적 기본권과는 법적 성격이 달라야 할 것이다. 이는 국가에 대하여 배타적 경제수역 내 에서 국민의 기본권을 제대로 보장받기 위하여 필요한 일정한 행위를 요구하는 권리,

---

36) 헌법이론상 새로운 기본권의 도입 주장은 극히 신중히 이루어져야 하며 많은 논의와 의견수렴이 있어 야만 정립될 수 있는 것이 사실이다. 그러한 의미에서 필자의 배타적 경제수역 접근권 주장은 처음 제 기하는 것으로서 앞으로 더 검증되어야 할 대상이라고 할 수밖에 없다. 그러나 논의의 생소함에도 불 구하고 ① 헌법재판소가 제기한 영토권을 대체할 기본권의 구상이 필요한 점, ② 배타적 경제수역 내 에서의 국민의 어로의 자유나 기타 경제활동의 자유 등 자유권적 기본권만으로는 국가에 대하여 일정 한 조치나 행위를 요구할 수 있는 권리가 될 수 없는 점, ③ 배타적 경제수역의 확정 문제는 국가관할 권의 기본을 정하는 헌법문제로서 이를 해태하는 국가작용에 대하여서는 헌법소송의 형태로 심판되어 야 합당하므로 이를 청구할 권리는 헌법적 차원의 것이 되어야 하는 점 등에서 배타적 경제수역 접근 권을 청구권적 기본권으로 구성할 필요가 있다고 본다.

즉 '기본권 보장을 위한 기본권' 내지 '청구권적 기본권'으로서의 본질을 가지는 것이다. 따라서 국가는 국민의 이 권리의 실현을 위하여 일본 중국 등 대향국들과 협상하여 배타적 경제수역의 범위를 확정하고 그 국민적 이용을 위한 절차를 정하는 입법을 마련하는 등 노력하여야 한다. 그러나 그 구체적 실현의 방법과 내용에 관하여서는 광범위한 정책적 재량을 가지며 사법심사에서는 이러한 국가의 재량권이 일응 존중되어야 할 것이다. 다만 국가가 이 기본권의 실현을 위하여 아무런 노력을 하지 아니하거나 노력을 한다고 하더라도 그것이 불충분하고 불완전하여 국가가 이 분야에서 가지는 재량권을 일탈하거나 남용한 것이 명백한 경우에는 법원이나 헌법재판소가 국민의 배타적 경제수역 이용권을 침해한 것으로 위헌·위법임을 판단할 수 있다고 할 것이다.

Ⅳ. 배타적 경제수역의 범위 확정과 헌법

1. 한중·한일 협상 타결을 위한 정부의 헌법적 의무

앞서 본 바와 같이 우리나라는 대향국인 일본 및 중국과의 관계에서 200해리의 배타적 경제수역의 범위가 중첩되므로 국가간 합의에 의한 경계 획정이 요구된다. 그중 중국과의 관계에서는 이어도에 관한 대립이 있으나, 이는 수중암초에 불과하므로 국가영유권의 귀속대상이 아니고 양국간 배타적 경제수역 경계획정에 있어서도 특별한 의미를 가지지 않는다. 그밖에 서해나 남해에서 중국과 직접 영유권을 다투는 지역은 존재하지 않으므로 우리 정부는 중국과의 협상에서 적정한 기선(基線)의 설정에서 출발하여 양측의 중간선 또는 대륙붕 연장 등을 기준으로 하여 합리적 범위에서 경계획정을 완수할 헌법적 의무가 있지만, 그 과정이나 결과에 대해서는 협상을 담당하는 정부에게 광범위한 정책적 재량권이 부여된다고 할 것이며 이를 일탈하거나 남용하였음이 명백하지 않는 한 헌법이나 사법적 판단이 이에 개입할 수 없다고 할 것이다.[37)]

---

37) 한국과 중국 간에는 한중어업협정이 체결되어 2001. 6. 30. 발효되었다. 이 협정의 내용과 효력은 어업에 관한 잠정적인 것으로서 한중간 배타적 경제수역 자체를 종국적으로 정하는 것은 아니다. 그 구체적 내용에 관하여는 김부찬, 위의 책(각주 31), 202-210면 참조.

그러나 일본과의 관계에서는 위와 같은 헌법의 기본적 요청이 충족되어야 하는 외에, 독도 문제가 존재하기 때문에 이에 대한 별도의 검토가 필요하다. 일본은 독도에 대한 영유권과 동시에 독도를 기점으로 한 자국의 배타적 경제수역까지 주장하고 있는데, 이러한 일본의 태도에 대하여 우리 정부는 독도가 대한민국 영토에 확실히 귀속함을 법적 전제로 하여 협상해야 할 것임은 물론이지만, 나아가 과연 독도가 배타적 경제수역을 발생시키는 도서로서의 일반적 성격을 가지는지 여부에 대하여 정당한 법리에 기초하여 협상하여야 할 것이라고 생각한다. 특히 이러한 '법리판단'은 국제법과 우리 헌법에 근거하여서만 이루어져야 할 순수한 법적 문제로서 그때그때 국내여론이나 대일본관계를 고려한 정책적 판단에 따라 좌우될 성격의 것은 아니라고 본다. 그러므로 정부는 독도의 배타적 경제수역 인정 여부에 관하여 국제법과 우리 헌법이 수용할 수 있는 법리적 입장을 취하여 협상하여야 하며, 그렇지 않다면 이는 정부가 가지는 정책재량권의 범위를 벗어난 것으로서 위헌·위법의 하자를 가지게 될 것이다.

한편 특정의 도서가 배타적 경제수역을 발생시키는지 여부에 관하여는, 지금까지는 유엔해양법협약상의 간결한 조항만이 이를 규율할 뿐이고 국제재판소나 국내법원의 유권적 해석이 결여되어 법리적 혼란이 계속되어 왔다. 그런데 2016. 7. 12. 상설중재재판소(PAC)가 남중국해의 여러 해상지형물들의 관할권을 둘러싸고 중국과 필리핀 사이에 벌어진 분쟁에 대하여 판결하면서(이하 이 판결을 '남중국해 판결'이라 한다), 이 문제에 대한 최초의 법리적 판단을 내놓고 있다.[38] 이는 물론 유엔해양법협약을 근거로 한 국제법적 판결이지만, 그 내용을 구체적으로 분석하여 헌법 제6조에 근거하여 우리 헌법의 해석에 원용할 수 있을 것으로 생각되므로 이에 관하여 검토하고자 한다.

---

38) 유엔해양법협약의 발효 이후 배타적 경제수역의 확대된 해양관할권의 존부와 범위를 확정하는 조항의 의미에 관한 유권적 해석의 결여된 상태에서, 그동안 각국은 대양의 무인도나 암초를 둘러싼 광대한 넓이의 해역을 경제적으로 지배하기 위하여 유엔해양법협약의 근본취지에 어긋나는 무리한 주장과 해석을 임의로 행하는 사례가 빈번하였다. 특히 중국이 남중국해에서 이른바 구단선(nine-dash-line)을 임의로 설정하여 그 내부의 모든 해상지형물에 대한 역사적 권리를 주장하면서 해역 전체에 대한 배타적 관할권을 주장하였는데, 이에 남중국해 연안의 동남아 제국들이 반발하면서 특히 필리핀이 중국을 상대로 동 해역의 해상지형물들에 대한 관할권을 다투는 소송을 제기하였고, 2016. 7. 12. 헤이그 상설중재재판소는 섬의 배타적 경제수역 인정 여부 등에 관한 구체적 법리를 제시하면서 그동안의 중국의 주장을 배척하는 취지로 판결하였다.

2. 섬의 배타적 경제수역 인정 여부에 대한 법리 검토

(1) 남중국해 판결의 우리 헌법 해석에서의 의미

남중국해 판결은 유엔해양법협약에 따라 구성된 중재재판소에 의하여 동 협약의 해석과 적용에 관하여 내려진 판결이다. 따라서 이는 남중국해에 소재한 섬 기타 해상지형물의 영유권이 어느 국가에 정당하게 귀속하는지 여부의 문제를 다루는 것이 아니라, 문제된 당사국의 행위의 유엔해양법협약 위반 여부나 분쟁대상인 해상지형물이 동 협약상 어떠한 법적 성격을 가지는 것인지 여부를 판단하고 있다. 또한 이 판결의 주체인 중재재판소는 그 관할권에 관한 당사국의 합의가 존재하지 않는다고 하더라도 유엔해양법협약 제287조 제5항에 정한 강제관할권[39]에 의거하여 구성되었으므로 일방 당사국인 중국의 반대에도 불구하고 동 협약의 해석과 적용에 관한 판단을 할 적법한 권한을 가지고 있으며, 중재재판관의 구성에 관하여 당사국인 중국이 재판관 지명절차에 참여하지 아니하였다고 하더라도 협약 부속서의 규정에 따른 지명절차에 의하여 적법하게 모든 중재재판관을 임명·구성할 수 있다.[40] 따라서 남중국해 판결은 유엔해양법협약에 따라 구성된 중재재판소에 의하여 적법한 관할권을 가지는 사안에 대하여 내려진 판결로서 국제법상 유효한 판결이라고 하지 않을 수 없으며, 유엔해양법협약이 우리 헌법상 국내법으로 수용된 규범임을 감안할 때, 이 판결에 포함된 법리적 내용은 우리 국내법으로서의 동 협약의 해석에 있어서도 권위 있는 판례로서 고려되어야 한다고 본다.

이렇게 볼 때 무엇보다도 이 판결이 '섬의 배타적 경제수역 인정 요건'을 규정한 유엔해양법협약 제121조의 해석 기준을 최초로 제시하고 있는 부분이 주목된다. 즉

---

39) 유엔해양법협약 제287조 (절차의 선택) 제5항은 "분쟁당사자가 그 분쟁에 관하여 동일한 분쟁해결절차를 수락하지 아니한 경우, 당사자간 달리 합의하지 아니하는 한, 그 분쟁은 제7부속서에 따른 중재에만 회부될 수 있다."고 규정한다. 이는 당사자간 분쟁해결절차에 합의가 이루어지지 않으면 일방 당사자가 일방적으로 이를 중재재판에 회부할 수 있다는 의미이다.

40) 유엔해양법협약의 중재재판소 구성에 관하여서는 동 협약 제7부속서에 상세히 규정한다. 그 구체적 절차의 개시는 당사자 일방의 행위에 의하며 쌍방의 합의를 요하지 않으며, 중재재판관의 구성은 5인으로 하되 양 당사국에서 각각 1인을 지명하나 이에 불응하는 경우에는 중재재판소장이 직권으로 임명하는 절차를 두고 있다. 자세한 내용은 Philippe Gautier, The Settlement of Disputes, in David J. Attard, The IMLI Manual on International Maritime Law, Oxford University Press, 2014, pp. 569-570.

이 판결은 문제가 된 남중국해의 해상지형들이 배타적 경제수역과 대륙붕을 향유하는 완전한 의미의 섬인지 아니면 이러한 해양관할을 발생시키지 않는 암석(rock)에 불과한지 여부에 관하여 구체적 법리를 제시하면서 상세히 판단하고 있는데, 여기서 처음으로 구체화된 이 법리는 장차 세계 각지에서 발생할 수 있는 해상지형의 배타적 경제수역 등 권원 발생 문제에서 결정적 기준이 될 내용일 뿐 아니라, 헌법 제6조의 국제법존중주의를 고려할 때 우리나라 독도의 배타적 경제수역 등 권원 인정 여부의 문제에서도 헌법적 판단기준으로 반영되어야 할 것이기 때문이다.[41]

(2) 남중국해 판결에 나타난 섬의 배타적 경제수역 인정 관련 법리

1) 섬의 배타적 경제수역 인정 요건

유엔해양법협약 제121조에 따라, 해양에 존재하는 섬은 영해와 접속수역 및 배타적 경제수역과 대륙붕의 권원을 발생시키는 것과 이 중 배타적 경제수역과 대륙붕을 발생시키지 못하는 것으로 구분되고 있다.[42] 섬의 기본적 개념은 자연상태에서 만조시에까지 해상으로 노출되는 해양지형을 말하는 것인데(제1항), 이에 대하여서는 원칙적으로 영해(접속수역 포함)와 배타적 경제수역 및 대륙붕의 권원이 되는 것으로 인정된다(제2항). 다만 이러한 섬 중 인간의 거주(human habitation) 또는 섬 그 자체의 경제생활(economic life of its own)을 유지할 수 없는 섬은 암석(rock)이라고 정의하면서[43] 이에 대하여서는 예외적으로 배타적 경제수역과 대륙붕의 발생권원이 될 수 없도록 규정한다(제3항).

따라서 일정한 해상지형이 배타적 경제수역과 대륙붕을 발생시키는 것이 되기 위해서는, ① 일단 만조수위에서 해수면 위에 노출되는 자연적 상태를 보유하여 섬의 요건을 갖추어야 하며, ② 섬에 해당한다고 하더라도 '인간의 거주 또는 섬 그 자체의 경제생활을 유지할 수 있는 것'이 되어야 하는 것이다. 여기서 만조수위에서 해수

---

41) 이 법리 해석문제는 섬의 배타적 경제수역뿐만 아니라 대륙붕에 관하여서도 동일하게 적용되나, 이 글에서는 논의의 중점을 배타적 경제수역에 두고 있으므로 이하에서 이를 중심으로 살핀다.

42) 유엔해양법협약 제121조 ① 섬이라 함은 바닷물로 둘러싸여 있으며, 밀물일 때에도 수면위에 있는, 자연적으로 형성된 육지지역을 말한다. … ③ 인간이 거주할 수 없거나 독자적인 경제활동을 유지할 수 없는 암석은 배타적 경제수역이나 대륙붕을 가지지 아니한다.

43) 조문의 문언상으로는 암석(rock)이라고 표현하고 있으나, 반드시 바위섬에 한하여 배타적 경제수역 등이 부인되는 것은 아니고 모래톱이나 산호초 기타 일반적 토양에 의한 것이라고 하여도 제3항의 요건에 해당되면 배타적 경제수역등을 가지지 못한다고 해석된다. Permanent Court of Arbitration, 2016. 7. 12. The South China Sea Arbitration Award, paragraph 479-482.

면 위에 존재하는 지형인지 여부는 자연과학적 측정에 의하여 결정될 문제이므로 법적 해석이 개입할 여지가 없는 객관적 기준이다.[44] 그러나 섬이 '인간의 거주', '그 자체의 경제생활' 등의 규범적 해석의 여지가 있는 불확정 개념들은 과연 이에 해당되는지 여부에 관하여 견해 차이가 있을 수 있는 부분이었다. 그런데 이 판결은 바로 이 문제에 대한 해석을 명확히 하는 보다 구체적인 법리들을 제시하고 있으며, 이하에서 이를 살펴본다.

2) 배타적 경제수역 도입 취지의 해석상 반영

유엔해양법협약에서 배타적 경제수역 제도를 도입한 취지는 주로 저개발국이 많은 해양연안국들의 발전을 유도하여 국가간 형평을 도모하기 위한 것인데, 배타적 경제수역 제도가 그 성격에 관계없이 모든 섬에 적용된다고 하게 되면 일찍이 해양영토 획득에 나서서 광대한 해역에 산재한 작은 무인도들을 보유한 선진 해양국가들에게 평형에 어긋난 불합리한 이득을 취하게 하고 인류의 공동유산(common heritage of mankind)인 해양의 자원을 침해할 것이다. 따라서 배타적 경제수역을 발생시키는 섬은 그 인구집단을 위하여 배타적 경제수역을 설정할 가치가 있을 정도의 의미있는 집단 규모 혹은 공동체 규모를 이루는 것으로 제한되어야 한다.[45] 같은 취지에서, 당해 국가의 공공적 목적이나 군사적 목적으로 조성되었거나 배타적 경제수역 등 해양관할권을 주장하고 확보하기 위한 의도로 인위적으로 조성된 인간의 거주형상 또한 여기서 고려의 대상이 될 수 없다.[46]

3) 인간의 거주 또는 그 자체의 경제생활 유지 요건의 해석

'인간의 거주 또는 그 자체의 경제생활을 유지할 수 없는 섬'인지 여부는 그 섬이 객관적으로 볼 때(objectively) 이에 적합한지 여부에 의하여 판단하며, 현재 그 섬에 사람이 거주하는지 혹은 실제로 경제생활이 영위되고 있는지 여부에 의하여 판단하는 것이 아니다. 즉 이는 당해 섬의 객관적 용량(objective capacity)의 문제이다.[47]

---

44) 섬은 그 정의상 '자연적으로 형성된 토지'일 것을 요하므로 인간의 노력에 의한 섬의 형성은 인정되지 않는다. 그러므로 현대적 기술에 의한 인공 개간, 탈염 담수시설의 설치, 경작토의 외부 공급 등은 고려될 수 없으며 만약 그러한 인위적 가공(artificial addition)이 가해진 경우에는 그러한 작업 이전의 자연상태를 기준으로 섬의 개념 해당 여부를 판단한다. op. cit, paragraph 508-511.

45) op. cit, paragraph 519-520.

46) op. cit, paragraph 550.

47) op. cit, paragraph 54.

이에 대한 판단을 함에 있어서는 '역사적으로(historically)' 그 섬이 인간의 거주나 독립적 경제생활의 대상이었는지 여부가 중요한 판단자료가 될 수 있다. 역사적으로 볼 때 당해 섬에 안정된 형태로 개발되고 유지된 인간 공동체가 존재한 사실이 없다면 이 섬이 인간의 주거를 유지할 용량(capacity)을 가지지 못한 것이라고 판단함이 합리적이다.[48]

'인간의 거주(human habitation)'란 단순히 사람이 존재한다는 것 이상의 것이며 인간이 생존가능하다는 수준을 넘어서 생활을 할 수 있는 조건이 구비됨을 의미한다. 따라서 당해 해상지형이 장기간 영속적으로 거주하고자 하는 사람들에게 식량, 식수, 피난처를 제공하고 유지할 수 있는 정도가 되어야 한다. 여기서 거주자의 수에 대한 제한은 없지만 인간이 지속적으로 거주하기 위해서는 집단 혹은 공동체(community)를 형성할 수 있어야 하므로 이러한 정도가 되어야 함을 의미상 내포한다.[49]

또 '그 자체의 경제생활(economic life of its own)'이란 당해 섬에 천연의 자원이 존재한다는 것 이상으로 그곳에 거주하는 사람들이 이를 생산·분배·소비하는 활동이 이루어짐을 의미한다. 이러한 경제활동은 일회성 거래가 아니라 계속적으로 이루어지는 것이 되어야 한다. 또한 당해 섬 자체가 독립 경제생활을 지지할 능력이 있어야 하며 주된 자원이 섬 외부에서 유입됨으로서 지탱되는 경제는 이에 해당하지 않는다. 당해 섬의 거주민의 개입없이 단지 그 자원을 외부적으로 채굴해 내기 위한 활동(extractive activity)도 이러한 섬 자체의 경제활동에 해당하지 않는다. 그 경제활동을 순환시키는 자원은 그 섬 자체의 것이 되어야 하며, 외부자원의 계속적 유입에만 의존하여 유지되는 경제활동은 이에 해당하지 않는다.[50]

나아가 '만약 당해 섬에 배타적 경제수역이나 대륙붕이 주어진다면 그로부터 얻어질 것으로 예상되는 경제활동'은 섬 자체의 경제활동에 포함되지 않으며,[51] 다만 섬

---

48) 역사적으로 볼 때 인간공동체를 한번도 유지한 적이 없는 섬은 '인간거주 유지능력'이 없다고 판단함이 합리적이다. op. cit, paragraph 549.
49) 여기서 섬 내 거주는 소수의 개인들이 모인 집단 혹은 가족 집단으로도 가능하나, 그 섬을 근거삼아 머무는 일단의 사람들의 안정된 공동체가 존재할 정도가 되어야 한다. op. cit, paragraph 542.
50) 경제활동은 섬 자체를 향한 것이 되어야 하며, 인근 해역이나 해저에 한정되고 섬 자체의 경제생활과 연계되지 않는 것은 이에 해당하지 않는다. 또 외부 경제주체를 위하여 당해 섬의 자원을 추출해나가기 위한 활동도 이에 해당되지 않는다. op. cit, paragraph 543.
51) 섬 자체의 경제활동 존부의 해석에 따라 결국 그 섬에 배타적 경제수역 등의 권원 부여 여부가 결정되는 것인데, 역으로 배타적 경제수역 등으로 인하여 얻을 수 있는 이익을 상정하고 이를 통하여 위 경제활동의 존부를 정한다면 이는 '순환논리'로서 합리성이 없다. op. cit, paragraph 502.

을 둘러싼 12해리의 영해에서의 경제활동은 이에 포함될 수 있다. 그러나 이 경우에도 여기서 그 경제활동은 섬 자체 내지 섬 주민의 활동과 연계되어야 한다.[52]

4) 비교사례인 이투아바 섬에 대한 배타적 경제수역의 부인

위의 법리제시에 더하여 이 판결이 이투아바 섬(Itu Aba, 중국명 太平島)에 대하여 배타적 경제수역 여부에 대하여 판단한 점에 주목한다. 이 섬은 분쟁의 대상인 남중국해 스프래틀리(Spratly)제도 중 가장 큰 섬으로서 면적상 독도의 약 3배에 해당하며,[53] 독도를 비롯한 다른 섬들의 배타적 경제수역 인정 여부 판단에 좋은 비교준거가 될 수 있기 때문이다.

판결은 앞서 본 바와 같은 법리를 이투아바섬에 적용하여 그 결과 이 섬은 인간의 거주나 자체 경제능력이 인정되는 섬이라고 볼 수 없다고 판단하였다. 그 이유로서, ① 이 섬 여러 곳에 샘물이 존재하여 소수의 주민들에게 식수를 공급할 수 있는 능력이 인정되고 역사적으로 산발적인 경작활동이 있었지만,[54] 이러한 사정들로도 인간의 생존능력은 제한되어 있고 이 섬이 명백히 거주가능한 섬이라고 하기 어렵다는 점,[55] ② 여기저기서 내도한 소수의 어민들이 이 섬에 계속 존재하였고 이들은 주로 중국 하이난섬의 어부들 또는 인근 베트남, 필리핀 등지의 어민들로서 해변이나 주변 바다의 해삼과 어패류 등 해산물을 채취하였으나, 이들의 존재로 이 섬 자체의 안정된 인간공동체가 형성되었다고 볼 수 없다는 점,[56] ③ 최근 인공적 노력으로 새로운 시설이 설치되고 상당수의 공적 인원들이 군사목적이나 기타 공무적 목적으로 체류하지만 이들의 거주는 외부 물자의 지원에 의한 것이며 그 섬 자체의 경제능력으로 유지된다고 볼 수 없다는 점 등을 지적하고 있다.[57]

---

52) 원양어업을 하는 타지(他地)의 어부들이 찾아와서 당해 섬 인근해역에서 행하는 조업활동이나 외부기업이 내도하여 그 해저자원을 추출해가는 행위 등은 섬 자체의 경제활동에 해당되는 않는다. op. cit, paragraph 502.
53) 독도의 면적은 동·서도를 합하여 약 0.187평방미터인 데 비하여, 이투아바 섬은 길이 1.4킬로미터, 폭 0.4킬로미터 면적 0.56평방킬로미터에 이른다.
54) 이투아바 섬에는 야자수, 파파야 등 열대수의 숲이 울창하며 바나나, 파인애플의 경작도 이루어졌다. op. cit, paragraph 585-593.
55) op. cit, paragraph 616.
56) op. cit, paragraph 618-619.
57) op. cit, paragraph 620.

3. 독도의 배타적 경제수역 인정 여부 판단

독도는 면적 약 0.19평방킬로미터, 최고높이 약 168미터의 두 개의 큰 섬과 부속
바위 등으로 구성된 섬이다.[58] 독도는 만조 시에 항시적으로 해수면에 노출되는 해상
지형이므로 국가영토 귀속의 대상이며, 또 앞서 살펴본 바와 같이 우리 헌법 제3조에
규정한 한반도의 부속도서로서 명확히 우리나라의 영토이다. 그러나 영토귀속 문제와
는 별도로, 배타적 경제수역과 대륙붕의 발생 권원이 되기 위해서는 유엔해양법 협약
제121조 제3항의 '인간의 거주 또는 그 자체의 경제생활의 유지' 요건이 충족되어야
하는데, 앞서본 남중국해 판결 법리에 의할 때 독도가 과연 이러한 요건을 충족하는
지 여부에 대하여 살펴보기로 한다.[59]

(1) 인간 거주의 유지 가능성 여부

먼저 독도가 인간의 거주를 유지할 수 있는 섬인지 여부에 관하여 보건대, 이는
섬 자체의 자연적 형상으로부터 객관적으로 판단되어야 하며, 섬의 자연적 역량으로
인간 공동체를 유지하기 위한 식량, 식수 및 피난처 제공의 가능 여부가 판단의 지표
가 된다. 섬 자체의 자연적 형상에 있어서 독도는 약간의 개간경작지를 만들 공간을
가지고 있다고 하나 기본적으로 불모지이며, 인간집단이나 공동체의 식량을 계속적으
로 공급할 자연적 경작능력이 희박하다.[60] 또 섬의 일부 지형에서 약간의 담수를 취
하는 것에 성공하기도 하였다고 하지만 이것만으로 영속적으로 거주하는 인간공동체
의 식수와 생활용수를 충족시킬 수 있는 정도가 되지 못한다.[61] 섬 주위는 어디든지

---

58) 문화재청 고시 제2006-80호. 독도의 자연적 형상으로서의 면적에 관하여서는 문헌에 따라 약간의 세
　부적 차이가 있으나, 동·서도와 부속 소도들을 합하여 면적 187,554평방미터에 해당하는 것으로 계측
　되고 있다. 백봉흠, 독도와 배타적 경제수역, 경세원, 2003, 15면.
59) 독도가 배타적 경제수역을 발생시키는 해양법상의 요건을 갖춘 섬인지 여부에 대하여서는 국외 학자들
　이 부정적 의견을 표명한 전례가 있었으나, 그 요건에 대한 확립된 법리가 존재하지 못하였으므로 자
　신있는 주장으로 나타나지는 못하였다. 이러한 주장의 예로서 모리가와 고이치(森川幸一), "독도문제의
　기능적 해결을 위하여", 독도논문 번역선Ⅰ(2005), 283-284면; 벤자민 시벳(Benjamin K. Sibett), "독
　도냐 다케시마냐, 일본과 한국간의 영토분쟁", 독도논문 번역선Ⅱ(2005), 259-260면; 존 반 다이크(Jon
　van Dyke), 독도영유권에 관한 법적 쟁점과 해양경계선, 해양수산개발원, 2008. 101면. 참조.
60) 독도는 화산암으로 성립되어 동해의 해풍에 부딪쳐 섬 위에는 나무도 없고 겨우 남면에 약간의 잡초가
　나 있을 뿐 전면불모(全面不毛)의 나암(裸岩)이다. 이한기, 앞의 책(각주 10), 230면 참조.
61) 독도에서 식수 수질의 물이 나오는 것은 서도 일부로 하루 5리터가량의 양이다. 이것으로는 1인이 생

절벽으로 되어있어 상륙에 용이하지 않으며 선박이 정박할 적지가 거의 없어 폭풍이 올 때 피난이 곤란하다.[62]

　　나아가 역사적으로 볼 때에도 독도에 사람들이 영속적인 거주지를 형성한 흔적은 발견되지 않는다. 즉 독도는 자연적이고 영속적인 인간 공동체가 존재한 적이 없었다는 면에서 무인도(無人島)라고 할 수 있다.[63] 다만 울릉도나 한반도 본토 등 외부에서 온 사람들이 조업 철이 되면 일정기간 집을 짓고 머물면서 어업활동으로 하여 그 경제적 이득을 챙겨가는 사실은 자료상 나타나고 있다.[64] 그러나 배타적 경제수역을 가지는 섬이 되기 위한 '인간의 거주' 기준은 외지의 어민들이 독도에 와서 일정기간 비영속적으로 거주한 사실만으로는 충족되지 않는다. 이를 충족하기 위해서는 독도를 고향으로 삼고 머무는 사람들이 모인 '안정된 인간공동체(stable human community)' 내지 마을이 형성되었을 정도가 되어야 하는 것이다. 인위적 가공에 의하여 다소의 거주편의시설이 설치된 현재의 독도의 상황만으로는 영속적으로 거주하는 사람들이 모인 안정된 인간공동체를 형성할 '섬 자체의 자연적 능력'을 인정할 수 없다.

　　나아가 군사적 방어나 기타 과학탐사 등 공적 업무와 연관된 인원들이 독도에 배치되어 머물고 있다는 사실은 '인간의 거주' 요건을 인정하는 데 고려할 사정이 되지 않는다. 이 인원들은 주로 외부적 물품 조달에 의존하며 독도의 자연적 능력에 의하여 유지되는 거주생활을 한다고 볼 수 없다. 나아가 독도에 대한 영토귀속 문제가 쟁점화된 후 우리나라의 입장을 보다 확고히 하기 위해서 우리 국민 일부가 독도에 일정 기간 입도하여 생활하고 있다고 하더라도 이는 일본과의 독도 영유권 분쟁에서 자극된 것으로서 독도의 자연적 형상과 경제적 능력에 의하여 동기화된 자연스러운 인간거주에는 해당하지 않는다.[65]

　　활하기에도 부족한 양이며 현재 독도 재류(在留) 인원들의 식수는 울릉도로부터 운반되어 사용된다. 호사카 유지, 독도 1500년의 역사, 2016, 123-124면.

62) 이한기, 앞의 책(각주 10), 230면.

63) 이한기교수는 독도를 '사람이 거주하지 않는, 또 사람이 거주할 수 없는 무인도'라고 한다. 이한기, 앞의 책(각주 10), 293면.

64) 1904년 일본군함 쓰시마호(對馬號)가 독도를 조사하면서 '독도 상에는 가옥을 건축할만한 곳이 극히 적고 동도에는 어부용 초가집이 있었으나 풍랑으로 심히 파괴된 상태이다. 매년 여름이 되면 울릉도 어민이 강치를 잡기 위해서 수십명씩 독도에 와서 작은 집을 짓고 10여일씩 가거(假居)하고 간다고 한다.'는 기록을 남긴 바가 있다. 이한기, 앞의 책(각주 10), 252면 참조.

65) 독도에는 수십명의 해양경비대원과 2명의 주민등록된 일반인이 거주하고 있으나, 이는 섬 자체의 경제적 활동을 위한 거주가 아니라 영토방어적 목적 내지 실험적 거주상태를 벗어나기 어려운 정도의 것이므로 이러한 인위적 노력사실만으로 독도가 객관적으로 인간거주의 유지 능력이 있는 섬이라고 판단할

(2) 독자적인 경제생활의 유지 가능성 여부

독도에서 영위될 수 있는 경제활동은 인근 해역에서의 어업이 거의 전부에 해당한다. 또 이러한 어업은 전통적으로 한반도 방면, 특히 울릉도를 기반으로 한 우리나라의 주민들에 의하여 이루어진 것이며, 구한말의 시점에서 울릉도 어민들이 여름철에 독도를 본거지로 하여 여러 날에 걸친 강치조업 등 어업을 행하고 돌아가는 것을 조사한 기록이 존재함은 앞서본 바와 같다.

그러나 섬 독자의 경제생활의 유지가 가능하다고 보기 위해서는 그 섬에 인간공동체가 존재하면서 그 독립된 경제생활을 계속해나갈 능력이 있음을 인정되어야 한다. 그렇지만 역사적으로 독도에는 그 섬 자체에 거주하면서 독립된 경제생활을 영위해 나가는 공동체 즉 마을이 형성된 예는 없었다. 독도 주변의 해역의 어업이 이루어져 온 것은 사실이라고 하더라도 이것은 울릉도 혹은 한반도 본토의 주민들의 경제활동으로 이루어졌던 것일 뿐, 독도 자체에 형성된 공동체 주민의 경제활동에는 속하지 않는다. 또 만약 독도에 배타적 경제수역이 인정된다면 그 수역에서 얻을 자원을 통하여 발생할 것으로 예상되는 경제활동도 여기서의 고려대상은 아니다.[66] 나아가 군사·경비(警備) 혹은 과학탐사적 목적 등 공적 목적으로 상당수의 인원이 체류하는 것도 외부경제에 의존한 활동에 불과하여 이것으로 섬 자체의 경제생활의 유지 능력을 인정하기는 어렵다.

그러므로 이러한 제반 자연적 형상·조건과 역사적 사정 등에 비추어 볼 때 독도가 그 독자적인 경제생활을 유지하는 객관적 능력을 가진 섬이라고는 도저히 보기 어렵다고 할 것이다.

(3) 결 어

이상 살펴 본 바와 같이 독도는 자연상태에서 만조시에까지 해상으로 노출되는 해양지형으로서 국가 영유권의 대상인 섬에는 해당하나, 섬 자체의 자연적 능력으로 보나 역사적 사실로 보나 인간의 거주 또는 독자적 경제생활을 유지할 수 있는 섬으

수 없다.

66) 이렇게 해석하지 않으면 '독도에 배타적 경제수역이 인정되므로 그 자체의 경제활동의 유지가 가능하고 따라서 배타적 경제수역이 인정된다'는 식의 순환논리에 빠진다.

로는 볼 수 없으므로 배타적 경제수역의 발생권원이 될 수 없다고 보는 것이 타당하다.

V. 헌법재판소의 신한일어업협정 결정에 대한 재평가

1. 종래 헌법재판소 결정에 대한 평가

신한일어업협정을 대상으로 한 헌법재판소의 두 번에 걸친 합헌결정에 대하여 헌법학계에서는 이 결정들이 우리나라의 해양주권을 제대로 수호하지 못한 정부의 조치에 헌법적 면죄부를 준 것이라는 취지의 비판론이 유력하게 제기되어 왔다. 비판론은 신한일어업협정이 독도를 둘러싼 해역에 일본과의 폭넓은 잠정적 공동수역을 설정하고 있는데, 어업에 관한 관할권은 배타적 경제수역에서 인정되는 국가관할권의 가장 주요하고 본질적인 부분으로서 배타적 경제수역과 별개라고는 볼 수 없으며, 독도 주변의 배타적 경제수역을 우리 스스로 위태롭게 한다면 배타적 경제수역의 기점이 되는 독도에 대한 영토권 자체도 흔들릴 것이라는 논리에서 신한일어업협정의 헌법위반성을 지적한 것이다.[67]

이에 대하여 헌법재판소 결정의 다수의견에서 나타난 동 협정의 합헌 이유는, 이 협정은 어업에 한정된 협정으로서 배타적 경제수역을 직접 정한 것이 아닐 뿐 아니라, 배타적 경제수역은 12해리의 영해가 끝나는 지점에서 시작되는데 신한일어업협정은 독도 인근 12해리의 해역을 그 규율대상에서 제외하고 있으므로 우리나라의 독도의 영해나 영유권을 침해하는 것이 될 수 없다는 것이다.[68] 그러나 헌법재판소의 이러한 '영해와 배타적 경제수역의 공간적 분리'라는 형식논리로는 독도 영유권이 그

---

67) 박진완, "독도의 헌법적 지위 - 신한일어업협정에 대한 헌법재판소의 결정을 중심으로 -", 공법학연구 제9권 제4호(2008. 11), 13면; 박진완, "한반도의 부속도서로의 독도의 헌법상의 지위", 한국헌법학회 제90회 학술대회 대한민국 영토 독도의 헌법적 지위 자료(2016. 5), 95-100면 참조.

68) 이 사건 협정과 영해와의 관계를 살펴보면, 해양법협약에서는 배타적 경제수역을 영해밖에 인접한 수역으로서 영해기선으로부터 200해리를 넘을 수 없도록 규정하고 있고(제55 · 57조 참조), 이에 따라서 한일 양국의 국내법에서도 동일한 취지의 규정을 두고 있다(우리나라의 배타적경제수역법 제2조 제1항 및 일본의 배타적경제수역및대륙붕에관한법률 제1조 제2항 참조). 따라서 이 사건 협정은 배타적 경제수역을 직접 규정한 것이 아닐 뿐만 아니라 배타적 경제수역이 설정된다 하더라도 영해를 제외한 수역을 의미하며, 이러한 점들은 이 사건 협정에서의 이른바 중간수역에 대해서도 동일하다고 할 것이므로 독도가 중간수역에 속해있다 할지라도 독도의 영유권문제나 영해문제와는 직접적인 관련을 가지지 아니한 것임은 명백하다 할 것이다. 신한일어업협정 제1차 결정. 헌재 2001. 3. 21. 99헌마139등 판례집 13-1집, 676. 710면; 신한일어업협정 제2차 결정, 2009. 2. 26. 2007헌바35, 판례집 21-1집, 81면.

배타적 경제수역 발생의 법적 근거임을 부정할 수 있는 것이 아니며[69], 배타적 경제
수역 관할권의 핵심 내용에는 수산자원의 채취에 관한 어업권이 포함되므로 독도를
직접 둘러싼 영해 바깥 해역의 어업권에 대한 양보도 곧 독도 영유권 자체에 대한
실질적 훼손이 될 수 있다는 비판을 해소하지 못한다고 생각한다.

다만 신한일어업협정의 내용 속에는 동 협정이 어디까지나 어업만 규율하는 것으
로서 '우리나라의 국제법적 입장'을 해할 수 없음을 명시하여 결국 독도에 관한 영유
권을 해할 수 없을 듯한 해석의 여지를 남겨두고 있고[70] 유엔해양법협약에도 이와
같은 어업의 잠정협정이 최종적인 경계확정에 영향을 미치지 아니함을 명시하는 조
항이 있는 점을 상기할 때[71] 우리 정부가 이러한 잠정적 어업협정을 맺는 것 자체가
정책적 재량의 범위를 넘거나 남용하여 국민 특히 관련 어민의 기본권을 침해한 것
으로까지 인정할 수 있을지는 의문이다.[72] 그러나 이러한 조항들의 해석 문제와는 별
도로 논리구조적으로 볼 때, 독도가 일본과의 공동수역(중간수역)에 둘러싸이도록 규
정한 신한일어업협정의 내용 부분은 독도의 배타적 경제수역의 발생 근거인 독도영
유권이 흔들리게 하는 의미를 가진 것이라는 점을 부인하기 어렵다고 본다. 즉 독도
가 법리적으로 그 고유한 배타적 경제수역을 가지는 섬임을 전제로 하는 한, 정부가
독도를 둘러싼 해역(영해 제외)에 비록 어업의 분야에 한정된다고 하더라도 한국의
배타적 경제수역을 전혀 인정하지 아니하는 취지를 수용한 것은 독도 영유권까지 훼
손하여 헌법 제3조에 위배되는 조치로 볼 수밖에 없을 것이다.

---

69) 배타적 경제수역은 본질상 영토권(territorial right)이 확장된 수역이다. 김명기, 독도의 영유권과 국제
해양법, 2014, 191면.
70) 대한민국과 일본국 간의 어업에 관한 협정(1999. 1. 22. 발효) 제15조.
　이 협정의 어떠한 규정도 어업에 관한 사항외의 국제법상 문제에 관한 각 체약국의 입장을 해하는
것으로 간주되어서는 아니된다.
71) 유엔해양법협약 제74조 (대향국간 또는 인접국간의 배타적 경제수역의 경계획정)
　① 서로 마주보고 있거나 인접한 연안을 가진 국가 간의 배타적 경제수역 경계획정은 공평한 해결에
이르기 위하여, 국제사법재판소규정 제38조에 언급된 국제법을 기초로 하는 합의에 의하여 이루어진
다. …
　③ 제1항에 규정된 합의에 이르는 동안, 관련국은 이해와 상호협력의 정신으로 실질적인 잠정약정을
체결할 수 있도록 모든 노력을 다하며, 과도적인 기간 동안 최종 합의에 이르는 것을 위태롭게 하거나
방해하지 아니한다. 이러한 약정은 최종적인 경계확정에 영향을 미치지 아니한다.
72) 당시 일본과의 기존의 한일어업협정이 실효된 상태에서 동해에서 조업하는 우리 어민들의 어로생활이
지체없이 지속될 수 있도록 해 주기 위해서는 타결의 전망이 보이지 않는 배타적 경제수역의 종국협상
과는 별도로 일단 어로에 관한 잠정협정을 시급히 체결할 필요성이 있었음을 고려할 때 정부의 이러한
잠정협정 체결행위는 정책적 측면에서는 이해될 만하다. 헌재, 위 99헌마139등 결정, 711-717면, 같은
취지임.

그런데 헌법재판소의 결정에 대한 종래의 이러한 평가나 판단은 남중국해 판결 이후 새로운 시각에서 법적 검토가 이루어져야 할 상황이 되었음을 주목하고자 한다.

2. 독도가 배타적 경제수역을 가질 수 없음을 감안한 새로운 헌법적 평가

앞서 본 바와 같이 남중국해 판결의 법리를 적용하여 무인도인 독도로부터 발생하는 배타적 경제수역이 없다고 판단하게 되면 한일간 배타적 경제수역의 확정 문제는 이전에 비하여 훨씬 단순화된다. 종래 이 문제는 양국이 서로 독도로부터의 자국의 배타적 경제수역이 시작된다고 주장하면서 독도의 영유권 문제와 결부되어 왔으며 그 결과로 상호 해결이 불가능한 과제로 여겨지게 되었다고 생각된다.[73] 그러나 독도로부터 발생하는 배타적 경제수역을 상정(想定)하지 않으면 독도의 영유권 문제는 동해에서 일본과 배타적 경제수역을 확정하는 데에 있어서 별다른 상관관계를 가지지 않게 되며, 한일 양국은 울릉도와 오키섬을 기점으로 한 200해리의 배타적 경제수역 중 중첩지역을 대상으로 하여 그동안 양국이 공통적으로 주장해 왔던 중간선(등거리선)을 기준으로 이해득실을 적절히 반영하는 협상에 의하여 확정함으로써 종국적 해결이 가능해질 것이다.[74] 여기서 중간선을 설정하더라도 상호주의의 입장에서 같은 거리를 물러나거나 중요 어장을 서로 개방하여 공동수역을 설정하는 등 구체적 사안별 결정형태가 가능하고 이러한 부분은 원칙적으로 협상을 담당한 정부의 정책적 재량판단사항에 해당하여 헌법적으로 용인될 것이다.

헌법재판소가 신한일어업협정에서 독도가 중간수역에 속해 있다 할지라도 이는 독도의 영해를 제외한 수역이므로 독도의 영유권문제나 영해문제와는 직접적인 관련을 가지지 아니한다고 판시한 것은 앞서 본 바와 같다. 그러나 독도가 그 자체의 배타적 경제수역을 가지는 섬이라고 한다면, 그 영유권자는 영해를 넘어선 해역에 반드

---

73) 신한일어업협정의 협상 당시 한국정부는 배타적 경계수역의 기점을 원래 울릉도로 잡았다가, 일본정부가 독도를 기점으로 한 일본의 배타적 경제수역을 주장하자 2006년 방침을 바꾸어 독도를 기점으로 한 배타적 경제수역을 주장한 바 있다. 이창위, "일본의 해양관할권 주장과 해양경계획정", 일본연구 제32호, 중앙대학교 일본문제연구소(2012. 5), 608, 615면.

74) 울릉도와 오키섬을 기점으로 한 중간선을 기준으로 하더라도 독도는 여전히 우리나라의 배타적 경제수역에 포함될 뿐 아니라, 동해에서 관할수역이 일부 축소되는 효과는 남해 내지 동중국해 해역에서 일본의 단조군도의 배타적 경제수역을 부정할 유력한 근거를 가지게 하여 우리나라의 관할을 오히려 확대시키는 효과에 의하여 상쇄되기 때문에 이는 가장 합리적인 해결책이 될 수 있다. 이창위, 앞의 논문 (각주 74), 617면.

시 배타적 경제수역도 가져야만 할 것이다. 즉 독도의 배타적 경제수역과 영유권은 서로 불가분의 관계로 결부된다. 따라서 일본과의 협상에서도 비록 최소한의 거리의 것이라고 하더라도 반드시 독도 주위에 일정 범위의 대한민국의 배타적 경제수역을 설정하여야만 할 것이며, 이를 어업상 일본과 완전히 공유하는 형태의 중간수역으로 하는 것은 정부의 협상 재량권의 범위를 일탈한 것이 된다.

그러나 독도에 그 자체의 배타적 경제수역이 인정되지 않는다고 본다면, 독도의 12해리 영해 밖의 지역에 우리의 배타적 경제수역이 아닌 일본과의 공동수역을 설정한 것이 독도의 영유권을 주장하는 우리나라의 입장에 배치되지 않을 것이다. 즉 독도의 배타적 경제수역과 영유권은 개념상 분리될 것이다. 따라서 독도 주변을 둘러싼 해역이 일본과 중간수역이 된다고 하더라도 독도에 대한 우리의 영유권은 침해되지 않는 것으로 해석함이 가능하게 된다. 이러한 입장을 취할 때에만 비로소 신한일어업협정은 헌법 제3조에 위반하지 않게 되어 헌법적 정당성을 완전히 회복하게 될 것이라고 본다.[75]

Ⅵ. 맺 음 말

인류의 공통재산으로서의 대양(大洋)을 합리적으로 보존함으로써 인류공영에 이바지하고 우리들의 자손의 자유와 행복을 영원히 확보하는데 이바지하고자 하는 '해양박애주의'는 우리 헌법 전문에서 제시한 헌법적 국시(國是)의 내용 중 일부이다. 유엔해양법조약이 인정하는 공해(公海)는 세계만방의 공유자산이며, 일국(一國)이 자국과는 멀리 떨어진 망망대해(茫茫大海)에 존재하는 조그만 바위섬이나 모래섬을 우연히 차지하게 됨을 기화로 그 반경 200해리의 광대한 해역을 독차지하겠다고 하는 것은 유엔해양법조약의 취지에 반할 뿐만 아니라 항구적인 세계평화와 인류공영(人類共榮)에 이바지하고자 하는 우리 헌법 전문(前文)의 정신에도 어긋나는 것이다. 이것은 비단 남중국해 사건에서 드러난 중국의 입장만이 아니라 일본이 태평양상의 암초나 무

---

75) 여기서 독도의 배타적 경제수역이 법리상 배제되어야 한다고 주장하는 것은 단순히 신한일어업협정의 헌법적 정당성을 다시 세워주기 목적의 것이 아니다. 남중국해 판결의 법리는 개별국가의 이기심을 제한하고 인류의 공동자산인 해양을 보전하려는 합리적 사고에 기초한 것으로서 우리 헌법의 인류애적 정신에 적합하기 때문에 적용하는 것이며, 그 적용의 결과 신한일어업협정도 그동안 지적되어온 헌법적 문제점이 해소되는 부수적 효과가 발생한다는 의미에 불과한 것이다.

인도를 기준으로 취하는 태도에서도 나타나며,[76] 어느 나라나 할 것 없이 자신들이 대양(大洋)에 암초나 무인도를 가지기만 하면 그와 같은 태도를 취하는 데에 주저함이 없었다. 그러나 남중국해 사건 판결에서 나타난 바와 같이 해양은 '인류의 공동유산(common heritage of mankind)'이라는 유엔해양법협약의 근본 취지를 성실히 준수하고 우리 헌법의 인류애적 정신을 재삼 상기하여 이제는 우리나라라도 한반도 해역의 배타적 경제수역에 관한 한 헌법정신에 어긋난 무리한 주장은 철회하여야 할 것이다. 그렇게 함으로써 독도문제 해결의 새롭고 합당한 비전이 나타날 뿐 아니라, 이미 원양 해양산업국가로서의 확고한 위치를 다지고 있는 대한민국이 대양의 공해(公海)를 대상으로 활동할 여지를 넓혀주어서 우리 국민의 자유와 권익을 보다 잘 확보할 수 있게 할 것이다.[77]

---

76) 도쿄의 남쪽 1,700킬로미터 거리의 태평양 해상에 있는 일본령 암초인 오키노도리시마(沖ノ鳥島)는 만조시 약 0.7미터가 해면위로 나오며 면적은 9평방미터에 불과한데 일본은 여기에 반경 200해리 40만 평방킬로미터(남한면적의 약 4배)의 배타적 경제수역을 주장하고 있다. 또한 미나미도리시마(南鳥島)는 도쿄의 남동쪽 1,800킬로미터 거리의 태평양 해상에 있는 일본 최동단의 섬으로서 면적은 1.5평방킬로미터(독도의 약 8배)이다. 이는 비교적 큰 섬이라고 할 수 있으나 군사목적 체류인원들을 제외하면 역시 무인도이므로 배타적 경제수역이 부인되어야 한다고 본다. 이창위, "일본의 도서와 해양경계 문제", 국제법학회 논총 제54권 제1호(2009. 8), 207-209, 217-218면 참조.

77) 고(故) 이한기교수는 '독도문제 해결을 위한 현실적 접근'이라는 논문의 말미를 다음과 같은 말로 맺고 있다. "한민족의 일본에 대한 nationalism이 독도로 인하여 소아병적으로 폭발되어서는 안된다. 한일 관계가 … 더욱 긴밀화의 과정을 밟으리라고 전망되는 오늘날 양국은 호혜적 입장에서 독도문제의 합리적 해결방법을 반드시 찾아내야 한다. 그것은 일본의 일부 여론과 같은 실력행사나 경제단교의 낡은 수법이 되어서는 안된다. 독도문제의 합리적 해결이란 … 주권의 문제와 어업의 문제를 각각 따로이 분리하여 그 독자적인 해결을 모색하도록 노력하는 것이다. … 한일어업협정에서 보여준 양국의 끈기 있는 인내와 노력이 다시 한번 요청된다." 이한기, 앞의 책(각주 10), 307-308면.

제4장

수도이전과 관습헌법

수도이전과 관습헌법

I. 문제의 제기

우리나라와 같은 경성의 성문헌법국가에서도 불문의 헌법이 있을 수 있는지 특히 그 중 관습헌법이 인정될 수 있는지 여부는 헌법학의 학문적 논의의 면에서나 헌법 재판 실무의 면에서나 한번 고찰해 볼 필요가 있는 의미있는 주제로 생각된다.

필자의 판단으로는 성문의 경성 헌법국가에서 관습헌법의 인정의 문제는 세 가지 의 측면에서 실제적 의미를 가진다고 본다. 첫째 어느 특정한 헌법사항이 관습헌법으로서 명문의 근거가 없이도 그 헌법적합성을 인정받을 수 있는지(생성의 문제), 둘째 만약 이러한 관습헌법이 성문헌법의 내용에 배치된다면 그 효력은 어떻게 될 것인지 (인정 범위의 문제), 및 셋째 이러한 관습헌법은 어떤 방식으로 변화하게 되는지 여부 (소멸의 문제)에 관한 것이다. 첫째의 문제는 관습헌법이 성문의 헌법전을 가지는 국가에서 어떠한 근거로 인정되는지 여부의 법철학적 근거에 관한 논의가 중심이 될 것이고, 둘째의 문제는 관습헌법의 인정 범위, 즉 명문의 헌법규범이 존재함에도 불구하고 이에 배치되는 내용의 관습헌법을 인정할 수 있을 것인지 여부가 논의의 중심이 될 것이다. 그리고 셋째의 문제는 관습헌법의 변경, 소멸에 관한 것으로서 헌법의 변천의 문제와 논의영역을 공유하는 문제라고 생각된다. 이 글에서는 관습헌법 일반에 대한 이론의 검토를 한 다음 구체적 사례를 실증해 봄으로써 위 문제들에 대한 결론을 얻어내는 순서로 살펴 보기로 한다.

관습헌법의 인정 여부에 관하여 국내의 문헌은 이 문제를 대체로 상세히 다루지는 아니하고 있다.[1] 그러나 우리나라와 같은 성문헌법체제 하에서도 관습헌법이 발

---

* 본 장(章)은 2004년 12월 헌법재판소 헌법논총 제15집 133-176면에 게재한 논문 '헌법관습의 법규범성에 대한 고찰'을 수정·보완한 것임.

생하고 정착될 수 있다는 점은 인정하고 있는 것으로 보인다. 그런데 여기서 대부분의 학설은 이를 인정하더라도 성문헌법의 규범적 테두리 안에서 성문헌법의 애매한 점을 보충하고 성문헌법의 실효성을 증대시키는 범위 안에서만 인정되어야 한다고 보고 있다. 관습헌법이 명문의 헌법조항 없이 헌법의 내용을 규정짓는 것이므로 이를 조건없이 인정하는 것은 헌법적 관행에 의하여 성문헌법이 무제한 변질될 수 있다는 것을 뜻하고 이는 궁극적으로 성문헌법전을 도외시한 불문적 관행례가 국가생활을 압도하는 결과가 될 것이라고 우려하기 때문이다.[2] 이와 같은 견해가 통설적인 것이기는 하고 성문헌법의 위치를 살리면서 관습헌법의 폐해를 방지하고자 하는 점에서 합리성이 있다고 할 수 있다. 그러나 우리 헌법의 내용을 구체적으로 분석해 볼 때 이러한 일반적 견해가 과연 타당한가하는 의문이 남는다. 이 점에 관해서는 이후에서 살펴보기로 한다.

Ⅱ. 관습헌법의 이론적 근거 –프랑스에서의 논의를 중심으로 –

　관습헌법의 법철학적 분석은 프랑스의 제3공화국 당시에 특히 활발하였다. 1875년에서 1940년에 이르기까지 65년간 지속된 프랑스 제3공화국은 성문의 경성헌법을 가지고 있었지만 그 내용이 비교적 간결하고 권리장전을 포함하고 있지 아니하여 헌법의 흠결을 메우기 위하여 필연적으로 헌법적 관행에 의한 국가체제의 운영이 불가피하였으며, 그러한 가운데 관습헌법론의 논의가 활발하였다.[3]

　이러한 프랑스적인 헌법관습론의 전형은 르네 카피탕(René Capitant)의 견해이다. 1929년에 발표되어 50년 후 '공법잡지(Revue du droit public)'에 재수록된 그의 논문 '헌법관습(la coutume constitutionnelle)'은 프랑스의 제3공화국 당시의 헌법현실을 분

---

1) 다만 이 관습헌법의 문제를 직접 다룬 논문으로, 정재황, 헌법관습과 헌법판례의 불문헌법법원성 여부, 고시계 91/10, 97-109면이 발견된다.
2) 허 영, 한국헌법론, 2004, 35면.
3) 당시 공화국체제를 지향하는 헌법을 채택함에 있어서 의회내에서 입헌군주제를 옹호하는 자들의 이견이 있었으므로 공화국체제를 통일된 헌법전으로 선언하지 못하고 3개의 헌법적 법률(lois constitutionnelles)을 의결하는 것으로 만족하여야 했다. 즉 1875. 2. 24.의 상원에 관한 법률과 같은 달 25.의 공권력의 조직에 관한 법률 및 같은 해 7. 16.의 공권력의 관계에 관한 법률이 그것이다. 그러나 이와 같이 1875년의 프랑스헌법은 단일법전의 형태에 의한 것이 아니고 3개의 부분적 헌법전에 의한 것이지만, 이는 법률과는 다른 헌법규범이며 경성헌법에 속한다.

석하여 관습헌법의 중심적 역할을 도출해 내고, 이에 따라 그 본질을 논하고 있다.[4] 그의 관습헌법론의 기초에는 '제정자에 의하여 제시된 법이 아니고, 현실로 적용되고 있는 법 자체가 실정법이다.'라고 하는 사고방식이 전제되어있다. 카피탕의 경우, 규범의 적용이라는 것은, 적용자인 공권력에 의한 제재의 문제가 아니고 적용을 받는 측인 민중의 복종의 문제로서 파악되어 따라서 민중의 복종이라는 것은 그들에 의한 규범의 승인을 의미하는 것으로 되는 것이다. 이와 같이 실정적인 규범이라는 것은 '일반에 복종되고 있는 규범'이고, '규범의 실정성을 만드는 것은 민중에 의한 그 규범의 승인이고, 대다수의 사람들의 컨센서스이다. … 실정성이라는 것은 이 컨센서스 그 자체이다.'라는 것을 강조하였다.[5] 그래서 헌법은 '법전과 판결집의 가운데 닫혀져 있는 것이 아니라 국민이라는 연원으로부터 직접 분출하는 것이다'라고 하는 불문헌법론이 주장되었다. 카피탕은 관습헌법의 본질에 대하여 다음과 같이 설명하고 있다.

'관습은 국민의 의식, 국민의사가 아니라면 무엇일까. 국민이 주권자라고 한다면, 국민이 최고의 제헌자로 되기 때문에 따라서 그 모든 권력이 필연적으로 국민에 의하여 헌법에 설정되는 것이라고 한다면, 전 법질서의 기반에 있는 것은 국민이 그에 의하여 의사표시를 하는 곳인 관습이 아닐까. 그래서 관습의 헌법제정력은 국민주권의 일 측면에 불과하다. … 국민주권 또는 민주주의라고 불리는 것은… 성문법의 정립에의 국민의 참여이다. … 그러나 법을 그 총체로서 고려해 본다면 또 성문법 제정에의 인민의 참여뿐만이 아니고 성문이든 관습이든 실정법 전체의 정립에의 인민의 참여가 어떠한 것일까를 탐구한다면, 국민주권의 의미는 달라진 의미의 것으로 되는 것을 알 수 있다. 국민은 주권을 요구할 필요가 없고, 모든 체제하에서 필연적으로 주권을 가지는 것이다. 국민은 문서에 의하여 그 의사를 표명할 수 없는 경우에도 여전히 의사를 가지는 것이고, 그 의사는 관철되는 것이다. 국민은 적어도 복종할 것인가 아닌가를 스스로 결정하는 것이고, 따라서 법의 실정성을 좌우한다. 왜냐하면 실정성이란, 현재 적용되고 있는 법, 즉 그 명령이 준수되어 그 규율하는 사회가 이것에 복종하고 있는 법의 것이기 때문이다. 그래서 어떠한 규율에 따르는 것을 그치는 것에 의하여 국민은 그 실정성을 철회하고, 환언하면 그것을 폐지한다. 어떤 규율을 유효한 것으로서 승인하고 그 명령에 따르는 것에 의하여 국민은 그것에 실정성을

---

4) René Capitant, la coutume constitutionnelle, Revue du droit public, 1979, pp. 959-970.
5) 樋口陽一, 憲法學の對象としての 憲法, 法學協會百周年記念論文集, 1983. 10. 236面.

부여하고, 환언하면 효력을 주는 것이다. … 입법자의 권능이 어떠한 것일까라고 할 때 그것은 국민의 복종이 없는 것이라면, 없는 것(無)이다. 그러한 의미에서 국민이 주권자이고, 국민에 의하여 직접 만들어진 관습은 성문법에 우월한다. 따라서 관습은 보통의 입법권자를 구속하기 때문에 헌법으로서의 효력을 가진다. 관습은 헌법개정권자 - 그것은 그 명칭에도 불구하고 헌법에 의하여 만들어진 권력에 지나지 않는다 - 를 구속한다.'6)

이와 같은 카피탕적인 헌법관습론은 국민주권을 기초로 하여 관습헌법의 인정 범위에 제한을 두지 아니할 뿐만 아니라 그 효력에 있어서도 오히려 성문헌법보다 상위에 자리매김하고 있다. 이러한 이론은 성문의 경성헌법 체제이면서도 헌법전의 내용이 지나치게 간결하여 헌법적 관례와 관행에 의한 그 흠결의 보충이 불가피하였던 제3공화국 당시의 프랑스의 헌법현실을 잘 반영한 것이라고 할 수 있다.

그런데 1958년에 제정된 현행의 제5공화국 헌법은 통치구조의 측면에서 제3공화국 시대보다 훨씬 상세하고 완결적인 내용을 담고 있으므로 이러한 관습헌법의 생성 가능성은 극소화되었다고 할 수 있다. 그러나 이 헌법하에서도 드골대통령의 극단적 조치로 인하여 다시 한번 프랑스에서는 관습헌법 논쟁이 재연되게 되었다. 그 과정은 다음과 같다.

드골대통령은 1962년 반대파가 의회를 장악하고 있는 상황에서 대통령직선제를 헌법에 도입하기 위하여 헌법 제89조의 절차에 의한 헌법개정이 아니라 헌법 제11조에서 정한 국민투표의 방식으로 헌법개정을 할 것을 시도하였다.7) 헌법 제89조에 의

---

6) René Capitant, op. cit., pp. 968-969.
7) 프랑스 헌법 제11조와 제89조는 다음과 같다.
　　제11조 ① 大統領은 議會會期 中의 政府의 提案 또는 兩院의 共同提案에 따라, 관보에 이를 공고하는 방법으로, 公權力의 機能에 관하거나, 국가의 경제·사회 정책의 개혁 혹은 이와 관련된 공역무의 개혁에 관하거나, 憲法에 違反하지는 않으나 制度의 機能에 影響이 있는 條約의 批准同意를 目的으로 하는 모든 法律案(tout projet de loi)을 國民投票에 붙일 수 있다.
　　② 國民投票에 의하여 法律案의 採擇이 확정된 때에는 大統領은 前案에 정하는 期間 內에 이를 公布한다.
　　제89조 ① 憲法改正의 發議權은 首相의 提案에 따른 大統領과 國會議員에 競合하여 屬한다.
　　② 改正案은 同一한 條文으로 兩院에서 司法되어야 한다. 改正은 國民投票에서 承認된 후에 確定된다.
　　③ 단 改正案은 大統領이 兩院合同會議로써 召集된 國會에 이를 附議할 것을 決定한 경우에는 國民投票에 붙이지 아니한다; 이 경우에 改正案은 表明된 投票의 5분의3의 多數를 얻지 아니하면 承認되지 아니한다. 兩院合同會議의 事務局은 國民議會의 事務局이다.
　　④ 領土의 保全이 侵害되는 어떠한 改正節次도 着手 또는 續行될 수 없다.
　　⑤ 共和政體는 改正의 對象이 될 수 없다.

하면 헌법개정은 일반법률보다 엄격한 절차에 의하여 의회를 통과하여야만 가능하도록 되어 있었는데 드골은 이에 따르지 아니하고 헌법 제11조에 의하면 대통령이 법률안(tout projet de loi)에 대하여 국민투표에 부의할 수 있도록 한 데 착안하여 헌법개정 법률안도 하나의 법률안(projet de loi constitutionnelle)이기 때문에 동 조항에 의거하여 헌법개정을 할 수 있다는 견해를 취하였다. 이에 대하여 드골의 국민투표 회부는 위헌이라는 견해가 지배적이었고 의회는 대통령에 대한 탄핵까지 고려하였으나 대통령의 국회해산 조치를 두려워하여 이를 감히 실행치 못하였다. 이 국민투표는 찬성의 결과가 나왔으므로 프랑스 헌법은 대통령직선제로 개정이 실현되었다. 그런데 드골은 1969년에 이르러 상원과 지방자치 제도의 개혁을 위하여 다시 한번 헌법개정을 시도하게 되었는데 이때에도 역시 헌법개정절차를 규정한 제89조에 의거하지 아니하고 국민투표를 규정한 제11조에 의거하고자 하였다. 그런데 이번에는 지난 회의 경우와는 달리 제11조에 의한 국민투표의 방식으로 헌법이 개정될 수 있다는 것은 이미 프랑스의 헌법관습이 되었으므로 이제는 더 이상 위헌이 아니라는 견해가 유력하게 제기되었다.[8] 그 과정에서 헌법관습의 본질, 기존의 헌법에 배치된 관습의 인정 여부, 사례의 반복이 없이 단지 1회의 실례만이 존재하는 경우에도 관습헌법이 성립될 수 있는지 여부 등이 논의의 대상이 되었다. 이 시기에 나온 주장으로서는 프랑스의 대표적인 공법학술지인 공법잡지에 두 편의 논문을 들 수 있는데 슈발리에와 메스트르의 글이 그것이다.[9] 여기서 이들은 카피탕적인 헌법관습론이 국민주권에 기초

---

8) Georges Vedel의 견해이다. 베델이 주장한 근거는 다음과 같다. 첫째, 1962년의 국민투표의 결과(대통령 직선제로의 헌법개정에 대한 찬성)는 관습헌법을 창조하면서 그 절차상의 흠결을 치유한 것이다. 관습법으로 인하여 합법적이지 못한 것이 합법적인 것으로 허용되게 된다. 1962년에는 기존의 법에 반하는 관습규범(coutume contra legem)이 창조되었고 이 관습규범은 그 이후부터는 헌법적 영역에서 존속하는 것이다. 둘째, 이러한 관습규범에 대한 합의성(consensus)은 다음과 같은 사실들에서 나온다. 1962년의 총선거에서 국민은 드골대통령에게 의석의 다수를 획득하게 하는 승리를 주었다. 1962년 12월에 실시된 대통령 직선의 선거에서 야당은 이를 보이콧하지 않은 채 선거에 참가하였고 국민도 대다수가 투표하였다. 또한 1965년 이후 누구도 국민 직선에 의하여 선출된 드골 대통령의 정당성을 공격하지 않았다. 따라서 이러한 국민의 태도는 새로운 헌법개정절차에 대한 승인으로 해석된다. 셋째, 정치적 영역에서는 단 일회의 실행에 의하여서도 헌법적 관습이 창조될 수 있다. 그 행위 당시 관계된 모든 당사자들이 이에 찬성하고 예컨대 투표자들의 경우와 같이 그들의 태도에 의하여 이를 찬성한다는 것을 표명한 경우에는 반복성과 항상성의 요건은 불필요한 것이다. Charles Debbasch, Jean-Marie Pontier, Jacques Bourdon, Jean-Claude Ricci, Droit constitutionnel et institutions politiques, 2 éd, 1986, Paris, p. 540.

9) Jacques Chevallier, La coutume et le droit constitutionnel français, Revue du droit public, 1970, pp. 1375 et s., Jean-Claude Maestre, A propos des coutume et des pratique constitutionnelle, Revue du droit public, 1971, p.1275 et s.

하여 통치자가 기존의 헌법현실을 헌법의 틀을 벗어나 변경하려하는 데에 악용될 것을 고려하였음인지 헌법관습의 인정론에 소극적인 견해를 표명하고 있는 점이 주목된다.[10]

Ⅲ. 관습헌법의 요건

관습헌법의 성립요건으로는 헌법사항에 관하여 ① 어떠한 관행 내지 관례가 존재하고 ② 그 관행은 반복되어야 하고(反復性) ③ 관행의 반복은 국민이 그 존재를 인식하고 사라지지 않을 관행이라고 인정할 만큼 충분한 기간 동안 계속되어야 하고(繼續性) ④ 관행은 지속성을 가져야 하는 것으로서 그 중간에 반대되는 관행이나 입법이 이루어져서는 안 되고(恒常性) ⑤ 관행은 여러 가지 해석이 가능할 정도로 모호한 것이 아닌 명확한 내용을 가진 것이어야 하며(明瞭性) ⑥ 이러한 관행이 헌법관습으로서 국민들의 승인 내지 확신 또는 폭넓은 컨센서스를 얻어 국민이 강제력을 가진다고 믿고 있어야 하는 것(共通의 見解)을 일반적으로 들고 있다.[11][12]

그런데 앞서 열거한 관습헌법의 요건들은 반드시 관습'헌법'에 국한되어 요구되는 것은 아니고 일반적으로 관습법의 요건으로 거론되는 것이다. 그렇다면 관습헌법의 존부를 판단함에 있어서는 이와 같은 요건들을 판단하기에 앞서 먼저 무엇이 '헌법사

---

10) 드골대통령은 자신의 정통성을 강화하고 위헌논란을 최소화하기 위하여 동 국민투표의 가부에 자신의 정치적 신임을 걸고 부결될 경우 사임하겠다는 뜻을 명백히 하였으나, 프랑스 국민은 1969. 4. 27.의 국민투표에서 드골의 헌법개정안을 부결시킴으로써 드골을 그의 말 그대로 사임시키고 말았다. 따라서 베델의 논리에 의하더라도 1969년의 국민투표에 의하여 일단 성립된 헌법적 관습규범, 즉 헌법 제11조에 의하여 헌법개정을 할 수 있다는 것은 관습헌법으로서는 사멸되었다고 판단할 수 있다. Debbasch, op. cit, p. 541.

11) 정재황, 전게 논문, 100-101면.

12) 이러한 요건에 대하여 학자에 따라서는 관습헌법의 요건을 두 가지로 분류하여 물적 요건(corpus), 즉 사실의 존재 상태와 심리적 요건(animus), 즉 주관적 평가로 양분하여 보기도 한다. 여기서 물적 요건으로서는 일련의 사실행위가 영속적이고 일반적인 관례를 형성하여야 하는 것을 요구한다. 즉, 이러한 관습법은 관례가 정착하기에 충분한 기간동안 이에 배치되는 실례가 개입, 차단하는 바가 없이 동일하게 계속되어야 하며 거의 모든 법주체에 의하여 보편적으로 준수되어야 하는 것이다. 또한 심적 요건으로서는 객관적 법의 의무적인 규칙이 문제되고 있다는 수범자의 인식이 있어야 한다. 당해 관례는 법적으로 강제되는 것이라는 인식을 주는 것이 되어야 한다.
헌법전은 공권력에 적용되는 모든 법칙들을 규율할 수 없고 일부의 규칙들은 관례와 전통에 의하여 정립되는 것이다. 이들은 헌법을 보완하면서 헌법과 동일한 법적 효력(la même force juridique)을 가진다. Jacques Chevallier, op. cit., pp. 1377-78.

항'인가 하는 점에 대한 판단이 선행되어야 함을 알 수 있다. 즉, 이것은 관습헌법이 단순한 '관습법'이 아니라 '관습헌법'으로 성립되도록 하는 징표가 어디에 있는지 하는 것을 결정하기 위한 출발점에 해당하는 문제인 것이다. 그러나 여기서 이러한 관습헌법이 문제되기 위해서는 단순히 '헌법사항'을 내용으로 한다는 것만으로는 부족하고, 다른 일반법률에 의하여 우위를 가지는 헌법에 의하여 반드시 규율되어야 할 사항, 즉 '헌법유보사항(Verfassungsvorbehalt)'을 그 대상으로 하여 인정되는 경우에야 비로소 이는 단순한 관습법률이 아닌 관습헌법으로 고양된다고 할 수 있는 것이다.[13]

이와 같이 관습헌법의 확인에 있어서는 과연 그 확인되는 사항이 헌법사항인지 여부와 헌법사항으로서 어느 정도의 중요성을 가지는 것인지 여부가 문제될 수밖에 없으며, 특히 여기서 무엇이 위와 같은 '헌법유보사항'에 속하는 것인지 여부가 관습법과 관습헌법을 구분짓는 핵심적 징표가 되는 것이다.

일반적으로 헌법사항이라고 함은 ① 국가의 기본적 조직에 관한 사항, ② 최고 국가기관의 권한 구성에 관한 사항, ③ 개인의 국가권력에 대한 기본적 지위를 말하는 것으로 설명된다.[14] 그런데 여기서 이러한 일반적 헌법사항 중 특히 일반법률에 대하여 효력상 우위를 가지는 최고규범으로서의 가치를 가지고 반드시 그러한 헌법규범으로서 규정되어야 할 내용이 있을 것이고, 그 사항에 포함될 수 있는 것만이 '헌법유보사항'이라고 할 것이다. 이를 달리 살펴보면 '헌법제정규범-헌법핵-헌법개정규범-헌법률'의 단계적 위계구조에 있는 헌법질서에서,[15] 헌법사항은 그 모두를 포괄할 것이나(소위 실질적 의미의 헌법), 헌법유보사항은 헌법개정규범 이상의 규범에 해당하는 것만을 의미하게 된다.

---

13) 여기서 헌법유보사항을 단지 헌법사항이라고 부를 수도 있겠으나, 내용상 일반법에 대하여 우위를 가지는 헌법으로 평가되는 사항만을 말하고자 하는 것이므로 이러한 개념을 보다 잘 인식하기 위하여 - 일반적 헌법사항과 구분하여 - 헌법유보사항이라는 용어를 사용한다.

14) Heinrich Amadeus Wolff, Ungeschriebene Verfassungsrecht unter dem Grundgesetz, Tübingen, Mohr, 1999. S. 458, 프랑스문헌 중 뛰르팽은 공권력의 조직과 기능에 관한 것과 특정의 정치제도에 적용되는 규범과 시민의 기본권의 보장에 관한 것이라고 설명한다. Dominique Turpin, Droit constitutionnel, 1992, p. 80 참조., 또한 권영성 교수는 이를 '마땅히 헌법전에 규정되어야 할 필수적 사항, 즉 국가적 공동생활에 관한 기본적 사항을 말한다. 현대 민주국가의 헌법은 국가적 공동체의 형태와 기본질서에 관한 사항, 개인의 자유와 권리에 관한 사항, 그리고 정치적 통치기구에 관한 사항을 3대 주요 헌법사항으로 하고 있다.'고 풀이하였다. 권영성, 헌법학원론, 2004년 개정판, 10면.

15) 김철수, 헌법학 개론, 제10정정판, 23면.

한편, 여기서 말하는 '실질적 의미의 헌법'이란 내용적으로 위의 일반적 헌법사항을 다루는 규범을 포괄하여 지칭하는 개념으로서 형식적 의미의 헌법에 대치되는 것이다. 어떠한 규범이 헌법사항에 해당하는지 여부에 관계없이 형식적 헌법전에 포함되어 규정되고 있는 경우에 이는 형식적 의미의 헌법이 된다. 보통의 경우에는 이러한 실질적 헌법과 형식적 헌법은 일치하지만 반드시 그러한 것은 아니다.[16] 그런데 헌법전에 들어가 있는 내용은 위의 '헌법유보사항'이라고 볼 수 있는 것들이 대부분이겠지만 이러한 헌법유보사항이 아닌 내용도 포함될 수 있다. 또 실제로 우리 헌법을 포함한 세계 각국의 어느 헌법도 순수하게 헌법유보사항만을 헌법전에 담고 있는 사례는 없다고까지 말하여진다.[17] 그렇다면 형식적 의미의 헌법이 반드시 위의 헌법유보사항만을 포함하는 것이 아니며, 위의 실질적 의미의 헌법이라고 하여도 그것이 내용상 관습헌법과 일치하는 것도 아니다. 실질적 내지 형식적 의미의 헌법의 분류는 성문의 헌법을 전제로 하여 그 중 헌법사항이 일반법률에도 들어갈 수 있다는 점을 설명하기 위한 이론적 분류일 뿐이므로 불문헌법 내지 관습헌법과는 아무런 관련이 없는 것이다.[18]

그렇게 본다면 관습헌법은 헌법사항중 가장 하위에 위치하는 헌법률에 해당하는 사항을 대상으로 한 경우에는 인정될 수 없다고 하여야 하고, 그 이상의 것, 즉 적어도 헌법개정규범에 해당하는 내용을 대상으로 한 경우에만 비로소 관습헌법의 성립이 가시화된다고 할 것이다. 따라서 어느 헌법적 관례나 관행이 관습헌법으로 인정될 수 있는지 여부는 우선 그것이 헌법사항에 속하는지 여부와 헌법사항에 속한다면 과연 헌법률 이상의 헌법개정규범에 속하는 정도의 중요성을 가진 규범(헌법유보사항)인지 여부가 심사되지 않으면 안 될 것이다. 여기서 일반적 헌법사항 중 어디까지가 과연 헌법유보사항에 해당하는지 여부는 일률적으로 정의하는 것은 불가능하고, 그때그때 개별적 문제사항에서 구체적 판단을 하는 것이 필요하다고 할 수 밖에 없다. 이와 같은 심사에서 헌법개정규범 이상의 헌법사항, 즉 헌법유보사항에 관한 것이라는 결론이 나온다면 그 다음으로 관습법의 일반 요건에 해당하는지 여부가 판단될 필요가 있을 것이다.

---

16) Turpin, op. cit., p. 80.
17) Wolff, aaO., S. 276.
18) Wolff, aaO., SS. 273-274.

　관습법의 일반적 요건은 앞 서 본 바와 같지만 이를 크게 보아서 물적 요소(corpus)와 심적 요소(animus)로 양분해 볼 수 있을 것이다. 물적 요소에는 그 관례 또는 관행의 존재, 그 반복성, 그 계속성, 항상성, 내용의 명료성의 요건들이 해당할 것이다. 그런데 이러한 물적 요소의 판단에는 두 가지의 문제점이 있다고 생각된다.

　첫째 위 요소 중 소위 '반복성'에 대한 부분의 의미이다. 관습헌법의 대상이 되는 것은 널리 일반적으로 헌법사항이기 때문에 헌법사항중 반드시 헌법기관들 상호간의 행위적 관례만이 여기에 포함되는 것은 아니라고 할 것이고, 특정의 국가적 주제에 대하여 국민의 헌법적 결단 사항에 속하는 것도 여기에 포함될 수 있는 것이다. 그런데 이러한 국민의 결단은 그 결정으로 끝나는 것이지 반복적으로 이루어질 수 있는 성격의 것이 아니다. 이 경우에는 다만 이러한 결단사항의 계속성과 항상성이 문제될 뿐인 것이다. 따라서 이러한 반복성의 요건은 각 행위의 대상에 따라서 그 특성을 고려하여 계속성의 요건과 종합하여 판단되는 요건이라고 보아야 정확한 것이라고 사료된다. 결국 관습헌법의 요건으로서의 계속·반복성의 의미는 반복성 및 계속성의 의미가 아니라 '반복성 혹은 계속성'의 의미로 파악되어야 할 것이다.

　다음으로 관습헌법의 대상이 국가기관의 일정한 행위 내지 조치로서 반복성의 심사에 적합한 특성을 갖추었다고 하더라도 반드시 그것이 수회 발생할 것이 요구되는지 여부에 대한 보다 깊은 판단이 필요하다는 것이다. 즉, 1회의 발생으로 성립되는 관습헌법은 있을 수 없는가 하는 점이다. 이 점은 특히 관습헌법의 주관적 요소의 강도와 관련하여 주관적 요소가 명확히 확립된 경우에는 객관적 요소로서의 반복성 심사가 완화될 수 있는 것은 아닌가 하는 의문을 발생시킨다. 이 점에 관하여는 후술하는 관습헌법의 유형 중 '제정헌법 후적 관습헌법'의 편 말미에서 다시 살펴 보기로 한다.

　다음으로 주관적 요소의 문제이다.

　일정한 헌법적 주제에 대하여 관습헌법이 성립되었다고 보기 위해서는 그에 관한 관행이 국민들로부터 폭넓은 컨센서스(consensus)를 얻어 국민이 강제력을 가진다고 믿어야 하는 정도의 공통의 견해가 성립되어야 하는 것이다. 여기서 필요로 하는 공통적 견해란 국민들이 당해 관행이 유효한 법이 되었다고 하는 일반적 견해(opinio juris)를 가진다는 것을 의미하고 반드시 법적 확신의 정도에는 이를 필요가 없다고 말하여진다.[19] 여기서 유효한 법이라는 일반적 견해를 인정하는 기준이 무엇인가 하는 문제가 발생하나, 이러한 기준을 일률적으로 명확히 개념규정한다는 것은 매우 어려운 일이다.[20] 또 이 문제는 반드시 헌법관습만에 해당되는 것은 아니고 관습법 일반에 해당하는 법철학적 문제이므로 이러한 일반론에서 논하여지고 있는 이론적 모델이 여기서도 적용될 수 있을 것이다. 다만 여기서 헌법관습이 형성되는 과정을 살펴보면 처음에는 비록 소수에게 통용되는 규범이 입법자의 의도와는 관계없이 국민전체에게 점차 뿌리를 확산해 나가고 마침내 사회계층 전체에서 법적 생명력을 얻어내는 과정을 생각해 볼 수 있다. 특히 헌법규범의 경우에는 이와 같이 특정의 규범이 사회계층 전체의 공통적 견해로까지 발전되어 비록 헌법전에는 들어있지 않고 일반법률등의 형태로 산발적으로 표현되어 있으나 위와 같은 국민의 승인으로 인하여 더 이상 의회가 이를 임의로 개정할 수 없는 헌법적 구속력을 가지게 될 때 성립한다고 말할 수 있을 것이다.[21]

그렇다면 국민적 컨센서스는 어떠한 기준으로 확인할 것인가. 판단컨대 이 문제는 일률적으로 설명하기 보다는 당해 헌법관행이 어떠한 유형에 속하는 것인지를 기준으로 하여 나누어 보는 것이 필요하다고 생각한다. 먼저 헌법적 관행 중 국가기관 상호간의 관계에 관한 사항에 해당하는 것은 그 관행의 적용에 이해관계가 있는 다양한 공권력들에 의하여 그것이 인정된 경우에는 이러한 컨센서스가 성립되었다고 판단하면 될 것이다.[22] 물론 여기에는 일반 국민들 사이에 국가기관들간에 합의된 이러한 관행에 대하여 적극적이고 현저한 반대가 발생하지 않아야만 할 것이 전제될 것이다. 그러나 일반적으로 국가기관들 간에 위와 같이 승인된다면 여론에 의한 특별한 반대가 없는 것으로 충분하다고 본다. 다음으로 국가구조와 상징에 관한 기본적 결단사항이나 국민과 국가간의 관계에 관한 사항에 해당하는 관행은 그 승인 여부를 해당 국가기관의 판단이나 태도에 맡길 것은 아니다. 이 경우는 역시 국민의 의사를 확인하는 방법밖에 없다고 할 것이다. 여기서 국민의 승인 의사를 확인하는 것은 국민투표에 의하는 직접적 방법이 있을 수 있고, 아니면 보다 종합적으로, 당해 관습이

---

19) Wolff, aaO., S. 446.
20) 관습헌법 부정론의 입장에서는 이러한 기준을 설정하는 것은 불가능하다고 주장한다. 예컨대 Maestre, op. cit., pp. 1283-1285.
21) René Capitant, la coutume constitutionelle, RDP 1979, pp. 969-970.
22) 이는 앙드레 오류의 견해이다. Maestre, op. cit., pp. 1282.에서 인용한 André Hauriou, Droit constitutionnel et institutions politiques, 5e éd. p.287.

그 국가·사회에서 가지는 정치적 경제적 사회적 문화적 중요성, 그 국가와 국민의 역사와 전통에 대한 연관성, 당해 관습이 지속되는 동안 이에 관련하여 발생한 사건과 그 논의에서 국민이 보여준 태도와 반응, 헌법제정 당시 성문화되지 아니한 사정과 이유 등 제반 사정을 종합하여 판단하여야 한다고 사료된다. 이와 같이 관습헌법의 주관적 요소인 opino juris는 문제가 된 개개의 관행이 과연 당해 국가의 사회 계층 전체에서 그것이 법적 구속력을 가지는 것이라는 보편적 인식을 얻어낸 것인지 여부를 구체적으로 확인하는 작업에 의하여 인정되어야 하는 것이다.

Ⅳ. 관습헌법의 유형

불문헌법으로서의 관습헌법은 (1) 생성에 있어서 제정헌법과의 시(時)적 관계, (2) 제정헌법 개폐력의 유무, (3) 그 관습헌법의 내용상의 특징에 따라서 다음과 같이 분류해 볼 수 있다.

1. 제정헌법과의 시간적 순서에 따른 분류

(1) 제정헌법 선행적 헌법관습(制定憲法 先行的 憲法慣習)

이는 제정헌법과 그 운용의 어느 측면에서 비로소 나오는 것이 아닌 '제정헌법에 선행하는 관습'을 말한다. 예컨대 프랑스에서는 1875년 이후 1940년까지 계속되었던 제3공화국의 시대의 제정헌법인 1875년 헌법은 인권조항을 가지지 않았다. 그리하여 '1789년의 프랑스 인권선언'은 1875년의 헌법과 같은 규범–동위 혹은 그 상위의 규범–으로서 효력을 가진다는 주장이 헌법관습 내지 보다 적절히는 관습헌법이라는 이름으로 불리어졌다. 오늘날 프랑스의 현행헌법인 1958년 헌법에서는 그 전문(前文)에서 '1946년 헌법전문에 의하여 확인되어 보완된 1789년 선언에 의하여 정하여진 인권을 준수함을 엄숙히 선언한다'는 문장을 둠으로써 이러한 관습헌법은 비로소 제정헌법에 언급되고 포섭되었다. 그러나 그렇다고 하더라도 프랑스의 실정헌법은 구체적인 인권조항들을 포함하고 있지 않으며 여전히 1789년의 인권선언의 내용을 권리장전으로 삼고 있고, 오늘날 프랑스 헌법평의회는 1789년의 인권선언을 확고한 헌법의

법원(法源)으로 활용하고 있다. 이러한 '제정헌법전적(制定憲法前的) 헌법관습'의 작용
은 공권력에 의한 헌법운용에 대하여 보다 큰 제약을 가하는 것으로 되고 그러한 의
미에서 '현상유지적'인 것이라고 말하여진다.[23] 그리고 이러한 제정헌법전적 헌법관습
은 후술하는 제정헌법 후행적 헌법관습에 비교하여 볼 때 일반적으로 당해 국가의
역사성 및 전통성과 보다 밀접히 결부되어 헌법제정자가 헌법제정 당시 자명한 사실
로서 받아들여 헌법전에는 실을 필요가 없다고 판단함으로써 발생한다고 할 것이다.

(2) 제정헌법 후적 헌법관습(制定憲法 後的 憲法慣習)

제정헌법이 발효된 이후에 형성된 헌법관습이라고 하더라도 그것이 성립하기 위
한 요건으로서 계속성 내지 반복성이 요구되고 있는 한 이러한 관습헌법도 현재의
공권력에 의한 헌법적용에 있어서는 역시 제약적으로 작용한다고 할 수 있다. 예컨대
프랑스에서는 제3공화국 시대에 법률사항을 먼저 법규명령의 형태로 발령하고 그 후
이를 의회에서 법률의 형태로 전화시키거나 혹은 그대로 법규명령의 형태로 두고 운
용하는 입법관습이 형성되고 정립되었다. 소위 데크레르와(décret-loi)에 의한 입법이
그것인데, 이러한 관습은 그 후 1958년 헌법에는 법률명령(ordonnance, 오르도낭스)이
라는 이름으로 명확히 제정헌법에 조항을 두게 되었다.[24] 이 사례는 제정헌법이 시행
된 이후 발생한 계속적 관행이 헌법관습으로 되었던 경우에 해당한다.[25]

(3) 제정헌법 후적 헌법관습(制定憲法 後的 憲法慣習)의 일회적 형성(一回的 形成)

뒤베르제와 베델 등 프랑스의 일부 헌법학자들은 관습헌법의 형성에 있어서 반드
시 반복성과 계속성이 필요적인 것은 아니고 단 일회(一回)의 실례에 의하여서도 헌
법관습이 형성되는 경우도 있다는 주장을 제기하였다. 이와 같이 제정헌법 후적인 헌
법관습에서 반복 내지 계속성이 요건으로 되지 않는 것을 염두에 두는 사고방식은

---

23) 樋口陽一, 憲法慣習の 觀念についての 再論, 法律時報 47卷 7號(1975. 6.), 135-136面.
24) 프랑스 헌법 제38조 제1항은 '정부는 시정방침의 수행을 위하여 일정한 기간동안 정상적으로 입법사항
에 속하는 조치를 법률명령(ordonnance)으로써 정하는 승인을 국회에 요구할 수 있다.'고 규정하였다.
이는 '오르도낭스'라는 이름으로 제3공화국과 제4공화국 시대에 헌법관습으로 인정되던 '데크레르와'를
헌법전 내에 정식으로 인정한 것이다.
25) 樋口陽一, 前揭論文, 136面.

1962년 드골대통령이 추진한 국민투표에 의한 헌법개정이라는 1회의 사례의 관습성이 1969년 다시 드골이 국민투표에 의한 헌법개정을 시행하려고 하자 그에 앞서 논의된 바에 의하여 여실히 나타나게 되었다. 이와 같은 종류의 헌법관습은 현재 시점의 공권력에 의한 헌법실례에 제정헌법의 개폐력을 주고자 하는 것이므로 보통의 관습헌법의 개념과는 달리 극히 '현상변경적'으로 작용하게 된다. 따라서 특히 실례의 계속성과 반복성이 결여됨을 보충하기 위하여 주권자·제헌자로 간주된 국민의 합의와 연결됨에 따라 그 현상변경적 기능은 멈추기 어렵게 진행할 가능성이 있다. 이러한 종류의 헌법관습은 그것이 어떤 역사구체적인 역할을 이루는 것인가는 어떤 제정헌법의 아래에서 어떤 성격의 공권력에 의해 어떤 헌법실례가 만들어져 가는가에 의존하기 때문에 한마디로 말할 수는 없고, 그 실천적 평가도 다양하게 나뉘어 질 수 있을 것이다. 그러나 그러한 기능의 극한에서는 주권자·제헌자의 의사표시라는 결단주의적 명분 아래에서 국민의 인권이라는 기본가치가 부정되는 경우도 상정된다는 것은 예측할 수 있다.[26]

2. 제정헌법 개폐력의 유무에 따른 분류

(1) 제정헌법규범의 흠결을 보충하고 해석하는 내용의 관습헌법

아무리 정치한 성문헌법을 만든다고 하더라도 헌법사항을 모두 헌법전에 싣는 것은 불가능하고 필연적으로 공백이 있을 수밖에 없으며, 또 완전한 헌법전이라고 하더라도 그 내용은 시대의 변화에 따라 흠결을 발생시키는 것이므로 성문헌법하에서도 헌법관습의 발달은 이루어진다. 여기서 기존의 제정헌법규범의 흠결을 보충하는 관습헌법이 성립될 수 있는 것은 논리적으로 보아 당연한 것이며, 이 한도내에서는 특별한 헌법적 문제를 발생시키지 아니한다고 할 것이다.[27]

---

26) 樋口陽一, 前揭論文, 136面.
27) 다른 법영역에서와 마찬가지로 헌법의 영역에서도 관습법의 인정이 필요하다. 헌법전에 국가기관과 조직에 적용될 모든 규율을 다 담겠다고 하는 것은 두 가지 이유에서 장애에 부딪치게 된다. ① 그 하나는 헌법전에 그 모두를 기술하는 것이 쉽지 않다는 기술적 이유이고, ② 다른 하나는 규정을 명문에 고착화하지 않음으로서 혁명적 변화를 몰고 오거나 시대에 뒤떨어진 규정의 영속적 위반상태가 발생하지 않게 하려는 정치적 이유이다. Jacques Chevallier, op. cit., p. 1376.

(2) 제정헌법규범과 내용상 모순되고 이를 개폐하는 내용의 관습헌법

헌법관습은 내용상 제정헌법과는 모순·배치되는 것을 가질 수 있다. 성문의 경성 헌법을 가진 국가에서 헌법전은 국가의 형성에 관련된 기본사항에 관한 국민들의 사 회계약으로서의 의미를 가지고 헌법전에 수록된 내용은 일반적으로 타 법규범에 대 하여 우위를 가진 것으로 엄격한 절차에 의하여서만 개정될 수 있도록 하고 있다. 따 라서 이러한 헌법전의 내용에 위배되는 헌법관습을 인정할 수 있을지 여부에 대하여 는 단지 기존의 헌법전의 내용상 흠결을 보충하는 헌법관습의 경우와는 달리 헌법적 으로 자명한 것이 아니다. 이 점에 관하여는 학설의 대립이 있고, 그 중 다수의 견해 는 헌법관습의 성립을 인정하더라도 기존의 헌법전의 내용에 배치될 수는 없으며 이 에 배치되는 헌법관습은 그 성립을 인정할 수 없다고 하고 있다. 성문헌법주의에 기 초한 헌법의 전체 체계를 고려할 때 이와 같은 다수의 견해는 일단 수긍이 되는 것 이지만 이 문제는 관습헌법론에서 가장 주요한 쟁점에 속하므로 구체적인 사례에 의 하여 보다 실증적으로 분석할 필요가 있다.

이러한 실증적 분석을 위하여 성문헌법에 배치되는 헌법관습을 그 생성과정에서의 opino juris의 정도를 기준으로 하여 단계별로 나누어 보는 것이 편리하다. 이하에서 는 이를 ① 단순한 위헌행위의 반복, ② 헌법적 습률(習律, constitutional convention), ③ 헌법관습의 세 가지 형태로 나누어서 살펴본다.

1) 위헌행위의 반복

가장 초기행위의 단계는 단순한 위헌행위의 반복에 불과한 것이다. 아무리 범죄행 위가 반복해서 행하여지더라도 그것은 단순한 위법행위의 반복에 불과하여 결코 거 기로부터 법이 나오는 것은 아닌 것과 같이, 헌법의 영역에서도 헌법에 반하는 국가 행위가 아무리 반복해서 이루어지더라도 그것은 단순한 위헌행위의 반복에 불과하여 결코 거기에서 관습법이 생성되는 것이 아니다.[28]

예컨대 국무총리 서리제도는 우리 헌법의 역사에서 장기간 활용되어 온 것이기는 하지만 부단히 위헌론이 제기되어 왔고 1991년 이후에는 거의 시행되지 아니하였으 며(1997년에 한 번 다시 시행되었다가 헌법재판의 대상이 되었다.), 부단히 위헌논란이

---

28) 川添利幸, 憲法の變遷と憲法慣習, 法學教室, 21面.

제기되어 왔기 때문에 국무총리서리 제도는 그것이 장기에 걸쳐서 존속해 왔다고 하더라도 단순한 위헌인 국가행위의 반복계속 이상의 것은 아니라고 하겠다.

2) 헌법적 습률(習律, constitutional convention)

위헌의 헌법관습이 소위 '습률'의 성격을 가지는 경우가 있다. 여기서 습률은 법의 '전(前)단계'를 의미하는 규범을 말한다. 즉 법으로서 성숙도에서 보면 법의 바로 앞에 있는 규범인 것이다. 이것은 법원에 의해 강제되는 엄격한 의미에서의 법이 아니라 사실상 준수되고 있는 불완전한 법적 규범에 불과하다. 이러한 습률의 개념을 인정하는 것은 헌법해석에 있어서 상당한 도움을 가져오는 면이 있다. 왜냐하면 습률은 한편으로 변화해가는 정치, 경제, 사회의 발전에 대응해서 성문헌법을 다이나믹하게 운용하는 것을 가능하게 하는데 유용한 개념일 뿐만 아니라 다른 한편으로는 습률은 완전한 법이 아니고 따라서 성문헌법규범을 개폐하는 힘을 가지지 않는다고 설명함에 따라서 경성의 성문헌법의 논리와의 조화를 이루고 있기 때문이다.[29]

예컨대 우리 헌법상 국회의 국무총리, 국무위원 해임건의 권한의 효력, 즉 대통령에 대한 구속력에 관한 논란은 이러한 습률 정도의 것으로 보는 것이 가장 적절하지 않을까 생각된다.

3) 성문헌법에 배치되는 관습헌법

위헌의 헌법관습이 습률을 거쳐서 더욱 발전하면 완전한 의미에서의 법으로 되는 단계를 생각할 수 있다. 이 단계의 것을 관습헌법이라고 할 것인데 성문헌법에 배치되는 내용의 이러한 관습헌법은 인정될 수 있을 것인지 문제가 된다.

이 문제는 사실은 일반에게 관습법이 성문법을 개폐할 힘을 가지는가라는 법철학상의 기본문제를 헌법의 영역에서 묻고 있는 것이라고 하겠다. 따라서 관습법의 성문법개폐력을 일반적으로 용인할 것인가 말 것인가에 대응하여 헌법관습법에 의해 성문헌법규범의 개폐력의 인정여부도 결정되는 것이다.[30]

---

29) 川添利幸, 前揭 論文, 21面.

30) 이 점에 관하여 일반 관습법의 이론을 관습헌법을 논함에 있어서 그대로 적용하는데 부정적인 견해도 있다. 川添利幸, 전게 논문, 22面 참조. 여기에서 川添교수는 다음과 같이 주장하고 있다.
'이러한 생각(일반 관습법적 이론)을 헌법의 영역에 직접 적용할 수는 없다. 예를 들어 그러한 실효성을 가진 관습규범의 적용을 받는 점을 보더라도 사법의 영역에서는 민중임에 반해 헌법의 경우는 반드시 민중으로는 한정하지 않는다. 오히려 국가기관인 경우가 보통이다. 한편 사법의 경우는 재판소의 판결에 따른 관습법의 승인을 관습법 성립의 목표로 할 수 있지만, 헌법의 경우는 위헌심사제가 인정되고 있는 법제의 아래에서도 헌법규범 모두가 소송에 익숙한 것은 아니고, 또한 그 판결에 의한 헌법

판단컨대 이 문제에 접근하는 방법론으로는 두 가지가 있을 수 있다고 생각된다. 그 하나는 이를 관습헌법의 효력론의 측면에서만 고찰하여 새로 생성된 관습헌법의 효력은 이에 배치되는 성문헌법을 실효시키는 것인지 여부를 판단하는 방법이고, 다른 하나는 관습헌법의 효력론에 성문헌법의 변천론을 가미하여 고찰함으로써 먼저 성문헌법이 헌법변천에 의하여 그 내용이 폐지되고 다시 이를 보충하는 관습헌법의 존재를 인정하는 두 단계에 의하여 판단하는 방법이다.[31] 이 중 두 번째의 방법은 사실은 관습헌법의 성문헌법 개폐력을 인정하지 아니하는 사고방식과 통한다고도 할 수 있다. 그러나 관습헌법이 생성되어 성문헌법이 실효된다면 이는 성문헌법을 기준으로 하여 보면 헌법의 변천에 해당하는 것은 사실이므로 여기서 관습헌법의 생성과 성문헌법의 변천은 동전의 양면과 같은 관계에 있다고 할 수 있다. 따라서 엄밀히 논리적으로 말하자면 관습헌법의 생성과 그 효력론만으로 판단하는 것이 족하며 여기서 두 가지의 요건을 논할 필요는 없다고 여겨지지만, 이러한 양면적 판단은 성문헌법주의의 관철이라는 무시할 수 없는 장점을 가지고 있다고 생각된다. 따라서 이하에서는 성문헌법의 변천에 의한 소멸과 관습헌법의 성립이라는 양 요건에 의하여 일응 살펴 보기로 한다.

① 성문헌법규범의 고사(枯死)

여기서 고사(désuétude)라고 하는 것은 성문헌법규범의 실효성을 완전히 잃어버리는 것을 말한다. 여기서 실효성의 상실에 있어서는 두 개의 경우를 구별할 수 있다.[32] 그 하나는 성문규범의 내용은 불합리한 것이 아니지만, 국가권력이 그것을 준수하지 않거나 또는 내용을 강제하지도 않기 때문에 실효성을 상실한 경우이다. 그것은 소위 국가권력의 위헌행위의 반복·계속에 기인하는 실효성의 상실이라고 볼 수 있다. 이것도 일종의 실효성의 상실이라고 하겠지만 엄격한 의미에서 실효성이 완전

의 변천이라는 것도 일어날 수 있는 것이다. 이를 고려할 때 관습법에 의한 성문법의 개폐를 인정하는 일반이론을 헌법의 영역에 기계적으로 대입하는 것은 경계하지 않으면 아니될 것이다. 그러나 그럼에도 불구하고 양자는 문제의 본질에서 공통의 것을 가지고 있다고 생각한다. 따라서 적어도 이론상은 헌법관습법에 의한 성문헌법규범의 개폐라는 것이 있을 수 있다고 하지 않을 수 없는 것이다.'

31) '헌법의 변천(Verfassungswandlung)'이란 헌법의 문언이 변경되지 아니하였음에도 불구하고 헌법이 개정된 것과 같은 상태가 되는 것을 말한다. 헌법의 변천은 헌법문언의 변경을 수반하지 않는 점에서 헌법의 개정(Verfassungsänderung)과 구별되고 또 헌법이 예견하지 않았다는 점에서 헌법의 정지(Verfassungssuspension)와 구별된다.

32) 川添利幸, 전게 논문, 22面 참조.

히 상실되었다고는 말할 수 없을 것이다. 만약 이러한 의미에서 성문법규가 고사한다면 국가권력의 자의를 규제하려 하는 성문헌법의 규범적 성격은 인정할 수 없게 되어버리는 결과가 된다. 이에 반해, 실효성 상실의 다른 하나의 경우는 그 원인이 국가권력의 위헌적 의사에 있다는 것이 아니라, 그 성문규범의 내용의 불합리성에 있는 것으로 엄격한 의미에서 완전히 실효성을 잃어버리는 것을 들 수 있다.[33]

② 헌법관습법의 성립

일반적으로 관습법이 성립하기 위해서는 ① 선례의 존재 ② 법적 확신이 형성되어 있을 것의 요건을 들지만 헌법관습법에 대해서도 그 점은 같다. 선례의 존재는 객관적인 기준이라고 하더라도 법적확신의 성립이라는 요건은 객관적으로 파악하기 어려운 기준일 뿐만 아니라 그것이 승인할 수 있는 경우라는 것은 극히 희소할 것은 사실이나 그렇다고 하여 이러한 헌법적 사례가 있을 수 없다고 하기는 곤란하다.

3. 관습헌법의 내용적 특징에 따른 분류

관습헌법의 내용은 헌법유보사항이며, 관습헌법의 내용이 될 수 있는 헌법유보사항에는 국가목적과 국가구조의 결정, 국가상징성의 결정, 국가기관간의 국가권력의 분립, 국민과 국가의 관계의 설정에 관한 기본적 사항들이 해당한다. 이러한 헌법유보사항은 ① 국가의 기본구조와 상징에 관한 결단사항, ② 국가기관 상호간의 관계에 관한 사항 ③ 국민과 국가간의 관계에 관한 사항으로 대별해 볼 수 있다고 생각된다. 이하에서는 이러한 분류에 따라 살펴보기로 한다.

---

33) 川添교수는 이와 같은 '완전한 실효성 상실'에 해당되는 사례로서 다음과 같은 예들을 들고 있다. ① 1871년 독일제국헌법 제13조가 연방참사회는 매년 소집된다고 규정하고 있는 것이다. 그것은 시대가 나아감에 따라 그일의 양 때문에 상설의 회의로 되지 않을 수 없게 된 것이다. ② 그 같은 경우는, 영국헌법에서 3년회기법에 대해서도 그러하다. 이 법률이 3년에 한번 개회하면 좋다고 정하고 있음에도 불구하고 실제는 매년 적어도 1회는 소집하지 않을 수 없게 되어 버렸기 때문이다. ③ 또한 프랑스 제4공화제의 헌법 제13조가 명문으로 입법의 위임을 금지하고 있지만, 사항의 성질상 이를 엄격하게 준수하는 것이 곤란하기 때문에 예외가 인정되어 버린 것도 적절한 예라고는 말할 수 없지만, 관계가 있는 것으로 들 수 있을 것이다. ④ 한편 유명한 미국헌법의 「州際통상」에 대한 연방의 권한이 그 「통상」 개념의 이상한 확대에 따라 시대의 진보에 적합하도록 한 것도 넓은 의미에서 이러한 경우의 하나라고 생각할 수 있다. 川添利幸, 前揭 論文, 22面.

(1) 국가구조와 상징에 관한 기본적 결단사항

이러한 내용에 속하는 것으로 가장 잘 인용되는 것은 국가를 상징하는 국기(國旗)와 국가(國歌) 및 국가문양이다. 그리고 수도의 설정이나 이전에 관한 사항도 여기에 해당할 것이다. 수도의 설정은 국가상징의 하나라는 점 외에도 국가의 기본적 조직에 관련된 사항이라는 복합적 의미를 가지고 있다고 생각된다. 또한 국가생활의 가장 근본적인 문제의 하나로서 국어 내지 공용어를 정하는 것이 있다. 우리나라와 같은 단일 언어를 사용하는 단일민족국가에서는 국어를 한국어로 하는 것이 자명한 것이지만 언어가 다양하게 사용되는 다민족 국가의 경우는 공용어의 설정이 헌법제정시부터 중요한 국민적 결단사항이 될 것이다. 국가구조와 상징에 관련한 이러한 내용은 원래 헌법제정시에 헌법제정자가 확정하여 헌법전에 명시하여야 하는 사항이겠으나, 너무나 자명하여 굳이 헌법전에 수록할 필요가 없거나,[34] 이를 헌법전에 싣는 것이 언어기술적으로 적합하지 아니하거나,[35] 혹은 그 나라의 정치적 사회적 상황에 의하여 이러한 국가적 상징을 헌법전에 명시적으로 넣어두는 것이 적절하지 못하거나 한 경우에는 헌법전에 싣지 않게 된다. 이러한 경우에 이 영역에서 관습헌법의 존재가 확인될 소지는 높아지게 될 것이다.

(2) 국가기관 간의 상호간의 관계에 관한 사항

입헌국가에서 보통 최고의 헌법기관으로서 의회 - 단원제 의회이든 양원제 의회이든 모두 포함한다.-와 대통령, 정부 및 최고법원이 존재한다. 그런데 그 중 특히 의회와 대통령 혹은 정부 상호간의 관계는 정부형태를 정하는 결정적 요소가 되는 것이지만, 이를 떠나서 보더라도 언제나 그 국가의 권력구조를 특징짓는 중요한 의미를

---

34) 헌법전에는 비록 헌법사항이라고 하더라도 헌법제정자나 국민의 입장에서 너무나 자명한 기본적 사항은 싣지 아니하는 경향이 있다. Wolff, aaO., S. 404.

35) 이는 국기나 국가를 헌법전에 싣는 점에 관하여 생각해 보면 드러나는 일이다. 독일의 경우에는 국기의 사항은 헌법전에서 정하였는데 이는 독일의 국기가 삼색기로서 색깔에 의하여 쉽게 기술될 수 있는 점도 고려되었을 것이다. 우리나라의 경우 태극기는 이를 언어적으로 표현하기가 쉽지 아니하고 결국 헌법전에 넣는다면 이를 그려서 넣을 수 밖에 없을 것이다. 그러나 이와 같은 것은 국가의 기본사항을 간결하고 함축성있는 단어로 표현하여야 하는 헌법전에 수록하기에 적합하지 않다. 그러나 이러한 모든 상황에도 불구하고 국기나 국가의 문제는 국가의 기본적 상징에 관한 것으로서 헌법사항에는 해당한다고 보아야 할 것이다.

가지고 있다. 여기서 여러 헌법기관 특히 의회와 정부간의 사이에 생성되는 권력관계
는 기본적으로 헌법이 정한 바에 따를 것이지만 그 헌법의 운용에 따라 반드시 고정
되어 있지는 아니하고 변화할 수 있는 것이다. 이러한 측면에서 국가기관 상호간의
관계에 관한 사항에서도 관습헌법의 생성을 발견할 수 있게 된다.

성문의 경성헌법국가에서 거의 대부분의 관습헌법사항은 이 분야에서 집중하여
발달할 것으로 생각된다. 왜냐하면 최고 국가기관 간의 권력적 관계는 항상 변화하는
것이며 경성헌법하에서 헌법제정자나 헌법개정자는 이와 같은 현실의 흐름을 그때
그때 적시에 헌법전에 반영해 나가기는 곤란하기 때문이다. 시대에 뒤떨어지거나 헌
법현실의 변화로 흠결이 생긴 사항에 대하여는 이러한 권력기관 간의 관행의 축적과
법적 구속력의 생성에 의하여 관습헌법으로의 발전이 이루어지게 된다.

이와 같은 유형의 관습헌법이 생성된 실례로서는 제3공화국 시대의 프랑스의 의
회제도를 대표적으로 들 수 있다. 프랑스 제3공화국은 헌법의 명문 조항상으로는 대
통령중심제였지만 실제로는 내각책임제로 운용되었다.[36] 제3공화국 시대 내내 '국무
총리(Président du conseil des ministres)'의 제도가 사실상 존재하였는데 이는 제3공화
국이 끝나고 1946년 헌법이 제정되었을 때에야 동 헌법에 명문화되었다. 또 제3공화
국 시대에 헌법규정의 내용을 초월한 데크레르와(décret-loi)의 관례가 확립되었는데
이는 제4공화국 때에도 계속되었다가 제5공화국에서 헌법규정에 명문화되었다.

또한 1958년에 제정된 프랑스의 현행 헌법에 규정된 대통령제의 기능도 운용상
성문의 내용에서 크게 벗어나고 있다. 여기서 국가원수에게 부여된 역할은 정부에게
국가의 정치를 결정하고 이끌어나갈 임무를 부여한 헌법 제20조를 실효케 하였으며,
제5공화국 출범이후 대통령에 의한 총리의 해임권이 사실상 행사될 수 없는 것이 되
었는데 이는 헌법규정을 관습법에 의하여 변형시킨 사례에 해당하는 것이다.[37]

(3) 국민과 국가간의 관계에 관한 사항

국민과 국가의 관계에 관한 사항 중 가장 중요한 것은 역시 기본권의 범위와 한
계의 문제일 것이다. 이 분야에서는 다수의 헌법원칙들이 헌법전상의 명문의 규정이
없이 통용되고 있다. 예컨대 자기책임의 원칙이나 무죄추정의 원칙 혹은 정보에 대한

---

36) Capitant, op. cit., p. 967.
37) Benoit Jeanneau, Droit constitutionnel et institutions politiques, 1987, p. 84.

자기결정권 등도 이러한 명문의 규정이 없이 통용되는 관습헌법이라고 할 수 있으며, 헌법재판에 있어서 자주 활용되는 비례의 원칙이나 명확성의 원칙 등도 엄밀히 보면 불문의 헌법사항으로서 관습에 의하여 굳어진 관습헌법의 일부를 이룬다고 할 수 있다.[38] 또한 이와 같은 기본권에 관련된 사항이 아니라고 하더라도 국가기관의 담당자의 선출, 즉 공직선거와 관련된 문제는 이 영역에 속하는 것이고 여기서도 관습헌법의 발전은 이루어질 수 있다.

이러한 유형의 헌법관습이 생성된 실례를 들자면, 미국의 대통령 선거에 있어서 선거인단이 특정의 후보자에 대하여 투표를 하여야 할 의무를 가지는 강제위임의 관행에서 나타나는 사실상 직접선거에로의 변형이 이루어져 있는 것이나, 조지 와싱턴이 도입한 '대통령의 재선까지만의 허용' 제도가 프랑클린 루즈벨트의 예외가 발생할 때까지 유지되었던 것 등을 거론할 수 있다.[39] 다만 후자의 제도는 프랑클린 루즈벨트의 4회에 걸친 대통령직 수행이 있고 난 후 헌법개정에 의하여 명문의 조항으로 명확히 규정됨으로써 동 관습헌법은 성문헌법으로 변모하였다.[40]

V. 우리나라에서의 헌법관습 사례의 구체적 가능성

우리나라의 헌법규범체제와 헌법의 현실에서 어떠한 사항들에 대하여 관습헌법성을 인정할 수 있겠는가 하는 점을 살펴보기로 한다. 이를 고찰하기 위하여 편의상 제정헌법 선행적 관습헌법의 성격을 가지는 것과 제정헌법 후행적 관습헌법의 성격을 가지는 것을 구분하여 보기로 한다. 필자가 생각하기로는, 제정헌법선행적인 것으로서는 우리나라의 국가 정체성과 상징성에 관련된 헌법사항으로서 국기나 국가의 문제와 국어를 한국어로 한 것 및 수도의 설정에 관한 문제가 모두 이와 같은 관습법적으로 해결된 것이라고 생각된다. 또한 제정헌법 후적 헌법관습으로서는 우리나라의

---

38) Wolff, aaO, S. 449.
39) Jeanneau, op. cit., p. 84.
40) 미국 수정헌법 제22조(1951년): 누구든지 2회보다 많이 대통령직에 선출될 수 없으며, 누구든지 타인이 대통령으로 당선된 임기중 2년 이상 대통령직에 있었거나 대통령 직무를 대행한 자는 1회보다 많이 대통령직에 당선될 수 없다. 다만, 본조는 연방의회가 이를 발의하였을 때에 대통령직에 있는 자에게는 적용되지 아니하며, 또 본조가 효력을 발생하는 동안 대통령직에 있거나 대통령직무를 대행하고 있는 자가 잔여임기중 대통령직에 있거나 대통령 직무를 대행하는 것을 방지하지 아니한다.

여러 가지의 헌법적 관례가 여기에서 문제될 수 있겠고 필자가 생각하지 못한 부분도 있겠으나, 가장 중요한 것으로는 우리 헌법상 북한이 가지는 지위와 남북한간의 합의서의 처리에 관한 사항, 조약 체결에 있어서 외교당국에 의하여 관례화되어 있는 소위 '고시류 조약'의 존재, 그리고 국회의 국무위원에 대한 해임건의의 대통령에 대한 구속력, 소위 국무총리 서리의 문제 등이 이 유형으로 문제될 수 있다고 생각한다. 이하에서 각 주제별로 이를 검토해 보기로 한다.

1. 제정헌법 선행적 헌법관습

(1) 우리나라의 국어를 한국어로 하는 것

우리나라의 국어가 한국어인 점은 너무나 자명한 사실이어서 이를 굳이 규범화할 필요가 없을 것이다. 그러나 일제 시대와 같은 외세의 점령기에 한국어의 사용을 제한당한 실례도 없지 않기 때문에 이와 같은 내용이 헌법적으로 어떤 의미를 가질 것인지는 생각해 볼 가치가 있다고 본다. 여기서 국가의 기본을 구성하는 사항으로 이론의 여지가 없이 자명한 것은 헌법제정자가 헌법을 만들 당시 비록 명문의 조항을 넣지는 아니하였어도 이를 헌법적으로 규율하고 확정할 의사가 분명히 있었다고 볼 경우가 있다는 점이다. 이 경우에는 비록 명문의 규정이 없으나 헌법의 일부로서 존재하는 것으로 간주하여 판단할 수 있을 것이다. 즉 '헌법에 의하여 규율하는 것이나, 헌법전에 명문의 조항을 넣지는 아니한다(gesetzt aber nicht geschrieben)'는 것이다.[41] 따라서 이러한 자명한 사항은 그것이 헌법의 일부가 되는 불문헌법사항으로 인정하는데 있어서는 관습헌법의 힘을 빌 필요가 없으며, 관습헌법의 요건에 해당되는지 여부는 따져볼 필요도 없다는 것이다. 이와 같은 '자명한 사항'에 해당하는 것에는 우리나라의 국어가 한국어라는 점을 가장 쉽게 들 수 있을 것으로 생각한다.

그러나 이와 같이 헌법적으로 자명한 사실로서 명문의 조항이 없더라도 당연히 불문헌법사항에 포함된다고 하는 해석은 성문헌법주의에 극단적으로 배치되는 것으로서 언뜻 이해하기 어려운 면을 가지고 있다. 헌법규정에 없는 것을 마치 헌법규정에 있는 것과 같이 본다는 것은 이러한 방법이 남용될 경우 헌법규범의 안정성과 명

---

41) Wolff, aaO, S. 404.

확성을 크게 해칠 우려가 있기 때문이다. 따라서 너무나 명백한 것이기 때문에 명문의 조항없이 불문의 헌법사항에 포함되는 것처럼 보이는 것도 역시 관습헌법의 요건에 비추어 이를 심사하여 관습헌법성이 인정되는 경우에만 헌법규범으로 해당한다고 보는 것이 합당하고 무난할 것이다.

그렇다면 우리나라에서 통용되는 언어가 한국어이고 다른 어떤 언어도 통용되고 있지 아니하므로 우리의 공용어가 한국어인 점은 헌법상 조항의 설치가 필요없는 자명한 사실일 뿐만 아니라, 헌법제정 이전부터 지속되어 내려오는 우리 민족의 본질적 특성이며 오랜 습관으로서, 국민들로부터 이 점에 대한 공통의 합의가 확고히 존재한다고 할 것이므로 이는 관습헌법에 해당하여 우리 헌법규범의 일부를 이룬다고 봄이 타당하다고 하겠다.

(2) 국기와 국가의 결정

국기와 국가는 가장 전형적인 국가상징이다. 우선 이러한 국가상징을 결정하는 것은 역시 국가의 정체성에 관련된 것으로서 중요한 헌법사항에 해당한다. 그러나 이러한 국가상징의 사항은 각국의 헌법을 보더라도 반드시 헌법전에 필요적으로 넣어두고 있는 것은 아니다. 우리나라의 경우에도 이와 같은 사항을 헌법전에 수록하고 있지 않다.

판단컨대 이러한 사항은 반드시 헌법전에 들어가야 할 것도 아니지만 정부가 국민의 동의없이 임의로 정할 수 있는 사항도 아니다. 국가와 국민의 상징에 해당하는 사항을 결정하는데 있어서는 전 국민적 의견수렴과 승인이 반드시 필요하다고 보는 것이 국민주권의 헌법원칙에 합당하다고 하겠다. 따라서 이 사항들은 헌법제정자가 헌법을 만들 때에 이를 헌법전에 넣는 방식으로 결정하든지(헌법유보의 방식) 아니면 적어도 국민의 대표자인 의회에서 국민의 의견을 수렴한 결의에 의하여 결정할 사항(의회유보의 방식)이라고 하겠다. 또한 제3의 방법으로 국민투표에 의하여 결정할 수 있음은 물론이다(민중유보의 방식).

이와 같이 헌법에 의하여 명확한 방식으로 결정이 되는 것이 바람직하지만 그렇지 못한 경우라고 하여도 그 헌법적 함의를 무조건 부인할 것은 아니다. 헌법에 규정이 없고, 국회의 결정으로 명확히 되지도 못하였으며, 또 이 사항들을 국민들이 직접 결정하기 위한 국민투표도 실시된 바가 없는 경우에는 다시 헌법관습에 의하여 확정된 것은 아닌지 살펴 보아야 할 것이다. 이러한 국기나 국가에 대한 헌법관습이 인정되는 경우에는 불문의 헌법에 의하여 결정된 사항이 될 것이다. 즉 비록 헌법전에 규정은 없지만, 헌법제정자가 헌법제정 당시에 직접 결정한 사항으로 보게 되는 것이다. 우리나라의 경우 국기가 태극기이고, 국가가 애국가인 것은 헌법전에 없을 뿐만 아니라 특별히 국회의 결의에 의하여 그렇게 된 것도 아니므로 관습헌법성 여부를 따져볼 필요가 있다고 본다.[42]

판단건대 태극기와 애국가에 관한 사항은 건국 당시는 물론 일제 강점기부터 우리나라를 상징하기 위하여 널리 사용되고 그 상징성과 대표성이 인정된 것으로서 이제는 어떠한 명문의 근거가 없이도 국민들이 법적으로 공통된 견해에 도달한 사항이라고 생각된다. 따라서 이 사항들에 대하여서는 불문의 관습헌법성이 인정되어야 마땅하다.

(3) 수도의 결정

수도의 문제는 국가의 기본적 조직의 장소적 구성을 의미하며 이는 그 정치적 공동체의 정체성에 관한 중요사항이 된다고 할 것이다. 여기서 정체성이란 그 국민이나 민족의 역사와 경험, 문화, 정치와 경제, 권력문제와 국가의 정신적 상징 같은 것들로서 나타나는 그 국가와 국민의 자기표현이다.[43] 따라서 수도의 문제는 중요한 헌법사항의 하나가 된다고 할 것이고 앞서 본 '헌법유보'나 적어도 '민중유보'의 방식에 의하여 결정되어야 할 사항이라고 생각된다.

그런데 특히 우리나라의 경우 '수도를 서울에 둔다'고 하는 점, 즉 '우리나라의 수도는 서울'이라고 하는 점은 오랜 역사를 통하여 계속되어 온 국가조직에 관한 명료한 사항에 해당한다.[44] 서울은 임진왜란, 병자호란 혹은 6·25전쟁 등의 국난이 있었던 시절이나 일제시대와 같이 국권을 상실한 시기에도 우리 민족의 수도로서의 상징

---

42) 태극기에 관한 사항은 대통령령인 대한민국국기에관한규정에서 상세히 규율하고 있으나 이는 국가상징에 관한 문제로서 동 규정은 헌법사항을 확인하고 있는 것일뿐 이 규정에 의하여 우리나라의 국기가 태극기인 것으로 결단된 것이라고 할 수 없다.
43) Peter Häberle, Die Hauptstadtfrage als Verfassungsproblem, DöV, 1990. 12. S. 989; Manfred Wochner, Hauptstadt als Rechtsbegriff, ZRP, 1991, S. 207.
44) 이것을 보통 '우리나라의 수도는 서울이다.'라는 말로 알기 쉽게 풀어서 말할 수 있고 각국의 헌법규정도 '수도는 …이다.'라고 일반적으로 표현한다. 그러나 그 의미는 어디까지나 국가의 장소적 구성에 있어 어느 지역에 수도를 둔다(설치한다)는 의미이므로 이는 단지 사실을 서술하고 있는 것이 아니라 국민적·헌법적 결단을 담고 있는 가치판단에 해당한다.

성을 상실하지 아니하였다. 또한 제헌헌법의 시행 이후에도 비록 헌법전에 명문화하지 아니하였지만 법률의 차원에서 서울은 수도인 것을 당연히 전제로 하여 행정상 특수한 지위를 가지는 것을 정하는 입법을 시행하여 왔다. 이러한 역사적 사실과 수도 서울에 대한 국민적 인식을 고려할 때 우리 헌법상 '대한민국의 수도는 서울에 둔다'고 하는 점은 헌법상 자명하고 헌법에 전제된 사항으로서 관습헌법으로 확고히 정립된 헌법사항이라고 할 것이다.

그렇다면 우리 헌법상 수도의 문제는 관습헌법으로서 이미 위 '헌법유보'의 방식에 의하여 해결된 것이라고 보아야 할 것이다. 즉 우리 헌법상 수도의 문제는 비록 헌법전에 명문화하지는 아니하였으나 민중유보 혹은 의회유보의 방식으로 해결된 것이 아니며, 헌법적 관습규범의 형태로 결정됨으로써 '헌법유보'의 한 방식으로 헌법의 차원에서 해결되어 있다고 하겠다.[45]

2. 제정헌법 후행적 헌법관습

(1) 북한의 헌법적 지위와 북한과의 합의의 구속력

우리 헌법 제3조는 '대한민국의 영토는 한반도와 그 부속도서로 한다.'라고 규정하고 있으므로 대한민국은 한반도에서 유일한 국가가 되는 것을 분명히 하고 있다. 따라서 한반도의 북부지역을 영토로 차지하면서 국가로서 존재하고 있는 북한은 우리 헌법상 국가가 될 수 없다. 비록 헌법 제4조가 '대한민국은 평화통일을 지향하며, 자유민주적 기본질서에 입각한 평화적 통일정책을 수립하고 이를 추진한다.'고 하고 있더라도 이러한 평화통일의 요구만으로는 북한의 국가성을 부정하는 위와 같은 우리

---

45) 독일의 경우를 보면, 독일은 1990. 10. 3. 동서독이 통일되면서 새로이 통일독일의 수도를 정할 필요가 생겼는바, 통일독일의 수도는 베를린으로 함을 동서독 통일조약에 명시하였다(통일조약 제2조 제1항). 그런데 동 통일조약은 명칭상 조약(Einigungsvertrag)이라고 하였으나 일반적 국제조약과는 다른 특징을 가지고 있다. 동 조약은 그 내용에 기본법 조항의 다수가 폐지되거나 개정되는 내용을 담고 있어서 동 조약의 발효에 의하여 독일의 헌법이 개정되는 효과를 수반하였다. 따라서 독일의 의회는 동 조약의 승인절차를 일반의 국제조약의 통과 시에 요구되는 재적의원 과반수에 의하지 아니하고 헌법개정절차에 해당하는 재적 의원 3분의 2 이상의 찬성을 받아 통과시켰다(BVerfGE 82, 316, 320f). 이와 같이 독일의 통일조약은 적어도 그 본문은 법률에 상응하는 내용을 가진 것이 아니며 헌법개정의 내용을 담은 소위 헌법조약(Verfassungsvertrag)인 것이다(Klaus Stern, Einigungsvertrag, S. 39. 참조). 그리고 통일독일의 수도조항은 이 헌법조약으로서의 통일조약 본문의 선두조항에 담겨져 있는 것이다. 이러한 사정을 고려하면 통일독일은 그 수도의 설정을 헌법규범 속에 담고 있다고 평가하는 것이 정확하다. Häberle, aaO., S. 999. 참조.

헌법의 입장에 변화를 가져올 수는 없는 것이다.

그런데 현재의 헌법현실은 북한이 국제사회에서 사실상 국가로 활동하는 것을 인정하고 있으며, 나아가 북한체제와 협상하고 마치 국제조약과 같은 성격의 합의를 체결하는 것이 관례화되어 있다. 이러한 관행은 다 방면의 남북한 협상이 진행됨과 아울러 예외적인 수준을 넘어서 일반화되어 있으며, 일부 남북한간의 합의서는 조약에 준하는 것으로 국회의 동의절차까지 이행된 바가 있다.

그렇다면 이러한 북한의 국가성의 인정, 통일을 위하여 정부의 협상 상대방으로서 북한정부 당국의 인정 및 남북한간의 합의에 준조약성을 부여하는 것 등은 우리의 헌법규정에 반하는 내용이기는 하지만 우리 헌법의 현실에서 법적 구속력이 있는 관습법으로 확립된 것으로 보기에 충분한 상황에 이르렀다고 사료된다. 이는 내용상 우리나라의 영토의 통일성 내지 국가성의 기본적 사항에 대한 변경에 해당하므로 당연히 헌법유보사항이 되어야 하는 것이다. 따라서 북한의 우리 헌법상 지위의 변화와 남북한 합의의 준조약성의 인정은 새로 확립된 관습헌법사항에 해당한다고 할 것이다.

(2) 고시류 조약

헌법 제6조 제1항은 헌법에 의하여 체결·공포된 조약은 국내법과 같은 효력을 가진다고 하고 있고, 헌법 제60조 제1항은 국회는 상호원조 또는 안전보장에 관한 조약, 중요한 국제조직에 관한 조약, 우호통상항해조약, 주권의 제약에 관한 조약, 강화조약, 국가나 국민에게 중대한 재정적 부담을 지우는 조약 또는 입법사항에 관한 조약의 체결·비준에 대한 동의권을 가진다고 규정하고 있으며, 헌법 제73조는 대통령에게 조약체결권을 부여하고 있고, 헌법 제89조 제3호는 조약안은 국무회의의 심의를 거치도록 규정하고 있다. 조약에 관련한 우리 헌법조항의 이와 같은 내용을 볼 때 우리 헌법은 조약을 두 가지 형태의 것으로만 분류하고 있다고 할 수 있다. 즉, 우리 헌법상 조약은 헌법 제60조 제1항에 따라 국회의 동의를 받아야 하는 조약('同意條約'이라고 칭할 수 있다)과 동 조항의 요건에는 해당하지 아니하여 국회의 동의를 받을 것을 필요로 하지 아니하고 다만 국무회의의 심의를 거쳐 대통령이 비준(혹은 비준을 필요로 하지 아니하는 경우에는 단지 裁可)하고 이를 공포만 하면 되는 조약('非同意條約'이라고 칭할 수 있다)으로 나누고 있는 것이다. 그러나 외교통상부의 실무 관행상으로는 소위 '告示類條約'이 존재하고 있다. 이는 헌법상 요구되는 조약 체결·발효의

절차를 거치지 아니하고 외교통상부 장관의 전결로 체결하는 조약을 말한다.[46]

이와 같은 고시류조약은 우리 헌법상 어떻게 평가되어야 할 것인가. 판단컨대, 국민주권과 법치주의에서 나오는 법치행정의 원칙은 우리 헌법의 기본원리이며, 이는 외교행정분야에서의 국가권력의 행사에 있어서도 당연히 준수되어야 한다. 또 앞서 본 헌법조항들의 내용을 볼 때 국무회의 심의와 대통령의 체결행위를 거치지 아니하고 외교통상부 장관이 전결로 처리하는 조약의 형태는 우리 헌법상의 명문 조항에 반하므로 일단 허용될 수 없는 것으로 보인다.

그러나 비록 개념상 조약에 해당하는 것이라도 극히 실무적 차원의 조약은 외교행정의 능률을 위하여 위 헌법조항의 요구에도 불구하고 이를 간편한 절차에 의하여 처리하는 것은 합리성이 있을 뿐만 아니라, 오랜 관례의 집적에 의하여 그와 같은 관행이 확립된 법원칙으로 인정되는 단계에 이르렀다면 이는 실정헌법조항에 위배되어 위헌적인 것이라고 판단하기보다 관습헌법사항으로 정립된 것이어서 합헌성이 인정된다고 보는 것이 정당하다고 사료된다. 참고로 독일의 경우에도 헌법의 근거없이 이와 같이 정부 독자적으로 체결하는 조약의 범주가 존재하고 있다.[47] 이와 같은 고시

---

46) 외교통상부 발간 업무처리지침에서는 이 고시류조약을 다음과 같이 설명한다(동 지침 55-56면).
'조약에 대한 국가의 기속적 동의 부여를 내부적으로 확정하기 위한 국내절차로는 국무회의의 심의와 대통령의 재가를 요하는 것이 일반적이나, 母條約의 실시·집행을 위하여 그 조약의 규정에 의하여 위임된 범위내에서 보충적으로 체결되는 약정(각서교환의 형식을 취하는 경우가 대부분임) 또는 국제기구에서 채택된 다자조약으로서 그 조약 내용중의 경미한 사항을 기구의 결의를 통하여 수정하는 경우(예컨대, 의사국의 수를 증감하는 따위) 등에는 복잡한 국내절차를 취하는 것이 적당하지 아니하므로 외무부장관이 관계부처와 협의를 거쳐 체결절차를 취하고 그 내용을 관보에 고시할 수 있도록 하고 있다. 아래와 같은 조약들을 실무편의상 고시류조약이라 칭한다.
(1) 이미 체결된 조약에 규정된 내용을 실행하기 위한 집행적 성질의 세부사항에 관한 합의
예: 부산시 하수도 사업에 관한 대한민국 정부와 독일연방공화국정부간의 기술협력을 위한 약정(외무부고시 제1호) 모 협정: 1966년 한·독 기술협력 협정
(2) 조약의 본질적 내용을 변경함이 없이 이를 일부 수정하기 위한 합의
예: 정부간해사자문기구 협약 수정(외무부고시 제11호)
(3) 조약의 유효기간을 단순히 연장하기 위한 합의
예: 1971년 소맥무역 조약의 제5차 연장을 위한 1979년 의정서(외무부고시 제40호)
(4) 수출입상의 쿼터에 관한 합의
예: 대한민국과 오스트리아 정부간의 79년도분 면직물 쿼터협정(외무부고시 제16호)
47) 독일의 경우 헌법에 근거가 없는 소위 '정부협정' 내지 '부처협정'을 살펴보면 아래와 같다.
기본법 제59조 제2항은 조약의 국내변형절차와 관련하여 "연방의 정치적 관계를 규정하거나 연방의 입법사항과 관련을 가지는 조약은 연방법률의 형식으로 하되 그 때마다 연방입법에 관한 권한을 가진 기관의 동의나 참여를 필요로 한다. 행정협정(Verwaltungsabkommen)에 관해서는 연방행정에 관한 조항이 적용된다."고 규정하고 있다. 위 조항 제1문은 소위 동의법률(Zustimmungsgesetz)에 관하여 규정한 것이다. 그런데 모든 조약이 동의법률의 형태에 의하여 국내변형의 절차를 거쳐야 하는 것은

류조약의 존재도 우리 헌법상 나타나는 관습헌법의 한 형태가 된다고 할 것이다.

(3) 국회의 국무위원 해임건의의 구속력

헌법 제63조는 '국회는 국무총리 또는 국무위원의 해임을 대통령에게 건의할 수 있다(제1항). 제1항의 해임건의는 국회 재적의원 3분의 1 이상의 발의에 의하여 국회 재적의원 과반수의 찬성이 있어야 한다(제2항)'고 규정하고 있다.

여기서 헌법은 국회가 해임을 '건의'할 수 있는 것으로 명문화하고 있으므로 이러한 국회의 권한은 그것이 행사되더라도 대통령이 반드시 따라야 하는 구속력을 가지지 아니함이 명확하다. 그럼에도 불구하고 현실의 제도 운용에 있어서는 이러한 해임의 건의가 국회에서 의결되었을 때 대통령은 그 건의를 불가피하게 수용하여 왔다. 즉, 해임건의의 의결에 대하여 구속력이 있는 것으로 이미 통용되고 있는 것이다. 이 점에 관하여는 아직 학설상 그 구속력에 대하여 부정적인 견해도 있고 의견이 나누어지고 있는 상황이므로 아직은 관습법으로 될 만큼의 법적 확신이 정립되어 있지는 아니하다고 평가될 수도 있다. 그러나 아직까지 몇 번의 사례에서 해임건의는 받아들

아니며, 그 대상은 '연방의 정치적 관계를 규율하거나 연방의 입법사항에 관한' 조약에 한정하고 있다. 이는 우리 헌법 제60조 제1항이 국회의 동의를 받아야 하는 조약을 '상호원조 또는 안전보장에 관한 조약, ⋯국가나 국민에게 중대한 재정적 부담을 지우는 조약 또는 입법사항에 관한 조약'으로 한정하고 있는 것과 비교할 수 있다. 양국의 사법기관에 의한 해석상 차이가 있겠지만 그 규정 취지는 유사한 것으로 사료된다. 독일이 동의법률에 의한 국내변형(transformation) 절차를 취하는 반면 우리나라는 국회의 동의를 통한 국내수용(incooperation) 절차를 취하는 차이가 있으나, 독일의 동의법률은 의회에서 그 내용의 일부를 수정하여 통과시킬 수 없고 조약 내용 전체에 대한 가부만 판단할 수 있도록 되어있는 점을 고려하면 실질적으로 우리의 국회동의와 유사하다. 위와 같은 동의법률로 변형하여야 할 요건에 해당하지 아니하는 경우에는 기본법 제59조 제2항 제2문에서 규정한 소위 '행정협정'으로 처리된다. 동의법률의 대상이 되지 아니하는 조약, 즉 행정협정은 행정규칙이나 행정행위의 형태로 규율될 수 있는 대상을 내용으로 삼는 것이다. 이러한 행정협정은 동의법률의 형태로 의회의 관여를 받을 필요는 없지만, 기본법 제59조 제1항 제2문에 의하여 역시 연방대통령의 체결행위에 의하여야 한다. 그리고 이러한 행정협정은 그 내용에 따라 법규명령, 행정규칙, 혹은 행정행위의 발령의 형태로 국내법적으로 변형되어 발효된다.
그러나 실제로 행정협정은 기본법 제59조 제1항 제2문의 내용과는 어긋나게 대통령의 비준없이 연방정부 혹은 관계부처에 의하여 체결되고 있다. 실무상으로는 위 기본법 규정에도 불구하고 새로운 형태의 조약체결이 이루어지고 있으며, 헌법적 근거가 결여된 형태의 이 행정협정은 '정부협정(Regierungsabkommen)'과 '부처협정(Ressortabkommen)'으로 대별되고 있다. 정부협정은 연방정부가 상대국의 정부와 체결하는 것으로서 연방정부가 체약당사자가 되며, 연방정부 대표의 서명과 상대국에 대한 통지에 의하여 발효된다. 부처협정은 관계부처가 체약당사자가 되며, 조약의 내용이 기본법 제65조에 의한 부처간 관할범위를 기준으로 볼 때 어느 특정한 부처에 속하는 경우에 생긴다. 기본법의 규정상으로는 대통령이 모든 조약의 체결권을 가짐에도 불구하고 이를 무시한 이러한 실무는 헌법적으로 문제가 있는 것으로 지적되고 있으나, 실제로 이를 위헌판단한 판례는 발견되지 않는다.

여겨 온 점을 생각하면 관습헌법 직전의 단계인 헌법적 습률(習律) 정도에 해당된다고 봄이 상당할 것으로 사료된다.

(4) 국무총리 서리제도

대통령이 국회의 동의에 앞서 국무총리의 서리를 임명하는 것이 우리 헌정에서 확립된 헌법적 관행으로서 관습헌법사항에 해당되는지 여부에 대하여는 이미 헌법재판소에 그 사건이 제기되어 비록 법정의견은 아니나 소수의견에서 이에 대한 판단이 내려진 바가 있다(헌재 1998. 7. 14. 98헌라1 판례집 10-2, 1, 29-30면 참조).

우리 헌정의 역사를 보면 1972년 헌법개정 이래 1991년까지 총 13회에 걸쳐 국무총리 서리가 임명된 바가 있었다. 그러나 이 제도는 그 동안 정착되었다기보다는 계속 위헌여부가 제기되어 왔고 논란이 심화되어 1991년 이후에는 더 이상 국무총리서리가 임명되지 아니하였다. 따라서 이러한 헌정사를 감안한다면 국무총리서리 제도는 헌법적 습률의 정도에까지 이르렀다고 하기도 어렵고 단지 단순한 위헌행위의 반복에 불과한 것이라고 할 것이다. 위 결정에서 헌법재판소의 소수의견도 이와 같은 견해를 보이고 있다.[48]

---

48) 이에 관련된 헌법재판소의 결정이유 부분(3인의 소수의견)은 다음과 같다.
  '피청구인은 대통령이 국회동의에 앞서 국무총리서리를 임명하는 것은 우리 헌정사에 있어서 확립된 헌법적 관행이고 이 사건 임명처분은 그에 따른 것이어서 적법하다고 주장한다.
  국무총리 임명에 관한 헌법규정의 변천을 살펴보면, 제헌헌법은 대통령이 국무총리를 임명한 후 국회의 승인을 얻도록 규정하고 있었고, 1960. 6. 15. 개정된 제2공화국 헌법에서는 대통령이 민의원의 동의를 얻어 임명하도록 하였으며, 1962. 12. 26. 개정된 제3공화국 헌법에서는 대통령이 국회의 동의나 승인없이 국무총리를 임명하게 하였다. 그러다가 1972. 12. 27. 개정된 이른바 유신헌법에서 다시 국회의 동의를 얻어 임명하도록 규정한 후 현행헌법에 이르기까지 내용의 변경없이 존속되고 있다.
  이와 같이 1972년의 헌법개정 이래 국무총리 임명에 대한 국회의 동의제도가 확립되었다고 할 수 있는데, 이 때부터 1991년까지 총 13회에 걸쳐 국무총리서리가 임명된 바 있었던 것은 사실이다. 그러나 그간에도 국무총리서리 임명에 대하여는 그 위헌여부에 관한 논의가 거듭되어 왔고, 특히 현행헌법이 시행된 이후 그 위헌성에 대한 논란이 더욱 심하여 1991년을 끝으로 그 뒤에는 국무총리서리를 임명하지 아니하게 되었다.
  그렇다면 비록 국무총리서리를 임명하는 헌법적 관행이란 것이 과거에 있었다 하더라도 1991년을 끝으로 그러한 관행은 이미 없어진 것이고, 위에서 밝힌 바와 같이 국무총리서리를 임명하는 것은 헌법의 규정에 명백히 위반되는 정치적 선례에 지나지 아니하므로, 그것이 반복되었다는 점만으로 이를 헌법적 관행이라 하여 헌법의 명문규정에 우선하여 존중할 수 있는 것이 아니다.'

Ⅵ. 관습헌법의 변화

이 문제를 파악하기 위해서는 먼저 성문헌법과 불문헌법 및 경성헌법과 연성헌법의 관계에 관하여 살펴 볼 필요가 있다. 관습헌법을 개념상 포함하는 불문헌법은 일반적으로 두 가지의 의미로 사용되고 있다. 그 하나는 성문헌법에 대비되는 개념으로서 헌법이 헌법전의 형식으로 성문화되지 아니한 채 헌법적 관행의 전체로 성립되는 경우를 말하고 영국·뉴질랜드 등에서 이러한 불문헌법주의를 채택하고 있다. 이러한 불문헌법국가의 유형에 속하는 헌법의 특이한 점은 ① 의회제정법률에 대한 위헌심사권이 존재하지 않는다는 점과 ② 특별한 헌법개정절차가 존재하지 않으므로 개념 필수적으로 연성헌법(軟性憲法)일 수밖에 없다는 점이다.[49] 그런데 불문헌법의 다른 또 한 가지의 의미는 우리나라와 같은 성문헌법주의 국가에서도 헌법의 규정상의 흠결 등 여러 가지의 요인에 의하여 핵심적인 헌법사항이 헌법전에 규율되지 않고 헌법적 관행이나 관습에 의하여 규율될 수 있으므로 이러한 사항에 대하여 일정한 요건을 충족하면 불문헌법을 인정한다는 의미에서의 그것이다.[50] 이러한 불문헌법은 앞서 본 보다 일반적 의미의 불문헌법국가의 불문헌법에 비교하여서는 의미의 폭도 좁은 것이며, 특히 그 효과나 개폐의 문제는 그 제도의 바탕이 되는 성문헌법의 틀 내에서 판단할 수밖에 없는 것이고 그 한도내에서 불문헌법국가의 그것과는 구분이 되지 않을 수 없다. 그런데 특히 여기서 '불문헌법이나 관습헌법의 경우 헌법의 하위에 있는 법률에 의해서도 이를 개정할 수 있다.'는 언급이 문헌에 자주 등장하는 것[51]은 영국과 같이 경성헌법을 가지지 아니한 불문헌법주의 국가에서는 그와 같은 방법으로 헌법이 개정될 수밖에 없다는 사실을 지적하고 있는 것이다. 그런데 이를 잘못 일반화하여 하면 안되며 성문·경성의 헌법국가에서 발생하는 불문헌법사항이 문제되

---

49) 허 영, 한국헌법론, 신정10판, 37면.
50) 예컨대 프랑스 제5공화국의 불문헌법의 인정 및 효력에 관한 논쟁이 이와 같은 의미의 불문헌법을 다루고 있는 것이다. 프랑스 제5공화국은 헌법개정절차를 엄격히 한 경성헌법의 성문헌법을 가지고 있다 (프랑스헌법 제89조는 대통령이 헌법개정안을 발의하면 상하양원에 의하여 가결된 다음 국민투표에 의하여 승인되어야 확정되도록 하고 있다. 이러한 헌법개정의 절차가 법률 제개정의 절차에 비하여 엄격한 것임은 물론이다.).
51) 예컨대 허 영, 전게서, 37면 등.

는 경우에도 적용될 수 있는 의미를 가진 것은 아님을 유의할 필요가 있다. 불문의
헌법사항이 반드시 연성의 헌법이 되지는 아니함은 프랑스 제3공화국 이래 성문헌법
의 체제하에서 많은 관습헌법의 발전을 경험하고 이를 이론화하였던 프랑스의 헌법
학에서는 보편적으로 인정되는 사실이다. 즉 성문헌법이라고 하여도 연성의 것(즉 특
별히 엄격한 헌법개정절차 없이 일반법률로서 헌법을 개정할 수 있는 헌법)이 있을 수
있고, 반대로 불문헌법(즉, 관습헌법)이라고 하여도 경성의 것이 있을 수 있다는 것이
고, 그 역사적 사례들도 적시하고 있다.[52]

성문헌법체제하의 관습헌법사항은 일단 앞서 본 요건을 충족한 이상 헌법규범으
로서 존재하게 되는 것이고 성문의 헌법과 동위관계(同位關係)가 성립하는 것이다.[53]
예컨대 1875년 출범한 프랑스 제3공화국 당시 '1789년의 인권선언'이 관습헌법으로
인정되고 이는 헌법규정과 동위의 효력을 인정받았음은 앞서 본 바와 같다. 따라서
이러한 관습헌법도 헌법으로서 효력을 가지며 헌법재판에서는 재판규범이 될 것이고,
또한 이와 같이 정립된 관습헌법이 변경되는 것은 헌법의 개정절차에 의하여 동 관
습헌법에 배치되는 사항을 직접 헌법에 규정하는 방법에 의하여야 할 것이다. 다만
이와 같이 확립된 관습헌법에 대하여도 이에 배치되는 입법이나 관행이 새로 발생하
고 이러한 사례들이 헌법적으로 문제되어서 폐기되지 아니한 채 묵인되는 상태가 오
래 지속되어 새로운 법적 확신이 생긴다면 이는 당해 관습헌법이 헌법의 변천에 의
하여 폐지되는 결과를 가져올 수 있다고 할 것이다.

그러나 관습헌법은 헌법유보사항을 내용으로 하는 것으로서 성문의 헌법과 동위
(同位)의 국가법인 것이므로 이를 하위의 법률이나 그 이하의 법형식에 의하여 개폐
할 수는 없는 것이다.[54] 다만 현실적으로 하위의 법형식에 의하여 관습의 내용에 반

---

52) 이에 관하여 튀르팽은 다음과 같이 기술하고 있다. "특히 널리 퍼져있는 오류와는 달리, 관습헌법은 반
   드시 연성인 것은 아니다(영국의 예를 일반화할 필요는 없는 것이다.). 또 성문헌법이 필연적으로 경성
   인 것도 아니다. 프랑스의 구제도하에서 왕은 일반법률의 제정자였는데, 왕국의 '기본법(les lois
   fondamentales)'을 수정할 때에는 반드시 삼부회를 소집하여야 하였다. 이와 반대로 1814년과 1830년
   의 헌장은 성문이었지만 연성이었다." Turpin, op. cit., p. 80. 참조; Debbasch, op. cit., p. 81. 및
   George Burdeau, droit constitutionnel, 21. éd. p.75.에서도 불문(관습)헌법이 경성헌법일 수 있다는
   점을 설명하고 있다.
53) 川添利幸, 前揭 論文, 23面; Jacques Chevallier, op. cit., pp. 1377-78.
54) 본기본법주석'에 의하면 기본법 제79조는 '기본법은 오직 기본법의 문귀를 명시적으로 변경하거나 보
   충하는 법률에 의해서만 개정될 수 있다.(제1항) … 이러한 법률은 연방의회 의원 3분의 2와 연방 참
   사원 표수의 3분의 2의 찬성을 필요로 한다.(제2항)'고 정하고 있는 바, 여기서 헌법개정절차의 대상이
   되는 '기본법'에는 성문의 기본법 조항만이 아니라 불문의 내용(ungeschriebene Inhalte)도 포함되며,

하는 사항이 규정되는 상황이 발생한다면 이는 종래까지 유지되어온 관습헌법에 배치되는 새로운 헌법실례가 등장한 것을 의미하며, 동 배치되는 사례가 종래의 관습헌법의 위반을 이유로 위헌임을 공격받아서 폐기되든지(관습헌법의 규범력 유지) 아니면 이러한 사례가 계속 집적됨으로써 종래의 관습헌법의 규범력이 고사(枯死)하든지(헌법의 변천에 의한 관습헌법의 규범력 상실)하는 과정을 밟게 될 것이다. 그러나 이와 같은 관습헌법은 그것도 헌법규범이므로 이를 규범체계상 헌법보다 아래에 위치하는 법률이나 명령, 규칙 등 그밖의 법형식으로 변경될 수는 없고, 관습헌법에 배치되는 그러한 법률 등 헌법하위의 규범은 헌법재판에 의하여 위헌 여부가 문제된다면 관습헌법의 존재가 인정되는 한 헌법위반에 해당하는 것이다. 관습헌법에 배치되는 법률의 제정은 그것이 관습헌법의 내용을 변경하는 효력을 가지는 것일 수 없으며 다만 위헌으로 판단받아 폐기되든지, 아니면 그것은 헌법변천을 위한 하나의 시도로 밖에 평가할 수 없는 것이다.[55]

Ⅶ. 관습헌법론의 결론적 정리

이상에서 고찰한 바를 염두에 두고 이제 관습헌법의 문제가 제기하고 있는 몇 가지 의문에 관하여 결론적으로 정리하여 보기로 한다.

먼저 우리나라와 같은 성문의 경성헌법 체제하에서 관습헌법이 과연 허용 내지 인정될 수 있는가하는 점에 관하여는 이미 대다수의 학설도 인정하고 있듯이 성문헌

여기서 불문의 내용중에는 성문의 기본법의 흠결의 보충을 위한 '헌법적 내용의 관습법의 법규범들 (Rectssätze des Gewohnheitsrechts verfassungsrechtlichen Inhalts)'이 포함된다고 하고 있다. Bonner Kommentar, Art. 79 Abs. 1 u. 2 / April 1986, rdnr 13.

55) 이 점에 관하여 Wolff는 다음과 같이 설명한다.
"어느 법규범이 관습헌법으로 인정된다면 이는 그 개정가능성을 가지게 된다. 성문의 헌법의 경우와 동일한 구속력과 효력을 가지기 때문에 그 법규범은 최소한 기본법 제79조 제2항에 의거한 헌법개정의 방법에 의하여만 개정될 수 있는 것이다. 이 경우 성문헌법의 공포가 선행되어 있기 때문에 기본법 제79조 제1항 제1문에 따른 법률이 기본법에 반드시 추가되어야 할 것이다. 이 경우 관습법적 법규범의 폐지는 성문헌법의 폐지와는 다음과 같은 점에서 구분된다. 성문헌법은 헌법전에서 관계되는 헌법조항을 제거, 즉 삭제함으로써 폐지하는 것이지만 관습헌법은 그에 상반하는 법규범을 집어넣는 것에 의하여만 폐지하게 되는 것이다. 이러한 형식적인 헌법개정 외에도, 관습헌법은 그것을 지탱하고 있는 합의성을 상실함에 의하여 그 법효력을 상실할 수도 있다. 관습헌법의 요건들은 그 성립의 요건일 뿐만 아니라 효력 유지의 요건이며, 그 법규범이 발효중인 헌법으로 인정되는 동안에만 존재하는 것이다. 그 중 하나의 요건이 상실되면 이는 관습법적 성격을 상실하는 것이다." Wolff, aaO., S. 448.

법의 불완전성으로 인하여 관습헌법의 존재가 불가피한 것으로 받아들여지고 있다.

그러나 성문헌법주의를 취하고 있는 우리 헌법의 체계를 감안하여 관습헌법은 그 것이 인정된다고 하더라도 성문의 헌법규정의 흠결을 보충하고 보완하는데에 그치며 이에 반할 수는 없다고 한다. 그러나 앞서 본 실례에 의한 검토에서는 그와 같은 결 론에는 도달할 수 없었다. 실제로 관습헌법이 형성되는 사안은 기존의 조항의 존부 여부에는 전혀 관계없이 발달하는 것이다. 북한이 우리 헌법상의 국가, 즉 대한민국 과 그 정부에 대하여 가지는 지위에 관한 사항이 그러하며(이를 남북한간의 특수관계 라고 표현하기도 한다.), 조약에 관한 파행적 관행인 고시류 조약의 존재사실도 그러하 다. 일반추상적 사고에 의한 이론에 의하면 성문헌법국가주의에서는 관습헌법을 명문 의 헌법조항이 없는 범위 내에서만 인정하여야 타당할 것같지만 실증적 검토는 언제 나 이러한 견해를 실망시키지 않을 수 없는 것이다. 그 이유는 간명하다. 관습헌법은 바로 국민주권의 원리에 의거하여 대다수 국민의 일반적 의사에 의하여 창출되는 것 으로서 국민의 의사는 기존의 헌법조항이 있는지 여부를 고려하여 발현되는 것은 아 니기 때문이다. 즉 관습은 반드시 기존의 헌법조항을 피해가면서만 형성되는 것이 아 니다. 가사 우리 헌법이 아무런 흠결을 가지지 아니하고 시대상황에 아무런 문제없이 언제나 대처할 수 있는 완벽한 것으로 자부할 수 있는 정도의 것이라고 하더라도 우 리 헌법구조하에서 발생하는 관습헌법사항은 기존의 명문의 헌법규정에 배치되는 내 용을 담을 수도 있다는 점을 인정할 수밖에 없다고 생각한다.

혹자에 따라서는 관습헌법의 적용범위가 이와 같이 확대되는 것을 피하기 위하여 그 성립의 요건 중에 실례의 계속 반복이라는 객관적 요소와 국민이 법적 확신이라 는 주관적 요소외에 그 내용의 합리성 내지 정당성이라는 별도의 규범적 요소를 포 함시키고 이를 기준으로 한 검증을 통하여 명문의 규정에 반하는 관습헌법의 생성을 제한하려는 견해도 있는 것으로 생각되지만 그러나 이러한 방법으로도 contra legem 으로서의 관습헌법의 성립을 완전히 배제하기는 어렵다. 또한 위 통설과 같은 이론적 전제 하에서 관습헌법에 의하여 명문의 헌법규정의 효력이 상실되는 점을 기교적으 로 설명하기 위하여 기존의 규정은 헌법변천에 의하여 그 효력이 자연히 소멸 내지 고사되었다고 하면서 헌법관습론에 헌법변천론을 덧붙여 이를 복합적으로 하는 방법 을 취할 수도 있다. 즉 기존의 규정은 헌법변천론에 의하여 소멸되는 것으로 하고, 새로운 관습헌법은 헌법관습론의 틀 내에서 생성되는 것으로 하면 관습과 성문헌법의 충돌은 피하게 된다는 것이다. 그러나 이것은 다소 기교적인 해석이고 역시 본질은 성문헌법에 배치되는 내용의 관습헌법이 생성되었으므로 그 효력이 기존의 성문헌법조항을 폐지시킨 것으로 보는 것이 사안의 실질에 부합하고 간명한 것이라고 생각된다. 결국 관습헌법은 성문헌법 조항의 내용에 배치됨에도 불구하고 효력을 가지는 것임을 부정할 수 없으며 다만 이러한 특성을 감안할 때 그러한 성문헌법개폐적 관습헌법이 문제될 경우 그 성립의 요건은 보다 엄하게 따져보아야만 할 것이다.

특정의 헌법적 쟁점에 대하여 관습헌법의 존재가 확인되는지 여부는 당해 반복계속적인 관행에 대하여 국민적 합의에 의한 구속력이 발생하였다고 볼 것인지 여부를 개개의 구체적인 관계에서 따져 보아서 그 때 그 때 각각 판단할 수 밖에 없다. 그런데 여기에서 관습헌법은 관습법 일반과는 달리 다시 일반법률에 대하여 우위를 가지는 보다 상위의 규범을 말하는 것이고 어떠한 관습에 이러한 강화된 효력을 부여하는 것인지는 명확히 하는 것은 곤란하므로 헌법관습론은 이론상의 논의에 불과하며 사실상 인정이 불가능하다는 견해가 있다.[56] 그러나 앞서 본 바와 같이 헌법관습은 그 대상이 헌법유보사항, 즉 법률로 개정할 수 없고 적어도 헌법개정이 필요한 사항에 한정되어 인정되어야 할 것이므로 이와 같은 구분곤란성은 지나친 우려라고 할 것이다. 또 미국이나 일본과 같이 일반법원의 최고법원이 헌법재판을 행하는 구조에서는 동일한 법원이 일반 관습법과 헌법관습법을 발견할 의무를 동시에 가지고 있으므로 이러한 구분상 혼란의 우려가 있다고 할 것이나, 우리나라의 경우는 헌법의 최

---

56) 川添利幸, 前揭 論文, 23面 여기서 아래와 같이 기술하고 있다.

'관습법에 의한 성문법의 개폐에 관한 일반이론에서는 재판소를 그 인정권자로 할 수 있다. 사회의 법인 관습법이 재판소의 판결이라는 통로를 거쳐 국가의 법이 되고 의회의 입법이라는 형태를 취한 국가의 법과의 사이에 동위 관계가 성립한다.

동위관계라면 전법은 후법에 의해 개폐되기 때문에 관습법에 의한 성분법의 개폐라는 것도 재판소의 판결을 매개로서 가능하다. 관습법에 의한 성문법의 개폐를 일반이론으로서는 이렇게 설명할 수 있었다. 그러나 헌법관습법에 의한 성문헌법규범의 개폐의 경우에는 재판소에 그러한 지위를 인정하는 것은 곤란할 것이다. 이것은 재판소의 판결은 사회의 법인 관습법을 법률과 동위의 국가법으로서 받아들이는 창구로는 될 수 있어도 성문헌법과 동위의 국가법으로서 받아들이는 창구로는 될 수 없기 때문이다. 그것이 성문헌법과 동위라는 것을 나타내기 위해서는 재판소의 판결이 법률의 개정절차보다도 가중된 헌법의 개정절차에 필적할만한 의미를 가진다는 것을 논증하지 않으면 아니된다. 그러나 아마 그것은 불가능할 것이다. 가령 불가능하지 않다고 하더라도 그것에 의해 커버할 수 있는 범위는 재판의 대상으로 될 수 있는 헌법문제에 한정되지 않으면 아니된다. 특히 판결결과에 의한 헌법의 변천에 대해서는 완전히 고려 대상 밖에 있게 되어 버리는 것이다. 그러므로 헌법관습법에 의한 성문헌법의 개폐의 문제는 순수하게 이론상의 가능성의 범위에 머물지 않을 수 없고 요건의 認定者를 제도의 위에서 일반적으로 논의하는 것은 곤란하다고 하지 않을 수 없다.'

종적 해석권은 헌법재판소에 별도로 부여되어 일반관습법의 발견주체라고 할 수 있는 대법원과는 판단주체의 면에서 분리되어 있다. 따라서 우리나라와 같은 헌법재판소제도하에서는 그 관할 구분이 명확함으로 인하여 헌법 유보사항 내지 헌법개정사항을 대상으로 한 헌법관습법을 일반관습법과 구분하여 발견하는 것이 보다 용이하게 되어 있다고 할 것이다. 비록 무엇이 국민의 공통적 견해로서 관습법의 범주에 들 것인지 혹은 무엇이 헌법유보사항으로서 특히 헌법적 관습을 구성할 것인지에 대한 구체적 판단은 용이한 것이 아니나, 이러한 종합적 가치판단은 다른 헌법적 기준에서도 흔히 나타나는 것으로서 반드시 그 발견이 불가능하다거나 곤란하다고 할 것만은 아니다.

이와 같은 관습헌법은 두 가지의 형태로 변모해 나갈 수 있다. 즉 관습헌법도 헌법의 일부로서 성문의 헌법조항과 같은 효력을 가지므로 그 '의식적인 개정'은 반드시 헌법개정절차에 의하여야 할 것이다. 이것은 그 사항이 비록 관습법에 의한 것이지만 헌법유보사항이기 때문에 불가피한 것이다. 그러나 관습헌법도 관습법의 일종이므로 그 구속력에 대한 국민적인 승인이 존재하는 동안에만 존속하는 것이며 이를 상실하였을 때에는 어떤 형태의 다른 규범의 설정과 관계없이 규범력을 상실하고 변화되는 것이다. 따라서 이러한 관습법으로서의 요건을 상실할 때에 '무의식적 수정'이 이루어지게 된다. 이러한 무의식적 규범력의 상실은 이에 반하는 법률의 제정-혹은 그보다 하위의 명령, 규칙의 제정-이라는 모습을 띠면서 나타날 수도 있다. 이러한 경우에 외관상으로는 당해 관습헌법이 이에 배치되는 입법(법률)에 의하여 수정되었다고 말할 수 있게 된다. 그러나 이 경우에도 그 실질은 관습헌법이 존속하기 위하여 필요한 국민적 승인을 상실하였기 때문에 소멸하는 것이며 엄밀히 말하면 법률에 의하여 수정된 것은 아니라고 할 것이다. 관습헌법도 헌법유보사항을 규율하고 있는 헌법의 일부로서 당연히 하위규범인 법률을 구속하며 법률에 의해서는 개정할 수 없다고 보아야 국가법의 위계질서에 부합하는 논리성을 유지할 수 있기 때문이다.

Ⅷ. 헌법재판소의 수도이전 위헌결정과 그 비판에 대한 반박

1. 헌법재판소 수도이전 위헌결정의 요지

헌법재판소는 서울을 수도로 설정한 것이 관습헌법에 해당한다는 판례를 정립한 바가 있으며, 동 판시내용에서 관습헌법에 대한 일반적 이론을 설시하고 있다.[57]

먼저 관습헌법의 성립에 관하여는, 관습이 성립하는 사항이 단지 법률로 정할 사항이 아니라 반드시 헌법에 의하여 규율되어 법률에 대하여 효력상 우위를 가져야 할 만큼 헌법적으로 중요한 기본적 사항이 되어야 한다. 일반적으로 실질적인 헌법사항이라고 함은 널리 국가의 조직에 관한 사항이나 국가기관의 권한 구성에 관한 사항 혹은 개인의 국가권력에 대한 지위를 포함하여 말하는 것이지만, 관습헌법은 이와 같은 일반적인 헌법사항에 해당하는 내용 중에서도 특히 국가의 기본적이고 핵심적인 사항으로서 법률에 의하여 규율하는 것이 적합하지 아니한 사항을 대상으로 한다. 일반적인 헌법사항 중 과연 어디까지가 이러한 기본적이고 핵심적인 헌법사항에 해당하는지 여부는 일반추상적인 기준을 설정하여 재단할 수는 없고, 개별적 문제사항에서 헌법적 원칙성과 중요성 및 헌법원리를 통하여 평가하는 구체적 판단에 의하여 확정하여야 한다. 나아가 관습헌법이 성립하기 위하여서는 관습법의 성립에서 요구되는 일반적 성립 요건도 충족되어야 한다. 기본적 헌법사항에 관하여 어떠한 관행 내지 관례가 존재하고, 그 관행은 국민이 그 존재를 인식하고 사라지지 않을 관행이라고 인정할 만큼 충분한 기간 동안 반복 내지 계속되어야 하며(반복·계속성), 관행은 지속성을 가져야 하는 것으로서 그 중간에 반대되는 관행이 이루어져서는 아니 되고(항상성), 관행은 여러 가지 해석이 가능할 정도로 모호한 것이 아닌 명확한 내용을 가진 것이어야 한다(명료성). 또한 이러한 관행이 헌법관습으로서 국민들의 승인 내지 확신 또는 폭넓은 컨센서스를 얻어 국민이 강제력을 가진다고 믿고 있어야 한다(국민적 합의).

나아가 관습헌법의 존속요건과 사멸에 관하여 다음과 같이 설시한다.

---

57) 헌재 2004. 10. 21. 2004헌마554, 판례집 제16권 2집 하, 1. 수도이전 위헌 결정.

어느 법규범이 관습헌법으로 인정된다면 그 개정가능성을 가지게 된다. 관습헌법도 헌법의 일부로서 성문헌법의 경우와 동일한 효력을 가지기 때문에 그 법규범은 최소한 헌법 제130조에 의거한 헌법개정의 방법에 의하여만 개정될 수 있다. 따라서 재적의원 3분의 2 이상의 찬성에 의한 국회의 의결을 얻은 다음(헌법 제130조 제1항) 국민투표에 붙여 국회의원 선거권자 과반수의 투표와 투표자 과반수의 찬성을 얻어야 한다(헌법 제130조 제3항). 다만 이 경우 관습헌법규범은 헌법전에 그에 상반하는 법규범을 첨가함에 의하여 폐지하게 되는 점에서, 헌법전으로부터 관계되는 헌법조항을 삭제함으로써 폐지되는 성문헌법규범과는 구분된다. 한편 이러한 형식적인 헌법개정 외에도, 관습헌법은 그것을 지탱하고 있는 국민적 합의성을 상실함에 의하여 법적 효력을 상실할 수 있다. 관습헌법은 주권자인 국민에 의하여 유효한 헌법규범으로 인정되는 동안에만 존속하는 것이며, 관습법의 존속요건의 하나인 국민적 합의성이 소멸되면 관습헌법으로서의 법적 효력도 상실하게 된다. 관습헌법의 요건들은 그 성립의 요건일 뿐만 아니라 효력 유지의 요건이다.[58] 그러므로 국민투표의 방법에 의하여 국민이 관습헌법사항의 유지에 찬성하지 아니한다는 점이 확인되면 즉시 소멸된다고 보아야 한다.[59]

---

58) 헌재 2004. 10. 21. 2004헌마554, 판례집 제16권 2집 하, 1, 5. 수도이전 위헌결정.

59) "우리나라의 수도가 서울이라는 점에 대한 관습헌법을 폐지하기 위해서는 헌법이 정한 절차에 따른 헌법개정이 이루어져야만 한다. 이 경우 성문의 조항과 다른 것은 성문의 수도조항이 존재한다면 이를 삭제하는 내용의 개정이 필요하겠지만 관습헌법은 이에 반하는 내용의 새로운 수도설정조항을 헌법에 넣는 것만으로 그 폐지가 이루어지는 점에 있다. 예컨대 충청권의 특정지역이 우리나라의 수도라는 조항을 헌법에 개설하는 것에 의하여 서울이 수도라는 관습헌법은 폐지될 수 있는 것이다. 다만 헌법규범으로 정립된 관습이라고 하더라도 세월의 흐름과 헌법적 상황의 변화에 따라 이에 대한 침범이 발생하고 나아가 그 위반이 일반화되어 그 법적 효력에 대한 국민적 합의가 상실되기에 이른 경우에는 관습헌법은 자연히 사멸하게 된다. 이와 같은 사멸을 인정하기 위하여서는 국민에 대한 종합적 의사의 확인으로서 국민투표등 모두가 신뢰할 수 있는 방법이 고려될 여지도 있을 것이다. 그러나 이 사건의 경우에 이러한 사멸의 사정은 확인되지 않는다. 따라서 앞서 설시한 바와 같이 우리나라의 수도가 서울인 것은 우리 헌법상 관습헌법으로 정립된 사항이며 여기에는 아무런 사정의 변화도 없다고 할 것이므로 이를 폐지하기 위해서는 반드시 헌법개정의 절차에 의하여야 한다." 위 수도이전 위헌결정, 판례집 제16권 2집 하, 1, 6.
이처럼 수도이전 위헌사건의 결정문에는 관습헌법의 개정은 헌법개정절차에 의하여야 한다고 명시하는 구절이 있으나 전체적으로는 '헌법의 개정'뿐만이 아니라 '국민투표'에 의하여서도 개정할 수 있다는 점을 인정하는 취지이다. 국민투표의 결과 그 개정에 국민이 찬성하는 결과가 나오게 되면 관습헌법에 대한 국민적 합의성이 상실되기 때문이다. 결국 판례의 취지는 '국민투표' 이상의 절차를 거쳐서 관습헌법을 소멸시키고 수도이전을 하여야 함을 요구한 것임을 알 수 있다.

2. 헌법재판소 결정의 관습헌법론 비판에 대한 평가

헌법재판소의 이 판례에 대하여 '관습헌법이란 인정될 수 없으며 인정된다고 하더라도 이는 법률에 의하여 언제나 개정할 수 있는 것으로 보아야 한다'는 견해가 있으나, 이는 타당하지 않다. 국민주권의 국가에서 국민이 직접 정립하는 관습헌법의 성립을 부정할 근거는 없으며,60) 불문헌법이라고 하더라도 반드시 연성헌법이 되어야 하는 것은 아니므로61) 헌법과 같은 효력의 관습헌법의 존재 가능성을 인정하는 판례의 입장이 정당하다. 특히 우리나라와 같이 고래로 동양적 정치원리와 철학 하에서 국가생활을 하여온 동양국가로서는 서양헌법의 원리를 계수하되 관습헌법의 성립가능성을 열어두는 것은 우리 사회에서 자생한 적절하고 타당한 정치원리를 헌법에 반영하고 동서양의 헌법원리를 차별없이 개방적으로 수용하는 길이 되며 나아가 한국헌법의 정체성을 세우는 데에도 도움이 될 것이다.

수도이전위헌 결정에 대하여 '서울이 수도라는 관습헌법이 어디있는가. 말도 안되며 이런 것은 존재하지 않는다'는 식의 비판이 있으나, 우리 헌법상 이러한 견해는 옳지 않다. 우리나라는 600년 이상 서울에 수도를 두고 국가의 정치생활을 영위하여 왔다. 이처럼 국가생활의 구성에 관한 규범적 결단이 수백년의 장구한 기간동안 국민에게 익숙하여져 왔다면 그 관습규범화의 여부를 반드시 헌법적으로 따져 보아야 한다. 이에 헌법재판소는 관습헌법의 제반 성립요건에 따라 그 해당 여부를 판단하였으며, 또한 그 판단은 우리 국민의 국가생활에 대한 전체적이고 객관적인 평가에 의하여 이루어진 것이다. 특히 수도의 이전은 관련 지역 주민들에게 사이에 첨예한 이해대립이 있는 사안으로서 국민 전체의 국가생활에도 중대한 영향을 미칠 것임에도 불구하고 특정의 정치세력이 수도이전을 내세워 지역적 환심을 일으켜 집권하여 국민의 전체적 의사를 고려하지도 않고 법률로써 임의로 처리하여 버리는 것은 헌법절차적으로 부족한 처리라고 보아야 합당하다. 당시 국민의 전체여론은 오히려 수도이전에 반대하는 측이 다수로 나타났음에서 알 수 있듯이 일반인의 평균적 생각 또한 수도를 이전하려면 '적어도 국민투표에 의하여 국민의 전체의사를 직접 물어 처리하여

---

60) René Capitant, op. cit., pp. 969-970.
61) Dominique Turpin, op. cit., p. 80.

야 한다'는 것에 있었다고 볼 수 있다.[62] 그런데 국민 일반의 이러한 법적 인식(認識)이야말로 서울의 수도설정에 관한 관습헌법의 존재를 간접적으로 확인하는 것이다. 관습헌법의 변경에 요구되는 최소한의 절차는 바로 국민투표의 실시에 있기 때문이다.[63]

---

62) 4개 여론조사기관의 조사에 의하면 응답자의 3분의 2 이상이 수도이전에 국민투표 등 국민적 합의절차가 필요하다는 데에 동의하고 있다. 즉 국민투표가 필요하다고 한 응답자의 비율이 R&R(2004/6/9)은 71%, 코리아 리서치(2004/6/9)는 67.5%, 리서치플러스(2004/6/12)는 64.7%, 한길 리서치(2004/6/12)는 68.1%를 보이고 있다. 차동욱, 공간분석모델을 통해 본 헌법재판소의 전략적 판결과정, 한국정치학회보 제40집 제5호, 2006, 111, 126.
63) 김승대, 헌법학강론 제3판, 법문사, 2015, 14-15면.

제 5 장

군사쿠데타와 민주주의의 수호

군사쿠데타와 민주주의의 수호

I. 머 리 말

쿠데타(coup d'état)란 국가권력 담당자들의 일부가 물리력의 사용 등의 강제적인 방법으로 기존의 정부를 퇴진시키고 새로운 정부를 구성하는 헌법외적(憲法外的) 정권탈취행위이다. 그 중 군사쿠데타는 군부(軍部)가 주체가 되어 군사력을 동원하여 진행되는 쿠데타로서 실제사례로서 대부분의 경우가 여기에 해당한다. 일반적으로 쿠데타는 모의단계를 거쳐서 사적으로 동원된 무력을 활용하여 주요 국가기관과 언론기관을 점거하고 정부의 주요 인사를 체포한 다음 헌법의 효력을 정지시키며 쿠데타의 주역을 중심으로 구성된 비상통치위원회를 구성하고 동 조직의 비상입법에 의하여 국가를 잠정적으로 통치하는 방식으로 진행된다.

군사쿠데타는 종래 서구 열강의 식민지로 있다가 제2차 세계대전 이후 독립을 얻은 아시아, 아프리카와 라틴아메리카 등지의 제3세계 국가들에서 특히 1960-70년대를 중심으로 빈발하였고 정권교체의 하나의 정형(定型)을 이루다시피 하였다. 시대를 풍미한 쿠데타의 열풍은 그 헌법적 정당성 인정 가부에 관한 소송과 논쟁을 동반하였다. 우리나라도 그 시기에 쿠데타에 의하여 정권이 바뀌는 경험을 하였으며, 결국 헌법재판의 대상이 되어 격렬한 헌법논쟁의 대상이 된 바가 있다.[1] 사실 쿠데타가

---

* 본 장(章)은 2011년 11월 부산대학교 법학연구 제52권 제4호 통권 70호 1-22면에 게재한 논문인 '쿠데타의 위헌성 법리 - 영국의 구식민지 국가들의 판례법의 분석을 통한 일반이론의 발견 -'을 일부 수정·보완한 것임.

1) 우리나라의 5·18군사쿠데타 불기소처분에 대한 헌법재판과 관련한 논문으로서는, 심헌섭, 5·18불기소처분의 논거에 대한 법철학적 재검토 - 분석과 비판 -, 서울대법학 제35권 3·4호, 1995, 62면; 이재승, 쿠데타의 법리, 민주법학 제16호, 1999, 195면, 임준호, 성공한 내란과 옐리네크의 사실적인 것의 규범력 이론, 인권과 정의, 대한변호사협회지 제234호, 1996년, 20면 등이 발견된다. 그러나 이들은 5·18 군사쿠데타 사건에 한정하여 법철학적 관점에서 쿠데타의 법리 주제를 다루고 있는데, 이 글에서는 이러한 국내적 시각에서 벗어나서 세계적 경향으로서의 쿠데타에 대하여 영미법적 판례의 흐름을

'헌법외적' 방법에 의하여 진행된다는 것은 이것이 곧 위헌임을 말하는 것임에도 불구하고 쿠데타의 헌법적 정당성 여부가 논의되는 것은 쿠데타로 인하여 기존 헌법 자체가 실효성을 잃게 되고 새로운 법질서가 정립되는데 이러한 법질서의 교체행위를 놓고 이미 실효성을 상실한 구헌법의 잣대로 평가할 수 있는지 의문이 발생하기 때문이다.

이러한 사정은 아시아, 아프리카나 아메리카 등지에서 영국의 식민지로 있다가 독립한 국가들에서도 마찬가지였는데, 영국 국가연합체(British Commonwealth, 이하 '영연합'으로 약칭함) 소속의 신생국가들은 일반적으로 자국의 제정법에 반하지 않는 한 영국의 판례법을 수용하고 이에 의한 사법적 동화(司法的 同化)를 실현하고 있으므로 쿠데타의 헌법적 정당성이 문제되는 재판에 있어서도 상호 판례를 비교하고 다른 나라들의 선례(先例)를 의식하면서 판단하고 그 법리를 발전시키고 있다. 예컨대 파키스탄, 우간다, 나이지리아, 키프로스, 세이셸, 그레나다, 피지 등 국가들을 들 수 있다.[2] 특히 이들은 영제국(British Empire) 당시 영국 보통법(Common law)의 적용을 받고 영국의 추밀원 사법위원회(Judicial Committee of the Privy Council)에 대한 상고 제도가 인정되어 식민모국의 최고법원에 의한 법리통일이 이루어지도록 하고 있었는데, 독립 이후에도 이 제도를 유지시켜서 추밀원 사법위원회에 대한 상고를 허용하는 경우도 나타난다. 그러므로 이들 영연합 국가들의 쿠데타에 대한 헌법적 정당성 법리에 관한 판결들은 특정의 제3세계 국가 사법부의 개별적이고 고립된 판단 이상의 의미를 가지는 것이다. 비록 신생국가들의 판결이라고 할지라도 영국의 보통법의 법체계를 받아들여 이에 익숙한 법관들에 의한 것이고 서로 국가는 다를지라도 판결들 간에 밀접한 상호관련성을 가지고 있으며 다양한 사례에 대한 법리 창조가 누적되면서 이론적으로도 정치하게 발전하는 양상을 보인다. 이 글에서는 이러한 영연합 국가들의 판례들에서 제시된 법리들을 중심으로 하여 쿠데타의 헌법적 정당성에 관한 법리들을 검토하기로 한다.

기반으로 한 헌법이론으로서의 일반론을 다루기로 한다.

2) 영국 역사에서 혁명 내지 쿠데타라고 할 만하였던 법질서 교체 사건은 1066년의 노르만정복, 1648년의 찰스국왕의 처형과 크롬웰의 독재정치, 1688년의 명예혁명의 3회뿐이었으며, 이를 법리적으로 판단한 판례는 존재하지 않는다. 따라서 영미법상 혁명과 쿠데타의 법리는 모두 영국 식민지 국가였던 나라들의 판례로 형성되고 발전되었다.

Ⅱ. 영연합 국가 판례들의 요지와 경향

영연합국가의 쿠데타 관련 판결들은 그 법적 정당성(legitimacy)을 인정한 것과 인정하지 않은 것으로 나누어 볼 수 있다. 법적 정당성은 곧 합법성(legality)과 동일시되어 주로 합법성의 인정 가부의 문제로 논의되고 있는데, 여기서 합법성이란 특정의 개별 법규에의 적합성을 말하는 것이 아니라 헌법적합성을 포함한 전체로서의 법질서 자체에 부합하는 것을 의미한다.

합법성을 인정하는 판례들은 이미 성공적으로 수행된 쿠데타는 기정사실(fait accompli)로서 그 헌법적합성 또한 인정하여야 한다는 내용을 가진다. 헌법적합성을 인정하는 판결들의 주요한 취지는 쿠데타에 의하여 새로 등장하는 법질서의 합법성(legality)은 곧 그 법질서가 실효적으로 확립될 때 인정되는데, 쿠데타가 성공하면 쿠데타에 의한 신 법질서는 실효성(efficacy)을 가지므로 합법성을 부여받게 된다는 것이다. 요컨대 '성공한 쿠데타는 합법성을 가진다'는 것이다. 이러한 성공한 쿠데타의 합헌성의 논리는 후술하는 바와 같이 한스 켈젠(Hans Kelsen)의 이른바 '혁명의 합법성(revolutionary legality)'이론을 쿠데타의 법적 정당화 논리로서 끌어온 것이다.

그러나 쿠데타가 일견 성공한 이후에도 사법부에 의하여 그 헌법적 정당성 내지 합법성이 부정된 사례들도 종종 나타나고 있다. 이는 쿠데타가 일단 성공하였다고 하더라도 국내외세력에 의하여 전복되어 내란죄로 처벌되는 경우도 있고,[3] 어느 정도 시간이 흘러서 쿠데타세력이 정치적 실권을 상실하게 된 상태에서 사법부의 판단을 받게 되어 그 합법성이 부정되는 경우도 있다.[4] 그러나 쿠데타 성공 후 쿠데타 세력이 권력을 완전히 장악하고 이를 유지하고 있는 상황에서 사법부가 그 합법성을 부인한 특이한 사례도 보이고 있다. 이하에서 주요 판례들의 논지를 요약하여 살펴본다.

---

3) 예컨대 프랑스 역사에서 1815년 나폴레옹이 엘바섬을 탈출하여 파리를 점령함으로써 쿠데타에 성공하였으나 워털루의 패전으로 실각할 때까지의 이른바 '100일 천하'의 경우나 1871년 보불전쟁에서 패배한 직후 파리에서 노동자들이 봉기하여 수도를 점령하고 구성하여 2개월간 존속하였던 파리코뮌 정부의 경우 등이 '단기간 존속한 성공한 쿠데타'의 사례가 된다. 이 쿠데타의 관련자들은 이후 내란죄로 처벌되었다.

4) 후술하는 파키스탄의 지라니 판결, 키프로스의 리아시 판결, 그레나다의 미첼 판결 등이 그러한 사례이다.

1. 쿠데타의 합법성 인정의 판례와 논지

(1) 파키스탄의 도소판결

쿠데타가 성공하여 새로운 법질서를 실효적으로 확립하였다는 이유로 쿠데타의 합법성을 인정한 주목할만한 최초의 사례는 파키스탄의 도소(Dosso) 판결이다.[5] 도소 판결에서 파키스탄 대법원은 켈젠의 '혁명의 합법성'의 법리를 여기에 적용한다고 하면서 쿠데타의 실효성(efficacy)이 그 법적 효력의 근거이며 쿠데타가 성공하였다는 사실에 의하여 실효성은 인정된다고 보았다. 또 쿠데타의 성공은 켈젠이 말하는 이른바 근본규범(Grundnorm)을 새로이 창출하는 사실관계가 된다고 보고, 법원은 성공한 쿠데타에 의하여 구 법질서상의 관할을 상실하고 새로운 법질서에 따라 재판하여야 한다고 하였다.[6]

도소 판결 이전 국가기관의 초헌법적 행위의 합법성 여부에 대하여 적용 가능한 법리는 보통법상 인정되어온 필요성의 원칙(principle of necessity)뿐이었다. 이에 따르면 국가기관이 위헌적 입법에 기초하여 어떠한 조치를 행하였을 때 그 합법성은 당해 조치의 목적과 방법 및 존속기간 등에서 엄격한 조건을 충족할 때에만 인정되었다. 도소판결은 이러한 필요성 법리를 넘어서서 쿠데타의 합법성을 정면으로 간단히 인정하는 새로운 법리를 도입한 점에서 영연합 국가들의 판례에 중요한 영향을 미친다.[7]

(2) 우간다의 마토부 판결

도소판결과 그 실효성의 법리는 이후 영국으로부터 독립한 신생국들에서 발생한 쿠데타의 합법성에 관한 재판에서 빈번히 원용되고 발전되었다. 예컨대 우간다의 마토부(Matovu) 판결[8]은 아프리카 국가군(群)에서 도소의 법리를 채택하여 군사쿠데타

---

5) State v. Dosso, 1958, P.L.D. S. Ct. 538(Pakistan).
6) John Hatchard & Tunde I. Ogowewo, Tackling the unconstitutional overthrow of democracies: Emerging Trends in the Commonwealth, Commonwealth Secretariat, 2003, pp.18-19.
7) Tayyab Mahmud, Jurisprudence of successful treason: coup d'état and common law, 27 Cornell International Law Journal. 49, Winter, 1994. p. 55.
8) 1966 E. Afr. L. R. 514(Uganda).

의 합법성을 인정한 최초의 판결이다.[9] 마토부 판결은 도소판결에서 더 나아가 쿠데
타의 실효성에 관한 증거조사를 실시하고 다수의 정부관리가 제출한 확인서들에 의
하여 쿠데타 후의 신헌법이 실효적으로 적용되고 정부의 장악이 확립된 사실이라는
점을 인정하였다. 또한 국제법상으로도 혁명이나 쿠데타는 상호 구분없이 주권국가의
정권교체의 한 방식으로 인정되고 있음을 지적하였다.[10] 이처럼 마토부 판결은 도소
판결의 실효성 법리를 재판규범에 맞게 보다 발전시킨 의미를 가진다.

(3) 남로디지아의 마짐바무토 판결

　　남(南)로디지아[11]의 마짐바무토(Madzimbamuto)사건 재판에서 성공한 쿠데타 정부
의 법적 정통성은 논란의 대상이 되고 동요되는 모습을 보였다.[12] 영국의 식민지였던
남로디지아의 소수백인정권은 영국이 다수지배에 의한 독립 이행의 원칙을 고수하자
일방적으로 독립을 선언하고 헌법을 새로 만들어 시행하였다. 이러한 일방적 독립선
언(Unilateral Declaration of Independence, 이하 'UDI'로 약칭함)과 신헌법의 시행은 기
존의 영국 식민지 법질서와는 배치되었으므로 그 이행과정은 일종의 쿠데타에 해당
하였다. 이후 UDI와 이에 의거한 헌법의 합법성이 문제된 이 사건에서 남로디지아의
고등법원은 켈젠의 논리와 도소 및 마토부 사건들에서 나타난 실효성의 법리를 충실
히 따랐다. 다만 식민모국인 영국의 승인을 받지 못한 남로디지아 정부의 정치적 현
실을 고려하여 그 정부가 UDI에 의하여 수립되고 실효적으로 기능하는 사실상의 정
부(de facto government)의 상태에 있으며 그 법적 조치들은 신헌법이 확립되어 법률
상의 정부(de jure government)가 될 때까지 유효하게 이루어질 수 있다는 입장을 보
였다.

　　그러나 당사자가 상고하자 관할권을 스스로 인정한 영국의 추밀원 사법위원회는
이 문제에서 사실상 정부와 법률상 정부의 구분의 실익을 부정하고 "합법 정부(영국)
가 여전히 통제력 회복을 추구하고 있으므로 쿠데타 정권은 어떤 의미에서든지 합법
정부가 될 수 없다"고 하면서 쿠데타 정부의 실효적 지배는 아직 확립되지 않았다는
이유로 쿠데타의 합법성을 부정하였다.[13] 영국 법원의 이러한 판결은 다시 남로디지

---

9) Hatchard & Ogowewo, Ibid, p. 19.
10) Mahmud, Ibid, 57.
11) Southern Rodesia, 현재의 Zimbabwe이다.
12) Madzimbamuto v. Lardner-Burke 1966, R. L. R. 756, 777(Rodesia Gen. Div.).

아 고등법원의 반발을 일으켜서 동 고등법원은 영국 추밀원 판결의 수용을 거부하면서 UDI에 의하여 구 법질서는 확정적으로 소멸되었다고 판단하였다.[14]

이 사건에서 영국의 추밀원 사법위원회는 켈젠의 실효성이론은 여전히 전제로 하였지만, 실효성이 인정되려면 쿠데타 정부가 구법질서에 근거하여 권력을 회복하고자 하는 다른 경합정부의 도전을 받지 않는 유일한 정부이어야 하는데 영국정부가 이러한 경합상태에 있으므로 쿠데타는 여전히 불법이라고 판결하였던 것이다. UDI에 의한 남로디지아 백인소수정권은 1979년 다시 영국의 식민지배로 복귀하여 흑인다수지배를 기초로 한 정권이양을 준비할 때까지 14년간 더 존속하였으나, 지속적으로 존립이 위협받았던 불안정한 법질서였다고 할 것이고 결국 쿠데타 이전의 구법질서가 회복됨으로써 종료되었다.

(4) 세이쉘의 바랍하지 사건

1976년에 독립한 인도양의 세이쉘(Seychelles)에서 1977년 쿠데타가 발생하여 대통령이 퇴진당하고 기존헌법은 폐기되었다. 쿠데타정권은 비상통치에 의존하다가 1979년에 신헌법을 공포하였는데, 1978년 쿠데타 정권이 발령한 소득세령의 효력을 다투는 바랍하지(Valabhaji) 사건[15]에서 세이쉘 항소법원은 쿠데타의 합법성 심사를 행하게 되었다.

법원은 이 사건에서 이전의 판례와 이론들을 검토한 결과 쿠데타의 합법성을 결정짓는 기준은 쿠데타의 성공, 실효성, 국민의 복종, 승인, 수락 등으로 다양하게 표현되지만 결국 핵심은 주권자인 국민의 승인(consent) 내지 수락(acceptance)에 있다고 보았다. 또한 이는 쿠데타의 주도자들의 지시에 대한 국민의 복종으로 나타나는데, 이는 쿠데타에 의한 새로운 체제가 돌이킬 수 없을 정도로 지배력을 확립하였을 때 인정된다고 하였다. 언제 지배력이 확립된 것으로 볼 것인지에 대하여는 시간차가 있을 수 있지만 후에 이러한 지배력을 확립하면 소급하여 처음부터 새로운 법질서의 합법성이 인정되어야 하여 쿠데타의 합법성을 실행 당초부터 인정하였다.

판결 당시 세이쉘은 쿠데타 후 4년이 경과하였지만 신 정부의 법질서는 국민생활

---

13) Madzimbamuto v. Lardner-Burke 1968, 3 All E. R. 561.

14) Regina v. Nhdiovu, 4 S. Afr. L. R. 515(Rodesia App. Div.).

15) Valabhaji v. Controller of Taxes, Civil Appeal no. 11 of 1980, Seychelles Court of Appeals.

을 안정적으로 지배하고 있으며 쿠데타 실행 당시의 시점에서 보더라도 쿠데타로 인한 법질서의 이행은 마찰없이 효율적으로 진행되었던 점을 생각할 때 그 때부터 이미 쿠데타 정부는 광범위하고 무조건적인 국민의 수락을 받고 있었으므로 합법성이 인정된다고 판단하였다.[16]

세이쉘 항소법원의 이 판결은 종래의 실효성 이론을 분석하여 이를 국민의 승인론으로 변모·발전시킨 점에 특색이 있었으나, 아직 실효성 법리의 틀을 완전히 벗어나지 못하였으며, 결론적으로 당해 쿠데타의 합법성을 인정하였다.

2. 쿠데타의 합법성 부정의 판례와 논지

(1) 나이지리아의 라칸미 판결

앞서 본 판결들과는 달리 나이지리아의 라칸미(Lakanmi) 판결은 쿠데타의 합법성을 인정하는 각국 법원의 주류적 태도에서 실질적으로 이탈하는 견해를 보였다. 1966년 나이지리아에서 2회의 쿠데타가 6개월 간격으로 연속적으로 발생한 후 쿠데타의 합법성이 문제된 이 사건[17]에서 나이지리아 대법원은 켈젠이론과 도소-마토부 판결의 논지를 반대한 것은 아니다. 그러나 쿠데타 당시 나이지리아에서는 기존 헌법이 폐기된 것이 아니라 '부분적으로 정지'된 상태에서 잠정적인 군사정부가 구성되었을 뿐이기 때문에 사정이 다르다고 판단하였다. 쿠데타 이전의 헌법은 대부분의 조항에서 그대로 존속하고 군사정부는 혁명정부로서의 성격을 가지지 아니하므로 이러한 군사정부의 비상입법조치들의 합법성은 실효성(efficacy)의 원칙이 아니라 필요성(necessity)의 원칙에 의하여 판단되어야 한다고 보았으며, 나아가 군사정부가 법원의 관할을 박탈하고 각종의 처분적 입법을 실행한 것에 대한 필요성을 특별히 인정할 근거는 없다고 하였다. 결국 이러한 군사정부의 입법은 권력분립의 원칙과 사법권을 침해하는 것으로서 헌법에 반한다고 결론지었다.[18]

그러나 대법원의 이러한 판결은 국가권력을 실효적으로 장악하고 있던 군부의 즉각적이고도 격렬한 반발을 불러왔다. 군사정부는 그들의 쿠데타가 혁명에 해당하므로

---

16) Mahmud, Ibid, pp. 82-83.
17) 1971, University of Ife Law Reports, 201(Nigeria).
18) Mahmud, Ibid, pp. 69-71.

모든 구 법질서는 폐지되었으며 혁명정부는 무제한의 입법권을 행사할 수 있고, 혁명정부의 입법이 무효라고 주장하는 판결은 아무런 효력을 가지지 않는다는 취지의 포고령을 발하면서 법원을 압박하였다. 대법원은 결국 군사정부의 위협에 굴복하였으며, 라칸미판결에 의하여 무효로 선언하였던 군사정부 입법의 합법성을 그 발효일부터 소급하여 다시 인정함으로써 이를 부활시키고 동 판결의 정당성을 스스로 부인하는 태도로 돌아섰다. 이처럼 라칸미 판결은 쿠데타를 성공시킨 군사정권의 권력이 엄연히 살아있는 상태에서 동 쿠데타의 합법성을 부정한 용기있는 판례로서 제3세계의 군사쿠데타에 대한 국내법원의 판단으로서는 유례를 찾기 어려운 특이한 경우였지만 군사정부의 반발과 거부를 야기하여 비극적인 결말을 보고 말았다.[19]

(2) 파키스탄의 지라니 판결

군사쿠데타의 합법성 여부에 대한 사법판단은 실효성 이론을 최초로 정립하였던 파키스탄의 법원에서 다시 새로운 이론적 전환의 전기를 맞게 되었다. 지라니(Jilani) 사건 판결이 그것이다.[20]

파키스탄에서는 1969년 쿠데타로 집권한 군부가 1970년 실시된 총선의 결과를 무시하고 국가가 내전상태에 빠지면서 동파키스탄이 분리·독립하는 국가위기를 초래하면서 실권을 상실하자, 1971년 총선에서 승리한 민간정부에게 정권을 이양하였다. 이러한 군부퇴조의 분위기에서 1969년 쿠데타의 합법성을 판단하게 된 파키스탄 대법원은 켈젠의 실효성 이론을 부정하고 이전의 '도소판결을 명시적으로 파기'하였다. 지라니판결은 ① 쿠데타가 성공하더라도 조만간 다시 붕괴될 수도 있는 점을 감안하면 실효성 원칙은 완전하지 못하고, ② 켈젠의 법실증주의 이론은 법 일반에 대한 이론적 분석에 불과하며 재판규범이 아니며, ③ 쿠데타 체제의 합법성은 정권탈취의 성공 여부가 아니라 국민의 습관적 복종(habitual obedience)로부터 나오는 것이며, ④ 실효적 지배를 확립한 쿠데타 정권의 합법성을 인정하는 국제관습법은 국내법적 판단의 준거가 될 수 없다는 점 등을 이유로 하여 군부쿠데타의 합법성을 부인하였다.

다만 이러한 합법성의 부인으로 인하여 군사정부 당시 발령된 모든 입법이 무효화될 때 야기되는 혼란을 막기 위하여 ① 이미 종료된 사법적(私法的) 거래관계와 ②

---

19) Ibid, p. 72.
20) Gilani v. Government of Punjab, 1972, 1 P. L. D. S. Ct. 139(Pakistan).

쿠데타 전의 기존 질서와 조화되는 내용의 입법과 조치 및 ③ 인민의 복리를 증진시키는 내용의 조치 ④ 국가의 일반적 운영에 관한 조치 등은 국민에 의한 묵시적 위임(implied mandate) 사항으로서 사후승인(condonation)된다고 보아서 그 효력이 유지된다고 보았다. 이는 종래 군사정권의 조치들의 효력을 인정하여야 하는 근거로 활용된 필요성의 원칙과 취지가 동일한 것이라고 할 수 있다.[21]

(3) 키프로스의 리아시 판결

지라니판결에 의하여 켈젠이론에서 벗어나기 시작한 쿠데타의 합법성 법리는 키프로스의 리아시(Liasi) 판결에 이르러 새로운 내용을 추가하게 되었다.[22]

1974년 7월에 발생한 키프로스의 그리이스계 군부에 의한 쿠데타는 기존의 정권 담당자를 축출하고 정권을 탈취하는데 성공하였지만 곧 인접국인 터어키의 무력개입을 유발하여 쿠데타 발생 8일만에 그 주모자들은 퇴진당하고 말았다. 키프로스 법원은 동 쿠데타의 합법성이 문제된 이 사건에서 그 판정기준을 실질적 요건과 형식적 요건으로 나누어, 실질적 요건으로서 '인민의 수락(popular acceptance)'과 형식적 요건으로서 쿠데타 후속 정부의 승인에 의한 '법적 포섭(legalization)'을 제시하였다. 여기서 인민의 수락은 반드시 명시적인 것만 아니라 묵시적인 것도 포함될 것이며, 법적 포섭은 쿠데타 이후 새로 들어선 정부가 쿠데타의 제반 조치를 받아들여 법제화하는 것을 의미한다고 보았다. 그런데 당해 쿠데타는 그 실행 시에 무력을 행사하면서 다수의 인명의 사상을 초래하였으며 기존의 권력담당자와 시민의 저항을 유발하였으므로 '인민의 수락'요건은 인정되지 않는다고 판단하였다. 국민들에게 폭력을 행사하여 정권교체를 강요하는 것에서 이러한 수락은 있을 수 없다는 것이다. 또한 형식적 요건의 면에서도 쿠데타 이후 수립된 정부는 새 입법에 의하여 위 쿠데타가 어떠한 법적 근거도 보유하지 않았다고 명시적으로 규정하였으므로 위 합법성의 형식적 요건도 갖추지 못하였다고 보았다.

---

21) Tayyab Mahmud, Praetorianism and common law in post-colonial settings: Judicial response to constitutional breakdowns in Pakistan, 1993, Utah L. Rev. 1225, p. 1258.
22) Liasi v. Attorney General, 1975, C.L.R. 558 passim (Cyprus).

(4) 그레나다의 미첼 판결

지라니-리아시로 이어지는 '국민의 승인론'은 그레나다의 미첼(Mitchell)판결에 의하여 보다 완성된 형태를 취하게 되었다.[23]

카리브해의 작은 섬나라인 그레나다에서는 1979년 3월 좌익정치세력의 쿠데타가 성공하여 인민혁명정부가 구성되어 통치하여 왔었다. 다시 1983년 10월 군부세력이 쿠데타로 총리 등 정부인사를 살해하면서 정권을 탈취하자 그 발생 6일만에 미국과 인근 카리브해 국가들이 연합하여 그레나다를 침공함으로써 쿠데타 주모자들은 모두 체포되고 쿠데타는 6일천하로 종료되었다.

이들에 대한 처벌이 문제된 이 사건 재판에서 1983년의 쿠데타뿐만 아니라 1979년의 쿠데타의 합법성까지 논의되었는데, 그레나다 고등법원은 이전의 켈젠이론이나 도소-지라니 판결 등 영미법계의 관련 판례들을 검토한 다음 쿠데타의 합법성은 ① 정통성을 다투는 다른 경합 정부가 존재하지 않고 행정적으로 정권을 확실히 장악하였다고 할 정도로 쿠데타가 성공하여야 하고(쿠데타의 성공) ② 인민이 대부분 그 명령에 따를 정도로 그 지배가 실효적이어야 하며(실효적 지배의 확립) ③ 그러한 복종이 인민이 이를 수락하고 지지한 데 따른 것이어야 하며 폭력과 강제에 대한 두려움에서 나온 억지 굴종이 되어서는 안되고(국민의 진정한 승인) ④ 쿠데타정부가 억압적이거나 비민주적이지 않아야 한다(새로운 법질서의 민주성)는 요건들을 충족하여야만 인정된다고 판단하였다. 나아가 이러한 요건들, 특히 '국민의 승인'의 요건은 증거에 의하여 사실관계를 확정하여 판단되어야 하며, 단지 장기간의 시간이 경과되었다는 점만으로 인정할 수는 없다고 보았다.[24]

다만 이와 별도로 쿠데타 정부가 실행한 조치들의 효력은 필요성(necessity)의 원칙을 충족하는 경우에는 인정되는데 이 기준은 ① 헌법이 규정하지 않은 예외적 상황이 발생하여 국가보위를 위한 조치가 긴급히 요구되고 ② 가능한 다른 조치가 존재하지 않으며 ③ 이 조치는 평화와 질서 및 선량한 정부의 유지를 위하여 요구되고 ④ 국민의 기본권이 침해되지 않고 ⑤ 그 조치가 단지 쿠데타를 공고히 하거나 강화

---

23) Mitchell v. Director of Public Prosecutions, 1985, L.R.C. Const. 127(Grenada High Ct.).
24) Philip St. J. Smart, Revolutions, constitutions and the Commonwealth: Grenada, International & Comparative Law Quarterly, 1986, 35(4), 950, 956-957.

시키는 목적만을 가진 것이 아닐 것을 내용으로 한다는 것이다.[25]

(5) 피지의 프라사드 판결

2000년 5월 피지에서 반정부세력이 국회에서 총리와 각료들을 인질로 잡고 쿠데타를 일으키자, 군부세력이 이에 반대하는 역쿠데타를 실행하여 국가기관을 장악하면서 기존 헌법의 폐기를 선언하였다. 정치적 소요는 국회점거세력이 인질들을 풀고 군부가 이들의 면책을 보장함으로써 일단 종료되었으나, 군사정권은 후에 약속을 어기고 국회점거사건의 주모자들을 체포하여 기소하였다.

이에 피지 항소법원은 프라사드(Prasad) 사건에서 쿠데타의 합법성 여부를 판단하게 되었는데,[26] 동 법원은 그레나다의 미첼판결의 취지를 그대로 수용하여 쿠데타의 실효성이 그 합법성의 요건임을 인정하였지만, 여기서 말하는 실효성은 엄격한 증거에 의하여 인정되어야 하는 협의의 개념으로 한정하고, 민주적 정당성의 요건 또한 부가하였다. 이러한 기준에 따라 증거조사를 실행한 법원은 국민들이 쿠데타 정부에 반대한다는 취지의 입증자료가 이에 찬성한다는 입증자료를 압도하고 있어서 국민적 승인을 인정할 수 없다고 하여 당해 쿠데타의 합법성을 부정하였는데, 쿠데타 정부는 이 판결 취지에 순응하여 구 헌법규정에 의거하여 요구되었던 총선거를 실행하였다.[27]

3. 판례의 변경과 반전(反轉)

(1) 파키스탄의 부토 판결

파키스탄에서는 1977년의 총선거에서 선거부정으로 정국이 혼미해지자 다시 쿠데타가 발생하였는데 이로써 정권을 탈취한 군사정부는 지라니 판결을 의식하여 기존 헌법의 효력을 유지한 채 다만 일부 조항의 적용을 정지하는 조치만을 실행하였다. 부토(Bhutto) 총리의 구금의 적법성을 둘러싸고 쿠데타의 합헌성 여부까지 문제된 이 사건[28]에서 파키스탄 대법원은 종전의 도소(Dosso) 판결의 혁명의 합법성론과 지라

---

25) Ibid, pp. 957-958; Hatchard & Ogowewo, Ibid, p. 34.
26) Cnandrika Prasad v. Republic of the Fiji Islands, 2001, 2 L.R.C. 743.
27) Theodor Schilling, The Court of Justice's revolution: its effects and the conditions for its consummation. What Europe can learn from Fiji, E.L. Rev. 2002, 27(4), 445, 455-456.
28) Bhutto v. Chief of Army Staff, 1977, P.L.D. S. Ct. 657(pakistan).

니 (Jilani)판결의 국민적 승인론을 모두 배척하면서 필요성의 원칙으로 돌아가 판단하였다. 그런데 여기서 필요성은 종래의 엄격한 해석에서 벗어나 ① 기존 헌법상으로도 가능한 모든 입법(헌법개정 포함)등 조치와 ② 국민의 복리를 증진하기 위하여 필요한 모든 조치에서 인정된다고 하였다. 이를 통하여 군사정부가 헌법개정을 포함하여 사실상 무제약적 입법권을 행사하는 데에 법적 정당성이 부여되었다. 이제 필요성의 원칙은 전통적인 엄격한 제한요건들은 무시한 채 공익 내지 국민의 복리 증진의 필요 정도의 의미로 완화되어 해석되었고, 쿠데타의 또 다른 정당화 법리로 기능하였다.[29]

(2) 피지의 카라시 판결

앞서 본 쿠데타의 합법성을 부정한 피지 항소법원의 판결에 이어 실시된 총선거에서 승리하여 총리가 된 카라시(Laisenia Qarase)는 재선에 성공하였으나, 국회인질 쿠데타의 주동자들을 면책하려고 하는 등의 문제로 군부와의 관계는 점차 악화되었으며 결국 2006년 12월 군사쿠데타가 재발하였다. 정부를 장악한 군부는 기존의 대통령으로 하여금 카라시 총리를 해임하도록 하고 군사령관을 임시총리로 선임토록 하였다. 이 쿠데타에서 군부는 기존 헌법의 폐기를 주장하지 아니하였으며, 오히려 총리의 위헌적인 정책으로부터 헌법을 수호한다는 것을 명분으로 삼았다.[30] 이에 카라시는 자신의 해임이 헌법위반임을 주장하는 소송을 제기하였는데, 이 소송에서는 쿠데타를 통하여서도 기존 헌법이 그대로 유효하다는 전제 하에 대통령이 헌법상 명문화되지 않은 비상대권을 실행하여 총리를 임의로 해임할 수 있는지 여부가 문제되었던 점이 특이하다. 피지 항소법원은 헌법은 대통령의 총리해임 사유를 제한적으로 열거하고 있으므로 이를 넘어선 총리의 해임은 헌법위반이라고 판단하였으며, 쿠데타 또한 기존헌법의 규정과 헌법원칙에 비추어 정당화될 수 없으며 불법이라고 선언하였다.[31]

그러자 군사정부는 이 판결에 반발하여 기존 헌법의 폐기를 선언하였고 쿠데타의 위헌에 찬성한 판사들을 모두 축출하여 항소법원의 인적 구성을 새로이 하였다(이른

---

29) Mahmud, op. cit, 1278.
30) Yash Ghai & Jill Cottrell, A tale of three constitutions: ethnicity and politics in Fiji, International Journal of Constitutional Law, 2007, 5(4), 639, 665.
31) Qarase v Bainimarama, 2008, F.J.H.C. 241(Fiji).

바 courtpacking). 이처럼 카라시판결은 이전의 프라사드 판결과는 달리 군사정부의 순응을 유도하지 못한 채 법원의 판결이 무시되고 법원의 인적 구성까지 변경되는 결과를 가져왔다.[32]

Ⅲ. 쿠데타에 대한 헌법판단에서 원용된 법리

1. 혁명의 합법성의 법리

켈젠의 '혁명의 합법성(revolutionary legality)'의 법리는 혁명에 의하여 기존의 법질서와 이를 지탱하는 근본규범은 실효성(efficacy)을 상실하면 소멸되고 그 대신 새로 등장하는 법질서와 그 근본규범이 실효성을 확보함으로써 그 법적 효력(validity)을 창조한다는 것을 요지로 한다. 혁명은 법창조적 사실(law-creating fact)이라는 것이다. 여기서 켈젠은 혁명의 결정적 징표가 기존의 법질서를 그 내부절차에 의하지 않고 전복하여 새 법질서로 교체하는 것에 있다고 보았기 때문에 쿠데타도 혁명과 특별히 구분하지 않았다.[33] 앞서 살펴본 쿠데타의 합법성을 인정하는 판결들은 켈젠의 이러한 혁명의 합법성의 법리를 쿠데타의 경우에 확장하여 적용한 것이다.

주지하는 바와 같이 켈젠은 법학을 자연과학은 물론 경험적 사회과학이나 도덕이론과 엄격히 구분하여야 한다는 전제 하에 모든 법외적(法外的) 가치판단을 배제하고자 한 법실증주의 법학자이다. 켈젠의 이른바 순수법학적 방법론에 의하여 법의 개념을 파악할 때 법은 '위반시의 강제'를 본질로 하는 규범으로서 단계적 구조를 형성한다. 그 최상위에는 국가최고규범인 헌법이 위치하고 법률과 명령, 규칙을 거쳐서 최하위에는 구체적 사건에 대한 판결과 행정행위가 존재하는데, 각각의 상위규범은 하위규범의 효력의 근거가 되고 하위규범은 주어진 재량의 범위 하에 그 상위규범의 내용을 구체화한다고 보았다. 여기서 헌법의 상위규범은 실정법상 존재하지 않지만 헌법 또한 그 효력의 근거가 있어야만 법규범으로서의 본질을 유지할 수 있으므로 여기서 이론적 일관성을 유지하기 위하여 헌법의 상위에 위치한 근본규범(Grundnorm)

---

32) Paul Rishworth, Qarase v Bainimarama: Fiji-military regime dismisses judges, rejects Court of Appeal decision that coup unlawful, P.L. 2009, Oct, 841-842.

33) Hans Kelsen, General theory of Law and State, Harvard University Press, 1949, pp. 117. 219.

을 상정(想定)하였다. 그리고 근본규범은 국제법상 인정되는 실효성의 원칙이 국내법에 대한 국제법 우위의 원칙에 따라 개별 국가의 국내법에 적용된 결과로서 단순한 법학이론이 아니라 실정법에 해당한다고 보았다.[34]

이와 같이 계층적으로 구성된 한 국가의 법질서는 내부적 법칙에 따라 내용이 변경되는 한도 내에서는 연속성이 그대로 유지되지만 법질서외적인 방법으로 변경된다면 당해 법질서는 파괴되고 법질서의 불연속(discontinuity)이 발생한다. 보통 혁명이라고 말하는 사회적 변혁은 새로운 주권자와 통치이념 및 새로운 법질서를 창조하므로 기존의 법질서가 요구하는 내용과 절차를 무시하면서 진행된다. 이러한 혁명의 성공에 의하여 구 법질서는 수범자의 복종을 상실하여 소멸하게 되고 창조된 새 법질서가 실효성을 가지고 적용됨으로써 법질서는 불연속적으로 교체된다. 실효적 적용이라고 함은 국민들이 대부분 새로운 법질서에 합치되게 행동하게 된 상태를 의미한다.

여기서 특히 쿠데타의 합법성 문제와 관련하여 주목할 점은, 근본규범에 근거하여 창조된 법질서의 개별적 규정들은 비록 그것이 실효성을 상실한다고 하더라도 상위의 근거규범이 유효하게 존재하는 한 원칙적으로 그 법적 효력이 소멸하지 않지만, 근본규범 내지 법질서 그 자체는 실효성을 상실하면 그 즉시 전체적으로 모두 법적 효력을 상실한다고 보고 있는 점이다.[35] 이렇게 봄으로써 켈젠은 '사실(Sein)이 규범(Sollen)을 창조하는 현상'을 법질서 자체의 경우에만 한정하고 헌법을 포함한 일반 법규정의 경우에는 이를 인정하지 않았다.

요컨대 보통의 개별적인 법조항의 위반행위와는 달리, 쿠데타는 법질서 자체를 붕괴시키는 행위이며, 여기서는 실력(Macht)이 새로운 법질서(Recht)를 창조한다는 것이다.

2. 국민적 승인의 법리

한 국가의 법질서는 켈젠이 말하듯 위계질서를 이룬 법규범의 총체이기도 하지만, 다른 한편으로 주권자인 국민이 그 정치생활의 종류와 형태에 관하여 내린 결단이기

---

34) Kelsen, Ibid, pp. 121-122.
35) 개별적 법조항이 실효성의 상실로 무효가 되는 것은 그 조항이 사멸(死滅, desuetudo)한 것으로 인정되는 특별한 경우에 한정하고 있다. Kelsen, Ibid, pp. 119-120, 122.

도 하다. 따라서 쿠데타가 헌법에 의하여 창설된 법질서 자체를 단절시키거나 혹은 이를 새로 창설하는 성격을 가진 초헌법적 조치라고 하더라도 입헌주의 헌법체제를 도출한 보다 상위의 원칙인 국민주권과 민주주의의 한계를 벗어날 수는 없다. 이 점에서 쿠데타는 사회의 가치체계에 대한 광범위한 변혁과 주권의 소재이동을 수반하는 진정한 의미의 혁명과는 명확히 구분된다. 따라서 쿠데타가 성공하여 실효성을 확보하여 현실적 법질서를 효과적으로 통제하게 되었다고 하더라도 그 헌법적 정당성은 '주권자인 국민의 진정한 승인'이 있는가의 여부에 따라 종국적으로 판단되어야 한다.

입헌주의 헌법체제에서 쿠데타는 헌법내부적 절차를 무시하고 이를 위배하여 헌법기관의 담당자를 변경시키는 과정으로서 이른바 헌법의 폐제(廢除, Verfassungsbesei-tigung)에 해당하며, 이는 정치이념과 지배체제의 근본적 변경을 수반한 정치권력의 이동으로서 기존 헌법의 파괴(破壞, Verfassungsvernichtung)를 의미하는 혁명(革命, Revolution)과 구별된다. 쿠데타 행위자들에게 기존 헌법의 핵에 해당하는 기본적 헌법사항에 대한 변경의지는 없으며 그들은 단지 정권을 탈취하는 것을 목표로 하므로 쿠데타에 의하여 헌법의 동일성이 상실되는 것은 아닌 데 반하여, 혁명에 의하여서는 구헌법과 함께 그 기본원리도 변경되며 헌법의 동일성 자체가 변경되기 때문에 이러한 중대한 차이는 쿠데타의 헌법적 평가에서 유의미하게 반영되어야 마땅하기 때문이다. 혁명의 경우와는 달리 쿠데타에 있어서는 구헌법의 동일성을 좌우하는 핵심적 헌법원칙들은 쿠데타의 과정을 넘어서 신헌법에도 적용되며 그 과도기적 상황에서도 최고법규범으로서 그대로 효력을 유지하므로 이를 헌법심사의 기준으로 삼아야 한다.

그러므로 쿠데타에 대한 합헌성 재판에서는 비록 구헌법조항들이 효력을 상실하였다고 하더라도 동일성이 유지된 헌법의 핵심적 기본원칙은 여전히 재판의 준거가 되어야 한다.

따라서 쿠데타의 합법성 여부에 있어서는 단지 그것이 성공하여 실효적으로 확립되었다는 점 이외에 국민적 승인에 대한 판단이 필요하다. 여기서 국민적 승인은 구체적으로 어떠한 경우에 존재한다고 판단하여야 하는가 하는 점이 문제될 것이다. 이는 쿠데타실행 전의 기존 법질서의 민주성의 정도, 쿠데타의 실행 동기, 쿠데타 실행 방법의 폭력성과 피해의 정도, 쿠데타 과정에서 나타난 대중의 반응, 인권 침해의 정도, 쿠데타 실행 이후의 대국민 조치들의 민주성의 정도 등을 종합적으로 고려하여 객관적으로 판단할 문제라고 할 것이다.[36) 따라서 단지 국민이 쿠데타 세력이 정권을 장악한 직후 별다른 반대의 반응을 보이지 않고 순응하였다는 등의 사정만으로는 이러한 국민적 승인을 추정할 수 없다고 할 것이다. 쿠데타 직후 정치적 전후 사정이 공개되지 아니한 채 강압적 분위기 하에서 국민투표 등으로 조작한 국민의 의사는 국민의 진정한 다수의사로 볼 수 없다. 또한 쿠데타의 실행을 전후하여 국민들을 체포·고문·살상하는 등 광범위한 인권침해가 병행되었다면 이러한 사정만으로도 이미 국민의 승인은 인정될 수 없을 것이다.

나아가 입헌민주주의 국가의 현실정치에서 정치적 의사결정이 다소 비민주적으로 이루어진다고 하여 이를 구실로 하여 일으킨 쿠데타에 대하여서는 국민적 승인이 있다고 볼 수 없다. 민주주의 정치체제를 지향하는 국가라면 어느 나라이건 민주주의에 완벽할 수는 없으며 그 불완전성은 입헌주의의 틀 내에서 국민여론을 수렴해가면서 이루어지는 합법적인 정치활동으로 개선되어 나가야 한다. 그러므로 입헌민주주의를 표방하고 이를 지향하는 국가에서 민주주의 실현의 정도에 불만이라거나 강력한 지도력이 필요하다든지 부정부패가 만연한다는 등의 주관적인 정치적 이유로 일으키는 쿠데타에 주권자인 국민의 승인이 있다고 할 수 없다.

그러나 가령 권력담당자가 영구집권을 제도화하여 이를 실현하는 헌법질서를 구축한 다음 권력을 남용하여 국민의 자유로운 정치참여권을 배제하고 정치적 자유를 억압하는 경우 이러한 국가적 차원의 체제적 불법(不法)에 대항하여 기존의 반민주적 헌법에서 요구하는 절차에서 벗어나 정권을 교체하기 위하여 실행된 쿠데타에 대하여서는 주권자인 국민의 승인을 추정할 수 있을 것이다.

그러나 쿠데타의 실행 당시 그 적법성이 인정되지 않는다고 하더라도 사후에 쿠데타의 적법성에 대한 국민의 유서(宥恕, condonation)가 있다고 판단될 수는 있다. 쿠데타가 성공하여 일단 법질서를 실효적으로 장악한 쿠데타 세력이 새로운 법질서를 창출하여 상당기간 이를 시행하게 되어 신 법질서가 구 법질서보다 월등하게 민주적이고 인권을 충실히 보장하는 체제로 운영되었다면 여기서 국민적 유서가 발생한다고 볼 소지가 있다.[37) 유서가 있을 사정으로는 ① 쿠데타 이후 즉시 민간지배 등 정

---

36) J. M. Eekelaar, Principles of Revolutionary Legality, Oxford Essays in Jurisprudence, 2nd Series, 1973, p.22-43. 여기서 Eekelaar는 실효성 이론을 비판하고 쿠데타 전후의 모든 정황을 고려하여 국민의 승인이 있었다고 볼 수 있는지 여부에 따라 그 합법성을 판단하여야 한다고 보고 있다.
37) 쿠데타의 유서 가능성에 대하여서는 앞서 본 지라니 판결이 이론적 단초를 제공하고 있다. 또한 국민

상적 입헌주의체제로 복귀하였는지 여부 ② 새로운 법질서가 입헌민주주의에 충실하게 운영되었는지 여부 ③ 국민의 정치적 자유를 포함한 모든 기본권의 보장에 충실하였는지 여부 ④ 정권교체의 진정한 가능성이 부여되었는지 여부 ⑤ 국민의 복리증진과 부패 척결 등 당면한 국가목표를 성실히 완수하여 국민적 신뢰를 받고 있는지 여부 등을 종합적으로 고려하여 판단되어야 할 것이다. 그러나 쿠데타 직후에 쿠데타 세력이 새로 고안한 헌법 등 신 법질서의 승인 가부에 대하여 실시된 국민투표의 결과가 비록 찬성으로 나타났다고 하더라도, 아직 쿠데타로 인하여 조성된 정치적 위협이 계속되고 쿠데타의 정치적 정당성 판단 여부에 대한 충분한 정보가 국민들에게 제공되지 못한 상황에서 승인 거부를 통한 국가적 혼란을 택할 것인가 아니면 승인 허용을 통한 사회적 안정을 택할 것인가의 양자택일을 국민들에게 강요하는 것이 되는 한, 그것은 국민이 쿠데타에 대하여 진정한 유서를 하였다는 표시가 될 수 없다.

법원에 의하여 쿠데타에 대한 국민의 유서가 인정되는 경우 당해 쿠데타의 합법성 결여의 하자는 소급적으로 치유된다고 보아야 할 것이다.[38]

3. 국가 필요성의 법리

영연합 국가의 판례법에서는 전통적으로 국가 필요성(doctrine of state neccesity)의 법리를 인정하고 발전시켜 왔다. 원래 이 법리는 형사법상 범죄행위의 정당화 사유로 출발한 것이지만[39] 헌법에도 전용되어 위헌입법에 따른 조치의 정당화 법리로서 활용되기 시작하였다.[40]

쿠데타를 실행한 군사정부의 조치를 둘러싸고 이 법리의 적용이 문제된 다수의 사건들에 의하여 법리의 내용은 점차 구체화되었는데 앞서본 그레나다의 미첼판결에

주권의 원칙에 비추어 보더라도 이를 인정하는 것이 타당하다고 본다.

38) 세이셸의 바람직 판결에서는 실효성의 확립을 시간을 두고 판단하여 인정하고 쿠데타 당초부터 합법성이 소급되는 것으로 본 것과 같은 취지로 유서의 경우에도 소급을 인정함이 상당하다.

39) 대양에서 난파한 선원들이 20일간 구조되지 못한채 굶주리게 되자 가장 어린 선원을 죽여서 시체를 먹었던 식인행위를 살인죄로 기소한 사건에서 필요성의 원칙이 처음으로 주장되었지만 법원은 이를 수용하지 않았다. Her Majesty The Queen v. Dudley and Stephens (1884) 14 QBD 273 DC.

40) Cyprus v. Mustafa Ibrahim & others (1964) Cyprus Law Reports 195. 키프로스에서 소수파인 터키계의 의회 보이콧 사태를 직면하여 다수파 그리이스계가 헌법에 위반하여 터키계의 참여없이 행한 입법에 따른 조치의 합법성에 관하여 키프로스 법원은 그 조치의 헌법적 정당성을 판단하기 위하여 필요성의 원칙을 적용하였다.

이르러 그 요건이 명확히 되었다. 이에 따르면, 필요성 인정의 요건으로서 ① 예외적으로 긴급한 상황에서 조치가 필요하고(긴급성), ② 다른 적당한 대책이 존재하지 않으며(보충성), ③ 필요한 이상의 조치가 되어서는 안되고(최소성), ④ 국민의 기본권을 과도하게 침해하는 것이 되어서는 안되며(인권의 존중), ⑤ 정상적인 법질서의 회복을 위하여서만 행사되어야 한다는 것(소극성) 들을 요구하였다.[41]

이 법리가 쿠데타의 합법성을 인정하는 원리로도 사용될 수 있을 것인지 문제될 수 있지만 파키스탄의 도소판결 이래 지라니 판결에 이르기까지 이것은 반드시 위헌적 절차에 의하여 발생한 입법에 따른 조치를 법적으로 정당화하는 사유로서만 활용될 수 있다고 해석되고 있다. 앞서 본 요건에서 나타나는 바와 같이 필요성의 원칙은 기존 헌법의 수호를 위하여서만 적용될 수 있으므로 헌법의 교체의 정당화 원리로는 활용될 수 없다. 앞서 본 나이지리아의 라칸미 판결이 기존 헌법이 무효화되지 않았다는 전제 하에 필요성의 원칙에 따라 판단할 때 더 이상 군사정부를 유지할 사유가 존재하지 않는다는 이유로 쿠데타 군사정부의 법적 정당성을 배척하였던 것은 이 원칙이 쿠데타 자체의 정당화 원리로는 제대로 기능하지 못함을 보여준다.

그러므로 필요성의 원칙은 쿠데타의 합법성 자체의 문제보다는 쿠데타 정부가 발령한 다양한 사후 조치들의 유효성 인정 여부를 판정하는 기준으로 활용되고 있다. 이는 남로디지아의 마짐바무토 판결, 그레나다의 미첼 판결이나 피지의 프라사드 판결 등 다수의 사례에서 나타난다.

Ⅳ. 각 법리에 대한 비판적 검토

1. 혁명의 합법성 법리

(1) 혁명과 쿠데타의 구분 무시

혁명의 합법성의 원칙(principle of the revolutionary legality)은 켈젠의 순수법학적 관점에서 법질서의 불연속을 설명하는 이론이다. 이러한 논리에 의하면 기존 법질서에 대한 불연속의 사정이라면 그것이 사회의 기본적인 구조의 변혁을 수반하는 혁명

---

41) Mitchell v. Director of Public Prosecutions, 1985, L.R.C. Const. 127.

의 경우나 단지 정권담당자의 교체만을 노리는 쿠데타의 경우나 법적 정당성 판단의
문제에서 서로 구분하지 않는다. 국민의 혁명의 경우이든 쿠데타의 경우이든 기존 법
질서외적인 방법에 의하여 그 법질서를 무력화하는 것이며, 이러한 변화가 실효적인
것으로 확립될 때 구법질서는 소멸하고 신 법질서가 창설되는 점에서 마찬가지이기
때문이라는 것이다.[42]

그러나 국민의사와 사회변화를 반영하여 기존의 정치체제와는 불연속적으로 등장
한 정치집단과 오직 폭력으로 정부를 무너뜨린 '도적집단'의 명령은 합법성의 평가에
서 구분되어야 할 것이다. 사회 전반의 구조적 변화를 대변하는 것이 아니라 오직 정
권을 탈취하기 위한 목적에서 실행되어 성공한 정치적 도박행위는 아무리 일부 법학
자가 자신의 독특한 방법론에 의지하여 법적으로 혁명과 다를 바 없다고 주장하더라
도 단순한 권력찬탈로서의 본질이 달라지지 않는다.[43] 혁명은 사회의 전반적 발전과
변화로 그 기반이 되는 정치이념이 변화하였음에도 불구하고 이를 적법하게 반영할
수 없는 기존의 법질서를 강제로 교체하는 것으로서 그 목적은 사회적 변혁을 법질
서에 반영하는 것에 있는 반면, 쿠데타는 특정의 정치세력이 국가권력을 담당한 권한
을 강제로 빼앗는 것으로서 그 목적은 개별적 권력욕을 실현시키는 데에 있는 것으
로 법적 정당성을 판별함에 있어서 본질적인 차이를 가진다.

(2) 법학이론과 재판규범의 혼동

켈젠의 순수법학이론은 법의 개념과 본질에 관한 하나의 이론적 주장이므로 그의
이론이 무조건 실정법이 될 수는 없다.[44] 이 점은 이른바 근본규범이 가설적 주장에
불과한 점에서 특히 문제된다. 근본규범은 실재하는 법규범이 아니라 켈젠의 법에 대
한 형식주의적 사고에 일관성을 가져오기 위하여 그가 단지 가정적으로 상정한 개념
으로서 이를 실정법의 일부로 보기는 어렵다. 또한 켈젠의 논리에 의하여서도 근본규
범은 독립하여 초월적으로 존재하는 것이 아니며 특정의 헌법이 존재할 때 그 법적

---

42) 켈젠은 혁명을 법적으로는 '비합법적 방법으로 법질서가 교체되는 것'이라고 정의하면서, 이것이 폭력
적 봉기의 형태를 띤 것인지 아닌지는 여기서 중요하지 않다고 말한다. 또한 이러한 행위가 대중적 운
동에 의한 것이든 일부 정부 관리에 의한 것이든 구분할 필요가 없다고 한다. Kelsen, Ibid, p. 117,
221.
43) Eekelaar, Ibid, pp. 22-23.
44) Hatchard & Ogowewo, Ibid, p. 30.

효력의 근거를 설명하기 위하여 논리적으로 전제하는 형식적 개념에 불과하다.[45] 켈젠은 근본규범이란 '최초 헌법에 규범으로서의 효력을 부여하여야 한다'는 의미만 가진다고 하며[46] 구체적 내용을 담고 있지 아니하기 때문이다. 그럼에도 불구하고 쿠데타의 합법성을 인정하는 판례들은 쿠데타에 의하여 근본규범이 변경된다고 하면서 새로 정립된다는 근본규범을 쿠데타의 정당화 근거로 삼고 있다.[47] 이는 근본규범의 변경에 관한 켈젠의 주장을 원용하여 근본규범을 헌법상위의 실정법으로 삼고 이를 재판에 적용되는 심사기준으로 활용하는 것이나, 재판상 판단의 준거가 될 수 있는 헌법상위의 법규범이란 존재하지 않으므로 이러한 근본규범을 실제 재판에 적용하여서는 안될 것이다. 요컨대 '성공한 쿠데타에 의하여 새로 창조된 헌법은 유효하다'는 내용의 헌법상위의 실정법 규범은 존재하지 않는다.[48]

(3) 민주적 정당성 요소에 대한 인식 결여

켈젠 이론은 법학에서 비법적(非法的) 요소를 완전히 배제하여야 한다는 원칙 하에 일체의 정치적 요소를 고려대상에서 제외한다. 이러한 방법론을 액면 그대로 관철하면 그 법질서가 민주주의적 이념에 의거하여 수립된 것이건, 비민주적 이념에 기초한 것이건 구분하지 않게 된다.

그러나 전체로서의 법질서는 단지 수범자에게 실효적으로 강제된다는 것만으로 그 정당성이 충족되는 것은 아니다. 법질서는 수범자에 대한 강제로서의 성격을 가지지만, 동시에 국가와 사회생활의 기본적 내용과 형태에 관한 '주권자인 국민의 결단'을 담는 것으로서 주권자의 정치적 의사가 반영되어야 법적 정당성을 가질 수 있다. 그러므로 쿠데타를 통한 헌법의 불연속적 변화에 있어서 쿠데타가 주권자인 국민의 의사에 반하거나 국민의 기본권을 중대하게 침해하는 내용과 방식을 가진 경우에는 그 합법성이 인정될 수 없다. 특히 쿠데타의 경우에는 기존 법질서의 전부를 파괴하

---

45) 근본규범이란 '최초 헌법의 제정자 혹은 그로부터 입법권을 위임받은 자에 의하여 결정된 조건과 방법에 따라 강제력이 행사된다'는 명제를 의미할 뿐이고 여기에 특별한 법적 내용이 담겨져 있지 않다. Lars Vinx, Hans Kelsen's Pure Theory of Law, Legality and Legitimacy, Oxford University Press, 2007, p. 42.

46) Kelsen, Ibid, p. 115.

47) 앞서 본 도소, 마토부, 마짐바무토 판결 등 참조.

48) Tayyab Mahmud, Jurisprudence of successful treason: coup d'état and common law, 27 Cornell International Law Journal. 49, Winter, 1994. pp. 110-113.

는 것이 아니고 정권담당자의 비합법적 교체만을 실행하는 것이므로 기존 법질서의 민주주의적 원리요소는 변함없이 유지된다고 보아야 할 것이다. 그렇다면 쿠데타의 전후 과정에서 실행된 조치의 합법성 심사에 있어서는 기존의 법질서 이래 최고의 법규범으로 존속하는 민주주의 원칙이 판단기준이 되어야 한다.

또한 오늘날 현대국가는 모두 민주주의 원칙을 기반으로 하며, 아무리 국가의 위계질서상 최상위의 권한을 획득하고 자신보다 더 상위의 권력이 더 이상 존재하지 아니하는 위치에 오른 주권적 권력자(예컨대 영국의 의회)라고 하더라도 그에게 민주주의 헌법의 기본원칙상의 한계는 엄연히 존재한다.[49] 이 점에 관하여 하트(H.L.A. Hart)는 이러한 헌법적 제약을 아예 권력획득자의 권력범위 밖의 사항으로 간주하여 일반적인 법적 의무로부터의 무제약과 분명히 구분하고 있다.[50] 쿠데타의 실행자에게도 이러한 원칙이 적용되어야 할 것이다.

사실 켈젠도 강제규범으로서의 법이 주권자인 국민에게 자율적인 규범으로서의 의미를 가지기 위해서는 민주주의 원칙에 의한 법질서가 되어야 바람직하다고 보고 있다. 다수지배를 의미하는 민주주의 원칙을 실질적으로 수용하지 아니하는 국가법질서는 '지배의 타율성(heteronomy)' 때문에 정당성이 없다는 것이다.[51]

2. 국민적 승인의 법리

(1) 살아있는 권력에 대한 적용의 현실적 곤란성

쿠데타 세력이 모든 국가권력을 실질적으로 장악하고 있는 상태에서 사법부가 국민적 승인의 법리에 의존하여 그 쿠데타의 합법성을 부인하는 판결을 한다는 것은 현실적으로 어려운 문제이다. 정부를 장악한 쿠데타 세력이 이 판결을 무시하고 그 집행을 거부하며 나아가 이러한 판결에 관여한 법관들을 법원에서 축출하는 비상조치를 시도할 것이 충분히 예상되기 때문이다. 이러한 사태는 앞서 본 나이지리아의 라칸미(Lakanmi) 판결에서 전형적으로 드러났으며, 피지의 카라시(Qarase) 판결에서도 마찬가지였다. 물론 피지의 프라사드(Prasad) 판결의 경우와 같이 쿠데타 정부가

---

49) H. L. A. Hart, The Concept of Law, second edition, Oxford University Press, 1997, p. 68.
50) Ibid, p. 69.
51) Lars Vinx, Ibid, p.104-113(torment of heteronomy).

판결을 받아들이는 경우도 있었으나, 이는 쿠데타를 주도한 군부가 구 법질서로 회귀하더라도 배후에서 정치적 영향력을 유지할 수 있는 예외적 상황에 있었기 때문이다.

국민적 승인의 법리는 앞서 제반 판례의 흐름에서 나타난 바와 같이 켈젠류의 혁명의 합법성 법리를 쿠데타에 적용시키는 데에 대한 정의롭지 못한 결과에 대한 불만에서 차츰 발전하여 대세가 된 법리라고 할 수 있다. 그러나 살아있는 쿠데타 권력에 반대하는 논리로 활용되어 법원이 쿠데타 정부와 정치적으로 정면충돌하게 되는 경우에는 법원이 이 법리를 채택함에 있어서 부담스러울 수밖에 없고 보다 신중을 기하게 될 것을 예상할 수 있다. 그러한 관계로 쿠데타 정부가 물러나지 않은 상황에서는 국민적 승인의 법리에 의하여 쿠데타의 합법성을 부인하는 판결에 대한 기대가능성은 낮으며, 이 법리의 재판상 적용의 현실적 한계는 여전히 존재한다.

(2) 국민적 동질성의 문제

국민적 승인의 법리란 결국 국민주권과 민주주의 원칙을 이 문제에 적용하는 것인데 사안에 따라서는 이러한 적용이 의미가 없거나 위험할 수도 있다. 이는 쿠데타가 발생한 국가가 민주주의 국가로서 제대로 운영될 기본적 전제조건인 국민적 동질성을 어느 정도로 구비하였는가의 문제와 연결된다. 예컨대 피지(Fiji)에서는 토착 피지인과 영국식민지 시대에 도래한 인도(India)인의 비율이 거의 절반씩이어서 국가가 언어와 정치문화 등 모든 측면에서 이질적인 양 인종들의 사회로 양분되어 국민적 동질성이 심각하게 훼손되어 있다. 그 결과 인구 면에서 차츰 열세에 빠져가는 토착 피지인이 오직 다수결에 의한 수적 우세를 중시하는 민주주의 체제에 불만을 가질 수 있고 이는 계속되는 쿠데타로 분출되고 있는 것이다. 이러한 상황에서 쿠데타의 합법성을 전체 국민의 승인 내지 다수의사에 의하여 계량적으로 판별하면 그만이라고 할 수는 없을 것이다. 요컨대 쿠데타의 빈발 등 피지의 정치불안은 무책임한 영국식민지 정책의 결과이며 양 인종사회의 대립과 갈등이 정치사회적으로 해결의 실마리를 잡지 않는 한 종국적으로 풀릴 수 없다.

유사한 문제점은 단단한 동질의식에 의하여 결집된 부족들이 주변 부족들과 반목하면서도 함께 하나의 국가의 국민을 형성하고 있는 아프리카의 대부분의 국가들에서도 나타난다. 쿠데타가 빈발하는 제3세계 국가들에서 이러한 국민적 동질성 결여의 문제가 심각한 것에는 이들이 식민통치를 벗어날 때 영국등 식민모국이 임의로 설정한 경계에 의하여 국가를 형성한 데에 주된 원인이 있는 것이다. 이처럼 국민적 동질성이 미약한 국가에서 발생한 쿠데타의 합법성 판단에 있어서는 전체 국민을 단위로 한 국민적 승인의 원칙이 무조건적 정의(justice)가 되기는 어려울 것이다.[52]

3. 국가 필요성의 법리

(1) 요건의 해석과 남용 가능성

국가 필요성의 법리는 그 요건들에서 드러난 바와 같이 원칙적으로 기존 헌법질서를 수호하기 위한 보수적 원리로서만 작동한다. 그런데 쿠데타는 기존의 법질서를 깨뜨리고 새로운 법질서를 형성하겠다고 나서는 것이 보통이며 그 과정에서 기존 헌법의 효력 정지나 폐기가 흔히 실행된다. 따라서 이 법리는 개념적으로 쿠데타의 합법성 법리 판단에 적용하기에 부적합하다.[53] 다만 예외적으로 쿠데타 주도자가 기존 헌법의 수호를 내걸고 제반 조치를 행하고 있을 경우에는 그 한도에서 이 법리의 적용이 자연스러울 수도 있을 것이다.

그러나 쿠데타의 합법성 판단기준으로 국가 필요성의 법리를 제시하면서도 당해 법원이 그 요건을 완화하여 오직 공익상의 필요만 있다면 이 요건을 충족하는 것으로 너그럽게 해석하여 버린다면 이 원칙은 실제 적용의 측면에서는 혁명의 합법성 원칙과 다를 바가 없게 될 수도 있다. 앞서 살펴본 파키스탄의 부토 판결이 그러한 사례에 해당한다.

(2) 쿠데타 정부의 후속 조치에 대한 적용

국가 필요성의 원칙은 기존 법질서 자체를 붕괴시키고자 하는 쿠데타의 합법성을 판단하는 일반기준으로는 적합하지 못하다. 다만 쿠데타 정부의 대국민 후속 조치들의 법적 효력을 판단함에 있어서는 법적 안정성의 고려 하에 이 원칙에 따라 판단하는 것이 적절할 수 있다. 실제로 그레나다의 미첼 판결이나 피지의 프라사드 판결 등

---

52) Richard N. Kiwanuka, On revolution and legality in Fiji, 1988, International & Comparative Law Quarterly, 961, 968-974.
53) 앞서 본 세이셸의 바랍하지 판결에서는 쿠데타의 합법성 판단에 필요성의 원칙이 적합하지 못하며 실효성의 원칙에 의하여야 한다고 하였다. p. 955.

다수의 사례들에서 이러한 용례를 발견할 수 있다.

V. 판단회피론에 대한 검토

앞서 본 영연합 국가들의 판결에서 나타난 바와 같이, 군사쿠데타가 성공하여 쿠데타 정부가 실효적으로 지배하는 상태에서 쿠데타의 합법성과 그 후속조치들의 법적 효력 여부를 판단하게 된 사법부는 보통 켈젠의 혁명의 합법성 논리에 의거하여 쿠데타의 합법성을 정면으로 인정하였다. 그러나 이는 켈젠 법리의 논리적 우월성이 인정되었다고 하기에 앞서 살아있는 힘 앞에서 사법부가 사실상 굴복한 의미가 크다고 본다. 다만 라칸미 사건 등 예외적으로 그렇지 아니한 사례가 있었으나, 이 경우도 결국은 쿠데타 세력의 힘에 의하여 굴복되고 파기된 경우가 많았다.

여기서 이론상으로는 쿠데타에 대한 불법성 판단이 옳다고 하더라도 쿠데타 세력이 지배력을 유지하고 있는 상태에서 사법부의 이러한 판단이 사실상 불가능함을 고려하여 쿠데타의 합법성 여부를 차라리 정치문제(political question)로 보아서 사법부가 판단을 회피하는 것이 바람직하지 않는가 하는 문제가 제기된다.54)

1. 정치문제로 보아야 한다는 주장의 논거

(1) 헌법상 정립된 판단규범의 결여

쿠데타를 법적으로 정당화할 수 있는지 여부에 대하여는 명확한 판단규범이 존재하지 아니하므로 법원이 자의적 기준을 세워서 여기에 개입할 수 없다는 것이다. 정치문제란 헌법에 의하여 법원이 아닌 다른 국가기관에서 판단하도록 정하여진 사항이라고 본 미국 연방대법원의 판결 취지에 비추어 볼 때 쿠데타의 합법성 문제는 정치문제의 전형적인 경우에 해당한다고 본다.55) 법원의 재판은 특정의 법적 분쟁에 어떠한 법이 적용되어야 하는지 이를 찾아내어서 적용하는 것인데, 쿠데타의 경우 이것에 의하여 최고규범인 헌법이 효력을 상실한 상태로서 더 이상 여기에 적용할 법을

---

54) Mahmud, Ibid, pp.131-138. 여기서 Mahmud는 쿠데타 합법성 재판을 정치문제로 보아서 법원이 판단을 회피하여야 한다고 주장하고 있다.
55) Marbury v. Madison, 5 U.S. 137 (1803), at 170; Luther v. Borden, 48 U.S. 1. (1849) at. 28-30.

찾을 수 없으며, 결국 이 문제는 사법판단에 적합하지 않고 정치적으로 해결되어야 할 문제라는 것이다.

(2) 사법판단의 부적합성

다음으로 쿠데타에 의한 법질서의 실효적 확립이라는 사실에 대한 공평한 증거조사가 용이하지 않다는 것이다. 쿠데타 세력이 권력을 장악한 상태에서 이 점에 관한 증거조사는 정부측의 입증자료에 전적으로 의지하게 되어 일방적이 될 가능성이 높으며, 여기에 당해 재판부의 편견과 감정이 개입되기 쉽다. 또한 쿠데타는 매우 격정적인 사회변화를 내용으로 하는 현상이므로 냉정히 객관적으로 숙고한 다음 결론을 내려야 하는 사법판단의 대상으로 삼기에 적합하지 않다.

(3) 판결의 집행가능성 희박

쿠데타의 불법성을 확인하는 내용의 판결을 할 경우 쿠데타 세력은 거의 필연적으로 그 결정에 반발할 것이다. 그리하여 법원의 판결을 무시하고 이를 집행하지 아니할 뿐만 아니라, 입법에 의하여 판결의 내용을 번복하고 폭력과 위협에 의하여 당해 판사들을 사직시키고 재판부를 재구성하여 자신들에 유리한 새로운 판결을 정립하려고 할 것이다. 이러한 여건 하에서 법원이 독립하여 소신에 따라 객관적 판단을 내리기는 어려우며, 이러한 현실도 사법심사의 부적합성을 뒷받침한다고 볼 수 있다.

2. 정치문제라는 주장에 대한 반대 논거

(1) 헌법재판에서의 정치문제의 배제

정치문제로서 법원이 판단을 회피하여야 한다는 논리에 대하여서는 여러 가지의 반박이 가능하다. 먼저 오늘날 헌법에 헌법재판소 제도를 명문으로 도입하여 헌법재판을 본격적으로 시행하고 헌법국가체제에서는 정치문제로서 헌법재판의 대상에서 제외되어야 할 분야가 아예 인정되지 않거나 인정되더라도 극소화되고 있는 점을 고려하여야 한다는 것이다. 물론 외교문제나 대외관계 등에서 정치부문의 결단을 사법부가 어느 정도 존중하여야 할 필요는 있겠지만 무슨 사안이든 오직 정치적 성격이 강렬하다는 이유만으로 사법판단이 배제될 수는 없다. 헌법재판은 바로 이러한 정치적 성격이 강한 국가적 사안을 대상으로 헌법적 판단을 하는 제도이기 때문에 그 대상은 오히려 강한 정치성을 가지는 것이 보통이다. 쿠데타는 그 내용이 물리적 힘을 동원하여 기존의 헌법체제 하에서 적법하게 권한을 부여받아 직무를 수행하는 국가기관 담당자들을 실각시키고 자신들이 대신 그 직위를 차지하겠다는 것이므로 여기에 외교관계나 국방문제 등 법원이 판단하기 어려운 복잡한 전문 행정사항이 주된 쟁점이 아니다. 고도의 정치성을 띤 문제라는 점을 부인할 수는 없겠지만 이것만으로는 헌법재판의 대상성을 부인하기에 부족하다.

또한 사법판단의 준거가 되는 법체계가 붕괴되었으므로 판단을 할 수 없다는 것도 쿠데타의 경우 기존의 법질서 전체의 변혁을 목적으로 한 것이 아니라 일부 정치적 비중을 가진 국가기관의 담당자를 교체하기를 노릴 뿐이라는 점에서 달리 생각할 수 있다. 쿠데타를 전후하여 헌법의 연속성은 유지되고 기존 헌법의 제 규정과 원칙들이 재판규범으로 활용될 수 있기 때문이다. 비록 그들이 쿠데타를 성공시키고 기존 헌법의 효력을 정지시키는 등의 조치를 한다고 하더라도 국민주권과 민주주의 그리고 법치주의 및 기본권의 존중 원칙에 기초한 헌법의 기본 원리는 여전히 사법판단의 준거가 될 수 있는 것이다. 쿠데타의 합법성의 문제에서는 바로 이러한 헌법의 근본원리에 의한 판단이 주된 문제가 되기 때문에 쿠데타로 인한 기존헌법의 전부 또는 일부 조항의 효력 정지는 사법판단을 회피할 사유가 될 수 없는 것이다.

(2) 사법적 판단의 적합성

다음으로 증거판단에 관하여 보아도 쿠데타의 모의나 실행의 구체적 과정에 대한 증거수집이 특별히 곤란할 이유는 없다. 다만 쿠데타 행위자들이 자신들에게 불리한 증거를 은닉하거나 제출을 거부함으로써 재판을 사실상 어렵게 할 소지는 있지만 이러한 이유로 사건이 사법판단에 부적합하다고 이론화할 수는 없는 것이다. 또한 쿠데타가 사회의 기초를 흔드는 사건으로서 쿠데타에 의하여 그 사회는 정치적으로 격앙된 분위기 하에 빠진다고 할 수는 있겠지만 바로 그러한 상황이기 때문에 가장 냉정하고 객관적으로 판단할 수 있는 사법부의 개입이 오히려 필요하다. 이 문제는 정치부분에 맡기게 되면 정치적 이해타산에 좌우되어 국민의 의사를 제대로 반영하지 못하거나 그 정당성 여부에 대한 판단 자체가 흐지부지될 수도 있으며 정의로운 결과를 얻기 어렵게 될 것이다.

3. 평 가—합법 판단과 결과적 동일

쿠데타가 성공한 후 입법과 행정의 주요 국가기관을 실효적으로 장악한 쿠데타 세력에게 남는 과제는 그 법적 정당성을 확보함에 있게 된다. 따라서 사법부의 쿠데타의 합법성 판단은 성공한 쿠데타의 실행세력에게도 중대한 문제가 된다. 만에 하나라도 사법부에서 불법을 확인하는 판결이 나오게 되면 성공한 쿠데타는 정당성을 잃고 정치적으로 흔들려서 새로운 위험에 직면할 수 있기 때문이다. 쿠데타세력에게도 합법성 판단을 받는다는 것은 쿠데타의 성공을 종국적으로 인증받는 의미를 가지게 된다. 따라서 이러한 재판을 담당하는 법원에 대하여 회유와 협박을 서슴지 않을 것이고, 불법판단을 실제로 행한 재판부의 판사들은 그 직위에서 축출되는 등 정치적 박해를 당할 각오를 하지 않을 수 없게 된다.

그러나 이러한 상황을 이유로 법원이 판단을 회피할 수는 없다고 본다. 이는 재판을 둘러싼 배경적 상황이지 재판의 내용에 직접 영향을 미칠 법적 쟁점은 아니기 때문이다. 또한 여기서 정치문제 등을 이유로 하여 판단을 회피하는 것은 그 합법성을 인정하는 판결과 실질적 의미의 측면에서는 동일하다는 점이 고려되어야 한다. "성공한 쿠데타는 새로운 법질서를 창출하여 합법성이 인정된다"고 하는 것과 "성공한 쿠데타는 정치문제로서 사법판단의 대상이 되지 않고 정치부문에서 알아서 해결할 문제이다"고 하는 것은 쿠데타를 성공시킨 정치세력에게 통치권을 허용하는 취지의 면죄부적 판결이라는 점에서는 아무런 차이가 없기 때문이다. 결국 법원은 그 합법성을 인정하는 판결을 하든지 합법성을 부인하는 판결을 하든지 두 가지 선택 가능성이 있을 뿐 여기서 진정한 의미의 제3의 절충적 방안으로서의 판단회피의 길은 존재하지 않는다고 하겠다.[56]

---

56) Ambrose O. Ekpu, Judicial response to coup d'etat: A reply to Tayyab Mahmud (from a Nigerian perspective), Arizona Journal of International and Comparative Law, Spring, 1996, 1, pp. 4-19.

Ⅵ. 맺음말

이상에서 살펴 본 바와 같이 영연합 국가의 판례에서는 쿠데타의 합법성을 인정한 것과 그렇지 아니한 것들이 혼재하고 있으며, 각각의 사례에서 제시되는 법리도 다양하였다. 그리고 각 사례에서 쿠데타 전후의 정황의 전개 양상에 따라 그 사례에 적용되는 법리의 내용도 상응하게 변화하는 경향을 보였다. 즉 어느 국가의 판결이든 당해 쿠데타의 구체적 사례에 가장 적절한 해답이 되는 법리를 찾아 선택하는 과정이었으며 각기 뉘앙스가 있는 독자적 법리들을 제시하고 적용하였다.

이처럼 각 판례에서 채택된 법리는 사안에 적응하여 서로 세부적 내용에서 차이를 보이고 있으나, 크게 볼 때 판례의 경향은 켈젠의 혁명의 합법성 원칙 또는 '실효성'의 법리와 민주주의를 강조한 '국민적 승인'의 법리의 대결로 파악될 수 있다. 다만 여기에 필요성의 법리가 부가될 수 있는데, 이는 다소 예외적으로 등장하거나 쿠데타 정부의 사후 조치들의 효력을 유지하기 위하여 보충적으로 활용되고 있다. 시기적으로는 실효성의 법리가 먼저 등장하여 쿠데타의 합법성을 인정하는 일반적 경향을 형성하였으나, 그 후 실효성의 구체적 의미에 관하여 보다 깊은 성찰이 이루어지고 민주주의에 대한 고려도 추구되어 판례이론상 국민적 승인의 법리가 점차 강조되어 결국 대세가 되었다고 할 수 있다. 그 법리는 여러 국가들의 판례에 의하여 단계적으로 발전되었는데, 앞서 본 그레나다의 미첼(Mitchell) 판결에서 가장 완성된 형태로 정리되었다. 국민의 승인론은 어떠한 쿠데타이든 성공하기만 하면 법적 정통성은 자동적으로 따라온다는 실효성론의 정의롭지 못한 결론에 대한 반성적 고찰의 결과이며, 제3세계 국가들의 입헌주의의 방어에 기여하여 왔다. 여기까지가 영연합국가들의 판례법 발전에서 최종적으로 얻어진 이론적 결론이라고 할 수 있을 것이다.

그러나 한편으로 이 법리 다툼이 일방적으로 국민적 승인 법리의 승리로 종결되었다고 단언할 수는 없다. 쿠데타의 합법성을 심리하게 된 법원은 쿠데타 세력이 실권을 유지하고 있는 상태에서 재판하여야 하는 처지에 놓이는 것이 보통이며, 이러한 상황에서 법원이 그 법적 정통성을 부인하는 취지로 판결하는 것은 현실적으로 극히 어렵기 때문에 실효성의 법리로 회귀(回歸)하는 판결이 실제로 나타날 소지는 여전하기 때문이다.

판단컨대 헌법이 혁명에 의하여 헌법외적으로 변화할 수 있다는 점을 전면 부정하거나 모든 헌법외적인 권력탈취행위가 성공하기만 하면 언제나 헌법적 정통성이 부여된다고 보는 것은 모두 극단적인 논리로서 액면 그대로 수용할 수는 없다. 특히 켈젠의 논리는 법학에서 정치를 배제하여야 한다는 기본 발상에서 시작하였으나 오히려 정치와 폭력이 마음대로 법질서를 유린하는 것을 용인하는 이론적 도구가 되어버렸다. 켈젠은 이 쟁점에서 재판실무상으로는 도저히 정의롭게 적용될 수 없는 지나친 단순논리를 전개하였으며, 그의 이론적 권위를 바탕으로 제3세계 국가들의 민주주의의 발전에 심각한 해악을 끼쳤다.

쿠데타에 의하여 헌법상의 국민주권의 원칙이 폐기되거나 정지된다고 할 수 없으므로 기존 헌법의 절차를 벗어난 쿠데타가 합법적이기 위해서는 국민적 승인이 있었음이 인정되어야 한다. 물론 국민적 승인의 여부는 쿠데타를 전후한 제반 정황들을 모두 고려하여 종합적으로 판단되어야 할 것이다. 또한 재판상 이러한 사정들은 엄격한 증거조사를 거쳐 편견없는 객관적 판단에 의하여 인정되어야 하며, 이러한 사실조사에 의하여 국민적 승인이 있었다고 볼 수 없다면 쿠데타는 헌법위반이라고 할 수밖에 없다.

한편 이러한 판단을 회피하기 위하여 정치문제나 통치행위 등의 법리를 활용하는 것은 적어도 헌법재판을 본격적으로 시행하는 국가의 법원에서는 부적절한 선택이라고 할 것이다. 이 문제는 헌법이 정치권에게 판단을 유보하여 사법부가 관여하지 못하도록 한 사항에 해당된다고 볼 근거가 없으며 이를 판단할 헌법적 심사원칙이 결여된 것도 아니기 때문이다. 또한 이러한 판단회피는 쿠데타의 합헌성을 인정하는 것과 실제 효과의 면에서 아무런 차이가 없으므로 별도의 독립된 방안으로서의 의미가 희박하다.

그렇다면 쿠데타 세력이 실권을 유지하고 있는 상황에서도 법원이 국민적 승인 등의 법리에 따라 쿠데타의 위헌성을 확인하여야 하는 것이 되는데, 이는 쿠데타 정권에 의한 당해 판결의 무시와 판결에 관여한 법관에 대한 정치적 박해를 초래할 우려가 크다. 그러나 이것이 판결의 법리 채택이나 결론 자체를 달리 하게 할 사유는 아니라고 하겠으며, 그러한 시대상황을 만난 법원은 정법(正法)을 세우는 책무를 어쩔 수 없이 떠안아야 한다고 말할 수밖에 없다. 영연합 국가의 사례들을 보아도 그와 같은 용기있는 판결이 가끔 존재했고 이것이 쿠데타정부의 퇴진과 민주적 조치를 유도하기도 하였음을 상기하고자 한다.

제 6장

테러와의 전쟁과 입헌주의의 위기

제6장
테러와의 전쟁과 입헌주의의 위기

I. 머 리 말

21세기에 들어와서 격화된 세계적 테러리즘에 대응하여 테러와의 전쟁을 내세우는 미국이 반테러조치를 강화함에 따라 이에 상응하여 입헌주의의 핵심이 되는 국민의 기본권 보장이 현저하게 퇴조하는 경향을 보였다. 입헌주의와 법의 지배의 위기라고 칭할 수 있는 이러한 상황은 미국의 역사에서 반드시 유례가 없었던 일은 아니다. 미국의 테러방지 법제는 건국 초기인 1798년 제정된 외국인규제보안법(Alien and Sedition Acts)에까지 거슬러 올라갈 수 있고,[1] 남북전쟁과 제1·2차 세계대전을 거치면서 방첩법(Espionage Act)의 제정, 10만명 이상의 일본계 미국인의 강제억류 등 이미 상당한 역사적 경험을 가지고 있기 때문이다.[2]

그러나 2001. 9. 11. 뉴욕의 무역센터와 워싱턴의 국방부 건물 등에 대한 대규모 테러사건(이하 '9.11테러'라고 약칭함)이 발생한 이후 이 분야에서 나타난 법제의 변화

---

* 본 장(章)은 2009년 10월 부산대학교 법학연구 제50권 제1호 통권 61호 27-48면에 게재한 '테러와의 전쟁과 헌법의 국외확장 적용 - 테러혐의자의 관타나모 구금 관련 미국 연방대법원의 부메디언 판결의 헌법적 함의 -'와 같은 잡지 제55권 제4호 통권 82호 91-116면의 '테러와의 전쟁과 입헌주의의 위기에 관한 헌법적 연구'의 두 논문을 결합하여 수정·보완한 것임.

1) 이 법은 정부나 정부관리를 잘못 비판하는 것을 처벌하는 조항을 두어 많은 미국인들이 이에 따라 처벌되었으나, 1800년 토마스 제퍼슨 대통령이 선거에 승리하여 취임하면서 이들을 모두 사면하였다. Chemerinsky, Erwin, The conservative assault on the constitution, Simon & Shuster, New York, 2010, p. 74-75.

2) 제2차 세계대전 당시 일본계 미국인의 격리수용조치는 미국의 예방적 구금의 가장 중요한 선례이다. 미국 연방대법원은 헌법상 근거하는 대통령의 군통수권 및 전쟁수행권을 존중하는 취지에서 이러한 규제조치를 원칙적으로 인정하였으나 미국인으로서 충성을 다하는 일본계 주민의 무기한적인 구금조치는 헌법위반이라고 판단하였다. Ex parte Endo, 323 U.S. 283, 302-303(1944) 대법원의 이러한 판단을 예상한 대통령은 판결 전일 일본인 구금시설을 폐쇄하였다. Blum, Stephanie Cooper, The necessary evil of preventive detention in the war on terror, Cambria Press, New York, 2008, p. 95.

는 이전과 비교하여 차별화되는 측면이 존재하는데, 이는 전자기기와 통신수단 등 정보매체의 발전과 교통수단의 개선이 비약적으로 이루어져서 한층 좁아진 지구촌 사회에서 국제적 테러에 보다 취약해진 국가사회를 보호하기 위해서 다방면에서 강력한 규제를 실현하는 입법이 출현하고, 국제법적 규율대상인 전쟁과 국내법적 규율대상인 범죄진압 사이의 한계선 상에 새로운 법적 발상이 창조되어 인권보호의 사각지대를 형성하고 있다는 점으로 정리할 수 있다. 이러한 미국의 반테러 입법이나 조치는 헌법적 측면에서는 국가의 테러대처 행위에 대하여 평시에 통용되는 법의 지배의 제 원칙들을 배제하거나 적어도 제한하는 성격의 것이므로 여기서 미국의 입헌주의는 특별한 위기상황을 맞았다고 할 수 있다.

이 연구에서는 9·11사건 이후의 미국의 반테러 입법의 내용을 기본권 제한의 측면에서 규명하고 반테러 입법의 법의 지배 원칙에 대한 충격과 영향을 헌법적 관점에서 평가하여 보고자 한다.[3] 논의하는 순서는 먼저 미국의 테러방지법제로서 가장 주요한 패트리어트법의 내용과 법적 의미를 평가하고(Ⅱ) 나아가 적전투원 지정과 예방적 구금제도의 운용과 이에 대한 판례법의 변화를 분석한 다음(Ⅲ), 테러와의 전쟁과 법의 지배의 상관관계를 검토하고 입헌주의적 기준에서 패트리어트법제와 예방적 구금제도를 검증하여 본 후(Ⅳ) 한국에서의 반테러법제의 범위와 한계를 상정하여(Ⅴ) 보고자 한다. 이하에서 차례로 살펴본다.

Ⅱ. 미국의 테러방지입법의 제정과 시행

1. 패트리어트법의 제정 과정

9.11 테러 직후 테러정보감시를 위한 행정부와 입법부의 산발적 조치들이 있고 난 다음, 2001. 10. 24.에는 보다 포괄적이고 체계적인 반테러법제로서 이른바 패트리

---

3) 관련된 국내 연구로는, 권영설, 반테러의 사전적 보호법리와 기본권 제한, 미국헌법연구 제17권 2호, 2006, 33-65면; 권영설, 반테러과정의 법치주의와 인권보호: Hamdan판결의 의의, 미국헌법연구 제19권 1호, 2008, 35-62면; 이계수, 반테러법과 위험에 처한 인권, 민주법학 제21호, 2002, 233-258면; 이계수, 테러방지법안의 쟁점, 민주법학 제25호, 2004, 371-401면; 제성호, 미국의 반테러법과 우리에 대한 시사점, 중앙법학 제5집 제3호, 129-162면 등을 들 수 있는데 이들은 테러방지법 혹은 예방적 구금법제에 대한 각각의 연구로서 여기서는 양 측면을 종합하고 동 논문이후의 입법이나 판례의 동향을 감안하여 평가하였다.

어트(PATRIOT) 법안[4]이 의회에 상정되어 찬성 357표 대 반대 66표로서 하원을 통과하였고, 이어서 그 다음날 상원에서는 98명의 의원이 찬성하고 단 1명의 의원이 반대한 가운데 법안이 가결되었다. 같은 달 26. 에는 부시대통령이 패트리어트법안에 서명하였다. 당시 테러의 여운이 식지 아니한 미국에서 이처럼 신속히 통과된 패트리어트법은 일단 여론의 지지를 받았으나, 이 후 내용의 문제점들이 계속 드러남에 따라 제대로 검토와 토론이 이루어지지 아니한 채 만들어진 졸속입법이라는 비판의 대상이 되었다.[5]

2. 개   요

(1) 의   의

패트리어트법은 10개 장(Title), 134개 조항으로 구성되었으며, 테러 방지와 진압을 위한 다 방면의 규제를 종합적으로 도입하는 방대한 내용을 가진다. 또 기존의 테러방지 법제를 전제로 이를 수정하는 내용과 새로 도입하는 제도가 혼합되어 있고 다양한 해석 가능성을 두고 있기 때문에 일반인은 거의 그 내용을 구체적으로 정확히 알지 못할 뿐만 아니라 정책결정자 계층도 잘 이해하지 못한 채 집행되고 있으며 법전문가들도 광범위한 연구와 심도있는 검토 이후에야 그 해석을 제대로 내릴 수 있는 많은 조항들을 담고 있다.[6]

패트리어트법은 테러행위에 대한 법적 대처의 측면에서 다 방면으로 법적 인식의 근본적 전환을 기초로 하고 있는데, 이는 ① 테러행위를 인권보장을 위한 절차적 기속을 받는 범죄행위로 보는 시각으로부터 벗어나 그러한 절차적 제약을 받지 않는 전쟁행위로 보겠다는 것, ② 이 분야에서 헌법과 기본권의 보장보다는 국가의 존립과

---

4) 이 법의 정식 명칭은 "Uniting and Strengthening America by Providing Appropriate Tools Required to Intercept and Obstruct Terrorism Act"인데, 그 머리글자를 모아서 'PATRIOT'법으로 불린다.

5) 부시행정부측의 조속한 통과요구에 굴복하여 상당수의 의원들은 패트리어트법안을 읽어보지도 않고 서명하였다고 한다. Wong, Kam C. The Impact of USA Patriot Act on American Society: An Evidence Based Assessment, N.Y., Nova Press, 2007. p. 354.

6) 법 제정 후 4년이 지난 2005년 5월의 통계조사에서도 패트리어트법의 내용에 관하여 "모른다"고 응답한 미국인이 57%(잘 모른다 28%, 전혀 모른다 29%)로서 내용을 "알고 있다"고 대답한 편보다 많았다. Ibid, p. 353.

안전보장에 초점을 두는 것, ③ 범죄에 대한 사후적 제재의 방법보다는 사전에 행위를 포착하여 이를 예방하는 조치를 하는 데에 주안점을 두겠다는 것, ④ 따라서 사후적인 증거수집보다는 사전예방을 위한 정보수집에 치중하겠다는 것, ⑤ 정보기관과 수사기관의 경쟁체제를 지양하고 양 기관들의 협조와 융화를 통한 능력 극대화를 도모하는 것 등을 주된 목적으로 하고 있는 점에서 이전의 테러방지 법제와 뚜렷이 구분되었다.[7]

(2) 기본 요지

패트리어트 법은 미국 내 테러정보를 수집하고 테러관련 행위를 통제하기 위하여 미국인과 외국인 모두를 대상으로 한 강력한 정보감시 체제를 구축하는 내용을 가지고 있는데, 방법론적 핵심은 전화감청의 강화와 전자메일 및 영업·통신정보에 대한 폭넓은 감시 및 외국인 출입국 통제의 강화를 허용하는 점에 있다. 보다 구체적으로는 당사자의 동의 내지 인식이 없는 상태에서 행하는 ① 전화감청, ② 이메일 열람, ③ 일반 우편 열람, ④ 인터넷 사용 조사, ⑤ 기소절차 없이 테러혐의자의 무기한 구금, ⑥ 학력사항의 조사, ⑦ 전화기록의 조사, ⑧ 금융기록의 조사, ⑨ 신용카드 구매내역 조회, ⑩ 세무관련 사항의 조사 등을 할 수 있도록 한다. 이하에서 그 중 중요한 쟁점들을 나누어 살펴본다.

3. 주요 내용과 쟁점

(1) 전화감청에 대한 사법적 통제의 완화

1) 패트리어트법 이전의 법제

미국에서는 국가안보를 위한 행정부의 전화감청권의 존부에 관한 명문의 규정이 없었던 관계로 국가비상시의 전화감청이 자주 문제가 되어왔다. 게다가 연방대법원은 1928년 전화선에 감청의 도구를 설치하는 행위는 주거에 침입하는 것은 아니므로 수정헌법 제4조가 금지하는 수색이나 압수에 해당하지 않는다는 이유로 전화감청에 대한 헌법적 통제를 포기하는 취지의 판결을 낸 바가 있었다.[8] 이러한 입법과 판결의

---

7) Ibid, pp. 5-6.
8) Olmstead v. United States, 277 U.S. 438 (1928).

영향으로 전화감청의 남용 여지는 상존하였는데, 연방대법원은 1967년에 이르러서야 비로소 전화박스 외부에 감청도구를 설치한 행위가 위헌이라고 판단하여 전화감청에 관한 헌법적 통제를 시작하였고,[9] 이에 따라 전화감청을 하기 위해서는 원칙적으로 판사의 영장을 받도록 하는 내용의 입법이 도입되었다.[10] 그러나 이는 주로 '국내'통화를 규율하는 것이었으므로 '대외관계'에서 국가와 국익을 보호하기 위한 대통령의 헌법적 권한 행사의 차원에서 행하는 전화통화 감청에 관한 법적 규율은 여전히 논란의 소지가 존재하였다.[11] 이 점에 관한 행정부의 전통적 입장은 국가안보의 유지를 위한 전화감청 등의 조치가 대통령에게 헌법상 보장된 내재적 고유권한이라는 것이다.[12] 그러나 닉슨대통령이 지시한 광범위한 전화감청계획이 드러난 후[13] 연방대법원은 행정부의 이러한 주장을 배척하고 전화감청에 있어서 대통령이 아닌 '중립적이고 독립한 사법관'에 의한 영장이 필요함을 확인하였다.[14]

이러한 연방대법원 판결의 영향 하에 의회는 1978년 행정부의 대외정보수집을 위한 감청행위의 절차적 요구를 확정하는 입법을 실현하였다. 1978년의 대외정보감시법(Foreign Intelligence Surveillance Act, 줄여서 FISA)이 그것인데 이 법의 의미는 무엇보다도 대외정보수집을 위한 목적으로 미국 내에서 행하는 전화감청행위는 대외정보감시법원(Foreign Intelligence Surveillance Court, 줄여서 FISC)이라는 특별법원의 승인을 받도록 하여 그 감독하에 두었으며 행정부가 이 법원의 결정에 불복할 경우 이를 심리할 항고법원을 설치하도록 하였다. 이제 대외정보 수집을 위한 전화감청행위의 절차적 통제는 FISC에 의한 감독절차에 따라야 하는 것으로 입법적으로 정리되

---

9) Katz v. United States, 389 U.S. 347 (1967).

10) Omnibus Crime and Control and Safe Streets Act, Title Ⅲ (1968) 이 법(이하 이를 "Title Ⅲ"로 통칭한다)은 전화 감청을 일반적으로 금지하지만 범죄 혐의가 인정되는 경우 판사의 영장에 의한 감청이 가능하도록 하였다. 또한 예외적인 경우 영장없는 감청을 허용하지만 그 기간은 48시간 이내로 제한하였다.

11) Cohen, David B. and Wells, John W. American national security and civil liberties in an era of terrorism, Palgrave Macmillan, New York, 2004, pp. 33-34.

12) Fisher, Louis, The Constitution and 9·11: Recurring threats to America's freedoms, University Press of Kansas, 2008, pp. 286-287.

13) 1970. 5. 월남전에 반대하는 극심한 폭동사태에 직면한 닉슨대통령은 불법적인 우편물 개봉. 전화감청, 주거침입 및 대학캠퍼스에의 정보원 침투 등을 내용으로 하는 허스턴 계획(Huston Plan)을 실행하였다. 닉슨행정부의 이러한 불법 인권침해의 관행은 이후 워터게이트 사건에 이르는 원인이 되었다. Fein, Bruce, Constitutional peril: The life and death struggle for our constitution and democracy, Palgrave Macmillan, New York, 2008, pp. 99-101; Chemerinsky, op.cit., p. 78.

14) United States v. United States District Court, 407 U.S. 316 (1972).

었다.[15)]

FISA와 FISC는 대외정보수집 목적의 감청행위에 대한 효과적 법적 규율을 창출하였지만 일반적인 감청행위에 대한 사법적 통제와 비교하면 다소 완화된 절차라고 할 수 있다. 일반적으로 감청영장에는 감청기간, 감청대상, 전화번호, 감청대상이 된 대화의 형태에 대한 사항이 구체적으로 기재되어야 하며, 감청기관은 법원에 감청 내용과 사실을 정기적으로 보고하여야 하였다. 그러나 이러한 엄격한 감청조건은 FISA에서는 감경되었다. 이에 의하면 외국 정부 및 외국 테러조직에 관한 정보를 수집하기 위한 외국인 대상의 감청은 FISC의 승인에 의하여 허용될 수 있으며 행정부는 범죄행위에 대한 소명없이도 감청허가를 받을 수 있게 되었다.[16)]

2) 패트리어트법에 의한 전화감청의 규율

9·11사건 이후 미국 행정부의 입장은 FISA 제정 이전의 행정부의 헌법내재적 권한론으로 회귀하는 양상을 보였다. 국가안보를 위한 대외정보 수집은 미국헌법 제2조에 의하여 부여된 대통령의 독자적인 고유권한임을 강조하는 입장으로 돌아선 것이다. 이러한 변화는 전대미문의 미국본토에 대한 대규모의 공격을 당한 데 대한 사회적 충격을 배경으로 하지만, 특히 실정법적 측면에서는 9·11사건 직후 발령된 의회의 대통령에 대한 "군사력사용 승인(Authorization for Use of Military Force, 이하 'AUMF'라고 약칭)"에 근거한 것이다.[17)] AUMF는 대통령이 국외 테러조직에 대하여 필요하고 적절한 강제력을 행사할 모든 권한을 위임받는 것을 요지로 하였는데, 이것이 테러와의 전쟁에 관한 대외정보의 수집을 위한 전화감청에도 적용되는 특별법으로서의 의미를 가진다는 것이다. 따라서 이전의 FISA의 규율체제는 테러와의 전쟁에

---

15) FISC는 연방대법원장에 의하여 7년의 임기로 지명되는 7인의 지방법원 판사들로 구성되며, 워싱턴DC에 소재한다. Foreign Intelligence Surveillance Act of 1978, Pub. L. No. 95-511, 92 Stat. 1783, 50 U.S.C. Section 1803.

16) Fisher, op. cit., pp. 290-291. 이전의 'Title Ⅲ'에 의하면 범죄혐의에 대한 개연성(probable cause)을 요구하였는데, FISA는 감청대상이 국외세력이거나 그 기관원인 점과 감청의 목적이 대외정보를 얻기 위한 것인 점에 대한 개연성이 존재하는 것으로 FISC의 승인을 얻을 수 있도록 하였다. Sievert, Ronald J. Defence, liberty and the Constitution: Exploring the critical national security issues of our time, William S. Hein & Co., Inc., 2005, p. 9.

17) 2001. 9. 18. 미국 의회는 대통령에게 9·11 테러행위자에 대한 무력응징을 할 수 있는 모든 권한을 부여하는 합동결의를 채택하였다. 보통 'AUMF'라고 칭하는 이 입법적 조치에 의하여, 대통령은 9·11테러를 계획하고 허가하며 실행하거나 방조한 것으로 판단되는 국가나 조직 혹은 개인들에 대하여 필요하고 적절한 모든 무력을 사용할 권한을 의회로부터 부여받았다.

관련하여서는 더 이상 그대로 적용되지 않는다는 주장이 된다. FISA의 적용을 거부하는 행정부의 이러한 입장은 9·11테러 직후 부시대통령이 국가안보국(National Security Agency)에 지시한 미국인에 대한 이메일과 전화통화의 감청 계획, 즉 테러리스트 감시계획(Terrorist Surveillance Program)에 의하여 실행되었으며, 2007. 1.까지 유지되었다.18)19)

나아가 이러한 기본적 입장 변화에 따라 새로 제정된 패트리어트법은 외국인에 한정되지 않는 포괄적 감청(roving wiretap)제도를 도입하였는데(제206조), 이는 감청대상인 수화기나 통화상대방을 지정하지 않는 방법으로 법원의 허가를 받아 통화감청을 실시할 수 있게 하는 제도이다. 휴대전화의 발달로 테러리스트들이 전화기를 교환하여가면서 교신하는데 대처하기 위하여 이러한 방법이 불가결하다고 보는 연방정부의 관점이 반영된 것이다.

이처럼 패트리어트법에 따라서 연방수사당국은 정보수집의 명목으로 용이하게 일반전화를 감청할 뿐만 아니라 포괄적 감시를 할 수 있게 되었다. 감청과 검열의 요건이 종전의 입법체계로부터 크게 완화되었으므로 FBI 등 수사당국은 이러한 감청·검열행위에 대하여 거의 백지위임을 받은 것과 같은 입장이 되었고, 그 결과 테러방지와 관련이 없는 평범한 일반 시민의 전화·컴퓨터 등의 모든 통신내용이 수사당국의 감청·감시에 노출되었다. 이러한 상황은 국외의 외국인들에게까지 피해를 미칠 우려를 낳았는데, 특히 미국의 회사에 금융등에 관한 개인신상정보의 관리를 아웃소싱하고 있던 노바스코시아 등 캐나다의 여러 주들은 그 주민의 정보가 미국의 정보당국에게 노출되는 것을 방지하기 위하여 자체적 입법을 실현하는 등의 방어조치를 취하기도 하였다.

(2) 이메일 등 다양한 통신수단에 대한 통제

패트리어트법은 전통적인 전화감청 이외에도 다양한 형태의 통신에 대한 법적 통제를 새로 규율하였다. 이를 대별하면 ① 대면대화나 컴퓨터를 통한 교환 메시지에

---

18) Fein, op. cit., pp. 102, 110.
19) 테러리스트 감시계획(TSP)에 따라 국가안보국(NSA)은 미국 국내와 국외를 잇는 국제전화통화와 이메일을 모두 영장없이 감청하였다. 2005년 뉴욕타임즈에 의하여 이 사실이 드러난 이후 이것이 위헌임을 주장하는 시민소송이 제기되었으나 연방대법원은 이를 심리하지 아니하였다. Chemerinsky, op. cit., pp. 82-85.

대한 경우에는 엄격한 요건 하에 발부되는 판사의 영장에 의하고 동시에 당사자에 대한 통지 등 앞서 본 "Title Ⅲ"에서 규정된 절차의 준수를 요하고 ② 제3자인 통신서비스 제공자가 보유한 통화기록이나 이메일에 대해서는 일반적으로 판사의 영장을 요구하지만 더 이상의 엄격한 절차를 요하지 않으며 ③ 통신주체나 상대방, 혹은 통신 발송과 수신 장소의 파악에 관하여서는 가장 낮은 정도의 절차를 요하여 일반적으로 법원의 관여없이 정부의 확인에 의하여 행할 수 있도록 하고 있다.[20]

여기서 전화감청과 비교되는 것으로 음성메일(voicemail)에 대한 감시가 있는데, 패트리어트법은 음성메일을 감청하는 것은 전화감청과는 달리 법원의 일반적인 압수수색영장의 대상이 되도록 하여 보다 완화된 절차를 통하도록 하고 있다(제209조). 그리하여 이를 이메일과 같은 것으로 보고 그와 같이 규율한 것이다. 그러나 음성메일을 비밀리에 확인하는 것은 실제로는 전화감청과 같은 의미가 있으므로 이러한 절차완화가 부당하다는 논란을 야기하였다.

나아가 패트리어트법은 전자정보의 검열 등을 위하여 요구되는 법원의 수색영장은 전국 단위의 효력을 가지도록 하여 수사당국이 자신들에게 우호적인 노선을 가진 판사를 선택하여 영장을 청구할 수 있는 기회를 제공하고 있다. 이것은 수사기관이 영장에 의한 통제기능을 사실상 회피할 수 있도록 하였다.

(3) 비밀수색 제도의 도입

패트리어트법은 이른바 비밀수색(sneak and peek search) 영장제도를 도입하였는데(제213조), 이는 당사자에 대한 수색영장의 집행 통지를 지연할 수 있도록 하여 주거에 대한 비밀수색이 가능하도록 하는 제도이다. 연방정부는 이와 같은 비밀수색이 테러정보의 수집에 불가결한 방법이라고 보았다. 법은 지연기간의 한도에 관하여 명백히 규정하지 않으면서 단지 합리적 집행기간의 한도 내에 통지하여야 한다고 하고 있고, 또 이를 즉시 통지한다면 부정적 결과가 초래될 것이라고 믿을 합리적 사유가 있는 경우에는 법원이 연장할 수 있도록 하였으므로 수사당국은 이 점에 관하여 적절한 기준을 설정하여 운용할 수 있었다.[21] 그런데 비밀수색으로 인하여 무고한 시민이 테러리스트로 몰려서 억지구금되는 사태가 발생하자 연방지방법원 판결의 차원에

---

20) Cohen and Wells, op. cit., pp. 35-36.
21) Ibid, pp. 37.

서 이 제도가 헌법에 위반한다는 판단이 나온 바가 있다.[22]

(4) 행정부의 자료제출명령권의 강화

종래 수정헌법 제4조가 보호하는 압수수색의 대상범위와 관련하여, 연방대법원은 개인이 제3자에게 자진하여 제공한 정보자료는 프라이버시에 대한 정당한 기대를 가질 수 없으므로 그 보호대상이 아니라고 판단하였다(이른바 제3자 원칙).[23] 이에 따라 수사기관은 일정한 범위에 한하여 행정명령에 의하여 제3자가 보유한 개인정보를 합법적으로 수집할 수 있도록 허용하고 있었다.

9·11사건 이후 패트리어트법은 이러한 법리를 더욱 강화하여 ① 수사기관(FBI)이 국제 테러리즘과 비밀정보활동을 수사하기 위하여 필요하다고 판단하는 경우 관련된 모든 기록과 유형물을 보관한 기관에 대하여 이를 제출하도록 법원의 명령에 통하여 강제할 수 있도록 하였고(제215조), ② 전자통신사업자나 금융기관을 대상으로 한 경우에는 수사기관이 직접 발령한 '국가안보제출명령(National Security Letter)'이라는 행정명령을 통하여 정보보관자로 하여금 그 정보의 이용에 관한 특정의 자료를 제출하도록 할 권한을 수사기관에게 부여하였다(제505조).[24] ③ 또 이러한 정보수집 조사에 관하여 정보제공자는 정보수집의 대상이 된 개인에게 이를 알리지 아니할 의무를 부과하였다.[25]

이처럼 패트리어트법이 수사기관에게 법원 통제가 약화된 이러한 강제권을 부여하도록 한 것은 기본적으로 이와 같은 기록 열람 조사는 사생활(privacy) 관련성이 약하여 수정헌법 제4조의 불합리한 압수·수색 금지의 위반이 되지 않는다는 취지에

---

22) 이 사건은 마드리드 폭탄테러 사건 직후 이슬람교를 신봉하는 메이필드(Mayfield)라는 오리건주 포틀랜드 거주 변호사를 수사당국이 지목하여 체포·수사하는 과정에서 발생하였다. 이 사건(Mayfield v. United States)에서 오리건 지방법원은 2007. 9. 26. 이 제도가 수정헌법 제4조에 위반하여 과도한 권리제한을 하는 것이라는 이유로 그 권리침해성을 인정하였다. http://www.wired.com/ threatlevel/ 2007/09/court-strikes-2/에서 2012. 11. 25. 따옴.

23) 제3자원칙(third party doctrine)은 1967년의 Katz v. United States 판결에서 연방대법원이 정립한 '사생활의 합리적 기대 심사원칙(reasonable expectation of privacy test)'을 기초로 한 것이며, 1976년의 United States v. Miller 판결과 1979년의 Smith v. Maryland 판결에서 "제3자에게 자진하여 정보를 제공한 자는 프라이버시의 정당한 기대를 가질 수 없다(a person has no legitimate expectation of privacy in information he voluntarily turns over to third parties.)"고 거듭 판시함으로써 정립되었다.

24) 양 조항의 구체적 내용에 대하여서는 김지영, 대테러입법의 헌법적 문제 - 미국 애국법을 중심으로 -, 비교헌법재판연구 2014-B-3, 헌법재판연구원, pp. 22-42. 참조.

25) 이를 'gag provision' 즉 '함구(緘口)조항'이라고 부르고 있다.

서였다.[26] 그러나 이는 수사당국이 은행계좌의 입출금 등 개인정보를 임의로 수집할 수 있도록 하는 근거가 되며 나아가 도서관 등 다중이용시설의 이용 현황 자료를 파악하는 데에도 활용될 수 있으므로 미국인과 외국인의 미국내 일상적 활동상황을 전체적으로 파악하고 통제하는데 쉽게 악용될 방법이라는 점에서 비판의 대상이 되었다.[27] 결국 2005년의 법개정에 의하여 수사기관의 정보수집 대상이 된 국민에게 국가안보제출명령(NSL)의 효력을 다툴 수 있는 권리를 부여하고 이에 대한 사법심사를 허용하며, 정보제공자의 함구의무도 일정한 기간이 지나면 완화되는 방향의 개선입법이 실현되었다.[28]

(5) 외국인에 대한 출입국 통제와 구금의 강화

한편 이 법에 의하여 외국인에 대한 출입국 통제도 새롭게 강화되었다. 이미 1996년 오클라호마시 연방정부건물 테러 이후 제정된 반테러법이 존재하였으며,[29] 이 법에 의거하여 의심스러운 외국인을 체포·구금·추방할 수 있는 폭넓은 권한이 연방정부에게 부여되었다. 그러나 이러한 엄격한 법제가 장기간 지속되자 점차 비판이 고조되고 9·11 테러 직전의 시기에 이르러서는 연방대법원은 대상 외국인들에게 수정헌법 제4조상의 인신보호의 권리가 부여됨을 명확히 하는 판결을 잇따라 내고 있는 상황이었으며,[30] 의회도 위 반테러법의 외국인 인권제한을 완화하려는 움직임을 보이고 있었다. 그러나 9·11 테러사건은 이러한 경향을 완전히 역전시키고 오히려 출입국제한조치가 극도로 강화되는 입법이 패트리어트법상으로 실현되도록 하는 계기를 이루었다.

---

26) Posner, Eric. and Vermule, Adrian. Terror in the balance; Security, Liberty and the Courts, Oxford, 2007, p. 22.

27) 제215조의 기록제출명령 제도는 도서관 관리자들로부터 표현의 자유를 위축시키는 효과를 가지고 있다는 취지에서 광범위한 반발을 받고 재판에서 위헌의 공격을 받았다. 법원의 관여없이 행정부가 발하는 국가안보제출명령(NSL)에 의하여 일체의 외부누설이 금지된 채로 내부 이용 등 기록을 작성하여 제출토록 하는 이 제도는 표현의 자유의 과도한 제한으로 위헌이라는 판결을 받았다. Doe v. Ashcroft, 334 F.Supp. 2d 471(S.D.N.Y.)

28) USA PATRIOT and Terrorism Prevention Reauthorization Act of 2005(U.S.H.R. 3199, Public Law 109-177), Title Ⅰ, Sec. 108. 개정내용에 관한 보다 구체적 설명으로 김지영, 위의 글, 23-25, 34-36면 참조.

29) Anti-terrorism and Effective Death Penalty Act(AEDPA)

30) Immigration and Naturalization Service v. St. Cyr 533 U.S. 289 (2001).; Zadvydas v. Davis 533 U.S. 678 (2001).

이전의 반테러법은 일정한 입국요건이 외국인에게 부여되고 그 준수여부가 추방의 조건이 됨과 아울러 입국 후 미국 국내에서 테러활동을 하였는지 여부를 추방조건에 부가하고 있었다. 그러나 패트리어트법은 출입국시의 구금과 추방의 요건이 되는 사실의 범위를 대폭 확대하였고(제411조), 여기에는 국외에서의 테러활동을 하였거나 '테러의 의심이 있다'고 판단할 경우뿐만 아니라 그 가족이나 테러조직과 연계의 의심을 받고 있는 외국인도 강제 추방의 대상으로 하였다.

나아가 가장 문제가 된 것은 이들에 대한 구금기간을 규율하는 조항이다(제412조). 법무당국은 1차적으로는 테러연계의 혐의가 있는 외국인을 7일간 구금할 수 있으며 그 기간동안 조사하여 추방하거나 기소하여야 하고 그렇지 못하면 석방하여야 하였다. 그러나 '합리적으로 예상가능한 장래에' 추방하기 곤란한 경우에는 그 석방이 국가안보나 사회질서를 위태롭게 할 수 있다는 법무당국의 확인을 조건으로 6개월간 더 구금할 수 있도록 하였다. 또 이러한 구금연장에는 회수제한이 없으므로 법무당국은 테러의 혐의가 있다고 판단하는 자에 대하여 사실상 무기한의 구금을 할 수 있도록 권한을 부여받는 결과를 가져왔다.[31]

(6) 테러관련 형벌의 강화

패트리어트법은 정부의 수사권과 형사소추상의 권한을 확대하는 내용도 담고 있다. 테러 관련 범죄의 형량의 강화 및 출소자에 대한 종신감시 조항, 법정형이 사형인 범죄의 확대 조항, 공소시효의 연장 조항 등이 그러하다. 테러범죄를 인지한 사람이 수사당국에 그 사실을 신고하지 않는 경우의 불고지죄도 규정하여 처벌되도록 하였다. 특히 돈세탁 관련 범죄행위의 구성요건을 다양화하고(제315조), 통화위조는 경제적 테러행위로서 형량이 엄중히 강화되었다(제374조 및 제375조). 또한 입국시 소지한 화폐의 신고를 해태하는 행위를 과태료 대상에서 밀수의 범죄행위로 재편하였다(제371조). 재산의 몰수와 관련하여 특히 주목되는 것은 미국을 공격한 국외세력에 대하여 그 미국 내 재산을 몰수한다는 조항(제106조)와 미국에 대한 테러리즘을 양성하는 개인과 조직에 대한 재산의 몰수를 규정한 조항(제806조)이다. 이를 통하여 미국 정부는 재래적 의미의 전쟁이 없더라도 적대세력에 대한 재산몰수를 할 수 있는 방

---

31) Cohen and Wells, op. cit., pp. 39-40.

도를 가지게 되었으며 테러리즘이라는 광범위한 개념에 따라 개인의 재산을 몰수할 수 있게 되었다. 특히 이는 테러행위에 대한 법원의 유죄판결을 받기 전에 행정부의 판단에 의하여 집행될 수 있도록 되어 있기 때문에 재산권 침해의 헌법위반의 소지가 강하다는 비판의 대상이 되었다.[32]

4. 한시법의 기간만료와 재시행

한시법인 패트리어트법은 3번에 걸쳐서 재시행되었다. 이는 ① 2005년 7월의 재시행법[33]과 ② 2006년 3월의 추가적 재시행법[34] 및 ③ 2011년 5월 오바마대통령이 전자펜으로 서명한 시한연장법[35]이 그것이다. 재시행법에 의하여 원래 한시적 효력이 부여되었던 다수의 조항들이 한시성을 벗어났으나, 포괄적 감청(roving wiretap)에 관한 제206조와 영업기록(business records) 제출명령에 관한 제215조는 개정되어 다시 2009. 12. 31.부로 효력을 상실하도록 규정되었다. 그러나 이 조항들은 2011년 5월의 시한연장법에 의하여 다시 4년간 효력이 연장되었다.

재시행된 법률의 내용과 관련하여 다음의 변경이 주목된다.

① 재시행법은 포괄적 감청에 제한을 가하여 원칙적으로 감청대상을 특정하도록 하고 다만 대상 기기와 감청장소를 사전에 지정할 수 없는 경우에는 감청 후 10일 이내에 법원에 이를 확정하여 통지하도록 하였다. 이 경우 수사당국은 대상자가 기기를 교환하고 장소를 변경하고 있다는 정황을 제시하여야 한다.[36]

② 또한 재시행법은 영업기록 제출명령에서 '합리적 기간의 미통지' 압수수색을 허용하는 영장제도를 수정하여 압수수색을 실행한 이후 30일 이내에는 당사자에게 통지되어야 함을 규정하였다. 다만 수사당국이 합당한 사유를 제시할 경우에는 법원이 이 기간을 연장할 수 있도록 하였다. 그러나 이러한 연장사유는 재판지연을 초래하면서 악용될 우려가 있으므로 동 기간연장은 재판지연의 결과를 초래하는 한도에서 허용되지 않는다고 다시 개정되었다.[37]

---

32) Ibid., pp. 44-45.
33) USA PATRIOT and Terrorism Prevention Reauthorization Act of 2005.
34) USA PATRIOT Act Additional Reauthorizing Amendments Act of 2006.
35) PATRIOT Sunsets Extension Act of 2011.
36) 재시행법, Title Ⅰ, Sec. 108.
37) 같은 법, Title Ⅰ, Sec. 114.

③ 나아가 재시행법은 앞서 본 국가안보 제출명령(NSL) 제도에 사법적 심사를 강화하고 그 수령인이 동 행정명령의 효력을 다툴 권한을 부여하였다. 나아가 침묵의무 조항(gag provision)에 대하여 일정한 제한조건을 부가하여 남용을 통제하도록 하였다.[38]

Ⅲ. 적전투원 지정과 예방적 구금 제도의 도입

1. 테러와의 전쟁 초기단계의 입법·행정부의 조치

9.11 테러 직후인 같은달 18. 미국 의회는 대통령에게 9.11 테러행위자에 대한 무력응징을 할 수 있는 모든 권한을 부여하는 합동결의를 채택하였다. 군사력의 사용을 위한 허가의 결의(The Authorization for Use of Military Force, 이하 이를 줄여서 'AUMF'라고 약칭함)[39]라고 명명된 이 조치에 의하여, 대통령은 9.11테러를 계획하고 허가하며 실행하거나 방조한 것으로 판단되는 국가나 조직 혹은 개인들에 대하여 필요하고 적절한 모든 무력을 사용할 권한을 의회로부터 부여받았다.[40] 부시 대통령은 이러한 권한 위임에 따라 2001. 9. 20. '테러와의 전쟁(War on Terror)'을 선포하고 9.11 테러 혐의자의 체포와 구금을 명하는 명령을 발하였다.[41] 나아가 부시대통령은 동년 11. 13. 이 테러혐의자들을 군사법원(Military Commission)에서 재판하도록 하는 명령을 발하였다.[42]

이 재판은 비공개로 행하며 피고인의 상소가 허용되지 아니하였으므로 미국 행정

---

38) 같은 법, Title I, Sec. 116.
39) Pub. L. No. 107-40, §§ 1-2, 115 Stat. 224 (2001).
40) 결의 내용의 원문은 "Id. § 2(a) The President is authorized to use all necessary and appropriate force against those nations, organizations, or persons he determines planned, authorized, committed, or aided the terrorist attacks that occurred on September 11, 2001, or harbored such organizations or persons, in order to prevent any future acts of international terrorism against the United States by such nations, organizations or persons."이다. 이 결의는 의회의 행정부에 대한 이전의 다른 전쟁권한 위임의 전례와는 달리 특정의 국가를 대상으로 한 전쟁이 아니고 테러조직과 지지세력을 겨냥하는 내용을 담고 있다.
41) Address Before a Joint Session of the Congress on the United States Response to the Terrorist Attacks of September 11, 37 Weekly Comp. Pres. Doc. 1348 (Sept. 20, 2001).
42) Mil. Order of Nov. 13, 2001, 66 Fed. Reg. 57,833 (Nov. 13, 2001). See 32 C.F.R. §§ 9.1-18.6. for the implementing regulations.

부는 이러한 구금과 재판이 미국의 국내에서 행하여질 경우 발생할 헌법적 문제를 야기시킬 것을 예상하고, 이를 피하기 위하여 미국 연방법원의 관할이 미치지 않을 것으로 판단되는 미국영역 밖의 군사기지에 이들을 구금하기로 하였다. 그 최적지로 쿠바 소재 관타나모 만(Guantanamo Bay) 미해군기지가 선정되었는데, 이 지역은 형식적으로는 쿠바의 주권이 미치는 영역이지만 미국이 영구조차하여 실질적으로는 미국의 통치권이 미치는 곳이다.[43] 관타나모 수감시설에는 미국 행정부가 소위 '적 전투원(enemy combatant)'이라고 간주한 테러혐의자들을 2002. 1. 11.부터 수감하기 시작하였는데,[44] 이들에게는 전쟁포로로서의 지위를 부정하고 제네바 협약상의 보호를 박탈하여 테러와의 전쟁이 계속되는 한 무기한 구금할 수 있는 것으로 처리되었다.[45] 이렇게 하여 관타나모 수감자들에 대하여는 국제법과 국내법상의 보호가 모두 이루어지지 아니하는 권리보호의 사각지대 내지 블랙홀이 형성되었다.

이와 같이 부시행정부는 미국의 주권이 미치는 영토에 해당하지 아니하는 관타나모 지역에서의 테러혐의자의 구금문제에 관하여는 미국의 국내헌법에 의거한 문제제기가 불가능하다고 판단하였는데, 이는 단지 행정부의 독자적인 법적 견해에 의한 것이 아니라 연방대법원의 판례법을 선례로 검토한 결과였다는 점을 주목할 필요가 있다. 제2차 세계대전의 전후처리 과정에서 결정된 Johnson v. Eisentrager 판결에서 연방대법원은 전쟁 중 미군에 의하여 사로잡혀서 군사법원에서 전쟁범죄로 유죄

---

43) 1903년 미국은 관타나모 지역을 쿠바로부터 미해군선박의 보급기지로 조차(lease)하였는데 그 협정에 의하여 미국은 이 지역에 대한 쿠바의 최종적 주권이 계속 존속함을 인정하지만 쿠바는 미국의 점용기간동안 미국의 완전한 관할권과 통제권을 인정하였다. 나아가 1934년에 이르러 미국과 쿠바는 미국에 관타나모에서 해군기지를 포기하지 않는 한 이 조차는 계속 발효한다고 약정하였다.

44) 2004년 미국방부 비망록은 '적 전투원(enemy combatant)'을 '탈레반이나 알카에다 무장세력의 일원이거나 이들을 지지하는 자와, 미국과 미국에 연합한 동반국가에 대한 적대행위를 수행하는 연관된 무장세력의 일원이거나 이들을 지지하는 자를 말한다고 한다. 여기에는 전투행위를 실행한 자와 적 무장단체를 도와서 적대행위를 직접 지지한 자를 포함한다(An individual who was part of or supporting Taliban or al Qaeda forces, or associated forces that are engaged in hostilities against the United States or its coalition partners. This includes any person who has committed a belligerent act or has directly supported hostilities in aid of enemy armed forces.)'라고 정의한다. Memorandum from Paul Wolfowitz, Deputy Sec'y of Def., to the Sec'y of the Navy (Jul. 7, 2004).

45) 전통적인 전쟁법 개념에 의하면 적 전투원은 적법한 적전투원과 불법적 적전투원으로 분류된다. 적법한 적전투원은 전쟁포로로서의 자격을 가질 수 있고, 군사목표 공격행위에 대하여 살인등 형사적 범죄로서 기소되지 아니하는 전투원 면책의 대상이 된다. 그러나 불법적 적전투원은 이와 같은 전투원면책을 받지 못한다. 미국 행정부는 테러와의 전쟁에 있어서 사로잡은 적전투원은 이와 같은 불법적 적전투원으로 보고 있다. Wallace Tashima, The war on terror and the rule of law, Asian American Law Journal, may 2008, 245, 248.

판결을 받아 외국에 수감중인 외국인전투원은 미국법원에서 인신보호영장청구권을 행사할 수 없다고 판시한 바 있었다.[46] 부시행정부는 이 판례법의 취지를 9·11 테러 혐의자 구금문제에 적용한다면 외국인으로서 미국외 구금시설에 수감중인 자들의 인신보호영장청구 사건들에 대하여서는 미국 법원이 재판관할권을 가질 수 없다는 결론에 이른다고 보았던 것이다. 공화당이 다수를 차지한 의회도 행정부의 이러한 법적 견해에 합치하는 수차례 입법조치를 실행하여 행정부의 법적 입장을 뒷받침해 주었다. 그러나 관타나모 시설의 수감자들이 미국 연방법원에 인신보호영장 청구를 행하고 하급심 판결들을 거쳐 연방대법원이 이 문제를 판단하게 되자 행정부와 입법부를 중심으로 한 위와 같은 법리적 판단은 새로운 법적 조명을 받게 되었다.

2. 인신보호영장청구권 적용을 둘러싼 사법부와 입법·행정부의 견해 대립

　연방대법원은 3라운드에 걸친 소송에서 모두 입법·행정부의 견해를 배척하고 관타나모 수감자의 주장을 수용하는 판결을 내리게 된다. 입법·행정부로서는 소송에서 3전3패를 기록한 셈이다. 그러나 연방대법원은 처음부터 외국인의 국외장소에서의 수감에 대한 헌법적용의 문제를 직접적으로 다루어 바로 '헌법적' 판단을 내린 것은 아니며, 먼저 '법률적' 차원의 판단을 행하고 이에 입법부가 판결의 취지를 번복시키는 내용의 새로운 입법을 실행하면서 판결취지에 도전하여오자 마지막 판결에서 최종적으로 헌법적 판단을 내림으로써 이 문제를 종식시키는 매우 조심스러운 과정을 밟고 있다. 이 3회의 판결은 Rasul v. Bush(2004), Hamdan v. Rumsfeld(2006) 및 Boumediene

---

46) Johnson v. Eisentrager 339 U.S. 763; 70 S. Ct. 936 (1950). 제2차 세계대전 말기에 독일이 항복하였음에도 불구하고 중국에서 일본을 도와서 계속 전쟁을 수행한 Eisentrager 등 독일군인들이 종전 후 미군에 의하여 체포되어 독일로 이송·구금되었는데, 이들이 미국 연방법원에 인신보호영장을 청구하였으나 연방대법원은 결국 이들이 미국헌법상의 인신보호영장청구권을 가지지 않는다고 판단하였다. 특히 이 사건에서 법정의견을 쓴 Jackson 대법관은 만약 국외에 소재하는 외국인 적 전투원에게 미국 법원에서의 인신보호영장 청구권을 허용한다면 그 권리의 특성상 법원에의 출석이 필요하고 이를 위하여 군대가 당해인을 국내이송하여야 하며(이 사건에서는 대서양을 건너 독일에서 미국으로), 그 과정에서 그를 경호하고 먹여야 할 뿐만 아니라 그가 요구하는 재판에 필요한 증인을 데려오는 데에도 같은 비용이 발생할 것인데 이는 부당하게 미국의 전쟁수행능력을 저해하고 적을 이롭게 한다는 점을 지적하였다. 재판과정에서 나타나는 법적 의견과 군사적 의견의 분열도 마찬가지의 이적(利敵)효과가 있다고 보았다. 또한 미국이 이러한 대가를 치러야 함에 비하여 영미권 국가를 제외한 세계의 다른 국가들에서는 일반적으로 인신보호영장제도가 허용되고 있지는 아니하므로 미국은 이러한 지위의 외국인들에게 국내헌법적 권리를 부여하는 것은 상호주의에도 반한다고 보았다. 339 U.S. 778-779.

v. Bush(2008) 판결로서 앞의 두 판결은 주로 '법률해석'의 차원에서 국외지역 소재 외국인 수감자에 대한 법원의 관할권 및 미국헌법의 적용을 인정한 일반 판례의 성격을 가짐에 비하여, 마지막 판결은 이들에 대하여 법원의 관할권을 배제한 의회의 입법이 연방헌법에 반한다는 취지의 '헌법해석'을 한 것으로 본격적인 헌법재판의 성격을 가지고 있는 점에서 뚜렷히 구분된다.

(1) Rasul v. Bush(2004) 판결

미국 연방대법원은 2004. 6. 28. Rasul v. Bush 판결에서 처음으로 관타나모 기지 수용 외국인 테러혐의자의 법적 지위에 관하여 판단하였다.[47]

이 사건은 관타나모에 수감된 테러혐의자 중 2명의 가족등이 컬럼비아지구 연방지방법원에 인신보호영장을 청구함으로써 제기되었는데, 청구인들은 수감자가 범죄의 혐의를 가진 것도 아니고 변호인의 조력을 받지도 못하였으며 재판에의 접근가능성을 차단당하고 있다고 주장하였다. 연방지방법원은 이러한 주장이 미국헌법상 인신보호영장 청구에 해당한다고 판단하면서 앞서 본 Eisentrager 판결 취지에 의거하여 당해법원이 법률상 관할권을 가지지 않는다는 이유로 각하하였으며,[48] 연방항소법원도 이를 확인하였다.[49]

그러나 연방대법원은 상고를 허가하여 원심판결을 파기하였다. 연방대법원은 연방 인신보호법 관련 조항[50]을 해석하면서 연방지방법원이 미국영토 밖이라고 하더라도 미국이 실제적인 관할권을 행사하는 지역인 관타나모 기지에 수감된 외국인 테러혐의자의 경우에는 관할권을 행사할 수 있다고 함으로써 이 경우를 Eisentrager 판결상의 독일군 포로의 경우와 상황적으로 구별하였다. Eisentrager의 경우는 군사법원에 기소되어 전쟁법 위반의 유죄판결을 받았지만 Rasul의 경우는 그 구금의 적부에 대한 사법심사의 기회가 전혀 없었다는 것이다.[51] 또한 전승 4대국의 공동점령 하에

---

47) 124 S. Ct. 2686; 542 U.S. 466 (2004).
48) Rasul v. Bush, 215 F. Supp. 2d 55 (D.D.C. 2002).
49) Al Odah v. United States, 321 F.3d 1134, 1145 (D. C. Cir. 2003).
50) Federal habeas statute, 28 U.S.C. § 2241 (2000). a) Writs of habeas corpus may be granted by the Supreme Court, any justice thereof, the district courts and any circuit judge within their respective jurisdictions. The order of a circuit judge shall be entered in the records of the district court of the district wherein the restraint complained of is had.
51) Eisentrager 사건에서 21명의 독일병사는 중국에서 미군에게 사로잡혀 그곳에서 전쟁법 위반으로 기소되고 유죄판결이 확정되었다. 그 후 그들은 미국에 의하여 독일로 이송되어 수감중이었다. Rasul,

있던 전후 독일의 지위와는 달리, 관타나모에서는 미국이 최종적 주권을 가지지 아니하더라도 전면적이고 배타적인 관할권을 행사함을 지적하고 있다. 결국 연방대법원은 동 수용자들의 관리자에 대하여 인적 관할을 가지는 연방법원이 수용자들의 인신보호영장청구 소송에 대한 관할권을 가져야 한다고 결론지었다.[52] 요컨대 이 사건에서 연방대법원은 수용자 인신보호영장청구의 관할권 문제를 연방인신보호법의 해석문제로 다루었으며, Eisentrager의 선례는 여기에 그대로 적용될 수 없고 연방인신보호법의 해석상 연방법원에게 관타나모 기지 구금의 인신보호영장 청구에 관한 관할권이 존재한다고 보았다.[53] 그리하여 사건은 원심인 연방지방법원으로 파기환송되어 인신보호영장청구의 실체에 관하여 판단하도록 하였다.[54]

(2) Hamdi v. Rumsfeld(2004) 판결

연방대법원은 Rasul 판결과 동시에 관타나모에 수감된 자들 중 미국국적자[55]인 Hamdi가 제기한 소송에 대하여서도 판결하였다.[56] Hamdi는 아프가니스탄에서 체포된 미국인으로 그 국적이 확인되기 전에 관타나모에 이송·구금되었다가 국적이 확인된 이후 미국 본토의 수용시설에 이감되었다. 그는 적전투원으로 분류되어 독방에 수용된 상태에서 변호인 접견이 금지되고 기소되지 아니한 채 구금은 장기화되었다. 미국정부의 당초 입장은 적전투원은 비록 미국국적자라고 하더라도 일반 범죄인과는 달라서 테러와의 전쟁이 종결되거나 기타 석방의 필요가 있을 때까지 구금상태를 계속할 수 있다는 것이었다.

연방항소법원은 행정부의 적전투원 분류와 이에 따른 구금조치는 법원이 존중하여야 한다고 하였으나 연방대법원은 이를 파기하였다. 연방대법원은 행정부가 필요하고 적절한 모든 강제력을 행사할 수 있도록 허가한 AUMF에 의거하여 미국국적자

---

542 U.S. 475-476.
52) Id. at 483.
53) Id. at 483-484.
54) 그러나 원심은 이를 다시 기각하고 항소심에서 이 사건은 후술하는 부메디언 사건과 병합되었다. 476 F. 3d 981 (D.C. Cir. 2007) 이 후 이 사건의 경과는 부메디언 사건의 그것과 같으므로 후술하는 부메디언 사건의 경과 부분을 참조.
55) 미국국적의 미국법상의 표현은 'citizenship'이므로 이를 직역하면 시민권이라고 하겠으나 이 글에서는 이것이 미국의 국적으로서의 법적 의미를 가짐이 중요하므로 미국 시민권이라는 표현 대신 미국 국적이라고 표현하기로 한다.
56) 124 S. Ct. 2633(2004), 542 U.S. 507.

를 적전투원으로서 구금할 권한을 가지는 것을 인정하였지만, 수감자에게는 적전투원의 지위를 다툴 수 있는 적법절차(due process)가 부여될 것을 요구하였다. 따라서 Hamdi에게는 중립적 판단기관에 의하여 적전투원으로서의 구금의 사실적 근거를 충분히 다툴 수 있도록 하는 절차적 기회가 주어져야만 한다고 판결하였다.[57] 하지만 동 판결 후 미행정부는 Hamdi와 합의하여 그 신병을 석방하여주는 대신 미국 국적을 포기받기로 하였으므로 이 사건은 그러한 타협에 의하여 종결되고 더 이상의 판결이 나오지 않게 되었다.[58]

　　Hamdi판결은 미국국적자로서 외국인이 아닌 자를 대상으로 한 사건을 다룬 점에서 Rasul판결 및 이후에서 다루는 Hamdan 및 Boumediene 판결의 경우와는 법리적 판단의 전제부터 달리 한다고 할 수 있다. 그러나 외국인 적전투원으로 간주되어 관타나모 수용소에 이송되어오는 자들 중에는 미국인이 혼재되어 있을 수 있고 이들에 대한 착오수용을 막기 위해서는[59] 적전투원 분류조치에 대한 이의절차가 인정될 필요가 있음이 이 사건에서 구체적으로 드러났으므로 동 판결은 이후 행정부로 하여금 새로운 구제절차를 창설하는 계기가 되었다.

---

57) 여기서 절차적 적법절차 원칙의 적용 정도를 정하는 판례법적 기준인 'Mathews 기준'을 이 사건에서도 적용하고 있는 점이 주목된다. 이 부분의 원문 표현은 "A citizen-detainee seeking to challenge his classification as an enemy combatant must receive notice of the factual basis for his classification, and a fair opportunity to rebut the Government's factual assertions before a neutral decisionmaker." 542 U.S. 533.

58) Hamdi의 경우와 같이 테러와의 전쟁에서 체포되어 장기구금된 미국국적자에 대한 또다른 연방대법원의 판결사례로서 Rumsfeld v. Padilla(2004)를 들 수 있다. Padilla는 미국 국적인으로 파키스탄으로부터 미국 시카고로 귀환하던 중 연방수사국에 의하여 체포되었다. 그는 알카에다 요원으로 핵폭탄 폭발의 임무 수행을 위하여 입국하였다는 것이다. 부시대통령은 그에 대하여 적전투원으로 지정하였고 신병은 사우스 캐롤라이나의 해군기지에 수용되어 Padilla는 Hamdi가 당한 것과 같은 형태의 구금조치를 받게 되었다. 연방항소법원은 Padilla에 대한 적전투원 지정이 연방구금금지법이 요구한 절차를 준수하지 아니한 채 내려진 것으로서 위법하다고 하였으나 연방대법원은 이 문제에 대한 종국해결을 피하면서 소송이 Padilla에게 구금조치를 행한 당국이 소재하는 사우스 캐롤라이나 주 관장 연방법원이 아니라 뉴욕 주 관장 연방법원에 제기된 것이 관할위반이라는 이유로 각하하였다. 124 S. Ct. 2711, at 2735 (2004) 그 후 Padilla는 사우스 캐롤라이나 관장 법원에 소를 제기하여 다시 소송을 시작하였으나 그 상고허가 건이 계류중 군사법원의 구금조치로부터 해제되었으므로 상고허가 건은 소의 이익을 상실하고 각하되었다. Padilla v. Hanft, 547 U.S. 1062 (2006).

59) 관타나모 수용소는 당초부터 그 수감자가 외국인일 것을 전제로 하고 있다. 미국국적자인 경우에는 미국헌법의 적용을 받게 되므로 이 시설에 수용할 실익이 존재하지 않는다.

(3) Rasul-Hamdi 판결에 대한 입법·행정부의 대응

연방대법원의 이러한 판결들에 대하여 행정부는 신속히 대응하여 전투원지위심사법원(Combatant Status Review Tribunal, 약칭하여 'CSRT'라고 함)을 창설하는 명령을 발하였다.[60] CSRT는 3인의 장교로 구성되고 구금자들이 행정부의 적전투원 지정을 다툴 수 있는 기회를 주는 법정이 되었다. 청구인에게는 심리 절차상 청구인을 돕는 활동을 할 수 있는 개인적 대표(personal representative)를 군장교 중에서 선임할 권리가 부여되었다. 이 개인적 대표는 정부가 보유한 정보 중 합리적으로 이용가능한 정보를 수집할 권리를 가지도록 하고 그 중 비밀이 아닌 정보는 구금자에게도 알려줄 수 있도록 하였다. 또한 국가안보를 저해할 사안에 관한 것이 아니라는 한도 내에서 구금자가 그 절차에 출석할 권리를 보장하였다.[61]

한편 의회는 연방법원의 관할권을 인정하는 위 Rasul 판결이 단지 법률의 해석에 근거하여 그러한 결론을 도출하고 있을 뿐이므로 당해 법률을 개정함으로서 위 판결의 효력을 번복시킬 수 있다고 보았다. 그러한 목적에서 구금자처우법(Detainee Treatment Act, 이하 약칭하여 'DTA'라고 함)이 의회를 통과하여 2005. 12. 30. 제정되었다.[62] 이 법률은 연방인신보호법을 개정하여 '연방법원이 관타나모 구금자의 인신보호영장 청구소송의 관할권을 가지지 아니함'을 명백히 규정하였다.[63] 다만 구금자들이 CSRT에 적전투원의 지위에 관한 다툼을 제기할 수 있으므로 이에 대한 불복 항소의 소송에 대하여서만 컬럼비아지구 연방항소법원이 관할권을 가지도록 규정하였다.[64]

(4) Hamdan v. Rumsfeld(2006) 판결

오사마 빈 라덴의 운전수 겸 경호원으로 알려진 살림 함단(Salim Hamdan)은 관타나모 구금자로서 테러에 대한 음모행위를 이유로 군사법원에 기소되었는데,[65] 재판

---

60) Paul Wolfowitz, Order Establishing Combatant Status Review Tribunal (Jul. 7, 2004).
61) Id. at § (c) & (g).
62) Detainee Treatment Act of 2005, Pub. L. No. 109-148, 119 Stat. 2739 (2005).
63) Detainee Treatment Act of 2005 at § 1005(e)(1) & 28 U.S.C. § 2241(e) (2006).
64) Detainee Treatment Act of 2005 at § 1005(e)(2).
65) 관타나모 수감자들은 거의 기소되지 아니한 상태로 장기 구금되었는데, Hamdan은 그 수용자들로서는 최초로 군사법원에 기소된 자이다.

중 그는 컬럼비아 지구 연방지방법원에 자신의 구금이 불법이라는 이유 등으로 인신
보호영장을 청구하였다. 원심은 군사법원에서의 재판에서 마땅히 함단에게 부여되어
야 할 제네바 조약상의 보호가 주어지지 않았고 또한 미국의 군사재판통일법
(Uniform Code of Military Justice)상의 기준도 준수하고 있지 못한다는 이유로 그 청
구를 받아들였으나 항소법원은 그와 정반대의 법리판단을 하면서 관할권을 인정하지
아니하는 판결을 선고하였다.[66] 이에 사건은 연방대법원에 상고되었는데, 그 기간 중
연방법원의 관할권을 배제하는 새로운 법률규정을 담은 위 DTA가 발효되는 사정변
경이 발생하였다.

그러나 연방대법원은 DTA의 명시적인 관할권 배제에도 불구하고 연방법원은
'DTA가 발효될 당시 이미 계류 중에 있던 사건들에 대한 관할권은 여전히 가진다'
고 판단하였다. 나아가 의회의 허가 없이 군사법원을 개설할 수 없으며 군사재판법의
규정취지에 따라 군사법원은 전쟁법규 위반행위만을 다루어야 하는데, Hamdan이 기
소된 사건은 그러한 것이 아니므로 이를 다루는 군사법원은 위법한 것이라고 판시하
였다.[67] 결국 연방대법원은 위 DTA 규정의 소급효를 부정하는 법률해석을 행함으로
써 동법의 연방법원 관할권 배제조항에도 불구하고 이미 계류 중인 사건에 대하여서
는 관할권을 행사하여 구금자의 인신보호영장 청구를 수용하였다.

(5) Hamdan 판결에 대한 입법·행정부의 대응

공화당이 지배하는 의회는 이 Hamdan판결에 대하여 다시 직접적이고 전면적인
역반응(逆反應)을 보였다. 의회는 2006. 10. 17. 군사법원법(Military Commission Act
of 2006, 이하 약칭하여 'MCA'라고 함)을 통과시켰는데, 동 법률은 새로 특별군사법원
(Military Commission)을 구성하여 여기서 외국인인 불법적 적전투원(alien unlawful
enemy combatant)에 대한 전쟁법규 위반행위와 그밖의 테러행위에 대하여서도 그 재
판관할권을 부여함을 목적으로 하였다.[68] 이에 따라 관타나모에 수용된 외국인 불법
적전투원이 전쟁법규 이외의 미국의 국내법 위반을 이유로 재판을 받게 하는데 대한
명시적인 법적 근거가 마련되었다.

---

66) Hamdan v. Rumsfeld, 344 F. Supp. 2d 152 (D.D.C. 2004); Hamdan v. Rumsfeld, 415 F.3d 33
   (D.C. Cir. 2005).
67) Hamdan v. Rumsfeld, 548 US 567, 126 S. Ct. 2749 at 2769.
68) Military Commissions Act of 2006, Pub. L. No. 109-366, 120 Stat. 2600. (2006), § 948c, § 948d.

또한 여기서 연방인신보호법을 다시 개정하여 적전투원 구금자의 인신보호영장 청구에 대하여서는 MCA가 통과될 시점에 이미 그 소송이 계류중이라고 하여도 역시 연방법원의 관할권이 배제된다는 것을 명시하였다.[69] 이는 연방대법원이 함단사건에서 DTA의 관할배제조항의 소급효를 부정하여 이미 계류중인 사건에는 연방법원의 관할권을 인정하였던 판결취지를 법률개정의 방법으로 정면으로 번복시키는 효과를 가지는 것이다.

이상 살펴본 바와 같이 행정부와 협력한 입법부는 연방대법원이 법률해석에 의하여 구금자의 인신보호영장 청구소송의 관할권을 긍정하자 다시 이를 박탈하는 명시적 내용의 입법을 두 차례나 감행함으로서 판결의 취지를 압도해 버리고 연방법원의 인신보호영장 청구소송을 봉쇄하고자 하였다. 이렇게 하여 한편에서는 연방정부와 의회, 다른 한편에서는 연방대법원이 대립하면서 국외지역에 구금된 외국인의 에 대하여 연방법원이 구속적부심사를 할 수 있는지 여부에 관하여 최고 헌법기관들 사이에 충돌을 보이는 현상이 나타나게 되었다. 연방대법원은 2008. 6. 12. 헌법적 판단에 의하여 이 문제에 대한 최종적 해결을 제시하게 되었는데 그 판결이 이하에서 살펴보는 Boumediene v. Bush(2008) 판결이다.

3. 헌법재판에 의한 최종해결-Boumediene v. Bush(2008) 판결[70]

(1) 사건의 개요

Hamdan판결 이전 Boumediene을 포함한 6인의 보스니아 국적의 관타나모 수감자들이 워싱턴 D.C. 연방지방법원에 인신보호영장 청구소송을 제기했으나 동 법원은 AUMF를 근거로 구금을 정당화하고 미국의 영토밖에 소재하는 외국인은 미국헌법상의 권리를 가지지 못한다는 이유로 청구를 기각하였다.[71] 워싱턴 D.C. 항소법원은 여기서 더 나아가 관할권 부존재를 이유로 사건을 각하하였다. 새로 발효된 MCA에 따라 연방법원에게는 관타나모 구금자의 인신보호영장 청구소송에 대한 관할권이 배제되었으며, 이들을 미국영역 밖의 외국인들이므로 인신보호영장 청구의 헌법적 권리

---

69) Military Commissions Act § 7(b).
70) Boumediene v. Bush, 128 S. Ct. 2229. (2008).
71) Id. at 2233.

를 가질 수 없어 동 헌법적 권리의 존재를 전제로 하여 입법부에 대하여 요구되는 소위 정지조항(Suspension Clause)의 위반 문제가 당초부터 제기될 여지가 없기 때문이라는 것이다.[72]

청구인들은 이러한 항소법원의 헌법적 법리판단에 반대하여 연방대법원에 상고허가를 신청하였다. 연방대법원은 처음에는 상고허가신청을 기각하였으나[73] 곧 입장을 바꾸어 이 결정을 파기하고 상고를 허가하였다.[74] 이 사건이 연방대법원에 제기됨에 따라 관타나모 구금자의 권리의 문제는 이전의 Rasul이나 Hamdan사건과는 달리 더 이상 법률해석의 관점에서 다루어지는 것이 아니라 'MCA소정의 관할권배제 법률조항에 대한 위헌심사'라는 헌법재판에 의한 해결을 보게 되었다.

(2) 쟁점과 주장

청구인측은 인신보호영장청구권은 헌법상 인정되는 권리로서 Rasul판결에서 이미 관타나모 수감자에 대하여 확장하여 인정되었으며, 헌법의 정지조항에 따라 '반란 혹은 침공(rebellion or invasion)'의 상황이 아닌 한 이 권리가 입법에 의하여서도 정지될 수 없는데[75] MCA가 이에 관한 법원의 관할권을 박탈한 것은 헌법에 위반된다고 주장하였다. 나아가 인신보호영장 청구절차를 배제하는 입법은 그에 상응하는 충분한 대체절차가 주어져야 한다는 것이 연방대법원의 확립된 판례인데,[76] CSRT절차는 인심보호영장에 대한 충분한 대체물(adequate substitute)이 되지 않는다고 하면서 이러한 충분성이 인정되기 위해서는 불법구금에 대한 자료제출권 인정, 모든 증거자료에 대한 중립적이고 완전한 심사, 석방결정권이 있는 법원의 존재, 신속한 결정과 변호권의 완전한 보장 등이 전제되어야 하는데 이러한 요소들이 결여되어 있다고 주장하였다.[77]

---

72) Id. at 2234, 2262.
73) Boumediene v. Bush, 127 S. Ct. 1478 (2007).
74) Boumediene v. Bush, 127 S. Ct. 3078 (2007).
75) 미국헌법 제1조 제9항 (2)는 의회의 권한을 정하면서 "인신보호영장에 관한 특권은 반란이나 침공의 경우에 있어서 공공의 안전이 요구하는 때가 아니면 정지될 수 없다.(The privilege of the writ of habeas corpus shall not be suspended, unless when in cases of rebellion or invasion the public safety may require it.)"라고 규정하는데 이를 통상 '정지조항(Suspension Clause)'이라고 지칭하고 있다.
76) Swain v. Pressley, 430 U.S. 372, 381 (1977).
77) Brief for Petitioners at 18-19, Boumediene v. Bush, 128 S. Ct. 2229 (2008) (No. 06-1195), 2007

이에 대하여 행정부는 MCA의 연방법원 관할박탈조항은 관타나모의 수감자들이 미국영토 밖의 외국인들이기 때문에 미국헌법에 의한 인신보호영장청구권을 가질 수 없으므로 헌법에 반하지 아니하고, 미국헌법상의 권리가 인정되지 아니하므로 정지조항 위반은 당초부터 문제될 수 없다고 주장하였다. 가사 청구인들에게 인신보호영장 청구권이 인정된다고 하여도 위 DTA절차는 전쟁사에서 나타난 적전투원의 처우와 비교할 때 절차적 보호를 극대화하는 내용을 가지고 있으며 국가안전과 구금자 권리 사이에 적절한 균형을 취하는 것으로서 인신보호영장청구권에 대한 '충분한 대체물'이 된다는 것이다.[78]

(3) 판 단

위와 같은 양측의 주장에 대하여 연방대법원은 2008. 6. 12. 청구인측의 주장을 거의 수용하여 위 MCA의 관할권박탈조항이 위헌이라는 취지의 판결을 내렸다.[79] 그러나 법원내의 견해는 극심하게 갈려서 다수의견의 이유를 쓴 Kennedy 대법관을 비롯한 5인의 대법관이 위의 위헌에 찬성한 반면, Roberts대법원장을 비롯한 4인의 대법관은 행정부측 의견과 같이 관타나모 수감자들에게 미국헌법상의 권리가 인정될 수 없으며 위 MCA조항도 합헌이라고 판단하였다.

다수의견은 먼저 이전의 Hamdan판결 등에서 관타나모 수감자들에게 인신보호에 관한 헌법상 권리가 인정된다는 점을 명확히 밝히고 있지 않으므로 입법조치인 MCA에 의하여 법원의 관할권이 박탈되었음을 전제한 다음, 영미법 판례 발전의 역사적 맥락에서 인신보호영장제도가 권력분립의 구도에서 본질적 중요성을 가지는 제도라고 평가하였다.[80] 그러나 이 제도가 국가의 주권이 미치는 영역 밖에 소재한 외국인에 확장하여 적용될 수 있는지 여부에 대하여서는 기존의 판례법으로부터 명확한 결론을 도출하기 어렵다고 보았다.[81] 즉 보통법의 선례(先例)에서 재외외국인이 미국헌법상의 인신보호영장청구의 주체가 될 수 있는지 여부에 관한 명확한 지침은

WL 2441590.

78) Brief for the Respondents at 27-33, Boumediene v. Bush, 128 S. Ct. 2229 (2008) (No. 06-1195), 2007 WL 2972541.

79) Boumediene v. Bush, 128 S. Ct. 2234-40 (2008).

80) Id. at 2246.

81) Id. at 2248.

얼을 수 없다는 것이다.[82)

그리하여 구속적 선례로부터 해방되어 판단의 자유를 이끌어낸 다음 이 사건 자체를 둘러싼 현실적 측면에 대한 집중적 고려를 시작하였다. MCA에 의한 법원관할권 박탈을 용인한다면 정치부문이 '자의적으로 헌법의 스위치를 켜고 또 끌 수 있는 힘'을 가지는 것을 허용하는 것이며, 이는 인신보호영장제도가 그 제도의 목적상 제한하고자 하는 권력에 의하여 마음대로 조작되는 대상이 된다고 하는 참을 수 없는 결과를 초래한다는 것이다.[83) 또한 관타나모 수감자들에게 해당하는 특별한 사정이 되는 장기간의 수감사실-이 판결이 내려진 2008년에는 약 7년간의 구금이 지속된 상태이다-을 주목하면서 이러한 수감자들에게는 헌법상의 인신보호영장청구의 권리가 인정되어야 하며 이를 박탈하기 위해서는 반드시 헌법상의 정지조항에 상응한 조치에 의하여야만 한다고 결론지었다.[84)

또 법원이 이들에게 헌법상의 권리를 인정함으로써 대통령의 군통수권자로서의 권한을 본질적으로 침식하는 것이 아니고, 집행부의 인신구속권에 대한 이의를 심판할 책무야말로 사법부에게 주어진 가장 정당하고 필수적인 것이라고 하면서 국가안전의 영역에 관한 사법부의 개입과 역할을 강조하고 있다. 결국 관타나모 수감자들에 대한 헌법상의 권리의 확대는 권력분립의 측면에서 사법부의 정당한 역할수행에 필요한 것이므로 인정되어야 한다는 것이다.

이상과 같이 본다면 더 나아가 과연 DTA에 의하여 관타나모 수감자들에게 부여된 절차적 보장이 인신보호영장제도의 박탈에 대한 '충분한 대체물'이 되는 것인지 여부의 쟁점을 판단하여야 한다. 이 점에 관하여, 다수의견은 DTA에 따르면 수감자들에게는 오직 CSRT절차에 의거하여 적전투원에 해당하는지 여부에 관하여 다툴 증거만을 제출할 수 있을 뿐인데 이는 위 인신보호영장제도에 대한 충분한 대체물이 된다고 보기 어렵다고 판시하였다. 또 무기한의 구금이 가능한 상태에서 행정부의 판단착오를 시정하기 위해서라도 연방법원에 의한 대석적(對席的) 절차의 보장이 요구된다고 하였다. 이 점에서도 DTA상의 절차는 연방법원에서의 인신보호영장청구의

---

82) 여기서 '보통법의 선례'는 명백히 Eisentrager판결을 의식하고 말하는 것이며, 여기서의 '판단의 자유' 또한 결국 앞서 본 Eisentrager판결로부터의 해방을 의미하는 것이다. Eisentrager판결의 취지는 FN 12 참조.
83) Id. at 2259.
84) Id. at 2262.

절차에 미치지 못하므로 연방법원의 관할권을 박탈하는 MCA의 조항은 결국 위헌으로 귀착된다는 것이다.[85]

(4) 반대의견

반대의견은 먼저 청구인들이 현행법제상 이미 주어져 있는 CSRT에 의한 사전구제절차를 이행하지 아니한 채 바로 제소하였으므로 상고허가가 받아들여져서는 안되었다고 한다. 미국 영토 밖의 외국인 구금자에 대한 인신보호 영장청구권의 존부 문제는 공론적(speculative)이고 가설적(hypothetical)인 것에 불과할 뿐이며, 이러한 중대하고 새로운 주제에 당면하여 종래의 관례에서 벗어나는 것에 대하여 경고하면서 이는 무사려한 사법적 행동주의(judicial activism)를 구성하는 것이라고 비판하였다. 결국 종래 미국영토를 벗어난 지역에 있는 외국인에게 인신보호영장청구권을 허용한 선례는 존재하지 아니하므로 청구를 각하한 원심판결을 유지하여야 하며, 다수의견은 결국 이 영역에서 정치부분 즉 행정부와 입법부가 우위를 가짐을 인정하기를 꺼리는 적절치 못한 의도에서 나온 것이라고 주장하였다.[86]

Ⅳ. 테러와의 전쟁과 입헌주의의 상관관계

1. 대립된 관점의 정리

9·11사태 이후 정비된 미국의 테러법제는 크게 나누어 ① 테러와의 전쟁을 위한 미국인의 인권제한, ② 테러혐의자에 대한 광범위한 예방적 구금(preventive detention)의 인정, ③ 테러전담 특별군사법원의 설치 등 테러대처를 위한 제도적 정비, ④ 아랍계 외국인 등에 대한 출입국 감시의 강화를 내용으로 한다. 이러한 법제는 미국 헌법이 요구하는 기본권 보장의 기준을 크게 벗어나고 있으므로 국가 안전보장에 둘러싸고 헌법적 인식의 전환이 논의되었다. 이러한 논쟁에 관하여 주로 세 가지의 대립된 관점이 정립되고 있다.

---

85) Id. at 2274.
86) Id. at 2302-2303.

(1) 입헌주의 전면 유지의 관점

제1의 관점은 헌법의 일반적 원칙은 테러와의 전쟁에 모두 적용된다는 것이다. 따라서 기본권의 침해는 급박한 공익을 실현하기 위하여 엄격히 재단된 범위 내에서만 (narrowly tailored to advance compelling government interest) 가능하다. 그러나 테러와의 전쟁의 시기에 급박한 공익의 보호의 필요성은 극대화되는 반면 관련된 인권보호의 요구는 축소될 것이다. 이처럼 헌법원칙을 그대로 적용하되 그 전제가 되는 현실적 상황이 테러와의 전쟁이라는 급박한 공익의 실현을 요구하므로 이러한 점을 감안하여 주기만 하면 된다는 것이다.[87]

(2) 전시 입헌주의 규범 발견의 관점

또한 제2의 관점은 평시의 헌법원칙은 테러와의 전쟁에 관하여는 적용되지 않고 여기서는 전혀 다른 헌법원칙이 적용되어야 한다는 것인데, 헌법은 원래 평시와 전시에 서로 별개로 적용되는 두 가지의 계통의 규범체계로 이원화되어 있으므로 여기서는 전쟁의 시기에 적용될 헌법을 추구하여야 한다는 것이다.[88]

(3) 입헌주의 전면 정지의 관점

이에 대하여 제3의 관점은 테러와의 전쟁과 같은 전쟁상황은 입헌주의 내지 법의 지배의 원칙을 정지시키는 것을 정당화하는 사유가 된다는 것이다. 이는 나치체제의 대변자이기도 하였던 칼 슈미트(Carl Schmitt)의 비상헌법 논리와 통하는 것으로 9·11사건 직후 일부 헌법학자의 관심대상이 된 바 있다.[89] 이 논리는 미국에서 대통령의 대권(Presidential Prerogative)의 확대론과 연결되었다. 어떠한 정부도 그 국가의 존립이 문제되었을 때 기본권을 유보하고 독재체제를 유지하지 않는다면 살아남을

---

87) Tushnet, Mark, The constitution in wartime, Duke University Press, 2005, pp. 39.

88) Tushnet 교수는 이러한 제2의 관점은 입헌주의적 원칙을 완화하여 그대로 적용하는 것으로 입헌주의적 헌법원칙을 그대로 적용하면서 공익보호의 필요의 극대화를 전제로 하여 판단하는 제1의 관점과 결론에 있어서는 유사하므로 양 관점간에 실질적인 차이는 없다고 주장한다. Ibid, p. 40.

89) 이 이론의 논리는 ① 입헌주의는 모든 위기상황을 예측하여 이에 대비하는 규정을 헌법에 두지는 못하기 때문에 극도의 위기상황에서는 입헌주의의 정지가 필연적인 것이 된다는 점과 ② 입헌주의가 정지될 수 있는 상황조건을 미리 법률적으로 정해둔다는 것은 헛수고일 뿐이라는 점 및 ③ 정지요건을 미리 정지두는 것 자체가 입헌주의에 치명적인 해를 끼친다는 점에 두고 있다. Ibid, p. 45.

수 없으며, 이는 위험하지만 피할 수 없는 진실이라는 것이다.[90] 또 이 점에서 헌법
은 국가의 자살협약(suicide pact)이 될 수 없다는 것이다.[91]

2. 패트리어트법의 테러정보 감시제도와 입헌주의

패트리어트법의 내용적 문제점을 헌법적으로 판단하면, 기본권의 제한조치가 합헌
적이 되기 위해서 일반적으로 요청되는 비례의 원칙과 필요성의 원칙에 대한 별다른
배려없이 과도한 내용을 담고 있는 데에 있다고 요약할 수 있다.[92]

먼저 감청대상과 기간 및 전화번호와 대화형태 등에 관한 감청조건을 기재하지
아니한 채 법원의 허가를 받아 실행하는 '포괄적 감청(roving wiretap)'은 테러와의 전
쟁에서의 정보수집의 탄력성을 증대시키는 것으로 제도 자체로서는 입법목적의 정당
성이 어느 정도 용인될 소지가 있다. 법의 지배의 관점에서의 구체적인 헌법적 평가
는 이러한 포괄적 감청에 대하여 허가법원이 어느 정도 사후적 통제권을 가지고 있
는지 여부에 따라 달라질 것이다. 또한 필요성의 측면에서 외국인에 대한 경우와 내
국인에 대한 것도 다르게 평가될 여지도 있을 것이다. 그러나 특히 포괄적 감청이 사
실상 사법적 통제를 유명무실하게 하여서는 적법절차의 원칙에 위반될 수밖에 없을
것이므로 패트리어트법이 최초로 도입하였던 바와 같은 내국인에 대한 무제약적인
포괄적 감청제도는 입헌주의의 관점에서는 개인 통신의 비밀을 과도하게 침해하는
것으로 위헌이 된다고 하지 않을 수 없을 것이다.

비밀수색(sneak and peek search) 제도는 미국의 하급심 법원에서도 위헌판단이
내려진 바가 있다. 그러나 대규모 테러가 발생하고 테러재발에 대한 국가의 정보수집
체계가 아직 완전히 안정되지 못한 상태에 있다면 이와 같은 극단적인 사생활 제한
도 제도 자체로서 반드시 위헌이라고 단정할 수는 없을 것이다. 대규모 테러와 국가
안보에 대한 '명백한 위험이 현존'하는 상황에서는 한시적으로 이러한 제도를 운용하
는 것이 용인될 여지도 없지 않기 때문이다. 그러므로 이러한 제도를 도입하는 입법

90) Genovese, Michael A. Presidential prerogative: Imperial power in an age of terrorism, Stanford
   University Press, 2011, p. 8.
91) Posner, Richard A. Not a Suicide Pact, The constitution in a time of national emergency,
   Oxford University Press, 2006. pp. 40-41.
92) Wong, Kam C. op. cit., p. 361.

은 그 당시의 위험상황에 적절한 수준으로 제도적 구성을 하여야 하며 이러한 기준에서 조금이라도 과잉된 경우에는 헌법위반이 된다고 보아야 할 것이다. 구체적으로는 미국의 패트리어트법 개정입법에서 나타난 바와 같이 테러위험의 개연성이 감소함에 따라 수색실행의 통지 시한을 줄여나가는 입법조치에 의하여 사생활과 주거의 평온 제한의 정도를 감소시킬 수 있다.

기타 수사기관의 각종 단체에 대한 문서와 기록제출명령은 원칙적으로 법원의 실질적 통제하에 실행되도록 하여야만 국민의 개인정보 자기결정권 혹은 자기관리권을 침해하는 것이 되지 않을 것이다. 이 경우 법원의 허가는 개인의 동의에 대한 대상(代償)조치가 될 것이다. 그러나 대규모 테러 발생으로 국가적인 침해와 충격이 발생한 상태에서 테러위험이 명백히 현존하는 상황이라면 행정부의 내부적 판단에 의한 제출명령제도를 일시적으로 용인하는 것이 반드시 헌법위반이 되지는 않을 것이다. 나아가 수사기관이 개인의 모든 정보통신정보과 금융정보를 아무런 사법적 통제없이 비밀리에 무제한으로 수집할 수 있도록 하였던 당초의 패트리어트법의 내용은 역시 입헌주의적 관점에서는 수용될 수 없는 부분이라고 할 것이다.

이렇게 볼 때 더 이상 테러행위의 발생을 예방하기 위한 정보수집활동에서 초래되는 각종 통신비밀 침해, 주거의 평온 침해 혹은 개인정보결정권의 침해 등 기본권 침해의 문제에 있어서는 당초 패트리어트 법은 명백히 '입헌주의의 사실상 포기' 형태를 취하였다고 판단된다. 동 법이 앞서 본 국제전화에 대한 무차별 감청, 이동전화에 대한 포괄적 감청, 비밀수색, 각종 공사 기관이 보유한 개인자료에 대한 무제약적 비밀정보수집 등을 용인하는 법적 수단이 되고 있는 점을 보면 이러한 판단이 무리가 아닐 것이다. 다만 테러에 대한 최초의 극단적이고 편집증적 공황상태가 지나가고 어느 정도 사태가 진압된 후 패트리어트 법개정이 실현된 이후, 즉 시기적으로는 비로소 2006년 이후에 와서야 이와 같은 입헌주의 포기 내지 배제의 관점은 완화되고, 수사기관의 활동에 사법적 통제가 도입되고 강화되면서 '입헌주의적 관점의 부활'이 실현되었다고 판단된다.[93]

---

93) 9·11사태가 있었던 2001년 이후 영국 또한 반테러법제를 강화하였으나 미국과는 달리 입헌주의 내지 법의 지배의 기본원칙을 유지하는 전제하에서 대응하였다. 가장 큰 차이는 영국은 '테러와의 전쟁'을 법적 개념화하고 여기에 불법적 적전투원 개념을 도입하여 테러행위자의 구금에서 입헌주의의 공백상태를 조성하는 미국식 방법론을 채택하지 않았다는 점이다. 영국은 테러행위자에 대하여 국내법상의 인신보호의 권리를 처음부터 인정하여 국내법적으로 처벌하였다. Tom Bingham, The Rule Of Law,

3. 적전투원 지정 및 예방적 구금제도와 입헌주의

테러와의 전쟁으로 촉발된 새로운 법적 대응조치의 특징은, 이미 발생한 테러행위를 범죄로서 처벌하기 위한 수사(搜査)의 원활을 도모하는 것에 중점을 두기 보다는 테러조직을 소멸시키기 위하여 필요한 '정보수집과 장래의 테러발생의 예방'에 목적을 두는 데에 있다. 그러므로 국내 정보의 광범위한 수집과 집중 및 효율적인 분석과 예측, 테러조직 연관자의 체포와 구금 및 신문을 통한 테러정보의 획득 및 예상되는 테러의 차단에 치중하였다. 종래 헌법상 부여된 인신보호가 주로 수사와 범죄 소추의 체포·구금에 대한 기본권 방어의 의미를 가진 것이었으나, 여기서 문제되는 것은 테러예방적 체포·구금에 대한 기본권방어인 점에서 대비된다.

이러한 사고에서 다음과 같은 법적 구성이 새로이 시도되었다.

① 테러와의 전쟁은 국가가 아닌 테러조직이나 개인적 테러리스트에 대한 실제 전쟁이며, 테러행위자로서 적전투원으로 활동하다가 포획된 자는 마치 국가간의 전쟁에서의 전쟁포로와 같이 수용시설에 구금된다.

② 그러나 테러와의 전쟁은 국가를 상대한 전쟁이 아니므로 국제법상 포로의 지위와 보호에 관한 제네바협약상의 전투원면책은 테러리스트에게 인정되지 않는다.

③ 적전투원의 예방적 구금(preventive detention)은 테러조직에 대한 정보수집과 적전투원의 전투복귀를 차단하기 위한 조치로서 원칙적으로 테러와의 전쟁 종료시까지 계속된다.

④ 적전투원으로서 예방적 구금에 처하여진 자에 대해서는 국내법상의 인신보호의 제반 규정이 적용되지 않는다.

이러한 법적 구성은 테러와의 전쟁에서 체포된 적전투원에게는 국내법적 보호도 국제법적 보호도 부여하지 않는다는 결론에 이르며, 이는 9·11 테러 직후 상당기간 유지되었던 미국 행정부와 의회의 입헌주의 배제의 관점이 가장 명확히 드러나는 부분이라고 볼 수 있다.

그러나 이러한 대응조치에 대하여 ① 적전투원 지정이 오류에 빠진 경우 이를 시정할 구제수단이 있어야 한다는 점과 ② 어떠한 권리보호장치도 없이 전쟁포로와 같

Penguin Books, London, 2010, pp. 137-138.

이 전쟁종료시까지 강제수용하는 것은 인권침해의 소지가 너무 크므로 인신보호영장 청구권 내지 구속적부심사와 같은 절차에 의하여 테러와의 전쟁 종료 전이라도 인권 침해를 가미하고 나아가 석방될 수 있도록 하는 절차적 권리가 부여되어야 한다는 점을 중심으로 하여 강력한 비판이 지속적으로 제기되었다. 이 논의는 2006년 함단 판결에 의하여 테러혐의자에 대한 인신보호절차의 적용이 요구되고 관련 재판제도가 정비되면서 본격적으로 개선되기 시작하였다고 할 것이다. 물론 최종적인 법적 해결 은 2008년의 부메디언 판결에 의하여 확정되었지만 2006년의 판례와 입법에 의하여 입헌주의적 관점 부활의 경향은 뚜렷이 모습을 드러낸다고 평가할 수 있다.

이러한 과정을 거쳐서 테러와의 전쟁의 대응조치 문제는 입헌주의적 관점에서 의 미있는 개선이 실현되었는데, 요약하면 ① 예방적 구금은 테러와의 전쟁에서 적전투 원으로 지정된 자에 대하여 행하여질 수 있고 ② 적전투원으로 지정된 자에게는 그 지정에 관하여 이의를 제기할 구제절차가 주어져야 하며 ③ 예방적 구금은 테러와의 전쟁이 종료되는 시점까지 계속될 수 있음이 원칙적으로 인정되나 ④ 불법적이거나 불필요한 구금에 해당한다면 석방될 수 있도록 하는 구제절차가 마련되었다는 것이 다. 요컨대 예방적 구금의 문제에서 입헌주의 침투의 문제는 입헌주의의 전면정지의 관점에서 출발하여 입헌주의의 변형된 적용으로 결론지워졌으며, 이러한 변화는 시기 적으로는 앞서본 패트리어트 법제의 개선과 같이 테러와의 전쟁이 선언된 이후 약 5 년이 경과한 2006년경에 실현되었다.

Ⅴ. 한국의 입헌주의 헌법구조에서의 반테러법제의 범위와 한계

한국의 테러방지법제는 국가정보원이 주도하여 테러혐의자에 대한 전화감청, 전자 정보의 감시 등 신속한 대응조치를 할 수 있는 법적 근거를 마련하는 입법동향이 있 었으나 아직 실현되지 못한 상황에 있다.[94] 그러나 미국의 테러와의 전쟁에 대하여

---

94) 국내에서도 여러 차례 테러방지 관련 법제가 논의되다가 인권침해 등의 문제로 통과되지 못한 사례가 이미 존재한다. 대표적 법안으로, 2001. 11. 28. 정부 발의 '테러방지법안', 2006. 2. 14. 정형근 의원 등 29인 발의 '테러예방 및 대응에 관한 법률안', 2008. 10. 28. 공성진 의원등 23인 발의 '테러예방 및 대 응에 관한 법률안', 2009. 4. 15. 송영선 의원 등 11인 발의 '테러예방 및 대응에 관한 법률안' 등이 그

우리나라가 어떠한 방법과 정도에 의하건 간에 개입할 수밖에 없는 국제정치적 상황이 조성되고 있고 나아가 국가의 위상제고로 인하여 대규모 국제행사가 상시 개최되고 있는 상황에서 테러발생 가능성을 무시할 수 없으므로 반테러입법의 논쟁은 앞으로도 지속될 것이다. 이 경우 미국의 법제뿐만 아니라 그 헌법적 논쟁의 과정과 결과 및 헌법 판례 등이 모두 참고가 될 것이며 입법과 법집행의 모델이 될 것으로 예상된다.[95]

1. 전시 입헌주의의 제도적 발견

미국의 전례에서 보는 바와 같이 적전투원 지정이나 그들에 대한 예방적 구금 및 테러정보 수집을 위한 전화감청의 강화, 비밀수색의 용인 혹은 다중시설이용자에 관한 강제적 기록제출명령 등이 시행될 것을 상정해 볼 수도 있다. 여기서 미국의 경험과 우리 헌법상의 국가비상시의 입헌주의 운용의 기본적 틀을 고려해 볼 때, 테러와의 전쟁의 법적 개념 구성이나 적전투원 지정 제도 혹은 예방적 구금제도 자체는 입헌주의의 전시(戰時) 적응의 문제로서 도입이 검토될 수도 있을 것이다. 그러나 만약 도입할 경우 제도가 남용되지 않도록 절차적, 사법적 통제를 충분히 유지하여야 한다. 특히 적전투원 지정이 자의적으로 행하여지지 않아야 하고 무기한의 예방적 구금이 인신의 자유의 과도한 제한이 되지 않도록 감시하는 사법적 구제절차가 반드시 완비되어야 한다고 본다.

사례이나, 심의 도중 의원임기 만료로 모두 폐기되었다. 최근에는 2013. 4. 9. 서상기 의원 등 13인 발의 '국가사이버테러방지에 관한 법률안'이 다시 계류되어 심의 중이다.

95) 우리나라의 통신비밀보호법 제7조 제1항은 "대한민국에 적대하는 국가, 반국가활동의 혐의가 있는 외국의 기관·단체와 외국인, 대한민국의 통치권이 사실상 미치지 아니하는 한반도내의 집단이나 외국에 소재하는 그 산하단체의 구성원의 통신과 군용전기통신법 제2조의 규정에 의한 군용전기통신(작전수행을 위한 전기통신에 한한다)의 경우 서면으로 대통령의 승인을 얻어서 통신제한조치를 할 수 있다"고 규정한다. 이는 대통령의 대권론에 기초한 미국 행정부의 전화 등 통신감청에 관한 이론이 우리 국내법에 그대로 반영된 사례라고 할 수 있다. 그러나 전화 등 통신감청의 법제가 사법부의 통제를 배제할 경우 나타날 심각한 인권침해의 문제는 테러와의 전쟁에서 줄곧 비밀리에 실시된 부시행정부의 TSP(테러리스트 감시계획)를 통하여서도 잘 인식할 수 있다. 대통령의 승인에 의한 전화 등 감청 승인은 남용의 소지가 크므로 입법론, 특히 전시가 아닌 평시의 입법론으로는 배제되어야 마땅하다.

2. 입헌주의의 전면 유지

국내에서의 통화 감청이나 비밀수색 혹은 자료의 강제적 수집 등을 실행하는 제도에 대하여서는 비록 테러와의 전쟁이라는 비상상황임을 감안하더라도 입헌주의 헌법제체의 일반원칙을 적용함이 필요하다. 이 경우 개인의 기본권을 제한할 사유로서의 국가안보와 공익의 유지의 필요성이 평시에 대비하여 월등히 증가하는 것이므로 이를 배려하여 제도를 구성하여야 할 뿐이며, 이로 인하여 기본권 보호의 요청이 소멸하는 것이 아니므로 과잉금지의 원칙과 명백하고 현존하는 위험의 원칙 등 입헌주의 헌법의 일반기준이 그대로 적용되어 제도적 균형이 유지되어야 한다고 본다.

3. 입헌주의 전면정지의 불필요성

이처럼 테러와의 전쟁은 두 가지의 큰 범주에서, 즉 한 측면에서는 전시 입헌주의 발견의 관점으로, 또 다른 한 측면에서는 입헌주의 전면적 유지의 관점에서 해결하여야 하며, 어떠한 경우에도 입헌주의와 법의 지배의 원칙을 전면정지 내지 폐기하는 일이 발생하여서는 안된다고 본다. 이는 9·11사건으로 촉발된 미국의 법적 대처가 초기에는 주로 행정부를 중심으로 입헌주의의 전면정지의 사고에 기초하여 시행되었지만, 이러한 과격한 조치로 인하여 별다른 효과를 얻지 못한 반면 오히려 인권침해적 부작용만 확대되자 결국 사법부의 판결과 입법부의 법개정을 통하여 입헌주의적 정상상태를 회복하는 방향으로 종결된 점을 통하여 충분한 교훈을 얻을 수 있다고 생각한다.

VI. 맺음말

입헌주의와 법의 지배는 전쟁과 같은 비상시를 전제로 한 제도는 아니다. 우리 헌법상으로는 전쟁 등의 비상시에 대비하여 계엄제도과 국가긴급권 제도가 입헌주의 구조에 대한 예외로서 제도적으로 인정되어 있다. 미국의 헌법적 법제는 우리의 그것과는 이질적이고 특히 9·11 테러 이후의 미국의 위기상황이 중대한 것이기는 하였으나, 그 위기의 급박성과 정도의 측면에서 전통적인 법의 지배 원칙을 제도적으로 전면 배제할 조건이 되기에는 부족하였다. 또한 계엄이나 국가긴급권의 발동과 같은 전통적인 입헌주의의 예외 제도는 재래적인 전면전쟁의 한시적 상황에 대한 대응에 적합한 제도로 발전된 것이기 때문에 현대의 테러와의 전쟁의 경우와 같이 장기화되는 부분전쟁의 수행에 있어서 필요한 수단으로 활용하기에는 이질적이고 부적합한 면이 있다. 따라서 미국 정부는 계엄 등 전통적 비상수단에 의지하지 아니하고 국민의 기본권을 대폭 제한하는 반테러입법을 신속히 제정하는 방법에 의하여 이에 대응하였다. 우리 헌법의 연구에 있어서도 반테러입법의 합헌성을 판단함에 있어서 테러리즘 대처의 특성과 입헌주의와의 상관관계를 반영한 새로운 헌법적 기준을 세울 필요성이 제기될 수 있으며 이러한 의미에서 여기서 미국헌법학계에서 제기되었던 다양한 이론구성과 헌법적 논쟁을 검토하였다.

21세기에 접어든 이후 테러와의 전쟁이 전지구적으로 지속되면서 종래의 입헌주의 국가체제에 대한 심각한 위협이 되고 있는 만큼 우리나라에서도 반테러입법의 입헌주의 구조와의 관련성 문제가 본격적으로 논의되어야 마땅하다. 이 글은 이러한 논의를 국내에서 불러일으킬 수 있는 촉매의 역할을 하고자 하고 그럼으로써 우리의 헌법학과 헌법판례가 새로운 헌법현실의 도전에 보다 잘 대처할 수 있도록 변모하는 데에 기여할 것을 기대한다.

제 7 장

핵무기 개발과 헌법상 평화주의

제**7**장
핵무기 개발과 헌법상 평화주의

I. 머 리 말

1. 핵무기의 법적 규율에 대한 헌법적 검토의 필요성

북한의 장거리 탄도미사일의 시험발사가 성공하고 수차례 핵무기실험을 통하여 핵무기의 소형화 노력이 진전되는 모습을 보임에 따라 북한의 핵위협이 한반도뿐만 아니라 주변국 및 심지어 미국 본토에까지 미치게 되어 동북아시아의 안보지형이 크게 변화하고 있다. 무엇보다도 북한과 근접하여 있고 북한의 대남통일 정책의 대상이 되어있는 대한민국은 북한의 이러한 핵무장으로부터 안전보장이 새삼 위협받고 있다. 여기에 더하여 일본은 더욱 우경화되어 독도에 대한 영토적 주장을 가감없이 표출하고 있으며 중국과 접경 도서의 영유권을 둘러싸고 첨예한 무장대립을 벌이고 있어서 동북아시아의 군사적 긴장이 어느 때부터 고조되고 있다. 이렇게 사방에서 군사적 긴장상태에 조성되고 있는 가운데 국내에서는 북한의 위협에 맞서서 우리도 더 이상 핵무기 개발을 자제할 수 없다거나[1] 북한의 핵무기 제조가 구체화될 때에는 이에 대하여 선제공격을 하여야 한다는 입장이 나오기도 한다.[2] 이제 구체화된 북한 핵무기

---

* 본 장(章)은 2014년 3월 한국헌법학회 헌법학연구 제20권 제2호 115-145면에 게재된 논문인 '우리 헌법상 평화주의와 핵개발 - 핵무기의 제조·보유·사용을 둘러싼 헌법적 한계의 설정 -'을 제목을 수정·편제한 것임.

1) '핵무장론'은 미국의 핵우산에 의존하여야 하는 소극적 상황에 대한 반발로서 우리 국민들 사이에도 빠르게 확산되고 있다고 한다. 박휘락, 북핵 위협과 대응, 한국학술정보(주), 2014, 16쪽.; 조선일보 '국민의 3분의 2 핵무장 지지' 2011. 2. 25. 기사 등 참조. 반면 남한의 독자적 핵무장의 문제점을 지적한 것은 이경주, 원자력과 평화주의 - 한국과 일본의 경우 -, 민주법학 제54호, 2014. 3. 41-42쪽. 참조.

2) 북한 핵공격 징후 포착되면 30분 내 선제타격, 중앙일보 2013. 4. 2. 기사; 이하 같은 신문, 한미 함께 북미사일 선제타격, 중앙일보 2013. 11. 26. 기사; NSC, 불확실성 커진 한반도 정세 총체적 관리, 2013. 12. 17. 기사; 서울 상공서 핵무기가 떨어진다면 … 대응 방안은, 2014. 4. 5. 기사 참조.

위협의 심각성을 인식하고 이에 대한 우려에서 이러한 긴급대책들이 주장되고 있으나, 그렇다고 하더라도 입헌국가적 헌법질서와 조화를 이루는 범위 내에서 추구되어야 하고 여기서도 헌법은 존중되어야 할 것이다.[3] 지금까지 핵무기 개발에 대한 법적 규제의 문제는 주로 국제법적 측면에서만 다루어지고 있었지만,[4] 그보다 먼저 우리 국민의 기본권의 총체적 확보와 안전한 국가생활의 영위에 관한 문제인 만큼 평화주의의 헌법원칙에 의한 위헌성 검증이 선행되어야 한다.[5]

2. 핵에너지 개발의 양면성과 헌법관련성

원자력을 에너지로 이용하고자 하는 연구는 제2차 세계대전 중 미국에 의하여 무기를 만드는 작업으로 시작되었지만 전후 그 평화적 이용에 눈을 돌리게 되었으며 그 연구·개발은 전력생산을 위한 원자로의 설치·운용의 형태로 진행되어 왔다. 원자력 에너지를 얻는 데 있어서는, 주로 우라늄 238로 구성된 자연상태의 우라늄에서 1% 미만으로 소량 함유된 우라늄 235을 추출하여 농축한 핵연료를 만들어 이를 중성자 충돌을 통한 핵분열의 연쇄반응에 놓이게 하고 그 때 발생하는 에너지를 얻는 과정을 거친다. 여기서 핵폭탄 제조에 있어서는 우라늄 235의 농축 정도가 70% 이상이 되도록 한 강도의 농축 우라늄을 사용하여 급격한 순간적인 연쇄반응을 얻어 핵폭발에 이르게 하는 반면, 전력 생산을 위한 원자로에서는 농축 정도가 3% 정도로 낮추어 진 것을 사용하여 완만한 핵분열을 유발하도록 하고 있다.[6] 이처럼 원자로의 운용과 핵무기의 개발은 여러 측면에서 기술적으로 결부되어 있는 문제이기 때문에

---

3) 핵무기 개발의 문제는 고도의 정치적 결단이 요구되는 사항이고 군사적 필요성에 의거한 전문적 판단이 필요하므로 사법심사에는 부적합한 이른바 '통치행위'에 해당한다는 주장이 제기될 수 있다. 그러나 이 문제는 헌법관련성 또한 현저하며 우리 헌법재판소는 통치행위라고 하여 사법심사에서 배제하지 아니하는 판단을 이미 행한 바 있을 뿐만 아니라(헌재 1996. 2. 29. 93헌마186 금융실명제사건 결정; 2004. 10. 21. 2004헌바554, 수도이전사건 결정 등 참조), 핵무기 개발의 헌법위반성 여부의 판단 자체는 사법기관의 판단자제의 문제와는 별개이므로 통치행위 여부는 이 문제를 헌법적으로 논함에 장애가 되지 않는다고 본다.
4) 예를 들면, 김석현, 자위권 행사로서의 무력사용의 제한 -필요성과 비례성을 중심으로-. 국제법학회논총 제58권 제4호, 2013.12, 21-71쪽; 권태영·신범철, 북한 핵보유 상황 대비 자위적 선제공격론의 개념과 전략적 선택방향, 전략연구 통권 제51호, 2011.3, 7-47쪽; 김정균, 핵무기 규제의 법리, 인도법논총 제24권, 2004. 7. 13-41쪽. 등.
5) 헌법학계의 평화주의의 구체적 해석의 필요성과 중요성에 관한 언급으로는 서경석, 헌법상 평화주의의 실천적 의미, 민주법학 제25권, 2004, 74-75쪽. 참조.
6) 핵폭탄과 원자로의 기본적 원리에 관하여서는 이정훈, 한국의 핵주권, 글마당, 2011. 71-80쪽. 참조.

좀처럼 서로 분리하여 파악할 수 없는 특징을 가지고 있다.

한편 핵폭탄의 위력은 개개의 군사목표를 파괴하는 정도를 넘어서 도시 전체를 파괴하는 광범위한 위력을 가지므로 대표적인 대량살상무기로 분류된다.[7] 또 원자로를 이용한 완만한 핵분열을 통한 전력생산의 경우에도 다량의 사용후 핵연료를 남기는데 동 핵폐기물에는 인체의 유전자를 파괴하는 방사능 물질들이 다량 발생하여 그 처리가 심각한 사회문제로 부각되고 있으며, 아직까지 기술적으로 완전한 안전성이 입증된 해결책이 마련되지 않고 있다.[8] 이처럼 핵개발은 당해 국가에게 강력한 군사력을 제공하고 산업활동의 기반이 되는 전력생산에 획기적인 발전을 가져오는 것이기는 하지만, 세계평화를 저해하고 인체건강과 생활환경에 심각한 침해를 야기할 수 있기 때문에 매우 밀접한 헌법관련성을 가지고 있다. 이 글에서는 핵개발의 헌법상 평화주의 연관성을 살펴보고자 하므로 원자로의 운용에 관한 부분이라도 핵무기의 원료생산과 관계된 부분은 검토의 대상에 포함하고자 한다.

Ⅱ. 외국 헌법의 입장

원자력 개발과 관련하여 선진국의 헌법적 법제를 살펴볼 때, 핵무기를 이미 개발한 핵보유국인 미국과 영국 또는 프랑스는 이를 규율하는 내용을 헌법전에 담고 있지 않지만 일본은 특별한 평화헌법조항에 의하여 또한 독일은 기본법에서 평화주의와 군비 및 핵기술의 헌법적 통제에 관련된 비교적 상세한 조항을 설치함으로써 입법례로서 주목할 가치가 있다고 생각된다. 이하에서 입헌주의헌법 중 평화주의에 관한 선도적 의미를 가진다고 평가되는 일본과 독일의 관련 헌법조항과 해석에 관하여 살펴본다.[9]

---

7) 박휘락, 앞의 책, 46-49쪽. 참조.
8) 원자로의 가동 후 발생하는 핵폐기물 특히 방사능 독성이 강한 고준위 핵폐기물은 지하 깊이 묻어버리는 것 이외는 달리 처리방법이 없다. 다만 사용후 핵연료를 재처리하여 새로운 핵연료를 제조하는 것은 핵폐기물을 효율적으로 처리하는 방법이 된다. 그러나 이러한 재처리 핵연료를 사용하여 전력을 생산하고 저준위폐기물만을 배출하는 이른바 고속증식로의 안전성은 아직 입증되지 아니한 상태라고 한다. 일본의 몬쥬(文殊) 고속증식로가 이러한 유형인데 안전사고발생 등으로 가동되지 못하고 있다. 이정훈, 앞의 책, 271-274쪽. 참조.
9) 일본과 독일 헌법의 평화주의에 대한 선도적 지위에 관한 언급으로, 서경석, 앞의 글, 53-54쪽. 참조.

1. 일   본

독일과 함께 제2차 세계대전의 전범(戰犯)국가인 일본은 전쟁 말기 미국이 최초로 개발한 원자핵무기의 피해를 경험하였다. 패전 이후 일본은 미국 점령당국의 영향 하에 새로 제정한 헌법에 ① 전쟁(戰爭) 포기, ② 전력(戰力) 불보유, ③ 교전권(交戰權) 부인을 내용으로 하는 헌법 제9조를 설치하여 이른바 평화헌법(平和憲法) 체제를 출범하였다. 동 조항은 그 제1항에서 "일본 국민은 정의와 질서를 기초로 하는 국제평화를 성실히 희구하며, 국권을 발동하는 전쟁과 무력에 의한 위협 또는 무력행사는 국제분쟁을 해결하는 수단으로서는 영구히 이것을 포기한다."고 하고 이어서 제2항에서는 "전항의 목적을 달성하기 위하여 육해공군 그 밖의 전력은 이를 보유하지 않는다. 국가의 교전권은 인정하지 아니한다."고 규정한다.

일본 헌법 제9조의 의미 해석에 대하여 일본 학계 내에서 여러 가지 견해가 있지만[10] 우리나라를 비롯한 인접국가에게 직접 실제적 영향을 미치는 것은 일본정부의 해석과 이에 따른 법집행일 것이다. 최고재판소의 헌법판례가 비교적 활성화되지 못하고 있는 상태에서, 일본헌법에 대한 최종적 유권해석은 주로 내각 법제국의 소관업무에 실행되고 있다. 동 조항에 대한 일본정부의 법해석은 냉전 종식 이전까지는 ① 전쟁의 포기는 모든 국가에게 인정되는 자위전쟁의 포기를 의미하는 것이 아니라 침략전쟁의 포기만을 의미하는 것이고, ② 전력(戰力)으로서는 자위권을 발동하는데 필요한 방위적 목적의 최소한의 실력은 보유할 수 있으며, ③ 이 목적에 부응한 조직인 자위대는 오로지 일본의 영토를 방어하는데 필요한 개별적 자위권 행사(이른바 '專守防衛')에만 동원될 수 있고 일본의 방어와는 직접적 관련이 없는 집단적 방위의 목적에는 동원될 수 없다는 입장을 고수하여 왔다.[11] 그러나 냉전 종식 이후 걸프전을 거치면서 우경화된 일본 정부는 '무제약적 전력을 갖춘 군대와 이들의 해외파병과 무력행사'를 가로막고 있는 헌법 제9조의 의미를 최대한 제한·축소 해석함으로써[12] 그

---

10) 학설상으로는 자위를 포함한 일체의 전쟁을 포기한 것으로 보는 것이 다수설이며, 자위전쟁은 유보된다고 보는 측이 소수설이다. 樋口陽一, 憲法入門, 五訂, 勁草書房, 2013. 41~42쪽.

11) 집단적 자위권은 전통 국제법상 독립국가의 권리로 인정되어 온 것은 아니며 유엔헌장 제51조에 의하여 새로이 도입된 개념이다. 국제연합헌장 제51조 제1문은 "이 헌장의 어떠한 규정도 유엔회원국에 대하여 무력공격이 발생한 경우 안전보장이사회가 국제평화와 안전에 필요한 조치를 취할 때까지 개별적 혹은 '집단적' 자위의 고유한 권리를 침해하지 아니한다."고 규정한다.

들이 말하는 이른바 정상국가(正常國家)가 되고자 한다.[13]

일본에서 헌법 제9조의 의미를 축소해석하는 과정은 일찍이 자위대(自衛隊)의 합헌성을 인정하는 부분에서 시작되었다. 최고재판소가 이 문제에 대하여 판단을 회피하는 가운데,[14] 행정부는 유엔헌장 제51조가 인정하는 바와 같은 자위권(自衛權)을 헌법이 거부하는 것은 아니라는 해석을 취하여 자위전쟁을 임무로 하는 자위대의 존재를 합헌시하였다. 1990년대에 구소련권이 붕괴되고 걸프전이 발발하자, 자위대의 활동영역은 넓어져서 개별적 자위권의 행사만으로 범위를 한정하는 '전수방위'의 관념이 약화되고 평화유지활동을 위한 자위대의 국외파견이 실현되었다.[15] 이처럼 일본 자위대는 국외로 군사작전의 활동범위를 지속적으로 확대하여 왔으나, 헌법의 평화조항으로 인하여 일정한 한계를 가지는 것으로 해석되어왔다. 특히 ① 개별적 자위권과는 달리 '집단적 자위권'은 원칙적으로 이를 제약없이 행사할 수 없는 점과 ② 무력행사를 요하는 국제적 집단안보활동에 참여할 수 없다는 점에서 헌법은 여전히 실질적으로 군사활동을 제약하는 기능을 하였다. 그러나 최근 우경화된 정부를 중심으로 이러한 헌법적 제약으로 벗어나는 것이 국방의 측면에서 일본이 정상국가(正常國家)가 되는 것이고 일본의 국방을 비정상상태로 묶어놓고 있는 헌법 제9조를 개정하든지 또는 그 헌법해석을 변경하여야 한다는 주장은 갈수록 그 톤이 고조되고 있다.[16]

---

12) 특히 모든 국가가 국제법상 보유하는 것으로 인정하는 자위권을 일본도 당연히 가져야 하며, 여기에 헌법 제9조의 내용이 장애가 될 수 없다는 논리를 기초로 하여 동 조항의 내용을 법해석에 의하여 변질시키기 시작하였다.

13) 일본이 추구하는 정상국가(正常國家)의 의미는 '개별적, 집단적 자위권을 행사할 의지를 가지고 무력사용을 포함하여 국제적 집단안보활동에 참여하는 국가'라고 한다. 에이치 카타하라, 일본의 정상국가로의 도약이 동아시아에 미치는 영향, 전략연구, 제41호, 2007, 109-131쪽. 참조.

14) 최고재판소는 자위대의 합헌성이 문제된 수차의 재판에서 모두 이에 대한 판단을 회피하였다. 砂川事件, 最高裁 昭和 34. 12. 16., 刑集13卷13号, 3225.; 長沼事件, 最高裁 昭和 57. 9. 9. 民集 36卷9号, 1679.; 百里基地 事件, 最高裁 平成 元. 6. 20. 民集 43卷6号 385.; 樋口陽一. 앞의 책, 43쪽. 참조.

15) 일본정부는 당초부터 자위대가 유엔평화유지활동(PKO)에 참여하는 것이 '전수방위'의 한계를 넘지 아니할 것을 요구하는 헌법 제9조에 위배하는 것은 아니라는 입장 하에 다만 자위대법상 이러한 국외파견의 법적 근거가 주어져 있지 않으므로 '법률적' 장애만이 존재한다고 보았다. 그리하여 1992년 이른바 PKO협력법을 통과시켜서 이에 근거하여 자위대를 광범위한 국외파견활동에 동원하기 시작하였다. 芦部信喜, 憲法 第5版, 岩波書店, 2012, 65쪽.

16) 일본의 아베(安部)내각은 헌법의 개정에 필요한 정치권의 의견합치와 국민의 여론 수렴이 여의치 않자 최근 기존 평화헌법의 틀 내에서도 일정한 조건 하에 집단적 자위권을 행사할 수 있다는 방향으로 헌법해석을 변경하려는 시도를 하고 있다. 이는 ① 자위대가 제3국을 통과하려면 허가를 받아야 하고 ② 자위권 행사여부는 총리가 종합적으로 판단하며 ③ 국회의 사전승인을 의무화하되 긴급시에는 사후승인을 받을 수 있다는 조건 등을 걸어서 특히 미국과의 군사협조를 염두에 둔 '집단적 자위권' 행사를 위한 자위대의 동원을 용인하겠다는 것이다. 한국일보 2014. 4. 4. '일본, 한국 등 타국영토에선 집단적

핵무기에 관하여서는, 평화국가의 헌법적 제약에도 불구하고, 그 보유가 반드시
헌법에 위반되지는 않는다고 보는 것이 일반적 견해이다.[17] 자위적 전쟁을 헌법이 금
하는 것은 아니며 핵무기라고 하더라도 자위전쟁에 필요한 범위 내에서 소형의 것이
면 허용될 수 있으므로 헌법이 그 보유를 금지하지 아니한다는 것이다. 특히 일본정
부는 핵무기의 보유는 헌법적 금지사항이 아니라 '정책적 선택사항'이라는 견해를 전
제로 일정한 비핵화원칙을 스스로 설정하여 준수하고 있다.[18] 이른바 비핵3원칙이 그
것인데 이는 ① 핵무기를 제조하지 않고 ② 보유하지 않으며 ③ 반입하지도 않는다
는 것이다.[19]

요컨대 일본은 헌법상 명문으로 전력과 무력행사를 포기하고 있지만 헌법해석에
의하여 전력보유와 무력행사의 범위를 점차 확대함으로써 평화조항을 형해화(形骸化)
하고 있다. 또 이러한 입장은 핵무기의 보유에도 반영되어 이에 대한 헌법상 장애를
인정하지 않고 단지 정부의 정책적 선택으로서 비핵화를 지향하고 있을 뿐이라는 입
장을 정부를 중심으로 공식화하고 있다.

2. 독   일

독일 기본법은 평화주의의 원칙에 의거한 여러 조항을 두고 있으나,[20] 여기서 특
히 주목되는 것은 기본법 제26조로서, 동 제1항은 '제 국민의 평화로운 공동생활을
저해하는 행위'를 금지하고 특히 침략전쟁의 수행을 '준비(vorbereiten)'하는 행위도 헌
법에 위반한다고 규정한다.

헌법이 금지하는 평화로운 공동생활의 저해(Störung)행위에는 '국제분쟁의 군사적
해결'이 포함된다. 침략전쟁은 평화저해행위의 대표적인 사례일 뿐 전부는 아니다.[21]

자위권 불인정 방침' 기사; 중앙일보 2014. 5. 16. '헌법해석 바꿔 집단적 자위권' 기사 등 참조.

17) 芦部信喜, 앞의 책, 63쪽.
18) 일본의 핵무장 합헌론은 1959. 3. 당시 키시(岸)수상의 국회발언으로, 이미 드러났으며 1978. 3. 내각
　　법제국장이 '자위를 위한 최소한의 전력은 핵무기라도 이를 보유하는 것이 헌법위반이 아니라'는 취지
　　의 유권해석을 한 바 있다. 조성렬, 일본의 핵정책의 이중성과 핵무장 옵션, 국제정치논총 제39집 3호,
　　1999. 159쪽.
19) 芦部信喜, 앞의 책, 63쪽.
20) 기본법 제4조 제3항(양심적 집총거부), 제12a조 제2항(대체복무), 제24조 제1항, 제2항(국제평화를 위
　　한 주권제약) 등을 들 수 있다.
21) Schmidt-Bleibtreu Klein, Kommentar zum Grundgesetz, 10. Aufl. Art. 26. rdnr. 1.

특히 '침략전쟁의 준비행위'도 평화저해행위에 해당함을 헌법상 명시하였다. 침략전쟁의 개념에는 국제법적으로 허용되지 아니하는 모든 형태의 무력사용이 포함된다. 또한 군사적 수단은 오직 방어적 목적으로만 사용될 수 있으며, 방어전쟁이라도 과잉방어에 해당할 경우에는 이에 해당한다. 또 나아가 제 국민의 평화적 공동생활을 저해하는 의도의 것이면 그것이 비록 우발적인 경우라고 하더라도 모두 이에 포함된다. 평화저해행위의 상대방이 어느 나라인지는 차이를 가져오지 않으며 제3국의 다른 제3국에 대한 침략행위도 여기에 포함된다.[22] 또한 평화에 위협이 되는 연구결과의 보고의무를 규정한 법률조항은 기본법 제26조 제1항에 따라 합헌이라는 연방헌법재판소의 판례가 있다.[23]

나아가 기본법 제26조 제2항은 "전쟁 수행 목적인 것으로 규정된 무기는 연방정부의 허가에 의하여서만 생산되고 운반되며 유통될 수 있다. 자세한 사항은 연방법률로 정한다."고 하여 전쟁무기 일반에 대한 헌법적 통제를 가하고 있다. 또한 이러한 헌법위임을 받은 연방법률인 전쟁무기통제법(Kriegswaffenkontrollgesetz)은 특히 핵무기(Atomwaffe)에 관하여 그 개발·제조·인도·유통·도입과 그 지원행위 등 모든 관련 행위를 일체 금지하고 있다(제17조 제1항).[24] 또한 독일은 핵에너지의 개발에 있어서 국제적 구속을 받고 있을 뿐만 아니라 특히 핵무기의 개발과 보유에 관하여는 이를 포기함을 수차의 국제조약을 통하여 명확히 확인한 바 있다.[25] 따라서 독일이 핵무기를 가지지 못함은 국제법의 차원에서도 이미 구속력을 가지는 사항이 되어 있으며, 국내 헌법과 국제법의 양면적 평면에서 이를 명확히 규율함으로써 논란의 여지 없이 해결하고 있다.[26]

---

22) Jarrass/Pieroth, GG-kommetar, Art. 26. rdnr. 2.
23) BVerfGE 47, 327/382.
24) von Münch/Kunig, Grundgesetz-Kommentar, 3. Aufl. Art. 26. rdnr. 27.
25) 1968. 7. 1. 핵무기확산방지조약 제2조, 1990. 9. 12. 독일통일에 관한 2플러스4조약 제3조 제1항, 1954. 10. 23. 브뤼셀 조약 의정서 제3호 참조.
26) von Münch/Kunig Grundgesetz-Kommentar Bd. 3. Art. 87c. rdnr 3.

Ⅲ. 헌법상 평화주의의 구체적 의미와 핵개발조치

1. 평화주의의 헌법적 의의

핵무기의 보유로 직결될 수 있는 핵에너지의 개발에 가장 밀접한 관련성을 가진 헌법원칙은 평화주의의 원칙이다. 우리 헌법은 전문(前文)에서 '평화적 통일의 사명'을 설정하고 '항구적인 세계평화와 인류공영에 이바지함'을 선언하였다. 이에 따라 헌법 제4조 후문은 국가가 평화적 통일정책을 수립하고 추진할 것을 명하며, 헌법 제5조 제1항은 대한민국이 국제평화의 유지에 노력하고 침략적 전쟁을 부인함을 천명하였다. 나아가 같은 조 제2항은 국군의 사명을 국가의 안전보장과 국토방위의 신성한 의무를 수행함에 있다고 밝히고 있다. 이와 같은 헌법규정들의 의미를 종합하여 대한민국 헌법은 그 '기본원리'로서 '평화주의'를 채택하였다고 보는 것이 일반적인 견해이다.[27]

헌법상의 평화주의에서 말하는 '평화'의 의미는 이를 여러 모로 정의할 수 있겠지만, 전쟁을 포함한 일체의 무력행사를 국가정책에서 원칙적으로 배격한다는 의미로 해석하고자 한다.[28] '원칙적으로'라고 말할 수밖에 없는 이유는 헌법의 명문 규정상으로도 침략전쟁만이 부인되고 있고 국가의 무력행사수단인 국군이 헌법에 의하여 설치되며 국군의 해외파병이 국회의 동의하에 이루어질 수 있도록 하는 등 일정한 전제조건 하에서는 무력행사가 헌법상 이미 용인되고 있기 때문이다. 그러나 침략전쟁의 부인만이 평화주의의 내용의 전부가 아니며, 그 밖의 모든 평화저해행위도 부인된다고 해석함이 정당하다.[29]

---

27) 권영성, 헌법학원론, 2008, 법문사, 171쪽.; 김철수, 헌법학신론, 2009. 박영사, 260쪽.; 허 영, 한국헌법론, 2010, 박영사, 177-178쪽.; 성낙인. 헌법학, 2014, 박영사, 295-296쪽.; 정종섭, 헌법학원론, 2010, 박영사, 252쪽.; 한수웅. 헌법학, 2011, 법문사. 322쪽. 참조.

28) 이러한 일반적인 평화의 개념에 대하여, 원자력의 평화적 이용(핵발전)으로 인한 피해 방지를 포함시키지 못하는 문제점이 있다고 보고 평화의 개념을 더 확장하여야 한다는 주장도 있다. 이경주, 앞의 글, 15쪽. 그러나 원자력의 평화적 이용이 평화저해행위라는 것은 개념의 혼란을 가져오므로 이러한 개념확대는 어렵다고 본다.

29) 앞서 본 독일 기본법 제26조 제1항 참조. 우리 헌법의 경우 명문의 규정은 없지만 독일의 '평화저해행위'론을 해석상 도입하는 것이 가능하고 또 필요하다고 본다.

또한 평화주의가 헌법의 '기본원리'라고 함은 단순히 우리나라가 추구할 수 있는 하나의 정당한 국가 목적 또는 공익 목표에 그치는 것이 아니라, 모든 공권력의 행사와 개인의 기본권 행사도 이 헌법원리에 합치되게 행동하여야 하는 강한 구속력을 가지는 것임을 의미한다. 이는 마치 자유민주주의가 우리 헌법상 기본원리가 되고 있는 것과 같다고 할 것이다. 나아가 여기서 이를 국제평화주의라고 하지 않고 단지 평화주의라고만 표현하는 것은, 대한민국은 아직 분단국가의 현실에서 벗어나지 못하고 있어서 국가 내부적인 통일의 문제에서 평화주의가 가지는 의미가 크기 때문이며, 이는 국제관계뿐만 아니라 대북관계를 포괄하는 일반원칙이 되어야 한다. 이하에서 우리나라 헌법의 평화주의를 국제적 평면에서 보는 국제평화주의와 남북한관계의 평면에서 보는 평화통일주의로 나누어 살펴본다.

2. 국제관계에서의 평화주의

(1) 침략전쟁의 부인과 자위권 행사의 허용

앞서 헌법규정들에서 살펴 본 바와 같이 우리 헌법은 대한민국이 국제평화에 기여하는 국가가 되어야 함을 요구함과 동시에 전쟁과 무력사용에 있어서는 침략전쟁을 부인하는 한계를 설정하고 있다. 여기서 침략전쟁은 일반적으로 다른 국가의 주권이나 영토의 보전 또는 정치적 독립을 훼손하는 무력행사를 말하지만[30] 보다 넓게는 '국가정책을 관철하기 위한 수단으로서의 무력행사'를 포괄하는 개념이다.[31] 또한 평화주의를 헌법의 기본원리로 하는 우리 헌법의 정신을 참작할 때, 부인되는 침략전쟁의 개념에는 침략전쟁의 실행행위 자체만이 아니라 침략전쟁의 준비행위도 포함된다고 보아야 합당하다고 본다. 독일 기본법은 이 점을 헌법규정 자체에 의하여 명확히 하고 있음은 앞서 본 바와 같다.

그러나 자위권(自衛權)의 행사로서의 방위전쟁은 침략전쟁에서 제외된다. 여기서

---

30) 국제연합헌장 제2조 제4항, 1974년 유엔총회 결의 제3314호 침략의 정의 등 참조. 김영원, 국제법상 예방적 자위권에 관한 연구-핵무기의 위협과 무력공격의 개념 변화를 중심으로-1994. 8. 고려대학교 박사학위논문, 126쪽.

31) 이는 1928년 부전조약(켈로그-브리앙조약) 서문 제1문에서 "전쟁을 국가정책의 수단으로 사용하는 것을 포기하여야 함"을 언급한 것이 최초이다. 전종익, 헌법 제5조 제1항 '침략적 전쟁 부인'의 의미, 헌법논총, 545, 557쪽.

자위권이라 함은 외국으로부터의 급박하고 현실적인 침해에 대응하여 자국을 방위하기 위하여 필요한 일정한 실력을 행사할 권리를 말한다.[32] 즉 자위권의 행사로 인정되기 위해서는 ① 외국으로부터의 침해가 급박하고 부정한 행위일 것(위법성의 요건)과 ② 방위전쟁 이외의 다른 수단이 없고 불가피한 상태일 것(필요성의 원칙) 및 ③ 자위권적 조치가 침해를 배제하는 데에 필요한 한도 내에 그칠 것(균형성의 원칙)이 요구되고 있다.[33]

　이처럼 주권국가는 '개별적 자위권'을 당연한 권리로 보유하지만, 국제법의 평면에서는 여기서 더 나아가 '집단적 자위권'이라는 개념을 설정하여 개별국가에게 허용되는 자위권의 범위를 넓히고 있다(유엔헌장 제51조 제1문). 집단적 자위권은 타국에 대한 무력공격에 즈음하여 자국에 대한 직접적인 침해가 없다고 하더라도 평화와 안전에 관한 일반적 이익에 기초한 원조를 하기 위하여 방위행위를 하는 권리이다. 헌법의 국제법 존중주의를 감안할 때 우리 헌법상의 침략전쟁 부인조항은 이와 같이 국제사회에서 인정된 국제법적 규범과 결합하여 해석되어야 하며, 따라서 침략전쟁은 부인하되 개별적 또는 집단적 자위권의 행사는 모두 합헌의 테두리 안에 드는 무력행사라고 보아야 할 것이다.[34]

(2) 무력행사의 상시화(常時化) 현상과 헌법적 통제

1) 무력행사 일반의 헌법적 한계

　헌법이 평화주의를 기본원리로 한다고 함은 우리 헌법상 국가정책으로서의 무력행사를 원칙적으로 부인함을 의미한다. 그러나 오늘날 무력행사의 특징은 이러한 국가존립의 위기상황에 이르지 못한 경우에도 자주 국가의 무력이 동원되고 있다는 점에 있다. 우리나라의 경우에도 실제 현실에서 무력행사에 개입하는 일은 빈번하다. 국가생존의 위기였던 6·25전쟁을 제외하더라도, 대규모 전쟁으로서 월남전에의 참전이 있었으며, 또 이에 미치지 못한 규모의 북한의 국지적 도발에 대한 무력대응은

---

32) 제성호, 국제법상의 자위권과 국지도발, 국방정책연구 제27권 2호, 2011. 135쪽.
33) 芦部信喜, 앞의 책, 65쪽.; 김석현, 앞의 글, 21-66쪽. 동 논문에서는 국제법적 측면에서 자위권의 행사 요건으로서 필요성의 원칙과 비례성의 원칙을 말하고 있는데 그 실질적 내용은 본문의 세 요건과 대동소이하다.
34) 우리 헌법의 평화주의는 집단적 자위권을 문제없이 포함할 수 있는 점에서 특별한 무력포기조항을 가진 일본헌법과는 차별화된다고 본다.

부단히 지속되고 있다.[35] 그밖에 유엔의 평화유지활동(PKO)이나 미국이 주도한 다국적군 등 해외파병도 그보다 작은 규모의 광의의 무력행사에 해당한다고 할 수 있다.[36]

"전시에 법은 침묵한다(Inter arma silent leges)."라는 법언이 말하듯, 국가가 외부의 무력행사에 의하여 존망에 걸린 극단적 위기상황에 놓인 경우 국가를 존속시키기 위하여 필요하다면 입헌주의적 가치조차 양보될 수 있다고 말하여진다.[37] 그러나 이러한 발상이 일반화되어 계속되는 국가위기를 이유로 하여 헌법무시적 관념이 통용되도록 하여서는 안될 것이다. 우리 헌법이 평화주의를 천명하고 있는 이상, 이러한 상시적(常時的) 무력행사의 시기에 자칫 국가가 군사국가화(軍事國家化)하는 것을 예방하기 위해서는, 무력을 행사함에 있어서 일반적으로 어디까지 나아갈 수 있으며 어느 한계선을 넘을 수 없는지 실체적인 헌법적 한계를 설정하고 통제하는 것이 매우 긴요하다고 본다.[38]

2) 법익균형 원칙의 적용

그러므로 이러한 중소규모의 무력행사에는 비록 그것이 침략전쟁 부인(否認)의 헌법적 한계선을 넘지 아니한다고 하더라도, 적어도 무력행사를 통하여 실현되는 국가적 이익과 이에 병행하여 초래되는 국가적 손실 및 국민의 권익상 고통의 크기를 비교·형량하여 그 헌법적 적합성 여부를 다시 검증하는 헌법적 한계는 설정되어야 한다고 생각된다.[39] 국군의 무력행사에는, 행위 당사자에 대한 측면이든 그 행위의 상대방에 대한 측면이든, 개개인에게 언제나 하나의 '총체적인 기본권 침해'를 야기하는

---

35) 우리나라의 경우 특히 북한과의 무력충돌이 빈번하였는데 이는 휴전선에서의 국지적 총격, 무장공비의 침투, 우리 영해 내에 잠입하여 군함(천안함)에 대한 공격, 해상한계선을 침범한 소규모 해전, 해안지역(연평도)에 대한 포격 등이 발생한 바 있다.

36) 국군의 해외파병은, 소말리아 상록수부대, 서부사하라 의료지원단, 앙골라 공병부대, 아프가니스탄 해성·청마부대, 동의부대, 다산부대, 이라크 서희·제마부대, 자이툰부대, 다이만부대, 레바논 동명부대, 소말리아 청해부대, 아이티 단비부대, 아프가니스탄 오쉬노부대, 아랍에미리트 아크부대, 남수단 한빛부대, 필리핀 아라우부대 파견 등이 있었다. http://www.peacekeeping.go.kr/753, 2014. 5. 23. 참조.

37) 토마스 제퍼슨이 "성문 법률의 엄격한 준수는 선량한 시민의 최상의 의무 중 하나임이 틀림없다. 그러나 이보다 더 중요한 의무는 필요성과 자기보전 및 위기에 처한 국가를 구원할 의무이다."라고 한 바와 같이 미국헌법의 시조들도 국가방어의 중요성이 헌법상의 권리보다 우위에 있음을 인정하는 언급을 한 예가 많다. Mark E. Brandon, War and American Constitutional Order, Vanderbilt Law Review, Nov, 2003, 1815. p. 1830. 참조.

38) 국제법적 한계에 관하여서는 제성호, 앞의 글, 164-165쪽. 참조.

39) Ibid., pp.1830-1834. 참조. Brandon은 여기서 무력행사에 대한 사법부의 사법심사의 필요성을 강조하고 심사기준으로 법익형량의 원칙을 제시하고 있다.

작용이 잠재·수반되는 것임을 고려하여야 하며, 국민과의 관계에서 법익균형이 무너진 과도한 무력행사는 가사 침략전쟁에는 해당하지 않더라도 평화저해행위를 구성할 것이기 때문에 법익형량의 요구는 헌법의 기본원칙인 평화주의 원칙으로부터 얼마든지 도출될 수 있다고 본다. 이처럼 헌법상 평화주의의 원칙의 철저한 실현을 위해서는 이것이 침략전쟁과 방위전쟁의 경계를 설정하는 데에만 기능하여서는 부족하고, 오늘날 상시화된 중·소규모의 무력행사에 대한 전반적 헌법적 통제기준으로서도 작용할 필요가 있다고 본다.[40][41]

(3) 평화적 생존권의 도입 문제

국가의 무력행사와 관련하여 헌법상 국민에게 주관적 공권으로서 평화적 생존권을 인정하여야 하는가 하는 문제가 있다. 이에 관하여 헌법재판소는 평화적 생존권이 헌법상 기본권에는 해당하지 않는다고 판단하고 있으며 그 이유로서 평화의 개념이 추상적 개념에 불과하다는 점을 들고 있다.[42] 그러나 평화의 개념은 헌법해석에 의하여 얼마든지 그 범위와 한계가 명확히 될 수 있으므로 헌법재판소의 논리는 설득력이 부족하다고 생각한다.[43] 헌법재판소의 소극적 입장은 이러한 권리를 인정하면 국민 개인이 헌법재판을 통하여 국가의 국방정책에 일일이 간섭해 올 법적 수단이 마련되어 그만큼 정치적 부담을 줄 것을 우려한 사법자제적 고려에서 나온 것으로 보이지만, 오늘날 무력행사가 상시화되고 북한의 핵무기 개발로 핵공포가 우리 국민에게 현실화된 상태에서 평화유지의 문제는 단순히 헌법원칙에 그치는 것이 아니라 개개 국민들의 일상생활의 영위에 중대한 영향을 주고 있는 문제가 된 만큼, 차라리 이를 그대로 국민의 기본권으로 인정하여 헌법적 심사기준으로 삼을 수 있도록 함이 더 바람직하다고 생각한다.

---

40) 이러한 법익형량 기준 도입의 장점에 관하여서는, 무력행사의 영역에서도 통상 사법심사에 적용되는 기준을 도입하여 법원이 이 문제에서 판단을 회피한다는 인상을 지우고 법의 지배의 영역을 넓힐 수 있다는 점과 이 기준이 지닌 탄력성을 감안할 때 법원이 대립된 공익과 사익에 관한 세심한 판단을 할 기회를 주어서 관련 분쟁을 완화하고 아울러 정당한 군사개입의 사법적 신뢰성을 높일 수 있는 점 등을 든다. Brandon, Ibid., p. 1833.
41) 지금까지 우리 헌법재판소는 국가의 무력행사의 합헌성에 대한 판단에 소극적인 자세를 보여왔으나 이것이 헌법판단에서 배제되어야 함을 판례로서 명확히 확립한 것은 아니라고 본다. 헌재 2003. 12. 18. 2003헌마255 제1차 이라크파병사건 결정; 2004. 4. 29. 2003헌마814 제2차 이라크파병사건 결정 참조.
42) 헌재 2009. 5. 28. 2007헌마369, 한미연합훈련사건 결정.
43) 鄭惠仁, 大韓民國 憲法における平和的生存權の認定可能性, 147쪽. 같은 취지임.

기본권의 확장의 측면 외에도 민주주의 원칙에서 볼 때, 오늘날 평화와 전쟁에 관한 사항의 결정에는 국민의 구체적 의사가 반영되는 제도를 충분히 구비하여야만 할 것이다. 여기서 평화적 생존권을 기본권으로 인정하여 사법심사가 가능하게 한다면, 이러한 민주적 제도 보완의 실질적 의미를 가지게 될 뿐만 아니라, 이에 관한 사법부의 판단은 오히려 국가권력의 담당자나 군부 등 군사전문가들의 결정에 법적 정당성을 부여하고 정치적 책임을 경감시키며 국론분열과 논란을 완화시키는 긍정적 효과를 거둘 수 있는 점도 고려되어야 한다. 나아가 입헌주의 헌법의 사상적 기초가 되어온 사회계약론적 사고로 돌아가 볼 때에도, 자연상태의 인간은 자유로우나 평화를 유지할 수 없어서 국가를 창설하고 기본권과 평화를 보장받고자 한다는 것이었으므로 평화유지의 문제는 국가생활에 있어서 국민 개개인에게 가장 기본적인 중대사항이라는 점이 새삼 참작되어야 할 것이다.

그러므로 평화적 생존권은 헌법 제1조, 제4조. 제5조 및 제10조, 제37조 제1항에 의거하여 인정되어야 하며, 특히 헌법상의 평화주의 원칙은 평화적 생존권을 기본권으로 도입함으로써 공허한 구호가 아니라 구체적인 실천규범으로서의 헌법적 기능을 다 할 수 있게 될 것이다.[44)]

3. 대북관계에서의 평화주의

(1) 남북관계의 특수성과 평화주의

한반도 통일의 헌법적 의무를 천명하고 있는 우리 헌법은 국제평화주의와는 별도로 통일문제에 있어서도 평화주의 원칙을 선언하고 있다. 남북한관계가 국제법관계도 국내법관계도 아닌 그 중간단계의 특수관계에 머무는 점을 고려할 때, 북한은 외국이 아니므로 북한에 대한 무력의 행사를 국제평화주의의 틀에서 보아 침략전쟁의 범주에서 부인되어야 할 것으로 보기는 어렵다. 이 점에서 평화통일주의에 관하여는 국제평화주의와는 관점이 다른 해석을 가함이 필요하다.

그렇다고 하더라도, 북한은 대한민국의 영토인 한반도 내에서 그 절반의 영역을 차지하면서 국제사회에서 대한민국과 별도의 국가로 승인받고 활동하고 있으므로 단

---

44) 평화적 생존권을 인정한다면 그 침해의 문제는 우리 헌법의 구조상 헌법재판에서 원칙적으로 과잉금지 원칙에 의한 판단을 받을 수 있으며 이는 법익균형의 원칙에 의한 판단을 내포하게 될 것이다.

지 경찰력을 동원하여 국내법적 절차에 따라 소멸시킬 수 있는 존재는 아니다. 오히려 북한은 이미 6·25전쟁 당시 무력을 통한 공산주의 통일을 기도하였고, 그 실패를 교훈삼아 북한지역을 한반도 전체 공산화를 위한 혁명 기지화하면서 남한의 동조세력을 육성한 다음 이들과 연합하여 남한의 자유민주주의 체제를 전복하고 전국적 범위에서 사회주의혁명을 달성하겠다는 이른바 '북조선 혁명기지론과 남조선혁명론'으로 전략을 수정하여 휴전 이후에는 현재에 이르기까지 대남 테러와 무력도발을 부단히 지속하여 왔다.45) 하지만 1991년 소련과 동구권의 붕괴 이후에는 남한과의 체제경쟁에서 패배하자 핵무기와 대륙간 미사일을 개발하여 남한과 미국을 위협함으로써 체제생존을 도모하고자 하는 정책을 병행하고 있다.46) 따라서 우리 헌법이 선언한 평화통일주의의 의미는 통일의 상대방인 북한의 현실적 입장과 무력사용에 관한 그들의 태도를 감안하여 해석되어야 할 것이다.47)

(2) 무력행사에 의한 통일 시도의 금지

앞서 살펴본 바와 같이 평화적 통일주의를 천명한 우리 헌법의 규정들을 전제로 할 때 대한민국이 주도적으로 북한에 대하여 전면적 무력행사 내지 전쟁을 일으키는 방법으로 통일을 시도하는 것은 명백히 금지된다. 그러나 북한의 침공이 먼저 시작되고 이에 대항하여 대한민국의 존립을 수호하기 위하여 방어전쟁을 수행하는 것은 성격상 자위권의 행사에 해당하므로 헌법상 용인되는 점 또한 당연하다고 할 것이다.

한편 북한의 국지적 도발을 이유로 이에 대한 무력대응을 확대하여 북한지역에 대하여 전면적인 무력행사를 하는 것은 헌법이 허용하는 한계의 밖에 있는 행위이다.

---

45) 북한 노동당 규약은 '공화국 북반부에서 사회주의의 완전한 승리를 이룩하여 전국적 범위에서 민족해방과 인민 민주주의의 혁명과업을 완수'함을 당면 목적으로 제시하고 있으며, 북한헌법 전문에서 "김일성동지께서는 공화국을 조국통일의 가장 유력한 보루로 다지시는 한편 조국통일의 근본원칙과 방도를 제시하시고 조국통일운동을 전민족적 운동으로 발전시키시여 온 민족의 단합된 힘으로 조국통일 위업을 성취하기 위한 길을 열어놓으시였다."고 하면서 김일성의 지시를 통하여 그들의 대남혁명전략을 표현하고 있다.

46) 북한의 핵개발이 체제생존과 남조선 해방의 양면적 목적을 가지고 있는 점에 대한 설명으로, 정천구, 북한핵문제의 성격과 한국통일전략의 방향 - 인식의 코페르니쿠스적 대전환-, 통일전략 제10권 3호, 2010. 12. 18-23쪽. 참조.

47) 북한의 핵무장의 추구목적과 핵정책의 역사에 관하여는 손용우, 신현실주의 관점에서 본 북한의 핵정책 고찰(1945~2009), 국제정치논총 제52집 3호, 2012, 257-280. 참조. 여기서 북한의 핵개발의 목적은 핵억지력을 확보함으로써 그들 자신에 대한 안보위협에 대처하려는 자조(自助)의 수단임을 강조하고 있다. 이는 단순히 대체이익의 제공을 통하여 포기할 수 있는 외교적 수단을 넘는 것이며 협상을 통한 핵포기가 실제로는 불가능함을 의미한다.

평화주의의 기본적 요청은 선제적인 무력행사를 금하고 또한 상대방의 의도로 일부 무력분쟁이 촉발되더라도 방어전쟁의 단계에서 가능한 한 모든 방법으로 그 확대를 피하고 억제·종결시켜야 한다는 점이 있다. 그러므로 국지적 도발의 경우에 대처하는 대한민국의 무력행사는 그 도발행위에 대한 대응의 필요성과 균형성이 인정되는 정도의 것이어야만 헌법적 정당성을 부여받을 수 있다.

가령 서해 도서에 대한 북한의 무력도발이 있을 경우 이에 직결된 북한의 군사시설을 파괴하여 이 지역의 안전을 확보하기 위하여 필요한 범위 내에서 행하는 장소적·시간적으로 한정된 무력행사라면 방위를 위하여 불가피한 것으로서 헌법상 허용될 수 있을 것이다. 그러나 이러한 목적을 벗어나서 시공적 제약을 벗어난 광범위한 보복적 반격을 실행하는 것은 필요성과 균형성의 원칙에 반하여 전쟁을 불합리하게 확대하는 과잉방위행위이므로 헌법상의 평화주의 원칙에 부합할 수 없다.

(3) 선제적 자위권의 허용 문제

나아가 북한이 남한을 침공하려는 명백한 징후가 포착되었을 때 이 침공을 예방하고 피해를 축소시키기 위하여 선제타격을 가하는 것이 허용되는지의 문제가 있다. 이는 이른바 선제적 또는 예상적 자위(preemptive or anticipatory self-defense)의 문제로서 국제법으로는 관습법으로 인식되어 오다가 유엔의 출범 이후 이를 인정하는 견해와 부정하는 견해가 나뉘어 있다.[48] 다만 이를 인정한다고 하더라도 상대방의 공격이 즉각적이고 압도적이어서 다른 대안이 없으며 시간적으로 임박하여 있고 공격을 저지하는데 필요한 한도에서만 허용된다고 하고 있다.[49] 또 이는 상대방의 무력행사가 임박하지 아니한 상태에서 장래의 화근을 미리 뿌리뽑겠다는 식의 예방차원에서 행하는 이른바 예방적 자위(preventive self-defense)와는 구분되며, 무제약적인 예방적 자위는 국제법상 정당한 자위권의 행사로 인정되지 않는다.

판단컨대 남북한 관계는 국제관계가 아니고 민족 내부의 특수관계라고는 하나 북

---

48) 김영원, 앞의 글, p. 226-248쪽(예방적 자위권에 대한 국제사회의 태도). 참조.

49) 예비적 자위권 행사의 이러한 조건은 1837년의 캐롤라인호 사건(The Caroline Case)에서 미국 국무장관 웹스터(Webster)가 주장한 조건으로서 이른바 '웹스터공식'이라고 알려져 있다. 그 내용은 선제적 자위권의 행사가 합법적이 되려면 "즉각적이고 압도적이며 다른 수단을 선택할 여지가 없고 또 지체할 여유가 없는 필요성"이 있고 "조치는 그 필요성의 범위 내에 제한되어야 한다."는 것이다. 즉 필요성과 급박성 및 비례성을 요건으로 한다고 한다. 민경길, 북한의 핵무기체계에 대한 국제법상 규제, 전략연구 제20호, 2000. 10. 130쪽.

한이 국제사회에서는 국가로 인정받고 있는 점을 감안하여 남북한 간의 무력행사에 관한 법적 파악의 문제에 있어서도 합리성이 있는 범위 내에서 국제법적 규율을 준용하여야 하며, 이것은 선제적, 예상적 자위권의 행사 문제에서도 동일하게 보아야 할 것이다. 그러한 의미에서 현대 국제법상으로도 그 합법성이 아직 논란의 대상이 되고 있는 선제적 자위권의 행사는 우리 헌법상의 평화주의에 원칙적으로 부합하기 어려운 개념이라고 할 것이다.[50]

그러나 북한이 '핵무기'를 써서 무력행사를 해올 경우라면, 대한민국은 국가의 존립과 다수 국민의 생존권이 침해되는 심각하고 광범위한 치명적 피해를 입게 될 것이 확실히 예상되므로 엄격한 조건 하에 예외적으로 선제적 자위권의 행사를 용인함이 불가피하다고 본다.[51] 헌법이 국가 존속 자체의 급박한 위협에 대한 대처를 가로막는 자살규범이 될 수는 없기 때문이다. 다만 그 요건의 충족 여부 판단에 있어서 판단자의 자의(恣意)나 주관적 상황 인식의 차이가 개입될 수 있으므로 선제적 자위권을 헌법적으로 허용할 경우에는 특히 그 남용의 위험에 대한 철저한 대처가 필요하다. 따라서 임박한 핵공격에 대한 예상적·선제적 자위권은 이를 전적으로 부인할 수는 없다고 하더라도 그 요건을 보다 엄격히 설정하여 이를 현저히 최소화하는 헌법해석을 하여야 할 것이다.

이렇게 볼 때, 북한에 대한 선제적 자위권의 발동에는 이론상 적어도 ① 북한의 즉각적인 핵공격이 있을 것임이 명백하고 신뢰할 수 있고(clear and credible) ② 공격이 임박하여 다른 선택의 여지가 없으며(imminent) ③ 이러한 자위권의 행사는 핵공격을 저지하는데 필요한 한도 내에서만 행하여야 한다(proportionate)는 요건이 필요하며, 또한 이는 엄격한 객관적 증거자료에 의하여 확인되어야만 헌법적으로 정당화될 여지가 있다고 볼 것이다.[52] 그러나 현실적으로는, 확실하고 임박한 북한의 핵공격 징후를 정확히 알아내어 적시에 판단하기는 극히 곤란하고, 선제적 자위권 행사는

---

50) 국제법상으로도 선제적 자위권은 오직 핵무기 공격에 대하여서만 행사할 수 있다고 보아야 한다는 주장이 강하다. 그 논거로서는 오직 핵무기에 대하여서만 완전한 국제적 규율과 컨센서스가 존재하며, 다른 대량살상무기(예컨대, 화학무기나 생물학무기)와는 비교할 수 없는 중대한 피해를 발생시키기 때문이라고 한다. '오직 핵무기를 이용하여서만 세계인민을 인질화할 수 있다'고 본다. Rachel A. Weise, How Nnclear Weapons Change the Doctrine of Self-defense, N.Y.U. J. Int'l L. & Pol., 44,. summer 2012, p. 1370. 참조.

51) 권태영·신범철, 앞의 글, 41쪽. 같은 취지임.

52) 김영원, 앞의 책, 251쪽. 참조.

국내 헌법문제와는 별도로 국제사회로부터 엄중한 비난 대상이 될 것이며, 주변국을 포함한 대규모 전면전을 발생시키는 원인이 될 가능성이 농후하기 때문에 결국 이와 같은 정책적 선택은 거의 불가능하다고 본다.[53]

Ⅳ. 핵무기 관련조치의 평화주의 부적합성 검토

이상에서 살펴 본 우리 헌법상의 평화주의 원칙의 구체적 의미를 기초로 핵무기에 관한 문제를 헌법적으로 검토하고자 한다. 논의의 편의상 먼저 핵무기의 사용행위를 검토한 다음 그 제조와 보유 및 개발 준비행위들을 유형별로 살펴본다.

1. 핵무기의 사용

(1) 핵무기 사용의 침략전쟁 해당성

핵무기의 사용이 헌법적으로 정당화될 수 있으려면, 그것이 침략전쟁에 대항한 자위권의 행사로서 사용되는 무기로 인정될 수 있어야 할 것이다. 하지만 핵무기는 외부침략에 대한 방어수단으로서 자위권의 행사 범위 내에서 사용될 수 있는 무력수단으로 볼 여지가 없다고 본다.

그 이유는 무엇보다도 먼저 핵무기가 가지는 현저한 파괴력에 있다. 핵무기는 일반적으로 10킬로톤급의 소형에서 1메가톤급의 대형으로 분류되며, 파괴력의 정도 차이가 있으나 소형이라고 하더라도 반경 10킬로미터 이내의 콘크리트건물을 모두 파괴시키는 힘을 가지고 있어서 도시 전체를 파괴시킬 수 있다.[54] 이처럼 피해의 정도가 광범위함을 고려할 때, 가사 외부침략이 급박하고 대규모이며 현저한 강도의 것이라고 하더라도 이러한 침략 자체를 배제하기 위하여 필요한 불가피한 방위 수단으로서 핵무기의 사용이 적합하다고 보기 어렵다. 핵무기는 침략전쟁의 요인이 된 상대국

---

53) 민경길, 앞의 글, 140-141쪽. 같은 취지임.
54) 소형으로 분류되는 히로시마 원자폭탄은 20킬로톤 규모였다. 그 피해규모는 즉사자가 7만명이며 피폭 후유증 등으로 인한 장기적 사망자를 합하면 20만명에 이르는 것으로 추산된다. 또한 도시 중심부는 완전히 파괴되었다. 1메가톤급의 원자폭탄은 히로시마 폭탄의 66배의 파괴력을 가진다고 한다. 미국과 러시아는 1메가톤에서 20메가톤급의 핵탄두 각 6,000개 이상 씩을 보유하고 있는 것으로 알려져 있다. 기석호, 앞의 책, 224쪽.

군사력만을 파괴한다는 방어 목적에서 벗어나서 상대국 국민을 대량으로 살상하고 그 도시를 광범위하게 파괴함으로써 현저히 과도한 무력행사수단이 되기 때문이다(피해의 광범위성). 또한 핵폭발은 광범위하고 영속적인 방사능 오염지대를 형성하여 인간의 생활을 불가능하게 하고 방사능 낙진이나 잔류방사능으로 인간에 대한 피폭 효과는 오랜 기간 지속된다. 이러한 피해 또한 침략에 대한 방어수단으로서 불가피한 정도를 넘어서는 것이다(피해의 영속성). 그리고 특히 헌법의 측면에서 주목하여야 할 점은, 핵무기는 인명살상 피해의 광범위성과 영속성에 따른 현저한 잔혹성에 비추어 본질상 개개의 인간 생명의 가치를 무시하고 수단시하여 그 존엄을 해하는 성격을 지니는 무기임이 명백하다는 점이다(피해의 잔혹성). 이 점에서 핵무기의 사용은 헌법 제10조의 인간의 존엄과 가치 보장에 정면으로 저촉되며 본질적으로 반헌법적일 수밖에 없다.[55]

(2) 복구적 방어수단으로서의 핵무기 사용

그러나 적대국가나 단체가 먼저 핵공격을 하여 대규모의 국내적 피해를 발생시킨 경우 이에 대한 복구적(復仇的) 방어로서 핵무기를 사용하는 것은 헌법상 허용될 수 있는지 별도로 검토될 필요가 있다. 우리나라의 경우 이는 북한의 핵공격이 발생한 경우 이에 대한 응징으로서 2차적 대응핵공격(이른바 second strike)이 허용되는가 하는 문제로 구체화된다.

판단컨대 외부의 침략행위에 대응하여 핵무기의 사용이 이루어지는 경우에도 그 위헌적 결과는 달라지지 않는다고 본다. 핵무기를 통한 침략에 대하여 핵무기의 사용으로 대처하는 것은 양 당사국 간의 보복적 핵전쟁을 유발하는 것이며, 이는 결국 어느 한편의 정당한 자위권의 행사라고는 평가할 수 없는 규모의 피해를 초래하여 과잉방어에 해당할 것이기 때문이다.[56] 요컨대 핵무기는 그 현저한 파괴성과 잔인성으로 인하여 자위권 행사로서의 무력수단으로 적합하지 아니하므로 그 사용이 어떠한

---

55) 핵무기 사용의 규제에 있어서 국제법은 한계를 보이고 있다. 핵무기 사용을 전적으로 허용하는 국제법도 전적으로 금지하는 국제법도 존재하지 않는다. 이 점에서 핵무기 사용 규제에는 국내법적 규제가 특히 중요성을 가진다고 본다. 김정균, 앞의 글, 인도법논총, 40쪽. 참조.

56) 현대의 발전된 전자기술을 응용한 고도 정밀무기를 이용한 이른바 외과수술적 타격(surgical strike)이 가능해졌음을 고려할 때 핵무기의 위험에 대하여 오직 핵무기로 대응하는 것만이 유일한 대안이 될 수 없을 것이다. 선제적 자위로서의 외과수술적 타격에 관하여는 권태영·신범철, 앞의 글, 11쪽. 참조.

경우에도 헌법상 허용될 수 없다. 그럼에도 불구하고 상대방의 핵공격에 대하여 대응 핵공격을 실행하는 일이 현실로서 발생하였다면 그 실행당국은 이러한 위헌행위에 대한 모든 법적 책임을 부담하여야 할 것이다. 다만 그것이 국가의 생존이 달린 극한 적 자위상황에 내몰린 상태에서 이루어진 경우에는 '초헌법적' 국가수호조치로서 사 후적으로 법적 재평가를 받을 소지만 남게 될 뿐이다.

(3) 선제적·예방적 방어수단으로서의 핵무기 사용

적대국가나 단체가 핵무기를 보유하고 있고 이를 사용할 움직임이 포착될 경우 그 침략을 사전에 예방하기 위한 선제적 방어조치의 일환으로서 핵무기를 사용하는 것이 허용되는지 여부도 문제된다.

판단컨대 비핵무기를 통하여 선제적 또는 예방적 방어권을 행사하는 것은 앞서본 바와 같이 오늘날의 유엔헌장체제 하에서 허용여부에 관한 논란이 종식되지 아니하 여 국제법으로 완전히 인정되지 못한 상태에 있다. 더욱이 이러한 예방조치에 핵무기 의 사용을 포함시키는 것은 헌법이 요구하는 자위권 행사의 필요성과 균형성의 원칙 을 통과할 수 없을 것이다. 핵무기가 가지는 파괴력의 광범위성과 영속성 및 비인도 성에 비추어 침략전쟁에 대비한 예방적 수단으로서는 본질적으로 부적절하고, 이러한 사용은 오히려 선제적 핵공격(이른바 first strike)으로서의 성격을 가진다고 보아야 합 당하다. 따라서 핵무기는 일반적으로 핵무기를 포함한 그 어떠한 공격의 경우에도 선 제적·예방적 방어의 명목으로 사용될 수 없다고 하겠다.[57]

2. 핵무기의 제조·보유

(1) 원칙적 위헌성과 법익형량의 예외

오늘날 다수의 국가가 이미 핵무기를 개발·보유하고 있으며 핵무기의 존재 자체 가 중요한 전쟁 억제수단으로 기능하고 있는 것이 현실임을 고려할 때, 핵무기의 개 발과 제조 및 반입에 의하여 이를 보유하는 상태에만 머무는 행위는 그 직접적인 사 용행위와는 구분하여 살펴볼 필요가 있다고 생각한다.[58] 일반적으로 핵무기를 사용하

---

57) 김영원, 앞의 글, 194-195쪽. 여기서 핵무기에 대한 예방적 자위를 위해서 핵무기를 사용하는 것은 과 잉방어로서 허용될 수 없고 재래식 무기에 한정되어야 한다고 보고 있다.

는 것이 침략전쟁에 해당하는 행위로서 헌법상 절대적으로 용인될 수 없는 이상 이를 개발 보유하는 것도 침략전쟁의 준비행위로서 원칙적으로 위헌이라고 보아야 논리적일 것이다. 하지만 핵무기에 대한 관리·감독이 철저히 이루어지고 그 보유목적이 오로지 적대세력의 핵무기의 사용을 억제하기 위한 것임이 명백한 한도 내에서는 반드시 이러한 행위가 곧바로 '침략전쟁의 준비행위'에 해당한다고 보기는 어렵다고 생각한다.[59] 그러나 침략전쟁에 해당하지 않는 경우라고 하더라도 전력보유와 무력사용 일반에 대한 헌법적 요청으로서 법익균형의 원칙은 여기서도 적용되어야 하며, 그런 의미에서 핵무기의 개발과 보유행위가 무조건적으로 헌법상 용인된다고 할 수도 없다.

결국 핵무기의 개발과 제조, 보유와 반입은 핵무기의 사용을 위한 준비행위로서 원칙적으로 헌법위반이 될 것이다. 다만 극히 예외적으로 이를 통하여 실현하고자 하는 국가안보적 법익과 이를 통하여 침해받거나 위태로워지는 국가적 법익 및 국민의 개인적 집단적 법익을 상호 비교·형량할 때 전자가 후자에 비하여 '압도적으로 우월한 특별한 상황'에서만 헌법상 평화주의 위반이 되지 아니할 수 있다고 보는 것이 합당하다고 본다. 특히 여기서 보호되는 국가안보적 상황은 오직 핵무기를 보유하여야만 국가의 존립과 국민의 생존보장이 가능할 정도의 위중성(危重性)과 불가피성을 객관적으로 인정할 수 있을 정도가 되어야 할 것이다.[60]

(2) 법익형량의 기준

이를 우리나라의 핵무기 개발행위에 비추어 본다면, ① 대한민국의 구체적인 안보

---

58) 핵무기의 위협에 대한 대처방안은 일반적으로 응징적 억제(deterrence by punishment)와 거부적 억제(deterrence by denial)로 나누어 보고있다. 그 중 응징적 억제는 핵무기를 사용한 상대방에게 핵무기를 통하여 그들이 가한 피해 이상을 입게할 능력을 가진 것을 인식케 하여 아예 당초부터 핵공격을 할 생각을 가지지 못하도록 하는 것을 말한다. 1950-60년 사이 냉전이 격화될 당시 미국과 소련이 취하였던 전략이다. 박휘락, 앞의 책, 86-87쪽.

59) 종교인의 시각에서도 이러한 구분이 용인되고 있다. "핵무기를 보유하는 것과 사용하겠다고 위협하는 것 및 실제로 사용하는 것 사이에는 도덕적 차이가 있다. … 핵무기를 보유하는 것은 공격적인 위협이기보다는 조건적인 경고에 가깝다. 핵무기를 보유한 의도는 사용을 장려하는 것이 아니라 저지하는 것이므로 핵무기를 보유하는 것이 사용하는 것처럼 부도덕한 일이라고 단정할 수 없다." 존 스타드, 현대사회의 문제와 기독교적 답변, 130쪽. 기석호, 앞의 책, 239쪽에서 인용.

60) 그러나 실제로 핵무기를 보유함에 있어서는 국제법적 합의나 의무사항도 준수되어야 할 것이다. 예컨대 현 상황으로서는 우리나라는 핵무기 확산방지조약의 가입국이므로 동 조약 제2조에 따라 핵무기를 보유할 수 없다. 김정균, 앞의 글, 인도법논총, 17-18쪽. 참조.

여건 ② 핵무기가 국민의 생존확보에 기여하는 정도 ③ 개발에 따르는 노력과 비용의 크기 ④ 이를 통하여 박탈되는 외교적 손실 기타 국익손상의 정도 ⑤ 타 무기개발이나 외국의 핵우산 제공을 통한 회피 가능성 등 관련된 제반 사정 들을 종합적으로 고려하고 형량하여 그 예외인정 여부를 판단하여야 할 것이다. 이처럼 핵무기 개발 여부는 우리 국가의 존립과 국민의 평화적 생존이 관련된 문제로서 그 때 그 때의 정권담당자의 주관적 판단에만 전적으로 맡길 수 없으며, 평화주의를 기초로 하는 우리나라 헌법의 구조 내에서 헌법원칙에 따라 객관적으로 검증받고 최종적으로 판단되어야 할 사항이라고 생각한다.

(3) 법익형량에 의한 판단

앞서 설정한 기준에 따라 대한민국의 영토인 한반도 내의 분단상황을 참작하여 구체적으로 판단하여 보고자 한다.

먼저 북한은 미국과 한국의 외교적 노력에도 불구하고 핵무기 개발의 의지를 버리지 않고 개발을 계속하여 공지된 바와 같이 이미 핵실험을 수행하고 있는 단계에 있으며, 북한이 남한을 겨냥한 핵무기를 보유한다면 이는 대한민국의 존립과 국민의 안전에 심각한 위협이 되는 상황을 의미한다고 볼 것이다.

한편 핵무기가 국민의 생존확보에 기여하는 정도에 관련하여, 종래 핵무기를 적대 국가 혹은 단체의 핵공격을 방지하기 위한 위협의 수단으로 보유하는 것은 평화와 안전 유지의 목적에 효율적으로 기여한다고 여겨져 왔다.[61] 이는 이른바 '무장평화(武裝平和)'를 유지하는데 도움이 된다는 것이다. 그러나 북한의 핵무기의 사용을 억제하는데 반드시 대한민국의 핵무기 보유가 필요할 것인지 의문이 있다고 생각한다. 한반도 주변의 어느 일방의 국가가 핵무기를 독점하는 상황이라면 이와 같은 논리가 성립할 여지가 있을지 모르나 오늘날 미국·러시아·중국과 같이 한반도에 영향을 미치는 주요국들이 다량의 핵무기를 보유한 상태에서 우리나라와 같은 중간 규모의 지역 국가가 직접 핵무기를 보유한다고 하여 핵무기의 무장평화상태의 안정을 위한 새로운 균형추로서의 역할을 한다고 볼 여지는 없어 보인다. 따라서 대한민국에서 핵무기에 의한 무장평화론은 핵무기 보유의 위헌성 추정을 깨뜨릴 정도로 강력한 논거

---

61) 워드 윌슨, 임윤갑 옮김, 핵무기에 관한 다섯가지 신화, 플래닛 미디어, 2014. 165쪽 이하 참조.

를 가지고 있지 못하다고 본다.[62]

나아가 핵무기의 개발은 대량의 우수한 인적 자원과 막대한 물적 자원을 투입하여 장기간의 연구와 핵실험 등의 과정을 거쳐서 이루어질 수 있는 점,[63] 한미상호방위조약에 따라 북한의 핵위협에 대하여서는 미국의 핵우산 제공으로 대응이 가능한 점이나 직접 핵무기 개발로 초래될 국제적 고립으로 인하여 감내할 수 없는 외교적 손실이 초래되고 방위동맹 또한 상실될 위험이 큰 점 등을 고려한다면, 현재의 상황은 한국이 북한의 핵무기 개발에 맞대응하여 스스로 핵무기 개발을 하여야만 할 필연성이 인정되는 정도에 이르지는 못하고 있다고 보아야 합당하다.

그렇다면 현재의 한반도의 구체적 상황에서 한국의 핵무기 개발은 헌법적으로 이를 정당화할 수 있는 요건을 구비하지 못하고 있다고 할 것이다.[64]

3. 자체 제조 이외의 방법에 의한 핵무기의 반입·보유

(1) 북한 보유 핵무기의 이전·관리

우리나라의 경우 핵무기를 자체적으로 연구·개발하지는 아니하였지만 북한과의 통일이 실현될 때 북한이 개발·보유하였던 핵무기를 통일한국이 이전받아 관리하게 되는 상황에 의하여 핵무기를 보유하는 경우를 상정(想定)할 수 있다.

판단컨대 통일한국이 이전 북한이 보유하였던 군사적 시설과 무기를 일단 관리하는 것은 통일에 따른 과정으로서 발생할 수도 있는 일이나, 핵무기의 보유는 원칙적

---

62) 오늘날 핵무기의 효용성에 관한 새로운 연구는 종래 전통적으로 인정되어 왔던 핵무기의 군사적 효과에 관하여 설득력있는 의문을 제기하고 있다. 특히 ① 핵무기가 상대방에게 충격과 공포를 주어서 전쟁과 무력행사에 관한 의사결정에 달리 하게 한다는 점, ② 나아가 전쟁을 이기게 해 준다는 점, ③ 위기시에 상대방의 핵사용을 억제한다는 점, ④ 국가의 안전보장을 결정한다는 점, ⑤ 핵무기의 대안은 없다는 점 등이 이러한 전통적 믿음인데 실증적 연구에 의하면 이는 입증될 수 없거나 오류에 해당한다고 주장한다. 위의 책, 51-216쪽. 참조.

63) 특정의 국가가 핵무기의 단계적 개발과정을 성공적으로 종료하면 완성된 핵무기를 보유하는 핵무기 보유국이 된다. 일반적으로 핵무기의 개발에는 ① 급격한 핵분열 연쇄반응을 일으키는데 필요한 임계질량 이상의 고농축 우라늄이나 플루토늄의 확보, ② 적시에 핵반응을 일으키도록 하는 기폭장치의 개발, ③ 핵실험을 통한 성능실험과 폭탄의 소형화 등의 단계적 과정을 성공적으로 이행함이 필요한 것으로 알려져 있고, 운반장치로서의 장거리 미사일의 개발이 여기에 부가될 수 있다. 예컨대 북한의 핵무기 개발과정도 이러한 순서를 밟고 있다. 이정훈, 앞의 책, 71-82쪽. 참조.

64) 그러나 북한이 핵무장을 지속하여 반격능력이 가능한 파키스탄 수준의 핵전력을 확보한다면 우리도 스스로의 생존과 안보를 위하여 한미동맹의 균열과 역내 핵확산의 불안정성 확대라는 대가를 치르더라도 자체 핵무장의 자구책을 강구할 수밖에 없다는 견해도 있다. 손용우, 전제 논문, 280쪽. 참조.

238 제7장 핵무기 개발과 헌법상 평화주의

으로 헌법상의 평화주의에 반하므로 통일 한국은 이를 지속적으로 관리하여서는 안될 것이다. 또한 직접적인 핵위협의 근원이었던 북한체제가 소멸되는 이상, 적대적으로 변화할 수 있는 중국과 러시아 등 주변국들이 공인된 핵보유국이라는 상황만으로는 핵무기 보유의 정당성을 인정할 헌법적 예외사유를 구성할 수 없다고 본다. 그러므로 통일한국은 특단의 사정이 없는 한 지체없이 이러한 핵무기를 폐기하는 절차를 이행하여 나가야 할 헌법적 의무를 부담한다고 할 것이다.[65)]

(2) 방위조약 상대국의 핵무기의 반입

한미상호방위조약에 따라 한국에 군대를 주둔시키고 있는 미국의 핵무기를 한반도에 반입하여 대한민국의 방어용으로 보유하는 것이 가능할지 문제될 수 있다. 주한미군은 이미 전술핵무기를 보유하였다가 우리 정부의 한반도비핵화선언 시점에 즈음하여 이를 철수한 바 있다.[66)] 그러나 장차 북한의 핵무기 개발이 더욱 진전됨에 따라 이에 대항하기 위한 미국의 핵무기 재반입결정이 있을 수도 있다.

판단컨대 주한미군의 전력은 대한민국의 전력이 아니므로 우리 헌법의 판단대상에서 원칙적으로 벗어나 있다고 생각된다.[67)] 다만 북한의 핵무기 사용 위협에 대응한 방위수단으로서 주한미군의 핵무기 보유를 용인하는 우리 정부의 조치는 헌법판단의 대상이 될지라도, 이는 직접 핵무기를 개발하는 것에 비교하여 국제적 마찰의 가능성을 줄이고 대외적 국익손상의 소지도 현저히 축소하는 효과가 있음을 고려하여야 한다. 그 합헌성의 판단은 앞서 본 바와 같이 문제된 상황을 전제로 한 법익균형성 심사에 의하여야 한다고 보나, 그것이 북한의 핵위협에 맞서서 필요한 조치로서 한미

---

65) 소련이 붕괴되자 핵무기를 보유한 러시아와 우크라이나·벨로루시·카자흐스탄 4개국은 1991. 12. 민스크 협정을 통해 자국 내의 모든 핵무기를 러시아로 이관키로 합의했다. 그리고 다음해 5월 리스본 협정으로 러시아를 제외한 3국은 NPT에 가입하기로 합의했다. 이에 따라 벨로루시·카자흐스탄은 1993년 말까지 비핵화 절차를 완료했다. 그러나 우크라이나가 다시 핵무기 해체 및 이송을 거부하였으나, 수차례에 걸친 협상 끝에 1994. 1. 부다페스트협정으로 미국·영국·러시아 3개국이 공동으로 안전보장을 제공하고 경제를 지원하는 조건으로 우크라이나가 핵을 포기하고 NPT에 가입함으로써 우크라이나 핵 사태는 일단락됐다.

66) 주한미군의 핵무기는 1957년에 처음 도입되어 700여기까지 존재하다가 카터행정부 당시 250여기로 감축되었으며 1989년에는 약 100여기로 줄었고, 1991. 9. 27. 부시대통령의 해외미군 전술핵무기 철수선언과 같은해 11. 8. 노태우대통령의 한반도 비핵화선언 이후 전부 철수되었다. 손용우, 앞의 글, 268쪽. 각주 40. 참조.

67) 일본 최고재판소의 주일미군 전력(戰力)에 대한 판단도 이와 같다. 砂川判決, 最高裁 昭和 34. 12. 16., 刑集13卷13号, 3225.

양국의 군사적 협력에 의하여 엄격히 관리되고 북한의 도발을 억제하는 효과를 가져
옴으로써 우리 국가와 국민의 방위 목적에 부합하는 한 법익균형성에 어긋나는 조치
라고 판단하기 어려울 것이라고 생각한다.

4. 핵무기 개발의 준비행위

(1) 핵무기 제조에 활용되는 이론적 연구

독일과 같이 군사적 무장을 헌법적으로 강력히 통제하는 경우에도 무기개발의 연
구 자체는 헌법상 금지되지 아니하는 분야로 인식되고 있다.[68] 핵무기의 제조에 결과
적으로 도움이 되는 연구라고 하더라도 그것이 연구자 자신의 순수한 학문적 발전
노력을 위한 것으로서 외부적 표현이 수반되지 아니한 내면적 개별 연구라면 학문의
자유의 보호영역 내에 있는 것이므로 절대적으로 보호되어야 할 것이다. 그러나 핵무
기는 그 본질상 평화주의 위반성을 내포하므로 이를 제조하기 위한 조직적, 계획적,
체계적 연구개발 작업을 행하는 것은 원칙적으로 헌법에 위반된다고 할 것이다.

즉 핵무기 개발에 부수적으로 도움이 되는 핵물질의 연구라고 하더라도 일반적·
평화적 에너지 개발을 위한 작업의 일환으로 행하여진 것이라면 평화주의의 원칙에
반하지 않을 것이다. 그러나 오로지 핵무기의 개발을 목적으로 한 연구라고 한다면
그것이 비록 핵물리학에 관한 일반론적 연구단계에 그치고 있는 경우라고 하더라도
이미 침략전쟁의 준비행위 내지 평화저해행위로서 평화주의 위반의 문제를 야기한다
고 본다. 여기서 연구개발행위의 헌법상 평화주의 위반 여부는 객관적인 행위 이외에
연구개발자의 주관적 목적과 의도를 고려한 종합적 판단에 의하여야 할 것이며, 이러
한 연구개발의 주관적 목적은 그 행위 당시의 제반 정황과 자료들을 종합적으로 고
려하여 판단되어질 수 있다.

요컨대 이론적 연구라고 하여도 그것이 순수 학문적 연구에 그치는 것이 아니라
핵무기 제조를 위한 조직적이고 계획적인 준비행위로서 실행되는 것이라면 원칙적으
로 평화주의 위반의 위헌행위에 해당한다고 볼 것이다.

---

68) von Münch/Kunig Grundgesetz-Kommentar Bd. 3. Art. 26. rdnr. 30.

(2) 원자로의 개발과 건설 및 가동

원자로는 우라늄의 핵분열 원리를 기초로 에너지를 생산하는 발전수단으로서 핵무기의 생산과 같은 물리적 원리를 활용하고 있으며 핵무기의 원료가 되는 플루토늄을 추출할 수 있는 도구가 된다는 점에서 핵무기의 생산과 연계될 위험을 가진다. 그러나 원자로는 그 본래적인 객관적 용도가 전력생산에 있는 기계적 장치이므로 특별히 이를 전용하여 핵무기의 개발에 사용할 것이라는 객관적이고 구체적인 정황을 가지고 있지 아니한 한 이러한 원자로의 개발과 설치만으로는 헌법상의 평화주의 원칙에 위반된다고 할 수 없다. 따라서 원자로의 개발과 건설, 가동, 수출 등 행위는 원자로의 운용과 관련하여 적법한 절차에 의하여 핵무기 개발로 전용되지 않도록 하는 규제가 충분히 가하여지고 있다면 적어도 평화주의에 관한 헌법위반의 문제는 발생하지 아니한다고 본다.[69]

(3) 핵폐기물의 재처리행위

일반적으로 원자로를 가동하게 되면 핵폐기물이 발생하는데, 여기에는 반드시 플루토늄과 우라늄 235 등 핵폭탄의 원료가 되는 물질이 잔존하게 되므로 그 재처리를 둘러싸고 문제가 되고 있다. 재처리작업을 통하여 추출된 플루토늄과 우라늄은 한편으로는 전력생산을 위한 핵원료로 다시 활용될 수 있으며 다른 한편으로는 이를 농축하여 핵무기의 원료로 사용할 수도 있다.[70]

판단컨대 이러한 재처리작업은 일반적으로 전력생산을 위한 원자로의 핵연료로 재사용하기 위한 조치로서 실행되는 것이므로 그 자체로서 바로 평화주의의 헌법 위반이 된다고 할 수는 없다. 또 핵폐기물을 적절히 재처리하여 발전용으로 사용하면

---

69) 그러나 원자로의 운용이 주변 지역 주민들의 건강권과 환경권 및 방사능 피해로부터 안전하게 생활할 권리를 부당하게 침해하는 문제는 별도의 헌법적 쟁점이 될 것이라고 본다. 그러나 이는 헌법상 평화주의 위반의 문제는 아니다. 주장에 따라서는 평화주의의 개념을 확대하여 이를 함께 논하고자 하는 경우도 있지만, 이는 개념의 지나친 확대로서 논리적 혼란을 가져올 우려가 있다고 생각한다. 관련 주장으로서 이경주, 앞의 글, 15-16쪽. 참조.

70) 핵폐기물 재처리 작업은 한편으로는 방사능폐기물을 크게 감소시키고 다른 한편으로는 핵연료의 효율을 획기적으로 신장시킨다는 측면에서 기술적으로 매우 바람직한 것으로 평가되고 있으나, 다른 한편 원자폭탄 등 핵무기의 원료를 얻어내는 기술적 과정과 동일한 것이기 때문에 핵무기 생산의 위장수단이라는 의구심을 불러일으키는 작업이 되어왔다. 특히 일본의 재처리작업의 발전과정에 대하여는, 위의 글, 27-30쪽. 참조.

핵폐기물의 존속으로 인한 환경오염의 문제를 근본적으로 해소시키는 효과를 가져오며, 장차 핵무기로 전용될 수 있는 우라늄물질의 양을 오히려 감소시키는 점에서 평화주의에 긍정적으로 기여하는 측면을 간과할 수 없다. 따라서 재처리작업도 그것이 특별히 전용(轉用)되어 핵무기 개발의 원료공급 작업으로 기능하고 있다는 객관적이고 구체적인 정황을 나타내지 아니하는 한 헌법상의 평화주의에 반하지 아니한다고 할 것이다. 그러나 당해 국가의 재처리 결과물에 대한 관리 실태와 그 평화적 사용에 관한 국제조약의 준수 여부 등 제반 사정을 고려할 때 핵무기 개발의 목적을 가졌다고 볼 특단의 사정이 있는 경우에는 평화주의 위반으로서 헌법위반이 된다고 할 것이다. 예컨대 기존의 전력생산장치인 원자로로부터 이러한 원료를 확보한 다음 기폭장치의 실험을 한다든지 지상 또는 지하에서 핵무기 성능실험을 실행한다든지 한다면, 핵무기를 개발하고 있음이 객관적으로 명백히 드러난 경우이므로 당초의 핵물질 추출행위부터 소급하여 모두 평화주의 위반의 위헌행위라고 보아야 할 것이다.

V. 맺 음 말

지금까지 헌법학계의 북한문제에 대한 관심은 주로 남북한통일의 헌법적 문제를 다루는 점에 집중하여 왔다. 그러나 남북한 통일은 현재로서는 언제 현실화될지 예측할 수 없는 막연한 주제인 반면, 북한의 핵무장은 냉전종식 이후 북한이 집요하게 추진하고 있는 긴박한 현실문제이다. 북한의 핵무기의 존재는 그 자체로서 무력행사의 실행이 되는 것은 아니지만, 한반도의 평화에 급박하고 중대한 영향을 실제로 미칠 것이다. 따라서 이제 한반도에서의 핵개발의 문제는 평화주의 원칙에 입각한 헌법적 논의와 의견수렴이 절실한 상황에 이르렀다고 생각한다.

헌법상 평화주의의 원칙에 의거하여 핵무기에 관한 문제를 살펴보면서 필자는 핵무기 개발과 관련된 조치를 단계적으로 나누어 헌법통제의 강도를 달리하여야 한다는 결론을 제시하고자 한다. 핵무기가 지니는 본질적인 반인권적 특성으로 인하여 그 '사용'은 어떤 경우에도 헌법적 정당성을 부여받을 수 없으며 절대적으로 금지되어야 한다. 핵무기의 '제조'과 '보유' 또한 원칙적으로 이와 같으나 다만 이를 통하여 실현하는 공익과 침해받는 국민 이익을 고려할 때 공익이 압도적으로 우월한 경우에는 예외적으로 허용될 수 있을 것이다. 그러나 현재의 한반도의 정세에서는 이와 같은 예외를 인정할 수 없다고 사료된다. 핵무기에 관련된 '이론적 연구와 원자로의 활용 및 사용후 핵연료 재처리'는 원칙적으로 평화주의에 반하지 않겠지만, 오로지 핵무기 개발을 위한 목적임이 객관적으로 명확하면 핵무기의 제조·보유의 준비행위로서 이에 준하여 위헌성을 인정하여야 할 것이다. 결국 핵개발의 위헌성 심사의 강도는 핵무기의 준비·제조·보유·사용의 단계별로 강화되어야 한다고 본다.

또한 북한의 즉각적이고 압도적인 핵무기 공격이 명백히 임박하여 선제타격 이외에는 핵무기 공격으로 인한 국가존망적 피해를 막을 방법이 없음이 확실한 경우 선제적 자위권의 행사가 불가피하게 헌법상 용인될 수도 있겠지만, 엄격한 조건하에 남용되지 않도록 하여야 하며, 특히 이 경우에도 핵무기의 사용은 절대적으로 허용될 수 없다. 나아가 한반도의 현안이 된 핵무기 문제를 계기로 하여 헌법상 평화주의 원칙으로부터 국민의 평화적 생존권을 도출하여 기본권으로서 인정함으로써, 이에 의거한 적극적 헌법심사의 가능성을 제도적으로 열도록 하여야 한다.

제8장

남북한 통일의 헌법적 과정

남북한 통일의 헌법적 과정

I. 머 리 말

이 글에서는 만약 북한의 민주적 변화로 인하여 평화적 통일 실현의 기회가 온다면 필연적으로 발생하리라고 예상되는 사태에 관한 헌법적 쟁점들을 정리해 보고자 한다.[1]

남북한 통일을 실현시키는 데에는 다음과 같은 단계적 과정이 이행되어야 한다고 본다. 진행의 순서에 따라, ① 북한 내부의 자유민주주의적 변혁, ② 통합의 헌법적 방식의 결정, ③ 총선거 방식에 대한 남북한의 통합전 합의와 총선거의 실시, ④ 통일합의서의 체결과 발효, ⑤ 통일에 즈음한 헌법의 개혁, ⑥ 북한의 비법치주의적 과거의 청산, ⑦ 위의 과정들 중 이와 병행하여 남북한통일에 관련한 주변국들과의 외교적 문제 해결의 7가지 과정이 그것이다. 이는 독일통일에서 나타난 헌법적 통합과정이라고 할 수 있는데 우리나라의 경우에도 상당부분이 거의 그대로 적용될 수 있다고 생각한다.[2]

---

* 본 장(章)은 1996년 8월 서울대학교 대학원의 저자의 박사학위 논문인 '동서독 통일과정에서의 헌법적 문제에 대한 이론적 고찰 - 남북한 통일에 대비한 헌법이론의 모색 -' 중 '제4장 남북한 통합의 헌법이론' 부분을 현 시점에 맞게 수정·보완한 것임.

1) 독일통일 25년이 지난 지금, 독일에 나타나고 있는 통일로 인한 제반 사회문제 등을 접하고, 우리는 통일에 관한 한 독일 방식을 채택하는 것은 곤란하고, 통일법 연구에 있어서도 독일적 상황에 지나치게 의존할 필요가 없다는 견해도 유력해진 것으로 보인다. 그러나 독일이 갑작스런 통일의 기회를 맞아 일부 주요 정책이 오류에 빠진 것은 사실이지만, 모든 통일과정에서 철저하게 헌법과 법치주의 원칙을 준수하였으며, 동·서독의 상황은 현재의 남·북한의 상황과 정치·경제·사회의 제반 측면에서 큰 유사성을 띠고 있는 점을 고려할 때 우리의 통일법 논의는 독일통일의 실례에 대한 철저한 연구·검토에서 출발하여야 한다고 본다. 그런 의미에서 독일통일의 법적 과정은 우리 법률가들에게 여전히 하나의 유용한 도상연습모델을 제시해 주고 있다.

2) 남북한간의 통합방식은 이론상 주로 남북합의에 의한 통일헌법제정방식이 집중적 검토의 대상이 되어 왔다. 그러나 독일식 통합방식의 가능성도 일반적으로 긍정되고 있다. 최대권, 남북합의서와 관련된 제반 법문제-특히 「특수관계」의 의미를 중심으로, 서울대법학, 34권 3·4호, 22면; 김철수, 한국통일과

이하에서 각 단계별로 나타날 것으로 생각되는 헌법적 문제점들에 관하여 구체적으로 검토하여 본다.

Ⅱ. 통일단계의 각 과정별 헌법적 검토

1. 북한 내부의 체제변화에 있어서의 헌법적 문제

앞서 본 바와 같이 통일은 반드시 북한의 체제변화가 제일차적 전제가 되어야 한다. 즉 북한이 전체주의적, 사회주의적 체제구조[3]를 버리고 자유민주주의적 정치제도와 기본권 존중주의 및 개인주의적 시장경제체제를 지향하기로 결정짓지 않는 한 양측간의 통일을 위한 논의와 접근은 본질적 한계를 벗어날 수 없다.[4]

이러한 북한의 체제변화는 초기에는 북한의 주민들이 스스로 진행시켜 나가야 할 것이다. 북한주민이 스스로의 운명을 결정할 자기결정권(Selbstbestimmungsrecht)이 존중되어야하기 때문이다.[5] 그러나 이러한 체제변화의 시도는 동시에 민족의 통일을 위한 노력과 병행되어야 할 것이므로 어떤 형태로든 남측과의 공동보조와 협력과정을 거쳐서 이루어져야 할 것으로 생각된다.

이와 같은 북한 헌법의 현실적 변화는 세 가지 방향의 법적 수용이 가능하다.

그 하나는 기존의 사회주의헌법을 그대로 방치한 채 다만 현실에서 그 규범력을 인정하지 않은 채 통일시까지 과도기의 상태로 지나가는 것이다. 이 경우 북한은 헌법적 효력을 가진 특별법이나 긴급명령을 자체적으로 제정 실시하는 방법을 통하여 사회주의적 통제요소를 스스로 배제하여 나가게 될 것이다. 급박하게 진행되는 혁명적 상황에서 이미 규범력을 상실한 구법체제를 정비할 시간적 여유가 없고 사회적으로 법제도에 대한 관심도가 낮은 경우에는 이러한 과정이 이루어질 수 있는데, 북한

통일헌법제정문제, 헌법논총 제3집, 1992, 150면; 권영성·신우철, 남북한 통합과 국가형태·국가체제 문제, 서울대법학 34권 1호, 1993. 2. 102면 등 참조.

3) 북한의 사회주의 헌법체제의 기본적 내용에 관하여는, 장명봉, 남북한 통일에 대비한 헌법적 대응 방안, 한국법제연구원 제6회 법제세미나자료집, 1995. 12. 8-10면 참조.

4) 권영성, 전게논문 102-103면; 장명봉, 전게논문, 11면.

5) 자기결정권 내지 자결권은 국제연합헌장 제1조 제2항에서 인정되고 있으며, 남북한은 공히 이러한 자결권을 헌법상 원칙으로 통합하고 있다고 받아들여지고 있다. 남북통일관련 자결권의 해석에 관하여는, 나인균, 한국헌법과 통일의 법적문제, 헌법논총 제6집 1995. 459-461면 참조.

의 경우 주민들이 정치적 생활에만 익숙하고 법적 사고방식에는 무관심하였던 전체적인 사회적 특성을 고려하면 이러한 상황전개의 가능성도 높다고 생각된다.

다음으로 급히 필요한 부분의 헌법개정만을 실시하는 방법이 있을 수 있다. 이는 일단 북한의 기존 헌법의 틀 내에서 부분적 헌법개혁을 이룬 다음 북한 자체만의 새로운 헌법질서를 형성하지는 아니한 채 그대로 남측과의 협상을 통하여 통일을 이루는 길이다. 독일에서의 상황은 이러한 길을 따랐다고 할 수 있는바 우리에게도 충분히 현실성이 있는 모델이 된다고 생각한다.

나머지의 한 방식은 북한이 사회주의헌법을 완전히 폐기시키고 이를 대체할 신헌법을 스스로 제정하여 이를 실시한 다음 남한과의 협상을 통하여 새로운 통일헌법을 제정하는 방법으로 통일을 이루어가는 방법이다.

이러한 세 가지의 방식 중 첫째의 경우가 통일을 가장 신속히 실현할 수 있는 길이나 북한주민의 지역적 이익이 법적으로 보장되지 아니한 채 무시될 위험은 커진다고 하겠고, 세 번째 방식이 북한주민의 의사를 가장 신중하게 받아들일 수 있는 길이 될 것이나 시기적으로 완만하여 민족통일의 기회를 무산시킬 위험까지 내포한다고 생각된다. 두번째의 방식은 위의 두 방식의 중간적 효과를 가질 것이다.

어쨌든 이는 미래에 북한에서 어떠한 정치적 상황이 전개될 것인가에 달린 것이지만 가능한 한 북한주민의 권익을 충분히 고려하여 주는 한도 내에서 신속히 통일을 이룰 수 있는 방도를 택하도록 남측은 독일에서와 같이 자유민주주의적으로 변화된 북한의 정권담당자를 최대한 지원하여야 할 것이다.

한편 이러한 문제는 북한이 민주혁명의 변화를 거치고 난 후 기존의 사회주의 헌법의 규범력을 어떻게 인정하여야 할 것인가에 관하여도 관계가 있다. 이에 관하여는 혁명으로 헌법제정권력이 변화하였으므로 기존의 헌법은 자동으로 완전히 폐지된다는 주장이 있을 수 있고, 새 정권담당자가 적법한 절차에 의하여 폐지하지 아니하는 한 사회주의헌법의 규범력 자체는 그대로 존속된다는 주장도 있을 수 있다. 생각컨대 이 문제는 두 가지 시각의 측면에서 볼 필요가 있다. 즉 첫째는 통일에 즈음하여 남측의 입장을 어떻게 정할 것인가의 시각이고, 둘째는 변화된 북측당국의 법적 시각의 문제이다. 북측당국의 입장에서는 공산당 독재체제와 관련된 구헌법의 규정들이 모두 제거되어 버린 후라면 나머지 이념적 색채가 없는 일반 헌법규정(예컨대 기본권에 관한 규정이나, 통치기구에 관한 기본규정)들의 효력을 부인하기는 어려울 것이다.[6] 하지만 남측당국의 입장에서는, 우리 헌법의 규범적 효력이 북한지역에도 미친다고 하고 있으므로 이에 대한 효력을 인정할 수 있을지 의문이 있다. 그렇다고 위 효력을 전면 부정하면, 민주적으로 변화된 북측당국의 법적 근거를 모두 부정하는 결과가 되어 남측이 스스로 통일협상자체를 법적으로 불인정하는 모순에 빠지게 될 것이다.[7] 따라서 남측의 입장에서도 헌법전문과 제4조의 통일조항을 근거로 하여 이러한 북측당국의 통일협상 능력을 인정하여 주는 것이 유연한 태도일 것이다. 그렇다면 북한의 혁명적 변화에 의하여 자동폐지되는 것은 기존의 헌법 전부라고 할 것은 아니고 사회주의 헌법의 핵에 해당하는 공산당의 영도적 지위를 인정하고 프롤레타리아의 독재를 정한 부분과 주민의 기본권의 본질적 내용까지 제한하도록 규정한 관련 헌법규정들에 한정된다고 보아서 충분하다. 나머지 이념적 색채가 없는 통치기구나 헌법적 절차에 관한 일반규정은 통일이 실현될 때까지 일응 과도적 효력을 지속한다고 보는 것이 헌법적으로 가능하다고 할 것이다. 독일의 경우에도 동독의 구헌법은 혁명으로 자동적으로 폐기되지는 않았으며 공산당의 지도적 지위를 인정한 헌법 제1조 등 혁명으로 당연 실효된 것으로 생각할 수 있는 조항들을 제외하면 그대로 효력을 유지하는 것으로 하되 점차적으로 위 조항들을 개정·폐지함으로써 실효케 하였다. 이와 같은 독일의 경험은 우리에게도 무리없는 해석론을 제공하는 것이라고 생각된다.

2. 통합의 헌법적 방식의 결정

(1) 영토조항과 관계

우리 헌법은 독일기본법의 경우와는 달리 연방제도를 채택하고 있지 아니할 뿐 아니라 헌법이 적용되지 아니하는 지역의 "加入(Beitritt)"제도를 규정하지 아니하고 있다. 그 대신에 헌법 제3조는 "대한민국의 영토는 한반도와 그 부속도서로 한다"고 규정하여 북한지역이 대한민국의 영토에 포함됨을 밝히고 있을 뿐이다. 동 규정은 북한을 대한민국의 영토 일부를 기초로 하여 불법적으로 세워진, 국가보안법상의 반국

---

6) 민주혁명후의 동독의 경우도 그러하였다. 1990년 3월 23일 서독정부 대변인 Hans Klein의 기자회견, BVerfGE 36, 1, 29.도 같은 취지이다.
7) 왜냐하면 남북통일협상시 북측대표는 아무런 법적 근거가 없어 그 대표성을 상실할 것이기 때문이다. 더구나 우리 측은 남북기본합의서에 의하여(통일을 위한 협상 분야에서) 북측의 체제를 인정 존중할 것을 선언한 바도 있다.

가단체로 해석하는데 있어서 그 헌법적 근거가 되어왔다.

한편 북한은 국제법적 의미에 있어서는 사실상 하나의 국가로 인정되어 있고, 국제사회에서 그 국제법 주체성도 인정되고 있다. 이러한 대외현실적 사정에도 불구하고 대한민국은 북한을 국가로서 승인하지 아니함을 분명히 하고 있다.[8] 또 남북사이의 화해와 불가침 및 교류·협력에 관한 합의서가 채택됨으로 인하여 남북은 상호체제를 인정하고 존중할 것을 선언하기도 하였다.

생각건대, 이러한 남북관계의 변화로 동 조항을 필연적으로 개정할 당위성까지는 인정된다고 보기 어렵고, 이는 한반도에서 정통성을 가진 유일한 국가인 대한민국의 영토범위를 규범적으로 밝힌 것일 뿐 아니라 나아가 - 우리 헌법은 여러 통일조항에서 통일한국의 존재를 전제로 하고 있으므로 동 조항은 이러한 - 통일한국의 영역범위를 규정하는 것이라고 해석하면 족하리라고 생각된다.[9] 그렇다면 북한과 통일협상은 위 영토조항의 규범적 선언을 실현하기 위한 조치일 뿐이므로 협상행위의 합헌성을 부여하기 위하여 동 조항을 개정할 필요는 인정될 수 없다고 생각된다.

하지만 헌법 제3조는 평화적 통일을 위한 구체적인 법적 방도를 제시하는 내용을 가진 것이 아니므로 결국 우리 헌법상 통일의 헌법적 방도는 헌법의 일반적 해석원리에 의하여 도출될 수밖에 없다고 하겠다.

(2) 통일헌법제정 방식

통일의 구체적 실현방법으로서 먼저 통일헌법의 제정을 생각할 수 있는바, 이는 통일을 계기로 한 헌법제정권력의 발동이라고 설명될 수 있을 것이다. 이는 독일의 경우 『기본법 제146조에 의한 통일방식』와 유사하다고 할 수 있다. 북한과의 통일이 실현됨으로서 생기는 각종 헌법적 문제를 일거에 해결하기 위하여 북한과 협상하여 통일헌법을 새로 제정한다는 것이다. 이러한 방안은 우리 헌법 규정상 명백한 根據는 없으나, 헌법제정권력의 발동은 기존 헌법상의 근거를 필요로 하지 아니하므로 이론

---

8) 이 점은 1991.9.17. (남)북한의 유엔가입으로 더욱 명확해진 것이다. 이러한 (남)북한의 유엔가입은 유엔이라는 국제법 주체인 국제기구자체에 의하여 (남)북한이 국가로 승인된다는 것을 뜻하고, 그래서 국제법사회에서는 엄연히 2개의 주권국가가 존재하게 된 것이다. 그러나 유엔회원국의 국가승인은 별개의 문제로서 개별국가의 재량행위에 속한다. 이장희, 남북한 UN가입과 국제법적 과제, 법과사회 제5호 6면.
9) 나인균, 전계논문, 458면 참조.

상 당연히 인정될 수 있는 것이라고 하겠다.

그러나, 독일의 경우에서 드러난 바와 같이 이 방식은 ① 통일헌법 초안작성 방법 ② 내용상 기준 설정 ③ 남북한 전체 주민의 수락 방법과 절차 등 구체적 제정방법과 내용이 불명확할 수밖에 없어 과연 통일이라는 사실적 과정이 현실로 도래하여 급박한 상황전개에 대한 신속한 헌법적 대응이 요청될 경우에 채택하기에 용이한 방식이 될 수 있을 것인지는 의문이다.

(3) 통일합의서 체결 및 헌법개정 방식

다음으로 예상할 수 있는 헌법적 통일방도는 북한과 통일합의서를 체결하고 별도의 통일헌법의 제정 없이 기존의 대한민국 헌법을 북한지역에 확대적용 실시하며 이를 위하여 필요한 관계헌법조항들을 개정하는 선에서 그치는 방식이 있을 수 있다.

물론 엄격히 말하면 헌법 제3조의 영토조항에 따라 우리 헌법이 북한지역에로 효력이 확장되기만 하면 통일은 이루어지는 것이므로 통일합의서의 체결절차가 반드시 필요한 것은 아니라고 할 수 있다. 그러나 위와 같이 영토조항의 존재를 전제로 생각하더라도 현실적으로는 민주적으로 개편된 북한당국과의 합의가 없이는 통일의 실현을 생각하기도 어려울 뿐만 아니라 평화통일의 헌법적 요구도 충족하기 어렵다. 현실적으로 생각할 때 통일을 계기로 대한민국의 헌법이 북측지역에 실효성을 가지게 되는 것과 동시에 북측당국은 북한주민의 특별한 법적 보호를 위하여 남측에게 여러 통일조건부 요구사항을 제시하고 협상을 거쳐 남측이 이 중 수용 가능한 제안들을 받아들여야 할 가능성이 있다. 따라서 통일헌법제정방식을 취하지 아니하는 경우, 통일합의서의 체결은 통일의 실현을 위하여는 필수적인 절차가 될 것으로 생각된다.

한편 영토조항의 존재를 이유로 하여 통일협상 중 북측에게 '무조건적인 통일 혹은 불통일'의 양자택일을 강요할 것이 헌법상 요구된다고 볼 필요는 없다고 생각된다. 우리 헌법상의 통일관련 조항들의 해석상 통일을 위하여 북측과 협상하고 그들의 요구를 일부 수용하는 형태의 통일합의를 이루는 것이 헌법적으로 허용된다고 보아야 하기 때문이다.[10]

---

10) 독일의 경우 기본법상의 재통일요청에 비추어 서독측은 동독측에게 '(연방에의) 단순가입 혹은 불가입'의 양자택일을 강요할 수 없다고 봄이 통설이었다. Hubert Weis, Verfassungsrechtliche Fragen im Zusammenhang mit der Herstellung der staatlichen Einheit Deutschlands, AöR, Bd. 116., Heft.1., 1991.3. S. 3.

어쨌든 이 방식은 독일통일의 경우에 현실적으로 적용된 바 있는 소위 『加入 (Beitritt)방식』에 유사하다고 할 수 있겠으나, 우리의 경우 독일처럼 흡수, 소멸 당사 자의 "연방가입"이라는 특별한 헌법적 요건을 요구하고 있지 아니하므로, 이 점에 대 응하는 북한의 '통일 선언'등은 당연히 필요하지 아니하고, 북한지역에 헌법의 효력을 확대하는 내용의 통일합의서 체결 및 그 발효만으로 통일은 법적으로 완결된다고 본 다.[11]

(4) 양 방식의 비교평가

독일통일에서 논의된 과정을 참고하여 이 두 가지 방식의 차이점을 비교검토해 볼 때, 먼저 통일헌법제정 방식은 ① 남북이 가진 기존 헌법들을 각 실효시키고 양지 역에 모두 적용될 헌법을 새로 제정한다는 점에서 남북협상의 기본원칙인 상호주의 원칙에 부합하고 ② 국가의 3요소(국민, 영토, 국가권력)의 측면에서 사실상 근본적인 변화가 일어나는 『통일』이라는 대변혁을 맞아 헌법제정권력이 발동되는 것이 법리적 으로 자연스러우며 국민감정에 적합할 뿐 아니라 이상적이라고 하는 점에서 그 장점 이 있다고 하겠다. 그러나 통일합의서 체결 및 기존헌법개정 방식도 ① 통일헌법제정 방식이 지나치게 추상적이어서 현실적으로 통일이 다가 왔을 때 헌법제정권력의 발 동방법과 절차가 전혀 정하여 있지 못하고, 이를 정하기 위하여 다대한 국가적 노력 이 경주되어야 하고 이 때문에 통일을 지연시키는 결과를 초래할 위험성이 높은 점 을 고려할 때 이러한 단점을 회피할 수 있게 하는 보다 현실적인 방도가 될 수 있으 며, ② 기존 헌법에 의하더라도 국민과 국가기관은 통일을 위하여 노력하여야 할 의 무를 부담하는 것이므로, 통일의 실현이 그 헌법제정권자의 근본결단에 전혀 배치되 지 아니하여 기존 헌법의 『동일성』을 변경한다고 볼 수 없고, 따라서 이러한 『헌법 개정방식』은 위헌의 소지가 없는 것으로 생각되고 ③ 내용상, 절차상 이미 그 요건이 구체화되어 있으므로 예측하지 못한 돌발적 통일과정에 있어서도 신속히 헌법규범을 헌법현실에 부합시킬 수 있는 점 등에서 그 장점과 유용성이 돋보인다고 하겠다.

이미 살펴본 바와 같이 독일의 경우에는 위 후자의 방법 즉 『헌법개정방식』에 유

---

11) 헌법 제3조의 영토조항의 해석상 '북한지역의 주권적 권력을 행사하는데 장애를 주는 요인이 소멸된 때에는 새삼스럽게 헌법개정이나 "가입"등 다른 특별한 조치 없이도 당연히 대한민국의 주권적 권력이 그곳에 미치게 된다.' 최대권, 남북교류협력 본격화시 예상되는 국내법체계상의 문제점과 대책, 서울대 법학 34권 1호 1993. 2, 39면.

사한 해결을 보았던 것인바, 우리의 경우에도 실제로 통일이 다가왔을때 동 헌법개정
방식을 채택하는 방안이 보다 합리적이고 실제적이지 않을까 생각된다.

통일이라는 헌법적 현실은 반드시 기존 헌법의『동일성』을 변경시켜야 할 원인이
되는 사정이라고 할 수 없다. 자유민주주의와 법치주의에 입각한 헌법상의 기본 제
원리는 기존헌법과 통일헌법 어느 쪽에서도 관철되어야 하는 점에서 아무런 차이가
없으며, 평화통일 자체도 기존헌법의 테두리에서 이미 예상되고 그 실현이 요구되고
있는 바이다. 그러므로 통일에 즈음하여 이를 실현하되 가능한 한 그 정치, 경제, 사
회 및 법률적 혼란과 낭비를 막아야 한다는 경제성의 요청에 비추어 보더라도 이러
한 『헌법개정방식』의 채택이 바람직하다고 본다.

3. 남북한 총선거와 관련된 헌법적 문제

남북한의 통합이 현실로서 가능하게 된 상황에서는 먼저 남북한 총선거에 관한
문제점들이 헌법적으로 해명되어야 할 것이다. 남북한 총선거에 관련한 헌법적 문제
로는 ① 통일의 법적 과정으로서 국민투표의 실시가 반드시 헌법적으로 요청될 것인
가 ② 통일의회의 구성을 위하여 실시되어야 할 총선거는 통일의 발효와 전후하여
시기적으로 어느 때에 실시되어야 하는가 ③ 선거의 실시를 위한 선거법은 어떻게
어떤 내용으로 정하여져야 하는가 등의 문제가 법적으로 규명되어야 할 것이다.

(1) 국민투표실시 문제

먼저 통일을 위하여 국민투표의 실시가 반드시 헌법적으로 필요한 것이지 여부에
관하여 살펴본다. 이 점에 관하여는 필요하다는 견해와 필요하지 않다는 견해가 나뉠
수 있을 것으로 생각된다.

먼저 불필요설에 의하면 통일과 관련하여 남북주민들을 포괄한 국민투표를 실시
하는 것이 불필요한 절차라고 생각하게 된다. 우리 헌법의 해석상 이러한 국민투표를
인정할 여지는 없다는 것이다. 이미 헌법 前文은 국민의 평화적 통일의 사명을 밝히
고 있고, 헌법 제4조는 대한민국은 통일을 지향하며, 자유민주적 기본질서에 입각한
평화적 통일 정책을 수립·추진한다고 선언하며, 제92조는 평화통일정책수립을 위한
대통령의 자문에 응하기 위하여 민주평화통일자문회의를 둘 수 있도록 규정하고 있

다. 또, 헌법 제72조는 '대통령은 필요하다고 인정할 때에는 통일에 관한 중요정책을 국민투표에 붙일 수 있다.'고 규정하고 있으므로 통일에 관한 내용이 의무적 국민투표사항이 아님을 확인하고 있기도 하다. 그렇다면 평화적 통일은 이미 헌법에 의하여 국가와 국민에 부과된 의무이며 이에 반하는 결정은 위헌이 될 뿐 아니라 이는 헌법제정권력자의 결단이므로 상반되는 내용의 헌법개정은 기존헌법의 동일성을 침해하는 것이라고 하겠다. 그러므로 통일의 실현에 즈음하여 평화적 통일에 대한 찬반투표를 시행할 하등의 헌법적 요청은 발생치 아니하는 것이다. 이러한 맥락에서 통일에 즈음한 국민투표의 실시는 헌법적으로 하등 무가치하고 불필요한 것이라고 평가하지 않을 수 없다는 것이다.

　이에 대하여 필요설의 논리는 다음과 같이 요약될 수 있다고 생각된다. 즉 남북한의 통합과 같이 양 체제의 통합이나 사실상 두 국가가 하나로 병합하는 경우에는 반드시 주권자인 국민이나 주민의 일반의사에 의하여야 한다는 것이다. 이러한 주권자의 국가의사는 평소에는 국민이 선출하여둔 대표기관의 결의에 의하여 결정하는 방식을 취할 것이다. 그러나 이와 같은 체제통합 혹은 국가통합의 경우에는 이와 같은 헌법상의 대표성의 이론에도 불구하고 자동성(自同性)의 원칙에 입각하여 주민자결의 원칙에 따라 반드시 주권자인 전체국민의 의사를 투표의 과정을 통하여 확인하지 않으면 안될 것이고 국제법적으로도 영토의 분할이나 합병은 반드시 당해 지역의 주민투표를 거쳐 이루어져야 하는 것으로 되어 있다. 물론 남북의 양측은 각기 통일을 가장 근본적인 헌법적 목표로 삼고 있고 있기는 하나 이러한 분단헌법상의 요청만으로는 국민투표를 통한 전체 국민의 의사를 확인하기에는 부족하다고 보는 것이다.

　생각컨대 결과적으로 통일의 가부를 묻게되는 국민투표는 만약 그 내용이 부결된다면 그 투표결과 자체가 위헌으로 되는 자기모순에 빠질 가능성이 없지 아니하다. 그리고 통일합의서가 체결되면 어차피 동 합의에 대하여 헌법적 승인절차를 거쳐야 할 것이고 통일합의와 동시에 헌법개정을 하여야 할 상황이 되면 헌법개정절차도 고려하여야 할 것이므로, 이와 별도로 국민투표를 실시하는 것은 절차적 중복이라고 할 것이다. 나아가 이러한 절차들을 중복되게 거치면서 통합의 방향과 절차에 대한 다수의 견해들이 난립되어 국론이 분열되고 무의미한 논쟁으로 통일을 지연시킬 염려도 크다. 따라서 이와 같은 국민투표는 헌법적으로 요청되고 있지도 아니하며 정치적으로도 하등의 고려할 가치가 없는 것이므로 불필요하다고 보는 것이 정당하다고 생각

한다.[12)]

그러나 우리 헌법상 헌법개정의 절차중 하나로서 국민투표에 의한 개정안의 통과를 요구하고 있는바 통일합의서가 헌법개정의 내용을 담고 있을 때에는 통일의 가부를 묻는 의미가 아니라 헌법개정의 절차로서 이를 이행하여야 할 것인지 여부는 이와 별론이라고 할 것이다. 이 점에 관하여는 후술하기로 한다.

(2) 남북한 총선거 실시와 선거법 통합의 문제

통일과 관련하여 실시되어야 할 각종의 선거에 관하여는 위 국민투표의 경우와 문제가 다르다. 통일의 시기는 예측할 수 없으므로 기존의 국회의원의 임기 및 그 선거기간과 반드시 일치할 수 없을 것이다. 그러나 통일에 따라 북한지역의 대표를 포함한 전 영역을 대표하는 국회의 성립은 시급한 문제가 된다. 이에 따른 국회의원선거의 실시는 불가피한 것이다.

남북한 총선거로서의 국회의원 선거가 통일이 법적으로 발효되기 이전에 이루어져야 할 것인지 혹은 이후에 행하여져도 무방할 것인지에 관하여는 두 가지의 경우를 나누어 고찰하여야 한다고 생각된다.

그 첫째는 북한이 통일이 발효되기 전에 이미 민주적 체제개혁을 거치면서 자유, 보통, 평등, 비밀선거의 대원칙에 입각한 자유민주주의적인 선거제도를 스스로 형성하여 북한지역 내에서만 독자적인 선거를 실시하고 민주적 대표성을 가진 의회를 구성하고 있는 경우이다. 그리고 두 번째는 북한이 체제의 개혁을 이루기는 하였으나 아직 독자적인 민주선거를 실시하지 못하고 의회의 기능이 상당부분 상실된 상태에서 정치적 상황이 유동적인 경우이다. 첫 번째의 경우라면 일응 북한주민을 정당하게 대표하는 의회가 구성되어 있으므로 통일합의서의 발효 이후 상당한 시간을 가지면서 총선거를 실시하여도 무방할 것으로 생각되나, 후자의 경우에는 북한주민을 대표할 국회의원들이 선출되지도 아니한 상태에서 선통합만이 이루어진다면 이러한 통합은 헌법상 국민주권의 원칙 혹은 주민 자결권 존중의 원칙에 반할 우려가 크다고 생각된다. 그러므로 이 경우는 반드시 통합 이전에 총선거의 실시가 이루어져야 하지 않을까 생각된다.[13)]

---

12) 다만, 대통령이 현실적인 구체적 상황을 고려하여 국론의 통일을 실현시키기 위하여 국민투표의 실시가 필요하다고 판단하는 경우에는 헌법 제72조에 근거하여 이를 실시하는 것은 무방하다고 생각된다.

한편, 여기서 총선거의 시기와 기존의 국회의 의원 임기가 불일치하는 경우 동 의원들의 임기는 단축, 혹은 연장하여 총선거에 맞추어야 하는 문제가 발생한다. 생각컨대 기존의원 임기의 기간을 단축하는 것은 헌법적인 문제가 없으나, 연장하는 것은 위헌적 조치가 될 소지가 높다고 판단된다. 헌법 제42조는 국회의원의 임기는 4년으로 한다고 동 기간을 명확히 한정하고 있고 헌법상 인정되는 자유민주주의, 법치주의 및 의회주의의 제 기본원리에 비추어 보더라도 진행 중인 선거기간을 연장하는 것은 비록 헌법개정의 방식을 취하더라도 위헌의 문제가 없어질 수는 없는 것이다. 국회의원은 헌법규정에 따라 4년마다 선출되고, 동 선출된 기간 동안만 민주적 정당성을 가지며, 시간적으로 한정된 위임을 받는 것이므로 의원들 스스로 이 원칙을 연장할 수 없기 때문이다. 그러나 진행중인 선거기간을 단축하는 것은 각 의원이 개별적으로 그 위임을 언제든지 포기할 수 있는 점에서 민주주의 원칙에 반한다고 보기 어렵고 헌법적으로 가능하다고 하겠다.[14]

남북한 총선거에 관련하여 선거법의 구체적인 내용은 통일합의서를 통하여 남북 간 정치적 타결의 대상이 될 수 있을 것은 물론이나, 선거구책정, 투표방법, 대표제등에 있어서 민주선거의 제 원칙이 모두 지켜져야 할 것이다. 특히 평등선거의 원칙이 충분히 준수되어야 하고, 소멸 당사자에 해당하는 북한의 지역주민들에게 불합리한 차별이 있어서는 안된다. 예컨대 총선 당시 북한 측에 근거를 둔 정당은 보다 큰 인구를 가진 남측지역에 정치적 기반이 전무할 것이므로[15] 정당법 제26조 제1항 소정의 지구당 분산 요청[16]이나, 제38조 제1항 제3호 소정의 2% 저지조항의 충족여부 판단에 있어서 보다 완화된 기준을 적용받을 수 있도록 하는 규정을 설치하는 것도 고려될 수 있을 것이다. 독일의 경우 5퍼센트 저지조항을 전독일지역에 적용한 선거조약 규정이 동독지역 정당, 주민에게 불합리한 불이익을 주는 것으로 연방헌법재판소에 의하여 위헌무효의 결정을 받은 점은 이러한 문제에 관한 좋은 시사가 되는 사건이었다고 하겠다.

---

13) 독일의 경우 동독은 민주혁명 이후 1990. 3. 독자적인 의회선거를 치루었으며, 동서독 총선거는 통일조약이 발효된 이후 1990. 12. 실시되었다.
14) 독일의 경우도 이와 같은 견해가 통설이며 이러한 입장에 따라 전독일의 총선거 기일을 정하였다.
15) 남측정당은 자유민주적 운영의 기반을 가졌으므로 북측지역에 자매정당등의 결성으로 단기간에 기반을 가질 것으로 보인다.
16) 동 조항에 의하면 서울특별시·직할시·도 중 5개 이상의 분산이 필요하다.

4. 통일합의서의 체결 및 발효와 관련된 문제

(1) 통일합의서의 법적 성격

1) 비조약적 합의성

남북간 기본합의서의 경우와 마찬가지로 통일합의서에 대하여도 동 합의서가 국제조약으로서의 성격을 가질 것인지[17] 혹은 민족내부적 관계인 남북관계의 특수성을 고려하여 국제법적 관계도 아니고 국내법적 관계도 아닌 특수합의로서 국제조약성을 가지지 않는 것으로 파악할 것인지에 대하여는 견해의 대립이 있을 수 있다. 이에 대하여는 남북한이 비록 국가성을 갖추고 국제사회에서 별개의 국가로 활동하여 온 것은 사실이지만 남북한 간의 관계는 그 민족 내부적 특수성 때문에 완전한 국제관계로는 보기 어려우므로 통일합의서의 국제조약성을 부정하는 후자의 견해가 정당하다고 생각된다.[18]

그러나 이와 같이 남북한 간의 합의인 통일합의서에 법적 구속력이 없는 것은 아니며 남북 양측은 이를 준수할 법적 책임을 지고 있다고 할 것이고,[19] 각기 내부적으로 이를 실행하기 위한 헌법적 절차를 거쳐야 한다고 할 것이다.

2) 헌법개정 합의성

통일합의서는 그 내용중 헌법개정사항을 담을 가능성이 극히 농후하다. 북한주민의 권리를 충분히 확보하기 위하여 통일조약에 헌법개정사항을 담을 경우 양측은 원칙적으로 각기 헌법상의 헌법개정절차에 따라 동 합의서를 발효시켜야 할 것이다.

3) 남북한 간의 합병을 위한 합의성

통일합의서는 국제조약은 아니나 남북한을 합병하는 성격을 가지고 있으므로 국제법상의 합병조약에 관한 내용은 성질상 허용하는 범위내에서 이 경우에도 준용된다고 보아야 할 것이다.

---

17) 이장희, 남북합의서의 법제도적 실천과제, 아시아사회과학연구원 92년 제1회 통일문제학술세미나 자료, 1-4면.
18) 남북간의 합의가 국제조약성을 가지지 아니하는 점에 관하여는 최대권, 전게 남북합의서와 관련된 제반 법문제-특히 '특수관계'의 의미를 중심으로, 14-16면 참조.
19) 따라서 남북간에 체결되는 각종 합의(서)가 단순히 신사협정에 불과한 것은 아니라고 할 것이다. 최대권 전게논문 16면 참조.

(2) 통일합의서의 발효를 위한 헌법적 절차의 이행

이와 같은 통일합의서의 법적 성격을 전제로 하여 볼때 그 발효를 위하여 헌법상 어떠한 절차를 거쳐야 할 것인지에 관하여 살펴볼 필요가 있다. 여기서 문제로 되는 논점은 ① 헌법 제60조 제1항에 의한 국회의 동의를 할 것인지 여부 ② 헌법개정 내용을 담을 경우 국회의원 정수 3분의 2의 다수결에 의한 통과를 요하는 외에 국민투표에 의한 추인이 필요한지의 여부 ③ 통일 전 남북한이 체결한 조약의 존속 혹은 승계 필요 여부가 될 것인바, 이하에서 차례로 고찰한다.

첫째 통일합의서는 앞서 본 바와 같이 국제조약이라고는 보기 어렵다. 따라서 엄격한 의미에서 헌법 제60조 제1항에서 요구하는 국회의 동의사항은 아닐 것이다.[20] 그러나 통일합의서는 남북분단시기의 다른 남북한합의서(예컨대 기본합의서)와는 그 헌법적 중요성이 크게 다른 점을 고려하여야 한다고 생각된다. 분단시대의 남북합의는 정치적 성격이 크며 법적 효과가 미미하고 의문시되어 온데 비하여 통일합의서는 남북 양 체제의 통합이라는 전대미문의 광범위한 법적 효과를 수반하면서 남북한 전체국민에게 중대한 법적 영향을 가져올 것이다. 또, 이는 국제법적으로는 당연히 '합병조약'으로 받아들여질 것이다. 이러한 점을 고려하면 비록 통일합의서가 국내법적으로 조약으로 다루어질 수 없다고 하더라도 타 남북간 합의와는 달리 헌법 제60조 제1항의 '條約' 개념 속에는 포함된다고 보는 것이 정당한 판단이라고 생각된다. 그렇게 함으로써 통일합의서에 대한 국민적 정당성이 부여될 수 있기 때문이다. 통일을 실현하는 합의에 관하여 아무런 국민적인 승인절차가 필요하지 않다는 결론은 국민주권의 원칙에도 반할 것이다. 한편 앞서본 바와 같이 남북간 합의서의 국제조약성을 인정하는 입장에 서면 이러한 헌법적 동의절차가 필요하다는 결론에 이를 것임은 말할 것도 없다.

둘째 통일합의서는 헌법개정의 내용을 필연적으로 담게 될 것이므로 그 발효에 앞서 헌법개정에 필요한 모든 절차를 밟아두어야 하는지 문제가 될 수 있다.

현행 헌법상의 헌법개정 절차를 보면 ① 대통령 혹은 재적의원 과반수의 찬성에

---

20) 헌법 제60조 ① 국회는 상호원조 또는 안전보장에 관한 조약, 중요한 국제조직에 관한 조약, 우호통상
　　항해조약, 주권의 제약에 관한 조약, 강화조약, 국가나 국민에게 중대한 재정적 부담을 지우는 조약 또
　　는 입법사항에 관한 조약의 체결・비준에 대한 동의권을 가진다.

의한 제안 ② 20일 이상의 공고 ③ 공고일로부터 60일 이내에 재적의원 3분의 2 이상의 찬성에 의한 국회의 의결 ④ 의결 후 30일 이내의 국민투표 ⑤ 대통령의 공포 ⑥ 효력발생의 과정을 거쳐야 하도록 되어 있는 바, 국민투표를 위하여는 투표일전 18일까지 공고하여야 하는 점을 감안하면 이러한 과정을 이행하기 위하여 최소한 40일의 기간이 필요하다.

먼저 통일합의서에 헌법개정의 내용이 담겨져 있는 한 이와 같은 헌법개정의 모든 절차를 거쳐야만 통일합의서의 발효가 가능하다는 주장이 당연히 성립할 수 있다. 그러나 한편 조국의 평화적 통일은 헌법 전문과 제4조에서 천명된 바와 같이 헌법적 요청사항으로서 정부가 실현하여야 할 헌법적 의무를 부담하고 있는 과제이므로 위와 같은 장기간의 헌법개정절차를 따른다면 통일이라는 헌법적 과제의 실현에 장애를 초래할 우려가 있다. 통일의 합의는 각 정파 혹은 남북한의 주민들 간에서 여러 가지의 미묘한 이해 대립 속에 이를 조정하면서 도출되어야 할 것인데, 헌법에 의하여 이미 일의적으로 요구되고 있는 사항(통일의 실현)에 대하여 지나친 논의기간을 부여하는 것은 이와 같은 합의를 어렵게 하고 외세의 개입과 국론의 분열을 초래하는 역작용을 할 가능성이 있는 것이다. 그렇다면 이러한 결과를 요구하는 규정은 '조국의 평화적 통일'이라는 헌법의 근본적 요청에 대립하는 것으로써 이 경우 헌법규범들 사이의 충돌의 문제가 발생한다고 볼 여지가 있는 것으로 생각된다. 독일의 경우에서 보았다시피 통일의 기회는 쉽게 오지도 아니하지만 오랫동안 지속되지도 아니하는 것이다. 국내외에 남북한의 통일에 관하여 장기간의 토론의 기회를 제공하는 것이 모처럼 맞게된 통일의 기회에 이를 추진하는데 중대한 장애가 되는 것이 분명하다고 대통령이 판단한다면 위 헌법개정절차중 공고기간의 제약을 받지 아니하고 위 헌법개정의 절차를 이행하여 나갈 수 있다는 견해가 성립할 수 있다고 생각한다. 그리고 이러한 주장의 헌법적 근거로 위 헌법전문과 제4조의 규정을 들 수 있다고 생각한다.

하여튼 우리의 헌법개정절차는 매우 신중한 이중의 절차를 요구하고 있어 통일합의서의 발효에 지장을 줄 소지가 있으므로 헌법상 최고의 요청인 '조국의 평화적 통일'의 실현을 근거로 하여 이를 어느 정도 수정하여 적용할 수 있는지 여부가 헌법적으로 해결되어야 할 중요한 논점이라고 생각한다.[21]

셋째 남북 간의 통일을 위한 합의서는 국내적 관점에서 볼 때 조약이라고 할 수 없겠지만 사실적 측면에서 볼 때 국제사회에서 국가로 승인받고 활동하는 두 국가가 합병하는 내용을 담고 있다고 할 수 있다. 그런데 여기서의 합병 중에는 ① 합병전의 국가들이 모두 소멸하고 새로운 합병 후 국가가 탄생하는 경우와 ② 합병전의 국가 중 어느 일방이 타방을 포함한 채 그대로 존속하는 경우가 나누어 질 수 있다. 독일 통일의 경우는 동독이 서독의 연방에 가입하였으므로 후자의 경우에 속한다고 할 것이다.

먼저 전자의 경우에 관하여 살펴본다. 비인조약 제31조 제1항은 국가합병의 경우 합병전의 국가들의 조약은 합병 후의 국가에게 승계된다고 규정하였다. 한편 국제관습법상으로는 확립된 이론은 아니나, 편입되어 소멸한 국가의 조약들은 소멸되지만 합병하는 국가의 조약들은 존속하며 편입된 지역에서 효력을 미친다고 보는 것이 일반적 견해로 되어 있다.[22] 따라서 이러한 경우라면 종래 합병전의 국가들은 모두 소멸하였으므로 동 국가들이 체결하여둔 국제조약들이 합병 후의 신생국가들에게 반드시 자동적으로 승계되지 아니한다는 결론이 된다. 그러므로 합병조약 속에 그에 관한 내용이 반드시 포함될 필요가 있을 것이다.

그러나 위 후자의 경우에는 소위 '조약 경계이동의 원칙(Grundsatz der beweglichen Vertragsgrenzen)' 내지 합병에 관한 국제관습법에 의하여 합병 전 국가들 중 합병하는 국가의 조약은 합병 후 존속하는 국가에게 승계된다.[23] 다만 소멸되는 국가의 조약들은 원칙적으로 그 효력을 상실하게 될 것이다. 그러나 이러한 국제법상의 승계이론은 강제적인 것이 아니고 특약이 없는 경우에만 적용되는 것일 뿐이다.

이러한 이론을 남북 간의 통일합의서에도 적용하면 다음과 같은 결과가 된다. 즉 통일을 통하여 새로운 국가를 탄생시키는 경우에는 기존의 국제조약들은 모두 소멸하고 신생 한국은 새로운 국제법 관계를 형성하여야 할 것이다. 그러나 물론 이러한 원칙도 합의서상의 특약을 통하여 배제할 수 있고 이러한 특별조항으로 신생한국은 남북양측이 체결한 구 조약들을 포괄적으로 혹은 선별적으로 승계할 수 있을 것이다.

---

21) 독일의 경우 통일조약의 형식으로 기본법을 개정하는 것이 연방의회의 헌법개정절차에 어긋나므로 위헌이라는 논의가 있었으나, 연방헌법재판소는 이에 대하여 기본법상의 '재통일의 요청'에 근거하여 통일조약에 의한 기본법개정이 절차적으로 합헌이라고 판시한 바 있다. BVerfGE 82, 316, 320-321.

22) Albrecht Randelzhofer, Deutsche Einheit und Europäische Integration, VVDStRL. 49, 1990, S. 111.

23) 조약경계이동(moving treaty-frontier)의 원칙은 조약의 적용지역의 변동의 원칙이라고도 칭하는데, 국제법상 국가승계론의 확립된 원칙이다. 이한기, 국제법강의, 1990, 244면.

그러나 이와 같은 새로운 국가의 형성이라는 결과는 현실적인 통일방안으로 생각하기 어려운 점은 앞서본 바와 같다.[24)]

한편 북측의 체제가 남측의 체제에 가입하게 되면 남측인 대한민국의 기존의 국제조약은 조약 경계이동의 원칙에 의하여 그대로 북측 지역에 효력을 미치게 될 것이다. 그리고 북측의 기존조약들은 원칙적으로 효력을 상실하게 될 것이다. 그러나 각 조약의 구체적 내용에 따라서는 이러한 일반원칙에 의하는 것이 성질상 혹은 조약규정상 불가능한 경우도 발생하리라고 생각된다. 그러한 조약들에 관하여는 통일합의서의 협상과정에서 위와 같은 일반적 조약의 승계 효과가 발생하지 않도록 양측이 그 승계효과를 줄 것인지 여부에 관하여 충분히 논의, 결정하여 합의서에 이를 명문화할 필요가 있다고 하겠다. 예컨대 한일 간의 협정의 효력에 관하여 보면 남측은 1965. 6. 이미 일본과 조약을 체결하였으나[25)] 일본은 동 조약 제3조를 근거로 하여 조약의 효력범위가 남한지역에 한정되는 것으로 해석하여 오고 있다.[26)] 그러므로 일본 측 견해에 의하면 동 조약에 관한한 일반론인 '조약 경계이동의 원칙'은 적용될 여지가 없고 통일이후에도 남측지역에만 유효한 것이라고 하게 될 것이다. 또 이와는 별도로 통일이전의 시기에 북측이 일본과 청구권협정등의 조약을 체결하게 된다면 일본은 북측지역에 관한 한 통일 이후에도 동 조약을 계속 준수할 국제법적 의무가 존속될 것이다. 그러나 동일국가 내에 지역적 경계를 통하여 두개의 조약이 병존하는 것이 상호모순과 법적 혼란을 초래할 수 있으므로 통일한국은 일본과 새로운 협상과정을 거쳐 새 조약을 체결하여야 할 상황에 이를 수도 있는 것으로 생각된다.

(3) 통일합의서의 법적 효력

북한의 체제는 통일합의서가 발효함으로써 법적 주체성을 상실하게 될 것인바 이와 관련하여 ① 통일합의서가 그 합의당사자 일방의 소멸에도 불구하고 계속 효력을

---

24) 남북한의 모든 기존 조약들을 통일협상과정에서 그 존속여부에 관하여 타협을 벌이는 것은 엄청난 협상력과 시간이 소요되는 일일 것이다. 또 이러한 협상은 조약 상대방 당사국들의 반발을 일으켜 통일에 대한 심각한 장애를 조성할 가능성도 없지 않다.

25) 1965. 6. 22. 체결, 동년 12. 18 효력 발생한 대한민국과 일본국간의 기본관계에 관한 조약.

26) 이는 동 조항에서 인용한 국제연합총회결의 제195조의(Ⅲ)에 의하면 대한민국의 정통성을 인정하는 지역적 범위가 '한국민의 대다수가 존재하는 한국의 부분' 혹은 '유엔임시위원회가 감시하고 협의할 수 있었던 지역'으로 한정되어 있는 것을 이유로 한다. 杉山茂雄, 日韓基本條約 および 財産, 請求權處理 協定 等의 諸問題, ジュリスト, 1965. 8. 1. (327號) 10-11面.

유지할 것인지 ② 효력을 유지한다면 존속당사자인 대한민국에 어떤 구속적 효과를 가지는 것인지의 문제가 발생한다.

제1의 문제에 관하여는 국제조약의 경우에도 가입조약은 일방 당사자가 소멸하나 이러한 당사자의 소멸에도 불구하고 그대로 효력이 존속되는 것으로 해석되는 점을 준용하여 이 경우에도 통일합의서는 계속효가 인정된다고 보아야 할 것이다. 그러나 이러한 해석이 이론의 여지가 없는 것임을 보장하기 위하여 통일합의서의 내용 중에 이를 명시함이 바람직할 것으로 생각된다.

다음으로 제2의 문제에 관하여는 통일합의서상의 보장을 계속 유지시켜서 소멸당사자의 이익을 최대한 확보하고자 하는 북측의 이해관계와 이러한 보장을 회피하여 통일 후 최대한의 행동의 자유를 확보하고자 하는 남측의 이해관계가 충돌하는 측면이 있다. 그러나 이는 독일통일의 경우에 인정된 바와 같이 합의당사자의 일방이 소멸하였음에도 불구하고 동 합의서는 무제약적이고 무기한적으로 존속당사자인 통일한국을 기속하며 다만 이러한 보장은 '사정변경의 원칙(clausula rebus sic stantibus)'의 유보하에서만 한계를 가진다고 보는 것이 타당할 것이다.

(4) 통일합의서의 해석에 관한 다툼의 해결

그리고 통일합의서의 내용에 관한 다툼이 발생한 경우 이러한 爭訟은 어떻게 처리되어야 할 것인가도 문제이다. 생각컨대 이러한 통일합의서에서부터 발생하는 권리와 의무에 관한 견해 차이와 다툼은 헌법 제111조 제1항 제4호에서 규정한 국가기관 상호간의 권한쟁송사건의 성격을 가진 것으로 파악하여 헌법재판소의 심판관할사항이라고 봄이 상당하다고 생각한다. 통일이 실현된 이상, 통일전 남북 양측이 합의하여 체결한 통일합의서상의 해석분쟁은 실질적으로는 존속하는 국가기관과 소멸한 국가기관간의 다툼으로 파악될 수 있는 것이기 때문이다. 그리고 이러한 쟁송의 주체는 통일합의서의 내용으로 명확히 해 두는 것이 바람직할 것이나, 그렇지 않더라도 소멸한 합의당사자의 주민들의 대표자들로 간주될 수 있는 북한지역의 지방자치단체에게 헌법해석상 주어질 수도 있다고 생각된다. 결국 소멸당사자의 통일합의서상의 권리는 소멸된 지역의 주민들에 의하여 감시·보장되는 것이기 때문이다.

(5) 통일합의서에 의한 구체적 헌법개정 필요사항

통일에 필요한 최소한의 헌법개정은 통일합의서에 의하여 이루어지지 않으면 안될 것이다. 이 중 가장 명확하게 개정이 필요한 내용은 우리 헌법상 도처에서 발견되는 통일관련조항들이 될 것이다.

즉, 헌법전문의 '유구한 역사와 전통에 빛나는 우리 대한민국은 … 조국의 … 평화적 통일의 사명에 입각하여 정의·인도와 동포애로서 민족의 단결을 공고히 하고 …'라고 한 부분과, 제4조에서 '대한민국은 평화적 통일을 지향하며, 자유민주적 기본질서에 입각한 평화적 통일정책을 수립하고 이를 추진한다.'고 규정한 부분 등이 이에 해당할 것이다. 이들 통일관련조항은 통일합의서의 발효와 통일의 실현으로 더이상 헌법내에 존속될 필요가 없게 된다.

다음으로 남북한의 총선거의 실시와 국민투표에 관하여 기존의 헌법규정을 그대로 적용하기 어려운 경우 이를 개정하는 내용을 두는 경우이다. 이는 앞서본 경우와 같이 기존의 국회의원의 임기를 연장하고 총선거를 실시하는 경우나 통일합의서의 발효를 위하여 일반적 헌법절차외에 새로운 절차가 필요하다는 법적 판단이 내려지고 국민적 합의가 이루어지는 경우 이러한 내용의 개정이 필요할 수 있다.

셋째로 북한지역의 경제를 충분히 지원하기 위하여 특히 남한의 주민들이 특별한 경제적 부담을 진다는 원칙적 조항을 헌법에 규정할 필요성에 관한 문제이다. 북한지역의 경제지원을 위한 조세 혹은 지원기금의 신설은 납세자와 국가재정의 수익자들이 지역적으로 사실상 분리될 것이라는 점에서 헌법상의 조세공평주의와 재산권의 제한에 있어서 지켜져야 할 평등의 원칙에 위반될 여지가 없지 않다고 생각된다. 따라서 이 점에 관하여 헌법상의 제반 원칙에도 불구하고 보다 강력한 대북지원의 경제정책을 추진하기 위하여 충분한 헌법적 보장장치가 마련될 필요가 있을 것이다.

그밖에 통일조항이 헌법으로부터 소멸하는 대신 주변국 특히 중국과 러시아에 대하여 통일한국이 기존의 한·만국경을 넘어 한국민들이 다수 거주하는 인접 중·소 지역에 대하여 아무런 정치적, 영토적 합병 의사가 없으며, 기존의 국경을 확정적인 것으로 수용할 것임을 헌법에 천명하여야 할 필요성이 발생할 수 있다.[27]

---

27) 이러한 내용은 통일을 위한 외교적 협상의 결과 주변국과의 조약의 형태로 선언된 다음 다시 통일한국의 헌법내에 수용되는 방식을 취할 수 있을 것이다.

5. 통일 실현 이후의 헌법개혁의 완수

남북한의 법적 통일은 통일합의서의 발효와 함께 대한민국의 통치권이 현실적으로 한반도 전체에 미침으로써 완성된다고 할 것이다. 그러나 통일 이후 남북한 주민을 합친 전체 국민의 통일한국에 대한 희망을 수렴하기 위하여 보다 시간적인 여유를 가지고 검토하면서 미래지향적 방향으로 통일헌법을 정비할 필요가 있다. 우선 헌법개혁 추진의 주체와 절차부터 정함에 있어서 격론의 대상이 될 수 있을 것이므로 보다 많은 시간이 소요될 것이 예상되고 따라서 이러한 문제는 통일과 동시에 일거에 해결하는 것보다는 통일을 일단 완성해 둔 다음 충분한 여유를 가지고 검토, 해결해 나가는 것이 바람직하다고 생각된다.[28]

이러한 헌법개혁의 추진주체로서의 역할을 헌법기관 중의 어느 기관이 담당하여야 할 것인지부터 문제이다. 대통령직속의 기구가 될 것인지, 행정부가 주도할 것인지, 혹은 국회에서 이를 주도할 것인지, 주요 정당의 대표자가 이를 주도할 것인지 등이 문제될 수 있다고 생각된다. 그러나 어느 경우이든 남북한 총선거에 의하여 새로 구성된 국회의 견해가 주도적인 역할을 할 수 있도록 하는 제도적 장치가 요구될 것이다. 통일 직후에는 국회만이 남북한 주민의 총의를 가장 정당하게 반영하는 국가기관이 될 것으로 생각되기 때문이다. 그렇다면 결국 국회의 주도로 통일헌법의 심의위원회를 구성하되 동 기구에는 국회의원들뿐만 아니라 정부의 대표와 주요 정당 및 각 지방자치단체의 대표들도 참여하는 구성이 되어야 할 것으로 생각된다. 동 위원회는 충분한 시간을 가지고 통일헌법의 전반에 대하여 심의를 하여 그 결과를 국회에 보고하고 국회는 이를 기초로 다시 심의하여 헌법개정의 절차에 따라 통일헌법의 최종적인 전면개정을 이루어내면 될 것으로 생각된다.

통일헌법에서 논의되어야 할 사항은 어떠한 주제를 가지게 될 것인가. 먼저 기본권분야에서는 그동안 충분한 보장이 되지 못하였던 권리와 자유들이 논의되어야 할 것이다. 갈수록 심각하여지는 환경문제에 대하여 통일을 계기로 환경권의 보다 구체

---

28) 그러나 이와는 달리 통일 당시부터 남북한 간의 협상으로 통일헌법을 제정하는 방식을 취할 수도 있음은 물론이다. 이러한 통일방식의 차이에서 앞서 서술한 바와 같이 필자는 '선통일 후헌법개혁'의 방안이 보다 바람직하다고 본다.

적인 보장을 선언하는 문제, 여성과 장애인의 권리를 충분히 보장하는 문제, 북한지역의 주민들의 생존권의 보장에 특별한 관심을 가지고 이를 별도로 보장하는 문제 등이 논의의 대상이 될 수 있다고 생각한다.[29]

그리고 통치구조의 면에서는 국가 전체가 북한의 경제를 지원하기 위한 충분한 경제헌법의 도입을 실현하여야 할 것이다. 북한경제의 지원을 위한 세제상의 특례 신설을 목적으로 한 기금의 조성 등이 요구될 것이다. 그리고 이러한 조치들은 헌법상의 평등의 원칙이나 재산권 보장의 원칙에도 불구하고 시행되어야만 할 것이므로 일반 법률의 수준이 아닌 헌법적 차원의 보장이 필요할 것으로 생각된다. 그리고 북한지역의 주민들의 자치권의 보장에 관한 헌법적 차원의 조치도 필요할 것으로 생각된다.[30]

나아가 국가의 기본구조의 면에서는 주권의 일부양도에 대한 문제의 해결이 필요할 것으로 생각된다. 통일로 인하여 우리나라는 국내적 차원의 좁은 안보시각에서 벗어날 수 있을 것이다. 경제적 분야는 물론이고 국방과 안전보장의 면에서도 국제연합, 세계무역기구 혹은 그 밖의 국제기구와의 충분한 협력이 요청되고 경우에 따라 대한민국의 주권의 일부제약까지 필요하게 되었다. 이러한 경제, 집단안전보장의 면에서의 국내주권의 일부 양도에 관하여 헌법적 차원의 새로운 규정을 둠으로써 이를 명시적으로 해결하는 것이 필요할 것이다.[31]

6. 북한의 비법치주의적 과거의 청산

통일 이후 중요하게 부상할 가능성이 큰 문제로서 구공산당 지배하에 있었던 북한의 과거청산(Vergangenheitsbewältigung)이 있다. 독일의 사례에서 보건대 이러한 과거청산의 문제는 북한체제와는 오랫동안 격리되어 있었던 남한의 주민들보다는 직접적인 피해자와 가해자의 관계에 놓인 북한의 구정치인들과 북한의 피지배주민들 간에서 크게 문제될 것이며 보복감정까지 얽혀서 심각한 정치적 상황을 불러일으킬

---

29) 통일실현 이후의 헌법개혁에 관한 문제로서 기본권분야의 새로운 체계에 관한 자세한 논의는, 국순옥, 통일국가의 헌법과 기본권 분야의 체계, 공법연구 제21집, 1993, 53-71면.
30) 통일한국의 통치구조의 개편에 관한 보다 자세한 논의는 변해철, 남북한통합과 통치구조 문제, 전게잡지, 73-87면; 통일한국의 경제헌법에 관한 논의는 김성수, 남북한 통일헌법의 경제질서 문제, 전게잡지 89-112면.
31) 통일한국의 국가형태 및 국가체제에 관한 보다 자세한 논의는 권영성, 남북통합과 국가형태·국가체제 문제, 전게잡지, 19-52면.

수 있다고 생각된다. 이러한 상황에서 통일한국의 정책방향은 과거의 비인도적 조치에 대하여 전적으로 이를 무시하고 용인하는 태도를 보이기는 어려울 것이나 북한주민들과 정권범죄의 피해자들의 보복감정에 편승하여서는 안될 것이고, 모든 청산조치의 기준은 피해자와 가해자의 법적 이익을 충분히 존중하여 법치국가원칙의 기준에 적합하게 실시되지 않으면 안될 것이다.

비법치국가의 과거청산은 정치적 가해자의 처벌과 정치적 피해자의 법적 구제로 집약될 수 있다. 이를 나누어 살펴보기로 한다.

(1) 정치적 가해자의 처벌

정치적 가해자의 처벌에 관하여는 모든 과거청산의 조치가 무엇보다도 헌법에 의하여 보장되고 있는 법치국가 원칙과 죄형법정주의를 관철시키는 선에서 이루어져야 한다는 점이 중요하다. 이는 한 면에서는 정치적 가해자의 인권을 일반 형사피의자 혹은 피고인과 같이 헌법에서 보장한 대로 충실히 보장되도록 함으로써 법치국가를 관철하고 과거청산의 역사적 정당성을 확보한다는 의의가 있을 것으로 생각된다. 과거에 대한 보복감정에서 법치국가의 원칙을 넘어서면서 자의적 처벌을 실현하는 것은 과거청산의 정당성을 약화시키고 민족통일의 의의를 축소시킬 것이다. 이하에서 과거청산 조치에서의 남북한 형법의 적용 문제와 공소시효의 문제 및 청산이 필요한 분야별 문제점 들을 차례로 검토하여 보기로 한다.

1) 남북한 형법의 적용

통일 이후 제기되는 불법청산문제에 있어서 적용할 준거법을 남한의 형법으로 할 것인지 혹은 북한의 형법으로 하여야 하는지에 관하여 논쟁이 예상된다. 이 점에 관해서는 문제된 행위의 성격에 따라 나누어 생각하여 보아야 할 것이다. 즉 청산의 대상인 북한인의 행위가 ① 북한내에서 북한주민에 대하여 한 행위인 경우 ② 대한민국내, 즉 남한내에서 한 행위인 경우 ③ 외국에서 대한민국 국민을 상대로 한 행위인 경우 ④ 외국에서 외국인 혹은 북한인을 상대로 한 경우를 나누어 분석하여 보아야 할 것이다.

먼저 첫 번째의 경우인 '북한 내에서 북한 주민을 상대로 한 행위'의 경우 남북한 형법 중 어느 법을 적용할 것인지에 관하여 본다. 우리 법해석상 북한 주민도 모두 대한민국 국민으로 보고 있으므로 이는 결국 모두 내국인의 범죄로서 우리 형법이 적용되어야 한다는 견해가 있을 수 있다. 북한주민을 우리 국민으로 보아야 한다는 데에 이론이 없으나 남북한 관계는 비록 국제관계는 아닐지라도 순수한 국내법적 평면으로는 설명하기 어렵고, 오히려 북한이 국제적으로 사실상 국가로서 인정받고 있는 점이나 그 소속인들이 독자적인 북한국민으로 수용되고 있는 국제사회의 현실을 고려할 때 위와 같은 단순간명한 견해는 문제의 현실적 해결방안으로는 적합하지 못한 측면이 있다. 더구나 북한은 우리 정부와 기본합의서를 체결한 바 있고 동 합의서에서 우리는 북한측에게 그들의 체제와 법질서를 인정하고 존중할 것임을 확인한 바도 있다.[32]

그렇다면 이러한 제반 상황을 고려하여 우리도 독일에 있어서와 같이 이른바 지역간 형법(Interlokales Recht)의 논리를 적용하여 북한인의 북한 내 범죄에 관하여는 '대한민국의 공공질서와 법치국가적 헌법질서에 위배되지 아니하는 한도내'에서 북한의 형법을 적용한다고 하는 견해를 취하는 것이 타당하다고 생각된다. 이 경우 북한형법 구성요건의 해석과 적용에 있어서는 마르크스・레닌주의의 법해석 원칙에 따른 확대해석은 피하여야 하고, 우리의 법치국가적 헌법질서에 적합한 엄격한 해석원리에 기초하여 재해석한 법을 적용하여야 할 것이다.[33]

그러나 북한인이 북한 내에서 행한 북한 주민에 대한 범죄라고 하더라도 그 죄가 내란, 외환의 죄이거나 국가, 통화, 유가증권, 우표, 인지에 관한 죄 혹은 공문서, 공인에 관한 죄에 해당할 경우는 우리 형법 제5조의 세계주의 원칙에 비추어 우리 형법이 그대로 적용된다고 보아야 할 것이다. 그리고 이와 같이 우리 형법도 적용되는 경우 남북형법은 병존적, 선택적으로 적용될 수 있다고 볼 것이므로 소추기관은 남북 어느 쪽의 형법으로도 이를 기소할 수 있을 것이다.[34]

다음으로 문제된 행위가 대한민국의 형법이 통용되는 남측지역에서 행하여진 경

---

32) 남북기본합의서 제1조, 남북화해의 이행과 준수를 위한 부속합의서 제1조, 제3조, 제5조.
33) 이러한 사정은 독일의 경우도 마찬가지이다. 독일에서도 지역간 형법의 이론에 따라 동독의 법을 적용하는 경우에도 이를 동독식으로 확대 해석하지 아니하고 유추해석의 금지이론에 따라 독자적으로 해석・적용하였다.
34) 이는 소추기관이 남북한 형법중 어느 쪽으로도 의율할 수 있다는 것을 의미하므로 경합범(법조경합 포함)의 경우와는 구별된다. 이는 외국인이 국내에서 죄를 범한 경우 우리형법의 적용을 받을 수 있고, 또 그 당해 외국의 법원에서 그 외국형법의 적용을 받을 수도 있으므로 결국 우리형법과 그 외국형법이 모두 적용가능성이 있는 것과 유사한 형태를 지닌다고 하겠다.

우이다. 이 경우에는 우리 형법은 당연히 적용된다. 그리고 대한민국의 영역 밖인 외국에서 범하여진 행위라고 할지라도 대한민국의 국민에 대하여 행하여진 경우도 마찬가지이다. 이는 형법 제2조의 국내범에 관한 원칙과 형법 제6조의 대한민국과 대한민국의 국민에 대한 국외범에 관한 원칙을 준용한 결과이다. 그렇다면 이 경우도 우리 형법과 북한 형법의 병존적 적용이 가능하여진다.

이상에서 본 바와 같이 통일후의 과거청산에 있어서 우리 형법 이외에 북한의 형법을 적용할 여지가 크다는 점을 지적하고자 한다. 그런데 우리 형법을 적용할 수 있는 경우 북한 형법을 군이 적용할 필요는 없어 보이지만 후술하는 바와 같이 공소시효의 문제를 극복하기 위하여는 북한형법을 적용하는 것이 절대적으로 요청되는 경우가 다수 발생할 수 있기 때문에 북한형법의 적용문제는 간과할 수 없는 중요성을 가지고 있다고 생각된다. 그리고 북한의 형법을 적용하는 모든 경우 앞서 지적한 바와 같이 ① 우리의 公共秩序에 위배하지 아니하고 법치국가적 헌법질서에 부합하는 한도 내에서만 적용하여야 하고 ② 법해석에 있어서 죄형법정주의를 관철하여야 한다고 본다.

2) 공소시효의 문제

북한공산정권은 해방이후 북한 지역의 소련군의 군정통치 이후부터 장기간 계속되었으므로 과거청산의 문제에서는 필연적으로 공소시효의 도과 여부의 문제가 제기되게 된다. 이러한 공소시효의 문제를 어떠한 헌법적 기준 하에서 해석·적용하여야 할 것인지에 대한 검토가 필요하다.

먼저 북한 내에서 북한주민에 대하여 행하여진 범죄에 있어서는 공소시효는 원칙적으로 북한의 형사소송법에 의하여 계산되어야 할 것이다. 그러나 북한의 정권지도부나 당지도부의 의사에 따라 정치적 이유나 법치국가 원칙에 반하는 이유에서 처벌되지 아니한 행위의 경우에는 독일의 경우와 같이 공소시효의 진행이 정지된다는 해석이 가능하다고 본다.[35]

---

35) 독일의 경우 나치범죄에 관하여 연방헌법재판소의 해석에 의하여 이러한 결론을 도출한 바 있으며 그 후 독일통일의 이후에도 동독의 정권범죄에 대한 시효정지법을 제정하여 이러한 해석을 재차 확인한 바 있다. 이에 관한 논의는 보다 상세한 Friedrich-Schroeder, Zur Verjährung von SED-Unrechtstaten, ZRP 1993. Heft 7, SS. 244-246.; Michael Lemke, Das 2. Verfährungsgesetz Versuch einer Analyse eines schwierigen Gesetzes, NJ, 1993. 12. S. 529-532.; Hans Lilie, Laßt verfähren, was verjährt, DtZ 1993. 12. SS. 354-357.; Bodo Pieroth, Thorsten Kingreen, Die verfassungs-

한편 우리 형법이 적용될 수 있는 경우에는 우리 형사소송법에 의하여 그 시효의 완성 여부를 별도로 따져 보아야 할 것이다. 이 때 피의자가 북한 지역내에 거주한다는 사실은 사실상의 소추장애에 불과한 것이지 법률상의 소추장애사유는 아니므로 공소시효의 정지사유는 될 수 없다. 그렇다면 우리 형법에 의한 시효는 행위 종료이후부터 계속 진행한다는 결론이 될 것이다.

결국 북한형법에 의한 처벌은 공소시효의 정지를 인정하기에 용이하지만 우리 형법에 의한 처벌은 시효진행이 계속될 수밖에 없다는 결과가 되어 불균형이 초래되는 면이 없지 아니하다. 그러나 형법의 해석상 이러한 결론은 불가피하다고 생각되며 굳이 그 불균형을 시정하고 우리 형법에 의한 처벌에 관하여도 시효의 중단을 인정하기 위하여는 공소시효 정지에 관한 특별법을 제정하여 이를 종국적으로 해결할 수밖에 없을 것이다. 특히 북한정권에 의한 처벌이 정치적으로 면제된 경우에 처벌을 면하였다는 이유로 시효를 정지한다는 해석 또한 일개의 주장일 뿐 우리의 판례에 의하여 확인된 것은 아니다. 그러므로 이러한 점에 대한 시효진행의 가부 여부를 명확히 확인하기 위하여도 특별법의 제정을 실행할 필요가 있을 것이다.

이러한 특별법의 제정에 있어서는 소급입법의 합헌성 여부가 당연히 헌법상의 쟁점이 되리라고 생각한다. 특별법이 이미 공소시효가 완성된 행위에 대하여 그 시효의 중지를 정한다면 이는 진정소급효에 관한 입법이 될 것이고, 진행중인 시효가 아직 도과되지 아니한 상태에서 그 시효중지를 정한다면 이는 부진정소급효에 관한 입법이 될 것이다. 부진정소급효에 관한 입법은 원칙적으로 합헌일 것이나 진정소급효에 관한 입법은 원칙적으로 피의자와 피고인에 대한 법적 신뢰를 침해하는 것으로 위헌이 된다고 하지 않을 수 없다. 그러나 이는 어디까지나 원칙의 문제이며 예외의 설정이 불가능한 것은 아니다. 북한의 정권적 불법행위에 관련하여 보호하여야 할 공익의 정도를 고려할 때 그 행위자의 시효에 대한 법적 이익을 보호하는 것이 합리적이지 못한 것이 명백한 경우에는 비록 진정소급효를 가지는 경우라고 하더라도 시효이익을 박탈하고 시효의 정지를 정할 수 있는 것이다.

rechtliche Problematik des Verjährungsgesetzes, NJ, 1993. 9. SS. 385-392.; Thomas Geiger, Verjährungsprobleme von in der ehemaligen DDR begangenen Straftaten, JR 1992 Heft 10, S. 404-405.; Volker Kramer, Zur Verfährungsproblematik bei SED-Unrechtstaten-Kritische Betrachtung zum Beschluß des OLG Braunschweig vom 22. 11. 1991, NJ, 1992. 6. SS. 233-236. 등 참조.

공소시효의 정지 여부는 범죄의 가벌성(Strafbarkeit) 여부에 관한 문제가 아니라 소추가능성(Verfolgungsmöglichkeit)에 관한 문제에 해당하며, 시효이익을 박탈하는 것은 죄형법정주의가 아니라 법치국가 원칙에서 파생하는 신뢰보호 원칙에 위배하는지 여부가 검토되어야 한다. 따라서 시효에 관한 특별법의 문제는 범죄 행위 이후에 사후적으로 구성요건을 설정하는 문제와는 질적 차이를 가지는 것임을 유의하여야 할 것으로 생각된다.[36]

또한 통일합의서의 협상과 체결에 관련하여 공소시효에 관한 특칙의 필요 여부도 검토되어야 할 것이다. 통일합의서의 발효는 남한지역에 있어서는 커다란 사법적 변동이 없을 것이나 북한지역에 있어서는 기존의 사법조직이 일시에 마비되고 새로운 민주적 사법기관의 확립이 이루어질 때까지 사법기능의 공백상태가 초래될 수 있다. 그러므로 이러한 상황을 고려하여 법적 공백상태를 방지하기 위하여 북한지역의 범죄행위에 관하여는 통일합의서의 발효에 의하여 동 시점을 기준으로 일단 진행되는 공소시효가 모두 일반적으로 중단된다는 특칙을 둘 필요가 있을 것이다. 이는 통일합의서에 의하여 형사소송법을 개정하는 결과를 가져올 것이다.

여기서 독일의 경우 통일조약의 부속의정서에 이러한 공소시효의 특칙 규정을 두었던 사례가 있었음을 참고할 필요가 있다. 결국 이러한 조치는 부진정소급효를 가진 경우에 불과하므로 그 공익적 필요성을 고려하여 합헌성을 인정하는데 별다른 무리가 없을 것으로 판단된다.

3) 분야별 문제점

현행법에 의하면 국가보안법에 따라 북한의 모든 국가경영행위를 형사적으로 처벌하는 것이 가능하다. 따라서 통일의 이후에도 앞서본 바와 같이 준거법에 문제가 없는 한 이를 처벌할 수 있을 것이다. 그러나 통일 이후의 상황에서는 그와 같은 광범위한 처벌에 대한 가부의 판단은 새로이 국민적 합의를 거치고 이에 따라 조치되어야 할 것이다. 분단의 상황과 통일 이후의 상황 사이에는 근본적인 헌법현실의 변화가 있기 때문이다.

과거청산으로 문제가 될 수 있는 행위는 그 행위의 목적 내지 상대방을 기준으로

---

36) 이러한 입법의 합헌성 여부에 관하여는 헌법재판소의 5·18특별법 관련 헌법소송의 결정이유에서 이미 상세한 이론전개가 이루어진 바 있다. 헌법재판소 1996. 2. 16. 선고 96헌가2, 96헌바7·13(병합) 5·18민주화운동등에관한특별법 제2조 위헌제청등 14건 헌재공보 14, 195-211면 참조.

① 북한주민을 상대로 한 불법행위와 ② 대남 파괴전복 활동의 두 가지로 대별될 수 있다고 생각된다.

통일 이후의 상황에서는 위 첫 번째의 경우가 훨씬 심각한 문제로 부각될 가능성이 크다. 북한정권의 북한주민들에 대한 인권의 탄압은 그 피해자의 수도 많고 피해의 정도도 실로 광범위할 수 있기 때문이다. 그러한 의미에서 특히 북한지역을 중심으로 하여 보복감정이 광범위하게 확산될 우려가 있다. 이러한 현상은 통일독일에서 이미 경험적으로 확인된 바가 있다.[37] 앞서 본 바와 같이 이 경우의 행위의 성격은 북한 내에서의 북한주민에 대한 행위가 주를 이루게 될 것이고, 따라서 북한형법을 원칙적으로 적용해야 될 것이다.[38] 그리고 공소시효의 문제에 있어서는 북한의 정권지도부 내지 당지도부에 의하여 정치적 이유 내지는 법치국가 원칙에 반하는 이유에서 처벌되지 아니하였다고 인정될 경우 그 공소시효가 북한정권의 존속기간동안 정지되는 것으로 해석하여야 함도 앞서 본 바와 같다.

두 번째의 상황에 관하여 보아도 대상 행위의 수와 중요성에 있어서 첫째의 경우에 비하여 그다지 가볍지 아니한 것은 사실이다. 남북한의 대결구조가 수십 년간 지속되면서 북한의 대남테러는 소위 남조선혁명을 촉발하겠다는 차원에서 부단히 계속되어 왔다. 대표적인 사례로서 KNA기납치사건, 청와대습격사건, 울진삼척무장공비사건, 아웅산사건, KAL기 폭파사건, 동진호 납치사건 등을 들 수 있을 것이다. 이러한 불법행위들은 남측의 영역 안에서 행하여진 것이거나 남측의 중요인사를 상대로 한 것으로서 우리 형법에 위반되는 것임은 물론이고 남북합의서의 내용에도 저촉될 뿐 아니라 북한의 형법에도 배치되는 것이다. 따라서 이들의 행위는 우리 측의 형법에 의한 처벌이 공소시효의 도과로 곤란에 부딪친다고 하더라도 북한형법의 적용을 통한 법적 집행이 가능할 것인지를 검토하여야 할 것으로 생각된다. 이 점에 관하여는 물론 북한의 지도부가 동 불법행위에 관하여 스스로 처벌할 의사가 없었다는 점이 명백히 되어야 할 것이나 그 입증은 어렵지 아니할 것으로 생각된다.

이상과 같은 주장은 모두 공소시효의 문제에 관하여 과연 우리의 사법부가 북한의 국가지도부 혹은 당지도부가 처벌을 원하지 아니하였던 정치적 범죄 혹은 반법치

---

37) 독일의 과거청산은 주로 정치적 피해자인 동독주민들의 여론에 의하여 주도되어 왔다.
38) 이 경우 북한 형법의 적용이 집행기관이나 사법기관에 의하여 자유민주주의와 법치국가 원칙에 부합되도록 재해석하여야 함은 앞서 본 바와 같다.

국가적 범죄에 관하여 북한정권의 존속기간 동안 공소시효의 진행이 정지된다는 해석론을 내려줄 것이지 여부의 문제에서 그런 해석을 내릴 것이라는 것을 전제로 한 것이다. 이러한 해석의 가부의 문제는 일차적으로는 정부와 국회의 조치에 의할 것이나, 각 형사소송 중 위헌제청신청을 통하여 헌법재판소의 사법적 판단대상이 될 가능성이 크므로 결국 헌법재판소의 결정에 의하여 최종판단될 것이라고 생각된다.

한편 북한의 대남 정탐, 첩보행위의 처벌 가부에 관하여는 독특한 헌법적 문제가 제기되고 있다. 독일의 경우 동독의 대서독 첩보기관의 요원들은 통일후 간첩죄로 기소되었으나 연방헌법재판소의 최종판단에 의하여 이들의 처벌은 법치국가에서 파생되는 신뢰의 원칙과 평등원칙을 위배하는 것으로 위헌판단을 받았다.[39] 우리나라의 경우에도 테러행위를 포함하지 아니한 순수한 정탐,첩보행위는 상호주의와 평등의 원칙과의 위배여부가 크게 다투어질 우려가 있다. 즉 이에 대하여 ① 북한 측의 비인도적 범죄를 청산하는 한 인명에 대한 침해를 수반하지 아니하는 단순한 첩보행위의 경우 분단을 극복하고 통일이 완수된 시점에서는 특별히 처벌할 가벌성도 크지 않게 될 것이므로[40] 평등의 원칙과 법치국가의 원칙을 위태롭게 하면서까지 처벌할 필요는 없다는 견해가 있을 수 있고, 이에 반하여 ② 북한의 대남정탐행위는 이른바 '남조선혁명'의 실현을 위한 것으로 일반적으로 국가가 행하는 정보수집행위의 범위를 넘어선 공격적 도발행위에 해당하므로 이를 처벌하여야 하며, 이러한 처벌이 법치국가원칙이나 평등원칙에 위배되지 아니한다는 견해가 있을 수 있다. 생각건대 북한의 경우 남한에 대한 정보수집, 즉 간첩행위는 항상 남한의 전복을 위한 기도의 일환으로 행하여져 왔으며 자기들을 방어하기 위한 조치로서의 성격을 넘어 남한에 대한 테러조치와 직결되어 행하여져 왔으므로 이러한 조치에 대한 처벌이 헌법상의 평등원칙이나 법치국가원칙에 위배된다고 보기는 곤란하다. 따라서 통일 이후 북한 내의 대남간첩행위 관련자에 대한 처벌에 있어 헌법적 장애는 없다고 봄이 상당할 것이다.

---

39) 특히 서독측의 대동독 간첩행위는 처벌의 대상도 되지 아니하면서 동독측의 서독에 대한 간첩행위만 처벌하는 것은 평등원칙에 위배된다고 하는 데에 동 위헌판결의 핵심적 내용이 있다. BVerfGE 1995. 5. 15.-2 BvL 19/91, 2 BvR 1206/91, 1584/91, 2601/93.

40) 물론 북한의 첩보기관들이 대남정보를 중국과 러시아 등 그들과 친밀한 관계에 있던 주변국들에게 전달할 가능성을 생각할 때 가벌성이 전혀 없다는 것은 아니다.

(2) 정치적 피해자의 구제

정치적 가해자의 처벌만으로는 국가적 불법의 회복이 완전히 이루어진다고 할 수 없고, 공산체제하의 피압박주민들의 피해를 완전히 보전하기 위하여 별도의 피해자구제조치를 강구하는 것이 필요하다.

여기서는 법적 안정성의 측면에서 구 북한체제의 판결들을 일응 유지하는 전제에서 출발하되, 보상에 있어서는 청산되어야 할 국가적 불법의 정도와 국가의 현실적 재정지원능력 등을 모두 고려하여 통일한국의 국회에서 북한주민 피해자의 복권과 보상에 관한 법률을 제정하는 방법으로 복권, 보상의 요건과 한계가 구체화되어야 할 것이다.

다만 이러한 입법에 있어서 구 불법체제하에서 법치국가적 기준에 의하지 아니한 이유로 행하여진 판결, 특히 형사판결은 모두 파기(破棄)의 대상이 되어야 할 것이다. 그러나 구체제의 모든 재판을 취소한다는 식의 포괄적, 무차별적, 소급적 파기조치는 법적 안정성과 관계 당사자의 법익유지에 대한 신뢰를 지나치게 침해하는 것으로 비례의 원칙 위배로 허용될 수 없을 것이다.

그리고 구 북한체제의 불법으로 인한 피해보상에 있어서는 통일한국이 구 북한의 불법책임을 승계하는 것이 아니고 사회국가원리에 의하여 사회적 약자에 대해 공공부조로서 조정급부를 행하는 것일 뿐이므로 반드시 완전보상(完全報償)이 헌법적으로 요청되는 것은 아니라 할 것이다.

(3) 몰수재산권 처리의 문제

통일에 즈음하여 북한지역의 몰수재산권의 회복에 관한 문제가 주요한 정책결정문제로 대두될 것이 거의 분명해 보인다. 독일에 있어서는 몰수재산권의 원칙적 소급회복이 실현되었고, 다만 소련점령당국의 몰수조치에 대하여만 예외적으로 이를 인정치 아니하였다. 그러나 이러한 방식의 해결이 우리 통일의 경우에도 적합할 것인지는 보다 철저한 재검토가 필요한 사항이라고 하겠다.

독일에서는 위와 같은 원칙에 따라 몰수재산반환청구권자들로부터 반환신청을 받은 사건 수가 무려 120만건이 넘고, 이를 대상 재산별 분쟁 수로 파악하면 270만건이 넘어서고 있다. 또 1994. 3.까지의 해결 비율도 약 35%에 불과하다. 이러한 재산관계의 혼란이 구동독지역의 경제발전을 지연시키는 주요한 원인이 되고 있다고 한다.

기존 사법조직의 처리능력의 관점에서 보더라도 이와 같은 엄청난 수의 재산권 분쟁이 일거에 제기되어 개개의 구체적 해결방안을 강구하는 것이 과연 법정책적으로 보아 바람직한 것인지 극히 의문이라고 할 것이며, 법적 평화와 안정성의 관점에서 재검토 되어야 할 문제가 아닌가 생각된다. 또 재산권에 대한 분쟁건수가 100만 건을 훨씬 초과한다고 하는 것은 개개의 구체적 조치를 취하여 주는 방법이 이미 부적절해 지는 것을 의미하고 관점을 전환하여 입법을 통한 별도의 해결책을 모색하여야 하지 않는가 하는 생각에 강력한 설득력을 부여하는 것이라고 하겠다.

독일연방헌법재판소의 1991. 4. 23. 선고판결은 단순히 소련 점령당국의 몰수대상이 된 재산권의 소급 실효를 제한한 통일조약의 조치가 합헌이라는 점을 지적한 점을 넘어서, 통일을 계기로 한 재산권회복 인정 여부에 관한 정책은 헌법상 재산권보장의 기준에서 보더라도 헌법개정권자, 입법권자 및 정책결정권자의 광범위한 재량범위 내에 들어가는 영역이고 그 결정은 위 헌법개정권자등의 판단에 따라야 하는 것임을 시사하는 판례로 평가될 수 있는 점에서 우리의 남북통일의 경우에 참고가 될 수 있다고 생각된다.[41)]

7. 주변국들과의 외교적 문제 해결

통일을 이루기 위한 가장 중요한 전제조건의 하나가 국제적인 여건의 조성이라고 할 것이다. 일반적으로 우리의 통일과 관련한 국가로서 미국, 중국, 러시아, 일본을 들고 있으나, 독일의 경우와는 달리 이들 주변국들은 우리 통일에 대하여 아무런 법적 권리와 책임을 가지고 있지 아니하다. 그러므로 이들 주변국은 우리측과 북한측의 주도적 합의로 국가적 통합을 이루는 데에 대하여 국제법에 의거하여 반대하는 것은 불가능할 것이다. 다만 통일한국이 과거 북한이 인정한 국경을 유지할 것인지 혹은 주변국과 평화적 선린관계를 유지할 것인지 여부에 관하여는 직접적인 법적 이해관

---

41) 현재까지 남북한 통일의 경우 발생할 재산권문제를 논하는 논문들은 모두 우리통일의 경우에 원물 반환의 원칙의 인정은 곤란할 것이라는 점에서 견해가 일치되어 있는 것으로 보인다. 예컨대 이승우, 동서독 통일과 불법청산문제 - 미해결 재산문제를 중심으로 -(독일통일의 법적 조명), 159면; 정영화, 통일후 북한의 재산권 문제에 대한 헌법적 연구(서울대 법학과 박사학위논문), 1995. 2, 310면; 권오승, 통일에 대비한 경제법적 대응방안(한국법제연구원, 남북통일에 대비한 법적 대응방안 - 제6회 법제세미나 -), 56면.

계를 가진다고 할 것이므로 통일과정에서 남한은 이를 주도적으로 해결하여야 할 필요가 있을 것으로 보인다. 특히 중국의 경우 북한과 긴 국경선을 접하고 있으므로 한국의 통일문제는 자국의 안전보장과 이해관계를 가진다고 판단할 여지가 크다.[42] 러시아의 경우도 북한과 접경국이므로 마찬가지의 문제가 발생할 수 있다.[43]

이러한 주변국들과의 국제적 협상은 선린조약(Nachbarschaftsvertrag) 혹은 국경보장조약(Grenzvertrag) 등의 형태로 나타날 수 있을 것으로 생각된다. 이러한 조약들은 주로 국제법적 검토대상이 될 것이나, 그 헌법적 연관성이 없는 것은 아니다. 동 조약들에 의하여 국경문제나 그밖에 종래 북한국적인의 국적문제 등에 관하여 주변국과 합의할 경우 그 내용이 우리의 헌법과 배치될 소지가 있는 것인지 여부의 문제가 발생할 소지가 있기 때문이다.

판단컨대 통일에 즈음하여 한반도를 대한민국의 영토로 하고 있는 헌법조항에 배치될 정도의 국경을 확인, 설정하는 내용은 담을 수 없을 것으로 생각된다. 그러나 이러한 조약이 통일을 실현하기 위한 정부의 조치의 일부를 구성하는 것인 만큼 그 자체로서 일응 합헌성이 추정된다고 할 것이므로 정부가 중국 등 주변국에 헌법적으로 중대한 사항들에 관하여 양보를 하였다고 하여 무조건 위헌적 조치로서 판단되어서는 안될 것이고 이 경우 헌법상의 통일의 요청과 그 밖의 헌법원칙들 간의 규범충돌의 문제가 발생하는 것으로 파악하여야 할 것이다.

그리고 이러한 조약이라도 헌법상의 절차에 따라 국회의 동의를 얻어 통과하는 한 일단 효력을 가지는 것이고 다만 위헌적 소지가 있는 것으로 헌법재판의 대상이 될 수 있을 뿐일 것이다. 그리고 헌법재판소의 위헌결정이 있더라도 국제적으로는 동 조약이 자동폐기될 수는 없을 것이고, 다만 위헌적 조약을 맺은 정부가 상대국과 동 조약의 내용에 관하여 재협상하여 이를 변경할 의무를 지게 되는 효과를 가질 것이다.

---

42) 우리의 통일은 필연적으로 중국과의 외교에서 효과적인 결실을 얻느냐의 여부에 직결되어 있다고 보아야 할 것이다. 이는 마치 독일의 통일이 전적으로 소련과의 외교에서의 성공에 달려있었던 점과 유사하다고 본다.
43) 독일의 경우에 나타난 바와 같이 북한이 변화하기 시작하면 우리 정부는 자유민주적 체제로 변환하고자 하는 북한의 새 정부에 대한 지지와 통일의 단계적 구체방안에 대한 原則을 신속히 공표하여야 할 것이고, 우리의 외교책임자들은 위 주변국들 즉 미국, 중국, 러시아, 일본을 오가면서 동 국가들에게 우리의 통일의지를 확고하게 천명하고 통일한국의 향방에 대하여 그들을 안심시키고 설득하여 신속한 통일에 대한 支持를 받아내어야 할 것으로 생각된다.

Ⅲ. 맺 음 말

이상에서 우리의 통일이 이루어지는 상황에서 어떠한 법리적 검토를 하고 어떠한 헌법적 판단을 하여야 할 것인지에 관하여 검토하여 보았다. 이 검토를 마침에 있어서 먼저 지적되어야 할 것은 남북한주민에게 의미있는 통일이 실현되기 위하여는 북한공산체제의 민주적 변화라는 기본전제가 반드시 이루어져야만 한다는 점이다. 북한의 공산정권이 존재하면서 그대로 남북한의 통합을 논의하는 것은 그 실체가 어떠한 내용의 국가연합이 되든 간에 별반 현실적 유용성이 없다. 따라서 통일의 헌법문제는 모두 이러한 북한의 민주적 변화가 이루어질 때 검토의 필요가 있는 것이라고 생각된다. 다음으로 헌법문제에 있어서 독일통일과 우리의 분단상황이 주는 시사점을 요약하여 본다면, ① 우리의 통일 상황에서 파당간의 정치적 이해득실에 매몰되지 않고 독일의 경우와 같이 반드시 법치국가(Rechtsstaat)적 기준에 의하여 법적으로 통일실현의 제반 과정을 창조하여 나가야 한다는 점 ② 통일과정에서 소수민인 북한주민의 권익이 최대한 보장될 수 있도록 헌법재판 등 제반 법적 구제수단이 충분히 그 기능을 수행하여야 한다는 점 ③ 독일의 경우 임신중절의 허용여부에 관한 문제에서 동독 측의 진보적 법정책이 통일독일에서 어느 정도 수용된 경우와 같이, 우리 통일의 경우에도 북한의 법정책 중 전체주의적 이념적 요소가 없고, 합리적인 것으로써 채택가능한 분야가 없는지 여부에 대하여 충분한 발굴노력과 검토가 있어야 하는 점, ④ 과거청산에 있어서 국민전체의 여론을 감안하되, 보복감정에서 벗어나 죄형법정주의를 관철시켜 나가야 할 것이라는 점 들을 지적할 수 있을 것으로 생각된다.

제 9 장

남북한 통일과 헌법개정

제9장
남북한 통일과 헌법개정

Ⅰ. 머 리 말

우리나라의 헌법학계는 통일헌법의 제정문제, 즉 통일한국의 헌법의 내용이 어떠하여야 하는지에 관한 연구성과를 꾸준히 집적하여 왔다.[1] 통일 한국에 적용될 새로운 헌법을 고안하는 과제가 통일에 관한 중요한 헌법적 연구대상임이 분명하므로 이러한 연구방향이 잘못된 것은 아니다. 그러나 이러한 연구와는 별도로 통일 실현의 시기에 발생하는 구체적인 헌법적 쟁점에 대한 분석이나 통일 실현 전에 헌법개정을 한다면 통일을 위하여 어떠한 내용을 담을 것인지에 대한 고찰도 통일 관련 헌법개정 연구에서 의미를 가진다고 생각한다. 통일의 과도기에 발생하는 헌법문제들을 어떻게 풀어나가야 하는가 하는 것이 현재로서는 보다 절박한 문제로서 연구의 가치가 실질적으로 더 크다고 보기 때문에 여기서는 주로 이러한 관점에서 통일에 관한 헌법개정의 문제를 고찰하여 본다.

한국헌법상의 통일 문제는 이를 시기적으로 구분하여 ① 통일 이전의 헌법개정에서의 통일관련 조항의 개선 문제(이하 '통일전 헌법개정'이라고 함)와 ② 통일실현의 과정에서 발생하는 헌법적 쟁점의 해결 문제(이하 '통일실현의 헌법개정'이라고 함) 및 ③ 통일 실현 이후의 통일헌법의 제정 문제(이하 '통일후 헌법개정'이라고 함)로 각각 나누어

---

* 본 장(章)은 2010년 12월 한국공법학회 공법연구 제39집 제2호 135-152면에 게재한 논문인 '헌법개정과 남북한 통일'을 제목을 수정하여 편제한 것임.
1) 통일헌법에 관한 연구는 오랜 기간 폭넓게 진행되어 왔다고 생각된다. 허다한 연구물이 존재하나 2000년대 이후의 비교적 최근의 주요한 연구로는 강현철, 남북한 통일헌법상의 정부형태에 관한 연구, 외법논집 제9집, 2000.12. 481쪽; 도회근, 헌법의 영토와 통일조항 개정론에 대한 비판적 검토, 헌법학연구 제12권 제4호, 2006.11. 35쪽; 성낙인, 통일헌법상 권력구조에 관한 연구, 공법연구 제36권 제1호, 2007.10. 453쪽; 이희훈, 남북한 통일 헌법상 바람직한 통치구조에 대한 연구 중앙법학, 제10권 제2호, 2008, 9쪽 등을 들 수 있다.

볼 수 있을 것이다. 이 글에서는 시기적으로 후순위에 해당하는 통일실현의 헌법개정과 통일 후의 헌법개정의 문제를 오히려 먼저 살펴본 다음, 이를 기초로 하여 주어진 발제 내용에 해당하는 '통일전 헌법개정'의 문제, 즉 북한의 사회주의적 전체주의 체제가 그대로 작동되고 있는 상태에서 우리 남한의 헌법의 개정이 있을 때에 통일 관련 조항을 어떻게 정비하여야 하는가 하는 점에 보다 비중을 두고 검토하여 보기로 한다.

통일전 헌법개정의 문제는 통일실현의 헌법개정과 통일후 헌법개정의 문제와 완전히 별개의 것이 아니라 상호 연관되어 있다. 통일전 헌법개정의 필요사항들을 제대로 파악하기 위해서는 통일실현의 헌법개정과 통일후 헌법개정에서 어떠한 헌법적 문제들이 해결되어야 하는지를 정확히 인식하는 것이 역으로 도움이 된다고 본다. 통일의 과정이 시작된 이후에 비로소 실현시켜야 할 헌법개정 문제라면 통일전 단계에서는 아직 본격화시킬 과제가 아니라는 점에서 서로 구분될 수 있으나, 통일 실현 이후의 단계에서 다루어지는 헌법적 문제를 미리 파악함으로써 통일 전에 어떠한 헌법적 정비조치가 준비되어야 하는 것인지 제대로 알 수 있기 때문이다. 이러한 판단에 따라 먼저 통일실현의 헌법개정과 통일후 헌법개정의 과제를 살펴보기로 한다.

Ⅱ. 통일실현의 헌법개정

통일은 남북한 당국간의 통일합의서의 체결과 그 인준을 위한 각각의 내부적 절차를 완료함으로써 법적으로 완성된다. 여기서 통일합의서의 법적 성격과 내용이 헌법적으로 어떠한 의미를 가지는지 검토할 필요가 있다.

1. 통일합의서의 법적 성격

남북간 기본합의서의 경우와 마찬가지로 통일합의서에 대하여도 동 합의서가 국제조약으로서의 성격을 가질 것인지 혹은 민족내부적 관계인 남북관계의 특수성을 고려하여 국제법적 관계도 아니고 국내법적 관계도 아닌 특수합의로서 국제조약성을 가지지 않는 것으로 파악할 것인지에 대하여는 견해의 대립이 있을 수 있다.[2] 이에

---

2) 1992. 2. 19. 발효된 '남북사이의 화해와 불가침 및 교류협력에 관한 합의서'는 일종의 공동성명 또는 신사협정에 준하는 성격을 가짐에 불과하여 법률이 아님은 물론 국내법과 동일한 효력이 있는 조약이

대하여는 남북한이 비록 국가성을 갖추고 국제사회에서 별개의 국가로 활동하여 온 것은 사실이지만 남북한간의 관계는 한민족국가 내부의 특수성 때문에 완전한 국제관계로는 보기 어려우므로 통일합의서의 국제조약성을 부정하는 후자의 견해가 타당하다고 생각한다. 현행 실정법은 남북한 관계가 국가관계가 아닌 것으로 규정함으로써 남북한간의 합의에 대한 국제조약성을 부정하는 입장에 있으므로 통일합의서에 관하여서도 위 후자의 입장을 취한다고 해석할 수 있다.[3]

이처럼 남북한간의 합의인 통일합의서에 법적 구속력이 없는 것은 아니며 남북 양측은 이를 준수할 법적 책임을 지고 있다고 할 것이고, 각기 내부적으로 이를 실행하기 위한 헌법적 절차를 거쳐야 한다고 할 것이다.

통일합의서에는 헌법개정사항을 담을 수밖에 없다고 하는 것이 필자의 생각이다. 통일합의서의 핵심은 '남북한 법질서의 전체적 통합'이므로 국가조직의 기본사항을 다루게 되고 이는 헌법개정사항이기 때문이다. 남북한 당국은 통일합의서에 헌법의 개정을 수반하는 모든 내용을 담을 수 있으며, 다만 헌법개정의 한계에 속하는 사항 내지 헌법의 동일성을 파괴하는 사항만은 포함시킬 수 없을 것이다. 따라서 통일합의서에 의하여 헌법의 전면개정을 도모할 수도 있을 것이다. 통일합의서는 남북한 양측 당국이 각각의 헌법상의 헌법개정절차에 따라 발효시켜야 하고, 통일합의서의 발효에 의하여 남북한 양측에 공히 실효성을 가지는 헌법이 출현하며 이로서 분단시대에 갈라져있던 헌법체계는 하나로 수렴되게 된다.

특히 통일합의서에는 북한주민의 권리를 충분히 확보하기 위한 특별한 방안을 헌법개정사항의 형태로 담을 수도 있다. 예컨대 과거 북한 당국의 각종 불법행위에 대한 사면을 합의하는 경우 이는 통일 후 헌법위반의 문제가 발생할 수 있으므로 헌법개정사항으로 하여야 할 것이다.

2. 통일의 법적 방식과 통일합의서의 내용

남북한이 통일을 실현하는데 있어서 우리 헌법은 평화적 방법에 의할 것을 요구

나 이에 준하는 것으로 볼 수 없다. 헌재 2000. 7. 20, 98헌바63, 판례집 제12권 2집, 52, 53.
3) 남북관계 발전에 관한 법률 제3조 (남한과 북한의 관계) ① 남한과 북한의 관계는 국가간의 관계가 아닌 통일을 지향하는 과정에서 잠정적으로 형성되는 특수관계이다. ② 남한과 북한간의 거래는 국가간의 거래가 아닌 민족내부의 거래로 본다.

하고 있으며, 따라서 어느 일방이 다른 일방의 의사를 억압하고 강요하는 형태, 특히 전쟁 기타 무력행사에 의하는 방법이 통일을 위한다는 명분으로 동원될 수는 없다. 현재 일반적 예측으로서 북한이 급변사태에 의하여 돌발적으로 붕괴하는 것과 점진적으로 변화하는 것의 두 가지 가능성을 상정(想定)하지만, 어느 경우이든 통일의 법적 절차를 거치기 위해서는 북한의 정권담당자와 교섭하여야 하며 결국 남북한 양측 당국의 평화적 합의에 의한 통일만이 합헌적이다.[4]

논리적으로만 생각하면 통일로 인한 헌법의 통합은 그 모델을 남한헌법에 두거나 혹은 북한헌법에 두거나 모두 가능하며 이는 입법기술적 차이에 불과하다고 할 것이다. 물론 이는 북한헌법이 북한 자체의 체제변화에 의하여 입헌주의 헌법으로 이행된 결과물로서 존재함을 전제로 한다. 양측 헌법이 모두 입헌주의 구조를 수용하고 있는 한 통일작업 당시 남한헌법을 기초로 함이 편리하다고 판단한다면 남측 헌법을 개정하는 방법을 취할 수 있고, 북측 헌법을 기초로 함이 편리하다면 북측 헌법을 기초로 할 수 있을 것이며, 나아가 제3의 새로운 입헌주의 헌법을 전면개정의 형태로 도입하는 것도 가능할 것이다. 그러나 통일작업 시점에서도 북한의 헌법이 현행과 같은 비입헌주의적 헌법을 유지하고 있는 상태라면 북한헌법은 배제되어야 하며 남한 헌법을 기초로 하여 통일실현작업을 할 수밖에 없을 것이다.

한편 통일은 헌법이 요청하는 국가적 구조변화로서 앞서 말한 바와 같이 통일에 의하여 헌법의 동일성이 파괴되어서는 안될 것임은 당연하다. 따라서 통일을 계기로 입헌민주주의 헌법의 동일성은 유지되어야 하며 자유민주주의 정치체제를 선택한 국민의 근본결단은 지켜져야 한다. 이와 같은 기준을 충족하면서 남북한 당국이 통일합의서를 체결하고 각자의 법규범에 따라 필요한 발효절차를 이행함으로써 통일이 실현될 수 있다.

통일합의서에서 규율되어야 할 사항은 크게 대별하여 법질서의 통합과 국가조직의 통합이 될 것이다. 법질서의 통합은 헌법의 통합 이외에도 법률의 통합을 포함하

---

4) 우리 헌법은 그 전문에서 "… 우리 대한국민은 … 평화적 통일의 사명에 입각하여 정의·인도와 동포애로써 민족의 단결을 공고히 하고 …"라고 규정하고 있고, 제4조에서는 "대한민국은 통일을 지향하며, 자유민주적 기본질서에 입각한 평화적 통일정책을 수립하고 이를 추진한다"고 규정하고 있으며, 제66조 제3항에서는 "대통령은 조국의 평화적 통일을 위한 성실한 의무를 진다"고 규정하고 있다. 위와 같은 헌법상 통일관련 규정들은 통일의 달성이 우리의 국민적·국가적 과제요 사명임을 밝힘과 동시에 자유민주적 기본질서에 입각한 평화적 통일 원칙을 천명하고 있는 것이다. 헌재 2000. 7. 20, 98헌바63, 판례집 제12권 2집, 52. 62.

여야 하는데, 이는 통일실현의 작업 당시 남북한 양 당국의 법률실무자들이 공동으로 초안을 만들고 이를 통일합의서에 포함시키는 방법에 의하여야 할 것이며, 그 내용을 ① 통일로 인하여 잠정적 혹은 최종적으로 북한지역에 확대적용될 남한의 법령 ② 통일로 인하여 잠정적 혹은 최종적으로 남한지역에 확대적용될 북한의 법령 ③ 통일을 계기로 전체 지역에 적용될 신 법령으로 나누어 정리하는 작업이 되어야 할 것이다. 이러한 내용이 통일합의서의 주요내용이 될 것임은 물론이나 워낙 방대한 양이 될 것이므로 통일합의서의 본문으로 하기에는 부적당하고 그 부속서의 형태로 정리하는 것이 합리적이다.[5]

　　국가조직의 통합은 입법부, 행정부와 사법부의 통합을 의미한다. 이 중 입법부의 통합은 별도의 남북한 총선거에 의하여야 할 것이다. 여기서는 행정부와 사법부의 통합은 양 당국 간의 합의로 통합원칙을 정하여 구체화하게 될 것인데, 그 통합원칙의 기본사항은 본문에서, 세부사항은 부속서에서 규율함이 적절하다. 한편 국가조직의 통합에는 제도의 통합과 별도로 인적 통합이 필요하다. 여기서 북한의 기존 공무원을 그대로 통일한국의 공무원으로 채용할 것인가 하는 문제가 발생하는데 통일합의서에서 북한의 구공무원에 대한 재임용의 기본적 제도를 정함으로써 해결하여야 할 것이다. 나아가 북한체제의 구 공무원들에 대해서는 자의에 의하여 공무원 조직에 남을 수 있는 기득권을 존중하되 자유민주주의적 가치체계에 적합한 소양을 가진 것인지 여부에 대한 심사를 거치게 하는 방안이 실행되어야 할 것이다. 이러한 심사는 전문적 식견을 가진 북한출신 인사를 포함한 독립위원회에서 담당하도록 할 수 있을 것이다.[6] 남북한 공무원 통합 중 특히 중요한 부분은 양측 군대의 통합이 될 것이라고 본다. 북한은 다른 모든 부문을 희생하면서 군조직을 강화하여 왔기 때문에 통일의 시점에서도 북한 군부의 처리 문제는 중대한 변수가 될 수 있을 것이다. 통일합의서에는 통일한국의 동북아에서의 대외적 평화주의를 천명하고 군비축소를 실현하기 위하여 북한 군대를 평화적으로 해체하는 데 대하여 세심히 배려하는 규율 내용이 포함되어야 할 것이다.

---

5) 김승대, 헌법재판과 남북한 통일, 헌법재판소 헌법논총 제19집, 2008, 243쪽.
6) 앞의 글, 244쪽.

Ⅲ. 통일 후의 헌법개정

일단 통일을 실현하고 난 다음에는 시간과 여유를 가지고 통일로 인하여 발생한 여러 헌법적 문제들을 종국적으로 해결하는 헌법개정을 추진할 수 있게 될 것이다. 이 시기에 대두될 헌법적 문제를 모두 정확히 미리 파악하기는 곤란하지만 현재의 상황에서 어느 정도 예측이 가능한 부분도 있으므로 이를 중심으로 생각하여 보기로 한다.

1. 북한체제의 사회주의적 요소의 도입 여부

통일 이후 헌법의 개정은 민주주의 원칙에 부합되게 이루어져야 하는 만큼 수십 년의 분단기간동안 북한주민들이 그들 나름의 국가생활을 영위함에 있어서 형성하여 온 가치 중 긍정적으로 평가할 만한 부분을 헌법에 포섭시켜주어야 하는 문제를 다루어야 할 것이다. 이는 통일한국의 남북주민들의 상호 존중과 융화를 위하여서도 필요한 조치일 것으로 생각된다. 그러나 여기서 사회주의적 전체주의 체제 하에서의 정치조작이나 인권유린과 같은 비인도적 유산은 배제되어야 한다. 어쨌든 북한주민들은 사회주의적 국가관 하에 장기간 생활하여온 만큼 통일헌법에 사회주의적 국가목표나 헌법원칙을 적절히 포함시켜 주어야 할 것인지 여부가 검토되어야 할 것이다.[7]

판단컨대 공산주의 헌법의 핵심 요소에 해당하는 ① 공산당의 영도적 지위와 일당독재 ② 노동자 농민의 대표기관인 최고인민회의에 모든 권력이 통합되도록 하는 권력집중의 원칙 ③ 생산수단의 국공유 원칙 등은 입헌주의 헌법에 수용할 수 없으므로 통일헌법에서는 반드시 배제되어야 한다. 그러나 그밖에 복지적 측면에서 입헌주의 헌법에 포섭될 수 있는 사회주의적 요소를 가미하는 것에 굳이 반대할 필요는 없을 것이나, 이것도 무분별하게 도입하여 자유민주주의와 법치주의의 기본원칙을 저

---

7) 독일통일의 경우 이 문제에 관하여 통일 실현 이후에 구성된 의회 양원합동헌법위원회에서 근로의 권리, 교육의 권리, 건강권, 사회보장권 등을 국가목표로 규정할 것인지 논의되었으나 헌법이 이를 지키지 못할 경우 장식적 약속이 되어버릴 것을 고려하여 이는 수용되지 않았다. Rupert Scholz, Deutsche Einheit und Reform des Grundgesetzes, 1995, 한독국제학술대회 '개혁정책의 추진방향과 전망', 45, 48-49쪽.

해하는 결과를 가져오게 하여서는 안된다고 본다. 헌법에서 사회주의적 요소는 국가
의 재정적 뒷받침이 충분한 경우에만 실효적이며 그렇지 않는 한 프로그램적 구호에
그칠 뿐이어서 헌법규범에서 이를 남발하는 것은 헌법의 효력과 권위를 오히려 손상
시키게 되므로 바람직하지 않기 때문이다.

2. 국가체제의 개편으로서 연방제도 도입 여부

(1) 통일 후 연방제도 도입의 장단점

필자의 판단으로는 통일 이후 가장 심각하게 고려하여야 할 헌법적 쟁점은 연방
제도의 도입의 문제이다. 통일이 연방제도 도입의 적절한 계기가 될 수 있는 이유로
서 다음과 같은 점들을 지적할 수 있다고 생각한다.

첫째, 통일에 의하여 한국은 약 7,500만명의 인구와 분단시대에 비하여 두 배로
확장된 국토를 보유하게 된다. 우리나라의 지방행정체제의 골격은 역사적으로 조선시
대의 8도 체제에서 출발하여 볼 때 대한민국에 이르러서는 보다 세분되는 방향으로
수정되어 왔지만 그 기본틀은 변하지 않았고, 교통의 발전과 교류의 증가에 상관없이
강한 지역적 유대감을 아직 유지하고 있다. 또한 이러한 사정은 황해, 평안, 함경 지
역을 포함한 북한의 경우에도 같다고 생각된다. 이렇게 한국은 통일에 의하여 연방국
가로서 운영될 규모와 사회·문화적 조건을 갖춘 국가가 될 것이라고 본다.

둘째, 연방체제는 통일로 인한 급격한 국가생활 변화의 충격을 완화, 흡수하여 통
일을 연착륙시키는데 도움이 되는 국가구조로 기능할 것이라는 기대를 준다. 통일은
분산된 정치체제를 집중시키는 작업으로서 권력의 집권화작업이라고 할 수 있고 그
과정에서 많은 집단이 정치적으로 소외되어 불만을 가질 수 있다. 반면 연방화는 집
중된 정치체제의 분산시키는 작업으로서 분권화작업이라고 할 수 있다. 따라서 통일
과정에서 소외적 집단에게 정치적 활동영역을 부여함으로써 불만을 해소할 수 있게
하는 효과가 있을 것이다. 이른바 흡수통일로서 남측에게 합병당하였다는 다소 감정
적인 사고가 만연하여 통일한국의 정치적 상황을 위태롭게 할 위험은 북한을 연방의
각 주로 편제하여 많은 영역에서 자치를 이루게 함으로써 어느 정도 해소될 것이라
고 생각된다.

셋째, 통일 이후의 남북한의 동질화 작업을 추진함에 있어서 연방제가 단일국가제보다 우월한 기능을 할 것이라고 생각한다. 통일 전의 단계에서 북한에 관한 대부분의 정보가 차단된 가운데 통일 후 북한의 민주화와 재건계획을 구상하는 데에는 제약이 많으며 오류에 빠질 가능성이 많다. 따라서 통일 이후에도 중앙정부가 북한에 직접 간섭하여 민주화와 재건을 지휘하는 것보다 북한의 내정의 일정 부분은 북한에 수립된 주에 맡기면서 연방정부는 가급적 관여를 자제하고 북한의 각 주가 구상한 계획을 연방차원에서 지원하고 재정적 보조를 하여주는 것이 오히려 효율적일 것이라고 생각한다. 또한 남측이 북한의 정확한 상황을 제대로 파악 또는 이해하지 못하고 잘못된 정책을 강행하다가 실패함으로써 발생하는 정치적, 법적 책임을 곧바로 떠안게 되는 상황을 피할 수도 있을 것이다.

마지막으로 무엇보다도 연방은 북한에 주를 수립한 북한주민들의 자치를 함양한다는 측면에서 정치적 교육효과가 클 것이다. 북한주민들이 전근대적 군주시대인 조선시대로부터 곧바로 사회주의적 전체주의 체제 하에서 살게 됨으로써 자유민주주의의 경험이 없었던 점을 생각한다면 북한주민들이 자신들의 지역별로 주를 형성하여 기본적 국가생활을 그 단위로 영위하여 보도록 하는 것이 민주주의의 훈련을 위하여 필요하고 유익한 과정이 될 것이라고 본다.

반면 연방제를 취함으로써 다음과 같은 부작용을 초래할 수 있음을 상정하여 볼 수 있다.

첫째, 남한 소재 각 주들과 북한 소재 각 주들이 현격한 경제력 차이를 보임으로써 남한 주민들이 북한주민을 경제적으로 부양하는 형태의 국가구조가 되고, 양측 주민들이 이러한 국가경제 상황에 대하여 나름대로의 불만을 가지면서 상대를 무시하거나 적대시하면 통일한국의 진정한 내적 통일은 실현될 수 없게 된다. 남측 제 주와 북측 제 주가 블록을 형성하여 상호 대립이 격화되다가 양측이 서로 충돌하게 되면 미국의 남북전쟁과 같은 내전이 발생할 위험성도 배제할 수 없다.

둘째, 연방체제 하에서 각 주는 하나의 국가이므로 연방체제로부터 얻은 이득보다 부과되는 고통이 더 크다고 판단하는 주가 통일한국의 연방 탈퇴를 도모할 우려도 있을 것이다. 특히 이러한 주가 주변 강국들과 결탁하여 외세를 끌어들이는 방법으로 연방탈퇴를 도모한다면 통일한국은 주변 각국들에게 잠식당하여 그 영역과 인구를 보전하기도 어려운 지경에 빠질 수도 있을 것이다.

셋째, 우리나라의 장구한 국가생활의 역사에서 몇 개의 국가로 분립된 적은 있으나 연방국가의 체제를 형성한 경험은 존재하지 않는다. 이는 분권지향적인 연방국가 체제가 외세의 침략에 시달려온 우리나라의 정치체제로서는 적합하지 못하였다는 점에 대한 역사적 증명일 수 있다. 연방제는 한국민에게 이전의 역사적 경험이 전혀 없는 생소한 국가생활의 방식으로서 한국민은 이에 적응하기 어려우며, 섣부른 연방제의 시험은 그 적정한 운영을 실현하지 못하고 지역간 분열과 갈등만 조장할 수 있다.

따라서 연방제도의 도입 여부는 쉽게 판단할 문제는 아니며 일단 통일의 기회가 오면 통일합의서에 의하여 법적 통일을 신속히 실현한 이후 세심한 상황분석과 충분한 논의를 거쳐서 국민적 의견 수렴을 통하여 신중하게 결정되어야 할 것이다.

(2) 도입모델로서의 독일과 미국의 연방제

통일 후 우리나라가 취할 수 있는 연방제도의 모델은 선진국 중에는 독일과 미국의 제도에서 그 골격과 운영의 기본형태를 참고할 수 있다. 이하에서 이들 국가의 연방제의 기본 특징을 살펴본다.

1) 독일 연방제도

독일은 16개의 주로 구성된 연방국가로서 미국과 함께 연방제도의 국가적 틀을 가진 대표적 모델국가의 하나이다. 독일이 현재 연방주의의 국가적 틀을 가지게 된 것은 무엇보다도 세계대전의 패배에 그 원인이 있다. 전쟁 후 서방연합국들은 점령지인 독일에 새로운 독일국가를 건설할 것을 용납하면서도 강력한 중앙집권국가로서의 독일이 주변국에 끼칠 위험을 고려하여 연방주의적 서독의 건설을 희망하였다. 독일을 연방화함으로써 중앙의 권력을 분산시키고 민주적 통제를 강화할 수 있다고 판단하였던 것이다.

한편 독일은 역사적으로 매우 오래된 연방주의적 전통을 가진 나라이다. 1870년 비스마르크에 의한 독일통일이 이루어지기 전까지 독일은 많은 수의 개별적이고 독립적인 정치체들의 연합 내지 연방으로 형성되어 있었으며 이러한 전통은 신성로마제국의 시기로까지 거슬러 올라간다. 그리하여 독일인은 자주성을 지닌 수많은 영방들로 구성된 느슨한 연방체적 국가생활에 역사적으로 익숙하였으며 이러한 역사적 경험이 현재의 연방공화국이 성공적으로 운영되게 한 바탕이 되고 있다.

따라서 독일의 연방질서에서는 무엇보다도 주(Land)의 권한 보장이 강조되고 있으며, 이는 소위 '보충성의 원리'에 의하여 잘 나타난다. 기본법 제30조에서는 '국가적 권능의 행사와 국가적 과제의 수행은 기본법에 다른 명시적인 규정이 없는 한 각 주의 권한이다.'라고 규정하여 연방에 대한 주(州)의 우월적 국가성을 밝히고 있다. 기본법 제71조에서 제74조까지 연방과 각 주에 귀속하는 권한을 분할하여 규정하고 있지만 제83조에서는 '기본법에 달리 규정하지 아니한 한 연방법률은 각 주의 고유사무로서 집행된다'고 규정한 것도 주의 권한의 보충성을 확인함으로써 연방에 대한 각 주의 우월적 국가성을 천명한 것이다. 나아가 독일통일 이후에 새로 규정된 기본법 제23조에서는 유럽연합과 관련된 사항에서도 연방과 주의 관할권을 분리하여 그 사안에 따라 주의 권한사항을 정하고 있다. 이러한 기본법의 조항들을 종합할 때 독일은 근본적으로 개별적 독립성 내지 주권적 권한을 가진 지방(支邦)의 결합체로서 특징을 가진 연방국가의 전형적 형태를 갖추었다고 할 수 있다.

그러나 기본법 체제의 형성 이후 동서냉전적 상황에서 세계적으로 중앙집권적 국가구조가 보편적인 국가운영의 틀이 되어가는 추세에 따라 서독도 지방의 특수성과 독자성이 약화되고 연방지역 전체의 법적 통일성과 생활의 동질화가 크게 진행되었다. 그리하여 독일의 연방주의에서도 소위 연대주의(Solidarität)가 강조되고 각 지방의 차이, 특히 경제적 수준의 갭은 연방에 의하여 보완되어야 한다는 사고가 지배하였다. 그러나 이러한 중앙집권과 연대주의의 흐름은 독일이 통일됨으로써 각 주들간의 경제적 차이가 더욱 심화되고, 독일 전체의 경제적 불황이 장기화되며, 유럽연합이라는 초국가적인 경제단위가 중요해 짐에 따라 새로운 차원으로 발전하고 있다.[8]

2) 미국의 연방제도

미국 또한 독일과 함께 연방구조의 틀을 가지고 국가를 운영하는 대표적인 모델 국가이다. 미국은 영국으로부터 독립할 당시부터 13개 주(State)의 연합체로 출발하였다. 1776년의 독립선언 이후 국가구성의 틀로서 일단 느슨한 국가연합체제로서 각 주를 묶은 연합규약(Articles of Confederation)을 채택하였으나 산적한 국가과제를 처리하기에 부적당하였다. 그리하여 강력한 중앙정부를 가져야 한다는 주장이 커지고 이에 대하여 중앙권력의 횡포를 혐오하여 약한 중앙정부와 강력한 주정부를 두어야

8) von Münch/Kunig, Grundgesetz Kommentar, 3. Auflage, Bd.2, Art. 30. rdnr. 3-4.

한다는 입장과 대립하였다.

이러한 논쟁 중에 제임스 메디슨, 알렉산더 해밀턴, 존 제이 등을 중심으로 하는 연방헌법의 제정에 찬성하는 사람(소위 연방주의자)들은 국가의 기초를 튼튼히 하기 위하여 강력한 중앙정부가 필요하다고 주장하였고 헌법인준의 과정에서 결국 이들 연방주의자들의 견해가 수용되었다.

이후 미국헌법의 제정과정에서는 각 주가 얼마나 많은 권한을 연방에게 양보하여야 할 것인지 여부를 둘러싼 논쟁이 중심이 되었으며, '하나의 국가로 존속하기 위해서는 강력한 중앙정부가 필요하지만 권력의 횡포를 야기할 수 있는 정도의 강력한 중앙정부는 반대한다.'는 사고 하에 권력 분할의 정치적 도구로서 연방제도가 도입되었다.

이러한 역사적 과정을 겪어 탄생한 미국의 연방적 국가구조에서는 중앙집권적 연방국가를 유지하는 안전판으로 연방의 고유권한 외에 이른바 함축적 권한을 부여하여 '연방의 우월적 지위'를 인정하고 있다는 점에 특징이 있다. 그리하여 미국의 헌법은 연방주의를 지탱하는 핵심원리로서 국가권력을 연방과 각 주가 공유하고 있지만 불협화음이 발생할 경우에는 연방이 우선할 수 있도록 탄력조항을 두고 있다.[9] 이 점에 있어서 미국의 연방주의는 연방이 각 주가 가지는 우월적 권한에 대하여 보충적 성격의 권한을 가질 뿐인 독일의 연방주의와 구별된다고 할 수 있다.[10]

(3) 통일후 연방의 구조

앞서 살핀 대로 통일 후 연방제도의 도입은 추구하고자 하는 장점이 있는 반면 우려되는 위험성도 내포하고 있다고 생각한다. 현재로서는 명확히 판단하기 어려운 문제이고 최종적으로는 통일 이후 남북한 전체 국민의 다수의사가 어떠할 것인지에

---

9) 미국 연방헌법 제1조 제8항 연방의회는 다음의 권한을 가진다.
   제18호(필요·적절 조항) 위의 권한 및 이 헌법에 의하여 연방정부 또는 그 기관 혹은 공무원에게 부여된 다른 모든 권한을 행사하기 위하여 필요하고 적절한 일체의 법률을 제정하는 것.
10) 연방의 주에 대한 우월적 권한을 명확히 한 최초의 판결로서 'McCulloch v. Maryland 17 U.S. 316.(1819)' 판결을 들 수 있다. 여기에서 John Marshall대법원장은 "정부는 국민으로부터 직접 유래하고 국민의 이름으로 임명되고 구성된다. 주(State)의 동의는 그 권한의 권능 내에서 헌법비준회의를 소집하고 연방헌법을 국민에게 제시한다는 의미를 가진다. 그러나 국민은 그것을 승인하거나 부인하는 데 있어서 완전히 자유로우며 국민들의 행위가 중국적인 것이다. 그 행위는 주 정부에 의한 승인을 요하지 않으며 주정부에 의하여 부인될 수 없다."고 하면서 "연방정부야말로 단연코 진정한 국민의 정부다'라고 단언하였다. Id. at 403-404.

달린 문제라고도 할 것이나, 통일 이후 한국이 통일의 후유증을 극복하고 그 변모를 일신하여 보다 민주주의적 구조를 가지는 나라가 되기 위하여 도입이 필요할 것이라는 점을 보다 중시하여 그 도입이 타당하는 전제하에서 연방제의 방향을 생각해 본다.

연방제의 도입에 있어서는 단기적으로는 통일 후 남북동질화의 과정에서 나라 전체가 처할 여러 가지 난관을 효율적으로 헤쳐나가야 함을 고려하여야 하므로 연방과 주와의 관계에서는 연방이 우월적 지위를 가지도록 하는 제도를 취하는 것이 바람직하다고 생각한다. 특히 우리나라는 세계적인 규모의 국력을 가진 강국들로 에워싸인 지정학적 환경에 놓여있는 점을 생각할 때 통일한국은 대외적 대처능력이 강한 국가가 되어야 하며 따라서 주 주도의 연방국가보다는 연방 주도의 연방국가가 되도록 함이 필요하다.

그렇게 볼 때 통일한국의 연방제로서는 독일형의 제도보다 미국형의 연방제도가 더 적합하다고 판단되며, 미국형의 연방제도로부터 다음과 같은 몇 가지 방향을 얻을 수 있다고 본다.

첫째, 연방은 외교, 국방, 대외교역을 관할하고 각 주는 주민복지, 교육, 사법, 경찰, 내부적 경제활동 등을 관할하게 하며, 조세제도는 연방에 대한 주의 재정능력의 함양과 부강한 주와 빈약한 주간의 재정능력의 격차해소를 실현시키기 위하여 연방세와 주세를 적절히 균형되도록 분배하는 것이 필요할 것이다.

둘째, 연방의 우월적 지위를 인정하고 연방과 주간의 권한 문제에서 불명확한 경우에는 연방이 우선하도록 한다.

셋째, 연방헌법에서 규정한 기본권은 각 개인에게 직접적 효력을 가지도록 하고 각 주는 연방헌법 상의 권리장전의 내용에 반하는 행위를 할 수 없도록 하여 기본권 규범의 해석과 운용이 각 주별로 다르게 나타나지 못하도록 한다.

넷째, 의회는 양원제로 편제하여 하원은 주민대표기관으로서 의원수를 인구비례에 의하여 산정한 선거구에서 선출하도록 하고 상원은 지역대표기관으로서 의원수를 각 주에 동일하게 배정하여 각 주에서 자치적으로 선출하게 한다. 입법권은 하원이 주도적으로 행사할 것이나 상원의 다수의사로 하원의 입법은 차단될 수 있도록 한다. 북한과 남한 지역에 거의 동등한 수의 주가 형성될 것으로 가정해 볼 때, 이는 인구수의 면에서 소수이므로 하원에서 충분한 영향력을 행사할 수 없는 북한주민들이 상원을 통하여 입법에 대한 거부권을 행사할 수 있도록 하는 효과를 가지도록 할 것이다.

다섯째, 미국의 건국시 연방와해를 가져올 위험이 있는 노예제도 금지의 문제는 헌법에 직접 규정하지 아니한 것처럼(이른바 'bracketing'), 통일당시 발생한 과제 중 연방분열을 초래할 위험이 있는 과제들은 이를 당장 해결하려고 할 것이 아니라 미래의 과제로 넘기고, 헌법은 일단 국가통합과 새로운 발전의 동력이 되는데 필요한 긍정적 내용을 담는데 주력하도록 한다.[11]

Ⅳ. 통일전의 헌법개정

이상 살펴본 바와 같은 통일실현의 헌법개정과 통일 후의 헌법개정의 양상을 감안하면서 통일전 헌법개정을 논의하여 보고자 한다.

1. 통일합의서의 체결절차의 명확화

현행 헌법은 통일실현의 절차에 관하여 전혀 규율하고 있지 않으므로 이러한 상태에서 통일의 기회가 온다면 어떠한 헌법적 절차에 의하여 통일을 구체화할 것인지 여부에 대한 의론이 백출하여 혼란이 발생할 것으로 예상된다. 또한 앞서 본 바와 같이 통일의 실현이 헌법개정의 내용을 담은 통일합의서의 체결에 의할 것이라면 통일합의서의 체결절차가 어떠하여야 하는지를 헌법에 미리 명확히 하여두는 것이 필요하다. 따라서 통일대비 헌법개정에서는 이 점에 대한 규율이 가장 우선적으로 행하여져야 한다고 생각한다.

통일합의서의 체결에 관한 절차적 규율이 존재하지 아니하는 현행 헌법의 해석상으로는, ① 통일합의서가 국제조약에 준하는 규범으로 보아서 헌법 제60조 제1항에 의한 절차가 준거가 될 수 있을 것인가 하는 점과 ② 헌법개정 내용을 담을 것이므로 헌법 제130조의 헌법개정 절차를 그대로 따르도록 하는 것이 적절한가 하는 점이 문제될 수 있다.

이 점에 관하여 판단컨대, 첫째 통일합의서는 국제조약이라고는 보기 어려우므로 통일합의서의 체결이 엄격한 의미에서 헌법 제60조 제1항 소정의 국회의 동의 사항

---

11) Bernard Rowan, American Federalism and Korean Unification, 신아세아, 제12권 제4호, 2005년 겨울, 29호, 32-34쪽.

은 아닐 것이다.[12] 그러나 통일합의서는 남북분단시기의 다른 남북한합의서(예컨대 기본합의서)와는 그 헌법적 중요성이 전혀 다른 점을 고려하여야 한다고 생각된다. 분단시대의 남북합의는 신사협정으로서 법적 효과가 의문시되어 온데 비하여[13] 통일합의서는 남북한 양 법질서의 통합이라는 광범위하고도 구체적인 법적 효과를 수반한다. 나아가 이는 대외적으로는 국제법상의 '합병조약'으로 받아들여질 것이다. 이러한 점을 고려하면 비록 통일합의서가 국내법적으로 조약으로 다루어질 수 없다고 하더라도 타 남북간 합의와는 달리 헌법 제60조 제1항의 '조약'에 준한다고 보아서 동 조항이 요구하는 헌법적 절차를 준용하는 것이 바람직하다고 본다. 그렇게 함으로써 통일합의서에 대한 헌법적 절차를 이행함으로써 그 국민적 정당성이 부여될 수 있기 때문이다.

둘째 통일합의서는 헌법개정의 내용을 담게 될 것이므로 그 발효에 앞서 헌법개정에 필요한 모든 절차를 밟아두어야 하는지 문제가 될 수 있다.

현행 헌법상의 헌법개정의 절차를 보면 ① 대통령 혹은 국회 재적의원 과반수의 찬성에 의한 제안 ② 20일 이상의 공고 ③ 공고일로부터 60일 이내에 재적의원 3분의 2 이상의 찬성에 의한 국회의 의결 ④ 의결 후 30일 이내의 국민투표 ⑤ 대통령의 공포 ⑥ 효력발생의 과정을 거쳐야 하도록 되어 있는 바, 국민투표를 위하여는 투표일전 18일까지 공고하여야 하는 점을 감안하면 이러한 과정을 이행하기 위하여 최소한 40일의 기간이 필요하다.

먼저 통일합의서에 헌법개정의 내용이 담겨져 있는 한 이와 같은 헌법개정의 모든 절차를 거쳐야만 통일합의서의 발효가 가능하다는 주장이 당연히 성립할 수 있다. 그러나 한편 조국의 평화적 통일은 헌법전문과 제4조에서 천명된 바와 같이 헌법적 요청사항으로서 정부가 실현하여야 할 헌법적 의무를 부담하고 있는 과제이므로 위와 같은 장기간의 헌법개정절차를 따른다면 통일이라는 헌법적 과제의 실현에 장애를 초래할 우려가 있다. 통일의 합의는 각 정파간 혹은 남북한의 주민들간에서 다수

---

12) 헌법 제60조 제1항은 조약의 체결비준에 대한 국회의 동의권을 규정하고 있다.
　　제60조 ① 국회는 상호원조 또는 안전보장에 관한 조약, 중요한 국제조직에 관한 조약, 우호통상항해조약, 주권의 제약에 관한 조약, 강화조약, 국가나 국민에게 중대한 재정적 부담을 지우는 조약 또는 입법사항에 관한 조약의 체결·비준에 대한 동의권을 가진다.

13) 1992. 2. 19. 발효된 '남북사이의 화해와 불가침 및 교류협력에 관한 합의서'는 일종의 공동성명 또는 신사협정에 준하는 성격을 가짐에 불과하여 법률이 아님은 물론 국내법과 동일한 효력이 있는 조약이나 이에 준하는 것으로 볼 수 없다. 헌재 2000. 7. 20. 98헌바63, 판례집 제12권 2집, 52.

의 미묘한 이해의 대립 속에서 이를 조정하면서 도출되어야 할 것인데 헌법에 의하여 이미 명확히 요구되고 있는 사항(통일의 실현)에 대하여 지나친 논의기간을 부여하는 것은 이와 같은 합의를 어렵게 하고 외세의 개입과 국론의 분열을 초래하는 역효과를 가져올 가능성이 있는 것이다. 그렇다면 이러한 결과를 요구하는 규정은 '조국의 평화적 통일'이라는 헌법의 근본적 요청에 대립하는 면이 있다고 생각된다. 그렇다면 헌법이 요구하는 통일을 신속히 실현하기 위해서 헌법 제4조와 제60조에 근거하여 위 헌법개정절차중 공고기간의 제약을 받지 아니하거나 더 나아가 국민투표의 절차 없이 통일합의서의 발효를 고려할 필요가 있지 않을까 생각된다.[14)]

물론 이러한 주장은 현행 헌법의 해석으로는 성립하기 어려운 점이 있으므로 통일합의서의 효력발생절차를 직접 규정하는 헌법조항을 새로 신설하여 미래의 통일에 대비하여두는 것이 바람직한 조치라고 본다. 이 경우 헌법의 개정으로 신설될 조항은 "(통일합의서의 동의) ① 국회는 조국의 평화적 통일을 목적으로 한 통일합의서의 체결에 대한 동의권을 가진다. ② 제1항의 동의는 국회재적의원 3분의2 이상의 찬성이 있어야 한다. ③ 제1항의 통일합의서에는 조국의 평화적 통일을 완수하기 위하여 필요불가결한 헌법개정사항을 포함할 수 있다."는 내용을 담을 수 있을 것이다.[15)]

2. 한반도 국경문제의 안정화와 평화국가 선언

통일의 국제적 분위기를 조성하기 위해서는 통일 이전의 단계에서 우리 헌법을 통하여 주변 국가들에게 통일된 한국이 새로운 국제적 분쟁의 진원지가 되지 않을 것이라는 점을 분명히 인식하게 할 필요가 있다고 본다. 통일한국의 출현은 한반도의 국경문제와 핵무기 보유 문제 및 인접국과의 동맹관계의 구축문제 등에서 중국과 일본 및 러시아에게 큰 관심의 대상이 될 것이라고 본다. 한국의 통일은 주변국들이 모두 통일한국보다 강력한 국력을 가진 국가들임을 감안한다면, 북한의 급변사태로 갑자기 한국이 통일될 조짐을 보일 경우 자신들의 국익에 반하는 한국의 통일을 방지하기 위하여 자국군대를 북한지역으로 진주시키는 등 군사적 조치를 실행할 가능성

---

14) 독일의 경우 통일조약의 형식으로 기본법을 개정하는 것이 연방의회의 헌법개정절차에 어긋나므로 위헌이라는 논의가 있었으나, 연방헌법재판소는 이에 대하여 기본법상의 '재통일의 요청'에 근거하여 통일조약에 의한 기본법개정이 절차적으로 합헌이라고 판시한 바 있다. BVerfGE 82, 316, SS. 320-321.
15) 김승대, 통일헌법이론, 법문사, 1996, 314쪽.

도 배제할 수 없다. 그러므로 통일한국이 주변국에 대하여 취할 기본적 노선에 대한 한국의 입장을 미리 헌법에 의하여 밝혀둠으로써 중국 등 주변국들은 한반도 통일에 대한 의구심을 버리고 통일에 협조하는 계기가 되도록 함이 필요하다고 본다. 그런 관점에서 ① 통일 후 한국은 인접국에 대한 적대관계를 조성하지 아니할 것이며 선린평화주의를 지향할 것이라는 점과 ② 핵무기의 개발이나 보유를 지향하지 아니할 것이라는 점 및 ③ 통일 이전에 남북한이 인접 국가와 체결한 국경협정 기타 조약의 효력을 그대로 유지할 것이라는 점 등을 미리 헌법에 의하여 확정적으로 밝혀두는 것이 필요하다고 생각한다. 그러므로 이러한 내용들이 적절히 축약되어 통일 이전의 헌법개정에 의하여 우리 헌법의 내용에 포섭되도록 함이 바람직하다.

예컨대, "한반도의 영토적 상황에 관하여 체결된 국제조약은 통일 이후에도 그 효력을 유지한다." 또는 "대한민국은 통일 이후 모든 인접국과의 기존의 국경상태를 존중하며 핵무기의 개발이나 보유를 지향하지 아니한다."는 내용의 조항을 설치함이 바람직하다.

3. 통일후 과거청산에 관한 포용적 원칙 제시

독일 통일 이후에 그러하였듯이 한반도의 통일 후에는 북한정권에 대한 과거청산이 문제될 것이다. 과거청산의 내용은 주로 북한의 정권차원의 비법치국가적 가해행위에 대한 처벌과 이로 인한 피해자의 복권과 보상 및 몰수 재산권의 회복 처리 문제가 주된 줄거리를 이룰 것으로 예상된다. 물론 이는 통일이 실현된 이후에 본격적으로 거론될 사항이지만 통일 이전에도 그 심리적 영향력을 과소평가할 수 없다. 북한 사회주의 체제의 기득권층이 통일 이후 다가올 파멸을 예상하여 극한적 투쟁을 벌이게 된다면 한반도의 통일은 유혈투쟁의 파국으로 치달을 것이 우려되기 때문이다. 그러므로 과거청산이 그 피해자의 인권의 회복이라는 점에서 중대한 헌법적 가치를 가지는 문제임이 분명하기는 하지만, 통일의 무혈실현이라는 보다 중요한 국가이익을 위하여 우선당할 수도 있지 않을까 하는 생각을 할 수 있다고 본다. 통일이 한반도의 전체 주민들의 국가생활에서 정의를 되찾게 하는 계기가 되어야 하기는 하지만, 과거 북한 정권 담당자들의 테러행위나 반인권적 조치들로 인하여 당한 피해자들이 그동안 쌓은 원한을 해소하는 보복의 장이 되도록 하는 것은 정의 실현의 측면에서도 반드시 바람직하지는 않을 것이다.

그러므로 통일 이전의 헌법개정에 의하여 분단시대의 가해행위에 대한 정치적 보복 금지와 사면 가능성을 내용으로 하는 헌법조항을 미리 설치하여 두는 것이 요청된다고 본다. 예컨대, "통일은 분단에 의한 민족적 고통을 민족적 화해와 용서의 숭고한 정신에 의하여 해소시키는 것이 되어야 하며 보복의 기회로 활용되어서는 안된다."는 내용의 조항을 둘 수 있을 것이다.

또한 몰수재산권의 처리 문제에 있어서도 통일 이전의 헌법개정에 의하여 헌법에 일정한 원칙을 제시하여 두는 것이 필요하다고 생각한다. 통일이 실현되면 과거 북한 정권의 수립과 6·25 전쟁기를 겪으면서 북한지역에서 토지를 몰수당한 소유자와 그 상속인들은 몰수 부동산을 회복하기 위한 법적 요구를 하여옴으로써 남북 지역간 화합의 분위기를 저해할 우려가 있기 때문이다.

이와 관련한 입법례로서 통일당시 독일이 취한 방식과 체제전환시 헝가리등 동구권 국가들이 취한 방식이 우리나라에서도 집중적으로 연구된 바가 있다. 그 중 독일의 해결방식은 원물반환을 원칙으로 하였으나, 헝가리는 공산당에 의한 몰수재산은 반환하지 않는다는 원칙하에 불법적 수용에 대한 보상만을 규정하였다. 나아가 보상의 방법에 있어서는 금전보상을 채택하지 아니하고 사유화되는 국유재산에 대하여 그 지분을 취득할 수 있는 권리를 화체한 보상증서를 통한 보상이 이루어지도록 하였다. 현재 우리나라에서의 논의는 위 헝가리식 해결방안이 적절하고 독일식의 해결방안은 남북한의 정치적 경제적 사정에 적합하지 않다는 방향으로 기울어지고 있다.[16] 독일이 취한 원물반환 원칙은 동독의 토지소유관계를 교란시켜서 법적 안전성을 저해하고 동독의 국가재건사업을 곤란하게 하였던 점을 생각할 때, 통일한국에서도 원물반환의 원칙을 취하기는 어렵다고 할 것이다.

여기서 통일전 헌법개정에 의하여 북한지역의 토지는 그 몰수피해자들에게 원물로 반환되지 아니한다는 점을 헌법에 미리 분명히 밝힘으로써 남북한 양측의 관련자들에게 이러한 정책방향을 미리 인식시키는 방안을 고려해 볼 수도 있겠으나, 이는 사전에 불필요한 논란을 야기하고 북한당국을 자극하는 역효과가 발생할 것이 우려

---

16) 표명환, 통일한국의 헌법적 과제-북한주민의 재산권 형성을 위한 방법론적 기초를 중심으로 하여-공법연구 제32집 제2호, 2008. 12. 311, 331-333쪽; 정영화, 남북한 통일과 재산권 문제에 관한 헌법적 논의, 공법연구제25집 제4호, 1997. 8. 463, 486-488쪽 등 참조.

되므로 그대로 채택하기는 어렵다고 본다. 다만 북한당국과 주민들에게 통일로 인하여 그들의 토지 등 부동산이 뜻하지 않게 남측 주민들에게 박탈당할 위험을 안을 필요가 없다는 점을 미리 인식하게 하여 통일에 대한 불필요한 마찰과 저항이 발생하는 것을 방지할 필요는 있으므로 보다 추상적이고 원칙적인 표현을 써서 통일전 헌법개정사항에 포함하는 것이 적절할 것이다. 예컨대, 개정 헌법조항은 "통일은 국토의 효율적 이용에 적합한 방향으로 추진되어야 하고 토지에 관한 법적 관계를 불안하게 하여서는 안된다."는 등의 추상적 내용을 가지는 데에 그치는 것이 바람직하다고 본다.

4. 영토조항의 개정문제―통일실현 때까지 존치 필요

우리 헌법상의 영토조항은 영토조항을 헌법에 두고 있는 다른 국가의 그것과 같이 영토의 유지와 보전에 관련하여 우리나라가 처한 지정학적 역사적 특수상황이 반영된 결과이다. 그리고 우리 헌법상의 영토조항에는 국가의 정통성에 관한 헌법제정권력자의 의지가 담겨있고, 북한과의 화해·교류에 대한 법적 한계를 설정하며, 나아가 분단의 극복을 위한 헌법적 해석방도를 제공하고 있으므로 헌법적으로 의미있는 조항으로서의 역할을 하고 있다. 영토조항이 우리나라 국가의 정통성과 통일에 관련한 헌법해석에 있어서 가지는 이러한 중대한 역할에 비추어 볼 때 현재의 영토조항은 적어도 한반도의 분단이 극복되기 전까지는 문언의 변경없이 그대로 존치되어야 타당하다.[17] 다만 통일이 실현되는 시점에 이르면 영토를 한반도와 부속도서로 한정하는 이 조항은 헌법의 해석을 위하여 굳이 존치할 필요는 사라진다고 하겠으나, 주변국과의 경계확정의 문제와 분쟁의 해소를 위하여 그대로 존치하게 될 가능성도 배제하기 어렵다.[18]

---

17) 한국헌법학회의 헌법개정연구위원회가 작성한 최종보고서에서도 영토조항의 개정 필요성을 부인하는 결론을 채택하여 필자의 견해와 결론을 같이 하고 있다. 한국헌법학회, 헌법개정연구 -2006 헌법개정연구위원회 최종보고서, 2006. 11, 74-75쪽.

18) 김승대, 우리 헌법과 한반도 영토국경문제, 부산대학교 법학연구 제50권 제2호, 117, 139-143쪽. 참조.

V. 맺 음 말

이상 살펴 본 바와 같이, 한국헌법상 통일 관련 헌법의 개정은 시기적으로 나누어 볼 때, 통일 전 헌법개정에서는 통일을 위한 '유용성'이 주로 고려되어야 하고, 통일 실현의 헌법개정에서는 통일의 '신속성'이 가장 우선되어야 하며, 통일 후 헌법개정에서는 통일헌법으로서의 '완전성'이 추구되어야 한다고 본다. 특히 한반도의 통일이 다가오지 아니한 현재의 분단시점에서 통일에 관련된 헌법개정을 한다면 다음과 같은 내용의 헌법조항을 추가하는 것이 필요할 것이다.

제4조의2 통일은 분단에 의한 민족적 고통을 민족적 화해와 용서의 숭고한 정신에 의하여 해소시키는 것이 되어야 하며 보복의 기회로 활용되어서는 안된다.

제6조의2 ① 한반도의 영토적 상황에 관하여 체결된 국제조약은 통일 이후에도 그 효력을 유지한다. ② 대한민국은 통일 이후 모든 인접국과의 기존의 국경상태를 존중하며 핵무기의 개발이나 보유를 지향하지 아니한다.

제60조의2 ① 국회는 조국의 평화적 통일을 목적으로 한 통일합의서의 체결에 대한 동의권을 가진다. ② 제1항의 동의는 국회재적의원 3분의2 이상의 찬성이 있어야 한다. ③ 제1항의 통일합의서에는 조국의 평화적 통일을 완수하기 위하여 필요불가결한 헌법개정사항을 포함할 수 있다.

제120조의2 통일은 국토의 효율적 이용에 적합한 방향으로 추진되어야 하고 토지에 관한 법적 관계를 불안하게 하여서는 아니된다.

제 10 장

남북한 통일과 헌법재판

남북한 통일과 헌법재판

I. 머 리 말

1. 통일문제와 법적 대처

남북한 통일은 우리나라 헌법에만 존재하는 특수한 헌법문제이다. 그러나 남북한
의 통일은 남북한의 정치·경제·사회적 혹은 국제정치적 상황 변화에 따라 그 향방
이 좌우되는 정책결단의 문제로서 본질상 정치적인 것이다. 통일은 남북한 양측의 체
제를 움직이는 주도세력들이 정치적 역량을 발휘함으로써 통일 실현에 필요한 정치적
사회적 상황 변화가 초래될 때에 비로소 이루어질 수 있고, 법적 연구작업에 의하여
통일의 기회가 조성되는 것이 아니며 소송에 의하여 통일이 실현되는 것도 아니다.

통일문제에 있어서 법적 대처가 중요해지는 것은 한반도에 실제로 통일이 이루어
질 정치적 상황이 성숙하여 법적 구체화 작업이 시작되고 여기에 올바른 방향제시를
하여줄 필요성이 현실문제로서 발생하는 단계에 이르렀을 때이다. 이 단계에서 통일
에 관련된 헌법적 의견 대립이 발생하고 그 견해 차이가 정치적 타결에 의하여 원만
히 해소되지 못한다면 헌법재판에서 해결을 구하게 될 것이다. 여기서 헌법재판도 한
반도 통일의 실현에 결정적으로 개입하게 된다. 그러므로 한반도의 통일은 정치-그
것도 특히 북한의 정치적 변화-에 의하여 시작되고, 법-그것도 특히 헌법-에 의하여
완결되는 것이다.

2. 통일문제에서의 헌법재판의 중요성

통일문제에 있어서 헌법재판은 한반도 통일을 실제로 이루는 단계[1]에서 터져 나

오는 여러 중요한 쟁점들에 관하여 국민적 합의가 제대로 이루어지지 아니할 때에 과연 무엇이 우리 헌법이 요구하는 것인지 여부에 대한 해답을 내림으로써 관련된 통일문제를 완결적이고 최종적으로 해결하여 주는 역할을 한다. 통일 실현을 둘러싸고 분열된 견해들은 헌법재판에 의하여 종국적으로 해소되고 통일은 헌법재판에 의하여 마무리되어야 하는 것이다. 따라서 이러한 쟁점들을 해결하는 헌법재판의 통일에 관한 기능의 중요성은 결코 가벼이 여길 수 없다. 만약 통일의 기본노선을 결정하는 주요 쟁점들에 관한 헌법재판이 충실히 이루어지지 못하여 헌법판단에 중대한 실수를 하거나 문제가 발생하면 통일과정 전체의 정당성을 훼손하고 나아가 통일을 혼란 속에 빠뜨려 실패하도록 만드는 뇌관이 될 수도 있다. 따라서 장래 발생할 통일의 과정에서 어떠한 헌법적 쟁점이 크게 부상하여 헌법재판의 대상이 될 것인지에 관하여 미리 확실히 알 수는 없다고 하더라도 주어진 상황을 전제로 하여 합리적 예측을 함으로써 통일단계에서 발생할 중요한 헌법적 쟁점들을 추출하고 이에 대한 헌법적 분석과 연구를 충실히 하여두는 것은 통일의 성공적 완수를 위하여 반드시 요청되는 일이다.[2]

그러나 종래 우리나라의 학계의 통일에 관한 논의는 주로 통일에 즈음하여 새로이 만들어야 할 헌법의 내용이 어떠하여야 하는지 여부에 집중되어 왔으며 통일 실현의 시기에 발생하는 구체적인 헌법적 쟁점에 대한 분석에는 큰 관심을 두지 않고 있다고 본다. 통일 한국에 적용될 새로운 헌법을 고안하는 문제도 필요하겠지만, 통일의 과도기에 발생하는 헌법문제들을 어떻게 풀어나가야 하는가 하는 것이 보다 절박한 현실문제로서 중요성이 더욱 크다. 분단 상황에서 대한민국이 여러 차례 민주혁명을 치루어 가면서 발전시켜온 기존의 헌법 체계를 폐기하고 통일 이후에 적용되어야 할 헌법을 완전히 새로이 만들어야 할 필요가 반드시 있는지 여부 자체가 논란의 대상이 될 수 있을 뿐만 아니라 어떤 헌법을 만들든지 간에 이에 상관없이 보편적으

---

* 본 장(章)은 2008년 헌법재판소 헌법논총 제19집 225-262면에 게재한 논문 '헌법재판과 남북한 통일'을 수정·편제한 것임.
1) 통일을 실현하는 구체적 법적 단계에 관하여서는 앞서 본 제8장 남북한 통일의 헌법적 과정 참조.
2) 통일단계에서 발생할 헌법적 쟁점에 관한 연구로는 김형성, 한반도 통일의 헌법적 과제, 헌법학 연구 제4집 제2호, 1998, 359면; 표명환, 통일한국의 헌법적 과제 - 북한주민의 재산권 형성을 위한 방법론적 기초를 중심으로 하여 -, 공법연구 제32집 제2호, 2008. 12. 311면; 정영화, 남북한 통일과 재산권문제에 관한 헌법적 논의, 공법연구 제25집 제4호, 1997. 8., 463면 등이 있다. 그러나 이러한 글들도 통일의 헌법적 방안의 원칙론에 관한 것이거나 구체적 쟁점으로서 주로 몰수재산권 처리문제를 다루는 데에 집중되어 있으며 다른 쟁점들에 관한 연구물은 극히 희소하다.

로 준수되어야 할 헌법원칙들은 판례에 의하여 어느 정도 정립되어 있어서 당장 연구를 함에 있어서 판단기준상의 불확실성은 크지 않다. 따라서 통일헌법의 문제보다는 통일 진행기에 발생할 헌법문제들에 대한 헌법적 분석과 연구가 더 시급하다. 요컨대 통일에 관한 헌법연구가 통일헌법의 탐구 내지 준비와 동일시되고 있는 현재의 분위기는 문제의 초점을 벗어난 것이며, 이는 통일실현을 위한 과정에 있어서의 헌법적 쟁점 내지 헌법재판의 연구가 되어야 통일 문제의 실질에 부합하는 것이다.[3]

Ⅱ. 통일 관련 헌법재판의 심사기준으로서의 헌법적 기본원칙

1. 일반적 심사기준의 설정 필요성

통일 관련 문제에서 발생하는 헌법적 쟁점에 관하여 합헌 혹은 위헌 여부를 결정짓는 기준은 통일문제를 실제로 다룰 당시의 우리나라의 실정법으로서 효력을 가진 헌법이 되어야 할 것이다. 즉 통일관련 헌법재판에 있어서 대한민국 헌법에 의거한 심사가 이루어져야 한다. 그러나 통일은 남한과 북한의 합의에 의한 호혜적 체제 통합에 의하여 이루어지므로 통합되는 남북한 중 어느 한쪽의 헌법만을 일방적으로 적용한다는 인식을 주게 되면 논리적 법적 정당성은 유지될 수 있을지언정 여기에서 소외된 많은 정치집단의 불만을 사게 되어 통일의 정치적 정당성을 그만큼 약화시키게 된다. 그렇게 되면 헌법재판은 통일 과정에 수시로 터져 나오는 중요한 다툼들을 종식시키는 분쟁해결기능을 상실하고 오히려 새로운 정치적 투쟁을 촉발시키는 요인으로 작용할 위험이 있다. 즉 헌법재판이 통일을 촉진하고 완결시키는 긍정적 역할을 수행하는 것이 아니라 오히려 통일과정에 새로운 장애요인을 조성할 빌미를 제공하

---

3) 통일헌법에 관한 연구는 오랜 기간 폭넓게 진행되어 왔다고 생각된다. 허다한 연구물이 존재하나 비교적 최근의 주요한 연구로는 최용기, 통일헌법상의 입법부, 헌법학연구 제2권, 1996. 12., 277면; 박정원, 통일헌법의 이념과 기본질서에 관한 일고, 헌법학연구 제3권, 1997. 10., 615면; 박정원, 구동독의 헌법개혁과 남북한 통일헌법 구상, 공법연구 제25집 제4호, 1997. 8., 574면; 김병록, 통일헌법의 국가형태에 관한 연구, 공법연구 제25집 제4호, 1997. 8., 622면; 최용기, 통일헌법의 기본원리, 헌법학연구 제4권 제2호, 1998. 10., 313면; 박정원, 통일헌법에 관한 골격구상, 공법연구 제27집 제1호, 1998. 12., 317면; 강현철, 남북한 통일헌법상의 정부형태에 관한 연구, 외법논집 제9집, 2000. 12., 481면; 도회근, 헌법의 영토와 통일조항 개정론에 대한 비판적 검토, 헌법학연구 제12권 제4호, 2006. 11., 35면; 성낙인, 통일헌법상 권력구조에 관한 연구, 공법연구 제36권 제1호, 2007. 10., 453면; 이희훈, 남북한 통일헌법상 바람직한 통치구조에 대한 연구 중앙법학, 제10권 제2호, 2008, 9면 등을 들 수 있다.

게 될 수도 있는 것이다. 그러므로 통일문제에 관한 헌법재판은 다른 정치적 사안에서의 헌법재판과는 달리, 기존의 실정헌법을 적용한다고 하더라도 이를 보편성있는 원칙으로 새로 포장하여 어떠한 의미에서는 실정헌법의 문제와 일정한 간격을 두면서 논의할 필요가 있다고 본다.[4] 물론 실정헌법의 규범을 무시한 자연법적 헌법원칙에 의한 재판을 할 수는 없다. 그러나 기존의 우리 헌법체제의 적용을 사실상 받지 아니하던 북한의 인구집단에게 이 헌법재판의 결과가 적용되어 그들을 납득시켜야 한다는 통일 관련 헌법재판의 특성을 감안하여 남측 헌법규범을 일방적으로 강요한다는 인식이 되지 않도록 하기 위한 세심한 배려가 필요하다.

2. 법치국가 원칙의 적용과 문제점

통일과정 전체를 지배할 보편적 헌법원칙으로서 가장 먼저 고려될 수 있는 것이 법치국가의 원칙(Rechtstaatsprinzip) 내지 법의 지배의 원칙(rule of law)일 것이다.[5] 독일 통일의 과정에서 법치국가 원칙은 모든 통일 관련 헌법적 쟁점들을 판단하는 기본원칙으로 기능하였던 점을 본받아 우리 통일의 경우에도 법치국가 원칙이 동일한 기능을 하도록 할 수 있으며, 이는 통일과정에서의 합리성을 중시하고 소수자인 북한주민의 이익이 부당하게 침해되는 일이 없어야 한다는 메시지를 주는 장점이 있다고 생각된다. 독일의 경우 서독은 이전 나치의 불법체제에 대한 반성으로, 동독은 동독공산당의 경찰국가 체제에 대한 염증과 반발로 이와 같은 독일 영토 전반에 걸친 법치국가의 건설이라는 공통된 과제가 통일의 주요한 기준이 되어야 함에 이견이 없었고 양측 주민들도 이러한 법치국가의 건설의 의미와 필요성에 대하여 거부감이 존재하지 아니하였다. 그리하여 1989-90년 연간에 동구권 전반에 걸쳐서 사회주의

---

4) 오늘날 헌법심사원칙은 각국의 실정 헌법의 내용과 관계없이 보편화하는 경향이 존재한다. 법을 통한 민주주의 유럽위원회(베니스위원회)에 의한 각국 헌법적 상황에 대한 검토작업이 성공적으로 진행되는 것은 이러한 보편화 경향의 두드러진 실제 결과라고 평할 수 있다. 베니스위원회가 행하는 보편적 헌법원칙에 의한 제 국가의 헌법적 쟁점 판단과 연구에 대하여서는 http://www.venice.coe.int/site/main/Documents_F.asp 참조.

5) 양자의 개념은 엄밀히는 구분되는 것이지만 통일과정에 적용될 헌법적 최고원칙으로서의 역할을 할 수 있다는 면에서 비슷한 기능을 가지므로 이 글에서는 같이 취급하여 다룬다. 다만 양 개념의 차이는 독일의 법치국가 원칙이 국가의 구조에 관한 정치적 형식원리인 반면 법의 지배는 국가의 구조원리를 떠나서 개인의 자유 보장을 위한 국가작용의 지침으로 보는 데에서 나타난다. 허 영, 한국헌법론, 전정 4판, 144. 각주 2 참조.

체제가 붕괴되는 정치적 변동 상황이 조성되자 동서독 양측의 국민은 그 의미를 충분히 이해하고 특히 동독주민들이 법치국가 원칙에 의하여 통일과정에서 발생하는 모든 헌법적 분쟁을 해결하기를 원하였다.[6)]

그러나 법치국가의 이해 면에서 우리나라의 헌법현실은 독일과 같지 않다고 본다. 물론 서구법학에 의하여 개발되고 세계적으로 보편화되어 있는 법치국가 원칙의 개념은 우리 헌법학에도 충실히 반영되어 있다. 또한 법치국가의 의미가 우리나라의 헌법재판의 판례상 특별히 불명확하게 이해되고 있다고 볼 수도 없다.[7)] 하지만 실제 사회에서는-일반 시민들은 물론 국회의원 등 정치인이나 정부관리 등을 포함하여-법치국가 특히 법치주의의 의미는 헌법 강학상의 그것과 전혀 다른 의미로 흔히 사용되고 있다. 해방 이후 60여년간 근대헌법이 운용되었음에도 불구하고, 국가의 공권력이 국민의 대표기관인 의회가 만든 법률에 반하여서는 안되며 국민이 기본권을 제한함에 있어서는 반드시 법률에 근거를 두어야 한다는 법치주의의 헌법적 의미는 아직도 국민들에게 쉽게 각인(刻印)되고 있지 않고 있으며, 그 의미는 오히려 '국민이 국

---

6) 법치국가 원칙에 의한 독일통일을 다룬 독일의 연구물로서는 다음을 들 수 있다. Caesar/Heitmann/ Lehmann-Grube/Limbach, Die Entwicklung der Rechtsstaatlichkeit in den neuen Bundesländern, 1992, C. F. Müller Juristischer Verlag, Heidelberg,; Busse, Volker, Herausforderung für den Rechtsstaat nach Schaffung der deutschen Einheit, ZRP 1991 Heft 9, S.332; Isensee, Josef, Der deutsche Rechtsstaat vor seinem unrechtsstaatlichen Erbe, Vergangenheitsbewältigung durch Recht, S.91.; Müller, Ingo, Die DDR-ein Unrechtsstaat? NJ 7. 1992., S.281; Robra, Rainer, Der Innenausbau des Rechtsstaates-Drei Jahre nach Gründung der neuen Länder, NJ 11. 1993., S.485; Roggemann, Herwig, Die deutsche Einigung als rechts- und verfassungspolitische Herausforderung, Neue Justiz 9. 1992., S.377; Schlink, Bernhard, Deutsch-deutsche Verfassungsentwicklung im Jahre 1990, der Staat, 1991, Heft 2, Bd 30, S.164; Starck, Christian, Der Rechtsstaat und die Aufarbeitung der vorrechtsstaatlichen Vergangenheit, VVDStL Heft 51, S.15.

7) 법치국가의 헌법적 개념을 정리한 헌법재판소의 판례로 다음을 들 수 있다. "우리 헌법은 국가권력의 남용으로부터 국민의 기본권을 보호하려는 법치국가의 실현을 기본이념으로 하고 있고 그 법치국가의 개념에는 헌법이나 법률에 의하여 명시된 죄형법정주의와 소급효의 금지 및 이에 유래하는 유추해석금지의 원칙 등이 적용되는 일반적인 형식적 법치국가의 이념뿐만 아니라 법정형벌은 행위의 무거움과 행위자의 부책에 상응하는 정당한 비례성이 지켜져야 하며, 적법절차를 무시한 가혹한 형벌을 배제하여야 한다는 자의금지 및 과잉금지의 원칙이 도출되는 실질적 법치국가의 실현이라는 이념도 포함되는 것이다. 이는 국회의 입법재량 내지 입법정책적 고려에 있어서도 국민의 자유와 권리의 제한은 필요한 최소한에 그쳐야 하며, 기본권의 본질적인 내용을 침해하는 입법은 할 수 없는 것을 뜻한다." 헌재 1992. 4. 28. 90헌바24, 판례집 4, 225, 230; 2002. 11. 28. 2002헌가5, 판례집 14-2, 600, 606; "법치국가원칙은 그 양대요소로서, 법적 안정성의 요청뿐 아니라 실질적 정의의 요청도 함께 포함한다. … 법치국가는 법적 안정성과 실질적 정의와의 조화를 생명으로 하는 것이므로 서로 대립하는 법익에 대한 조화를 이루려는 진지한 노력을 하여야 한다." 헌재 1996. 2. 16. 96헌가2등, 판례집 8-1, 51, 95.

가에서 만든 법률을 준수하여야 하고 이를 위반한 국민은 예외없이 법률에 의하여 처벌하여야 한다'는 취지의 고래의 동양철학적 의미의 법치주의로 받아들여지고 있다.[8] 따라서 독일과 같이 통일에 즈음하여 법치주의 원칙에 의한 통일을 강조하면서 통일과정의 헌법적합성 여부를 따져나갈 경우 민주주의에 대한 교육과 경험이 일천한 북한 주민들 뿐만 아니라 남한주민까지 그 의미와 정신을 오해할 것이 우려된다. 특히 북한주민들은 남한의 헌법재판소가 강조하는 법치국가 내지 법치주의의 원칙이 '남측 법률을 북측에 강요하겠다고 하는 노선'을 말하는 것으로 받아들이게 될 수 있으며, 이와 같이 왜곡된 법치국가의 개념은 우리 통일 과정에 화합과 안정의 요인으로서가 아니라 분열과 혼란의 요인으로 작용하게 될 것이다.

또한 통일은 국가질서의 재편이라는 면에서는 법적인 것이지만 이질적 사회의 융합이라는 면에서는 정치적, 사회적 현상이며 국민의 통일감정에 의하여 그 정당성이 좌우되는 감성적, 심리적 현상이기도 하다. 이러한 상황에서 발생한 분쟁에서 헌법학에 입각한 헌법전문가적 견해를 단지 평면적으로 순수한 의도에서 내세우는 것은 의외의 사회적 역반응을 초래할 수 있다. 특히 통일과정을 주도할 정치가·외교관 등 정부관리·군사전략가 등 다수의 통일전문가 집단은 통일에 있어서 법치주의의 강조가 법률가 집단이 자신들의 고유영역을 무단히 침범하려는 오만한 기도로 받아들여서 이에 저항할 것이 우려된다. 이들은 법치국가를 '법률가가 다스리는 국가'에 다름 아니라고 인식할 것이기 때문이다. 이러한 현상이 발생한다면 통일 관련 헌법재판의 실효성은 크게 저하될 수 있다.[9]

---

8) 예컨대 2008년 법무부장관의 신년사에 의하면 법치주의는 부정적 냉소적 법의식을 극복하고 누구나 지킬 수 있는 법을 만들고, 이것을 예외 없이 엄정하게 집행하는 노력으로 확립된다고 하고 있다. 이와 같이 우리나라에서 대중에게 전달되는 법치국가 내지 법치주의의 의미는 모든 국민이 준법하여야 한다는 의미로 정착된 것이라고 보아도 좋을 정도라고 생각한다. 따라서 법치주의의 의미를 헌법학적인 그 것으로 사용하는 것은 일반인에게 통용되는 현실상황을 전제로 할 때 오히려 이례적인 용법이 된다.

9) 통일문제에 대한 전문가집단은 법률가의 통일문제에 대한 개입과 법치주의의 강조의 의미를 축소하려는 경향이 있다고 본다. 즉 통일을 실제로 실현하는 것은 정치적인 것이며 법치주의는 다 이루어진 통일의 정리작업을 맡는 정도의 것이라는 식의 사고방식이다. 물론 통일작업의 시간적 순서가 선(先)정치-후(後)법치가 되는 것은 이치상 당연하다. 그러나 먼저 통일의 정치적 상황이 도래한다는 것에 관하여, 남한측이 적극적으로 나서서 북한의 상황변화를 적극적으로 조장할 수는 없고 단지 북한의 정치적 상황이 변화하여 민주적 변화가 일어날 것을 참고 기다릴 수 밖에 없다. 또 그러한 상황변화가 발생한 이후에야 북한에 새로 등장한 민주적 정치세력을 본격적으로 지원할 수 있다는 점에 유의하여야 한다. 따라서 통일준비에 있어서 '정치작업'의 의미는 사실은 일반적 인식만큼 크지 아니하며 통일문제 준비의 핵심은 오히려 '후법치'에 있다고 보아야 할 것이다. 관련된 논의로서 한림대학교 민족통합연구소, 총서 1 (민족통합과 민족통일), 제4부 민족통합의 전략 종합토론, 토론자 권영빈(중앙일보)·김승

따라서 우리 통일과정의 헌법문제를 해결함에 있어서 지나치게 헌법학적 법치국가 원칙을 강조하는 것은 부정적 결과를 초래할 수 있다고 본다. 이 점은 독일의 통일 경험을 배우고 우리 통일에 이를 응용하여 적용하고자 하는 우리 법률가들이 빠질 수 있는 함정의 하나라고 보며 이렇게 보아야 하는 이유는 우리 국민과 독일 국민들은 법치주의를 둘러싼 일반적 인식의 정도가 전혀 다른 상태에 있기 때문이다. 통일에 관한 헌법판단은 독일과는 다른 한반도의 이러한 헌법적 현실을 무시하여서는 안될 것이다. 특히 통일과정에서 내리는 헌법재판의 논지는 그 당시의 국민의 법의식 수준에 의하여 즉각적인 반향을 불러올 것인 점을 고려할 때 일반 국민들이 보기에 현학적이기만 한 헌법이론을 전개하는 것은 그 순수한 취지가 국민과 사회에 수용되지 않고 왜곡되어 뜻하지 아니한 혼란을 가져올 수 있다고 생각한다.

3. 통일과정의 헌법적 판단기준으로서의 자유민주적 기본질서

법치주의 내지 법치국가를 제외한 상황에서 통일문제를 통할하는 보편적 헌법원칙을 발견하여야 한다면 그 대안은 '자유민주적 기본질서'가 되어야 할 것으로 본다. 헌법적 국가질서의 한 형태를 의미하는 이 개념이 특히 북한주민들에게 다소 생소하다면 이는 보다 쉽게 '자유민주주의'라고도 말할 수 있을 것이다.

헌법 제4조는 '대한민국은 통일을 지향하며, 자유민주적 기본질서에 입각한 평화적 통일정책을 수립하고 이를 추진한다'고 규정한다. 그러므로 모든 통일과정의 판단기준이 '자유민주적 기본질서'가 되어야 함은 이미 우리 헌법의 규정상 명확히 제시되어 있는 자연스러운 것이다. 헌법원칙으로서의 의미를 강조하기 위하여 이를 줄여서 자유민주주의 혹은 더 줄여서 민주주의라고도 칭할 수도 있지만 어떤 명칭을 사용하든지 상관없이 그 함의 내용은 같은 것이다. 또한 앞서 본 법치주의의 문제점을 고려할 때 통일과정의 분쟁 해결의 기본원칙으로서의 이러한 자유민주적 기본질서 개념의 중요성은 더욱 결정적이다.

우리 헌법상의 자유민주적 기본질서의 의미는 이론상 혹은 판례상으로 이미 정립되어 있다. 헌법재판소는 국가보안법 조항들의 위헌 여부와 관련한 판례에서 자유민

___

대(법무부)·김인영(한림대)·김형기(통일부)·김재한(한림대)·함광복(강원도민일보) 사회자 양호민 (민족통합연구소), 1999, 201, 207-214, 245면. 참조.

주적 기본질서를 '모든 폭력적 지배와 자의적 지배, 즉 …… 일인독재 및 일당독재를 배제하고 다수의 의사에 의한 국민의 자치, 자유·평등의 기본원칙에 의한 법치국가 적 통치질서'라고 표현한 바가 있다. 또한 구체적으로는 기본적 인권의 존중, 권력분 립, 의회제도, 복수정당제도, 선거제도, 사유재산과 시장경제를 골간으로 한 경제질서 및 사법권의 독립 등을 의미한다고 하였다.[10] 이러한 개념 정의는 사실 한국 헌법 이 론의 토양에서 자생적으로 발전한 것은 아니며 독일 헌법재판소의 판례이론을 그대 로 수용한 것이기는 하지만, 어쨌든 그 개념에는 정치형태로서의 민주주의와 법치주 의의 최소성립요소들이 모두 포함되어 있는 점에서 보편적 타당성을 가지며 남북한 통일과 같은 이질적 정치체제를 통합하는 기본원칙으로 삼기에도 적합한 내용을 모 두 포괄하고 있다.[11]

따라서 통일 관련 헌법적 분쟁에 대한 판단에 있어서는 남북한을 통합한 전체 한 반도 지역에서 자유민주적 기본질서를 새로이 정립한다는 기본정신에 입각하여 헌법 심사가 이루어져야 하며, 보다 세부적으로는 국민 주권의 원칙, 기본적 인권과 자유 의 존중에 관련된 과잉금지의 원칙, 평등의 원칙, 죄형법정주의의 원칙, 법치주의에서 유래하는 신뢰보호의 원칙 등이 중요한 심사기준으로 실제적 유용성을 가지고 많이 활용되어질 것이라고 본다. 이러한 심사를 함에 있어서 적용될 구체적 심사방법론은 이미 우리 헌법재판소가 발전시켜 온 바가 있으므로 종래의 판례이론을 적용하면 될 것이며 남북한 통일을 계기로 하여 통일문제에만 독특하게 적용되어야 할 새로운 헌 법이론이나 헌법원칙의 발견이란 불필요하다.

Ⅲ. 통일 관련 헌법재판에 대한 분야별 검토

남북한 통일은 국가의 총체적 법체계에 일대 변화를 가져오는 일이므로 그것이 실현될 상황에서 어떠한 헌법재판사건들이 제기되고 어떠한 헌법적 쟁점이 중요하게 논의될 것인가 하는 문제를 미리 완전히 파악할 수는 없다. 그러나 통일을 실현하기 위하여 반드시 거쳐야 할 단계들을 상정하고 그 단계들에서 제기될 헌법재판사건들

---

10) 헌재 1990. 4. 2. 89헌가113, 판례집 제2권, 49, 64.
11) 독일 헌법재판소의 개념 정의는 BVerfGE 2, 1, 12f 참조, 여기서는 우리 헌법재판소의 위 결정에서 본 개념 정의 중 자유주의 경제 원칙에 관한 부분만을 제외하면 거의 동일하게 정의하고 있다.

에서 해결되어야 할 헌법적 쟁점을 정리하는 것은 어느 정도 가능하다고 본다. 통일을 실현하는데 있어서 필수적으로 거쳐야 할 가장 기본적인 법적 과정으로서는 ① 남북한 총선거의 실시 ② 통일합의서의 체결 ③ 북한정권의 불법청산 ④ 몰수재산권의 처리 등이 있으므로 이 주제들을 중심으로 각각의 헌법재판에 관한 쟁점들을 살펴보기로 한다.

1. 남북한 총선거 관련 헌법재판

남북한의 통합이 현실로서 가능하게 된 상황에서는 먼저 남북한 총선거를 실시하는 것이 필요하다. 분단된 국가를 하나로 통합하는 작업은 결국 두 개 국가의 국가기관들을 각 기관 별로 하나의 통일된 조직으로 재편하는 것이 되는데, 이는 구체적으로는 입법부와 행정부 및 사법부의 통합이며, 그 중 국민의 대표기관인 입법부를 통합된 조직으로 새로 구성하는 것은 남북한 총선거의 실시라는 과정에 의할 수밖에 없기 때문이다. 여기서 통일 전에 존재하던 남북한 양측의 의회인 남한의 국회와 북한의 최고인민회의를 물리적으로 합치는 것은 통일에 즈음한 남북한 주민들의 정치적 의사를 통일한국의 입법부 구성에 제대로 반영하는 것이 되지 않는다. 남한의 인구는 4,800만명을 상회하는데 비하여 북한의 인구는 2,300만명 정도로서[12] 서로 인구가 비슷하지 않아서 남북 양측의 입법부의 국민대표성에 관한 비중을 균등하게 불 수 없을 뿐만 아니라 북한의 기존 입법부가 북한주민의 정치적 의사를 진정하게 대표하는지 여부에 대하여서도 부정적으로 판단되기 때문이다. 결국 이는 국민의 자기결정에 따른 통일을 실현하는 것이 되지 못하므로 국민주권과 민주주의 원칙에 위반된다. 오직 남북한 전체를 한 단위로 하여 새로이 동시에 실시되는 총선거에 의하여서만 전체 국민들의 정치적 의사가 왜곡되지 않은 채 정확히 반영된 국민대표기관을 정당하게 형성할 수 있다고 할 것이다.

남북한 총선거에 관련하여서는 ① 통일의회의 구성을 위하여 실시되어야 할 총선거는 통일의 발효와 전후하여 시기적으로 어느 때에 실시되어야 하는가 ② 총선거의 시기에 관련하여 남북한 의회 구성원의 임기를 어떻게 조절할 것인가 ③ 총선거의

---

12) 2007년 기준으로 남한인구는 4,845만6천명, 북한인구는 2,320만명으로 남한인구가 북한인구의 약 2.1배로 추산되고 있다. 통계청 통계정보국, 2007년 남북한 인구 통계 참조.

실시를 위한 선거법은 어떻게 어떤 내용으로 정하여져야 하는가 등의 문제가 헌법적 쟁점이 되며 이와 관련된 헌법재판에 대한 대비가 필요하다.

(1) 통일의 발효와 총선거의 시기

남북한 총선거로서의 국회의원 선거가 통일이 법적으로 발효되기 이전에 이루어져야 할 것인지 혹은 이후에 행하여져도 무방할 것인지에 관하여는 두 가지의 경우를 나누어 고찰하여야 한다고 생각된다.

그 첫째는 북한이 통일이 발효되기 전에 이미 민주적 체제개혁을 거치면서 자유, 보통, 평등, 비밀선거의 대원칙에 입각한 자유민주주의적인 선거제도를 스스로 형성하여 북한지역 내에서만 독자적인 선거를 실시하고 민주적 대표성을 가진 새로운 의회를 이미 구성하고 있는 경우이다. 그리고 두 번째는 북한이 체제의 개혁을 이루기는 하였으나 아직 독자적인 민주선거를 실시하지 못하고 의회의 기능이 상당부분 상실된 상태에서 정치적 상황이 유동적인 경우이다. 이 때에는 기존의 최고인민회의가 명목상 유지되고 있을 것이다. 첫 번째의 경우라면 일응 북한주민을 정당하게 대표하는 의회가 구성되어 있으므로 통일합의서의 발효 이후 상당한 시간을 가지면서 총선거를 실시하여도 무방할 것으로 생각된다.[13] 그러나 두 번째의 경우에는 북한주민을 대표할 국회의원들이 선출되지도 아니한 상태에서 선(先)통합만이 이루어진다면 이러한 통합은 헌법상 국민주권의 원칙에 반할 우려가 크다고 생각된다. 국민주권의 원칙에 비추어 북한주민은 통일에 즈음하여 그 정치적 생활형태를 스스로 결정할 자기결정권이 존중되어야 함에도 불구하고, 북한주민의 정치적 의사를 대변할 대표기관을 형성하여 통일작업에 그 정당한 역할을 할 기회를 주지도 아니한 채 통일을 실현시켜버리는 것은 북한주민의 정치적 자기결정권을 침해하는 것이 되기 때문이다. 그러므로 이 경우는 반드시 통합 이전에 총선거의 실시가 이루어져야 통일의 헌법적 정당성이 훼손되지 않을 것으로 본다.[14]

---

13) 통일합의서의 체결 당시에 북한에 민주적 선거에 의한 의회가 구성되어 있지 아니하면 통일합의서의 발효를 위하여 필요한 국민동의 절차를 이행할 주민대표기관이 존재하지 아니하여 통일합의서의 발효의 절차적 정당성이 문제될 수 있다고 생각한다. 따라서 북한주민의 진정한 통일의사를 확인하기 위하여서는 통일전 북한에 일단 민주적 의회가 구성되도록 하든지 아니면 통일 전 남북한 총선거를 실시한 후 그 통일국회에서 통일합의서를 의결하도록 함이 상당하다.
14) 독일의 경우 동독은 민주혁명 이후 1990. 3. 18. 독자적인 의회선거를 치렀으며, 동서독 총선거는 통일조약이 발효된 이후 1990. 12. 2. 실시되었다. 법무부, 독일 법률·사법 통합 개관, 법무자료 제165집,

(2) 국회의원의 임기와 총선거의 시기

총선거의 시기와 기존의 국회의 의원임기가 불일치하는 경우 동 의원들의 임기는 단축, 혹은 연장하여 총선거에 맞추어야 하는 문제가 발생한다. 남북한 간의 합의 예컨대 '선거합의서'의 체결에 의하여 총선거의 시기를 결정함으로써 기존의 국회의원의 임기가 단축 혹은 연장되는 결과를 가져오게 할 수 있다. 이 선거합의서는 국회의 동의를 얻어 발효될 것이므로 법률과 같은 효력을 가지게 될 것이다. 생각컨대 기존 의원 임기의 기간을 단축하는 것은 가능하겠지만, 연장하는 것은 헌법위반의 문제를 심각하게 발생시킨다. 헌법 제42조는 국회의원의 임기는 4년으로 한다고 동 기간을 명확히 한정하고 있고 헌법상 인정되는 자유민주주의, 법치주의 및 의회주의의 제 기본원리에 비추어 보더라도 임기를 연장하는 것은 가사 헌법개정의 방식을 취하더라도 위헌 논란이 없어질 수는 없다. 국회의원은 헌법규정에 따라 4년마다 선출되고, 동 선출된 기간 동안만 민주적 정당성을 가지며, 시간적으로 한정된 위임을 받은 것이므로 기간이 연장된 국회는 민주적 대표성을 상실하여 그러한 기관이 입법기관으로서 존속하는 것은 민주주의의 원칙에 정면으로 위배되기 때문이다. 그러나 법률적 효력을 가진 남북한 간 합의서의 발효에 의하여 진행중인 선거기간을 단축하는 것은 각 의원이 개별적으로 그 위임을 언제든지 포기할 수 있는 점에서 기존의 국회가 일괄하여 위임을 포기하고 사직하는 것에 다름이 아니므로 민주주의 원칙에 반한다고 보기 어렵고 따라서 헌법위반도 되지 아니한다고 생각된다.[15)]

(3) 총선거를 규율할 선거법의 내용

남북한 총선거에 관련하여 선거법의 구체적인 내용은 통일합의서를 통하여 남북 간 정치적 타결의 대상이 될 수 있을 것은 물론이다. 여기서 남북한을 통합하는 선거구의 책정, 그 투표방법 및 대표제 등을 새로이 정할 수 있고 그 합의 내용에 있어서 민주선거의 제 원칙이 모두 지켜져야 할 것이다. 특히 평등선거의 원칙이 중요하게 기능하며, 소멸 당사자에 해당하는 북한의 지역주민들에게 불합리한 차별이 있어서는 안될 것이다.

65면.

15) 독일의 경우 기존 의회의 의원의 임기를 단축시키면서 전독일의 총선거 기일을 정하였다. 상계서, 64면.

1) 소선거구제의 관련 문제

선거구 인구불평등의 문제에 있어서 종래 우리 헌법재판소는 합헌의 기준으로서 인구편차에 관한 일정한 비율을 제시하고 이를 점차 엄격히 하는 방향으로 판례를 진전시켜 왔다. 그런데 남북한 통합의 경우에도 소선거구제를 그대로 채택하게 되는 경우에 종래 남한지역의 정치적 판도에서 적용하여온 이러한 인구편차의 최종적 기준을 그대로 적용하여야만 할 것인가 하는 문제가 발생한다. 판단컨대 통일의 시점에서 민주정치를 전개할 남북한의 정치적 사회적 발전상황은 서로 큰 격차를 보일 것이고 인구 수의 면에서 북한이 남한의 절반에도 미치지 못함을 고려할 때 남북한 지역의 선거구에 같은 인구편차기준을 적용하는 것은 합리적이지 못한 측면이 있다. 남북한이 서로 정치적으로 대등한 관계에서 호혜적으로 통합되어야 한다는 점에 대한 배려도 필요하기 때문이다. 따라서 이 경우 심사의 기준이 되는 선거구의 평균 인구 수 산정에 있어서 남북한을 각각 별도로 하여 계산하는 방식이 있을 수 있으며 헌법적으로 허용되는 편차비율도 다르게 정하여 질 수 있다고 생각된다. 이러한 방식에 의하여 북한주민의 투표가치가 남한주민의 그것에 비하여 다소 높게 실현된다거나 남북한 전체의 평균인구수를 기준으로 한 계산에서 선거구 인구 편차가 보다 크게 벌어지는 일이 발생하여도 통일과 남북한 화합이라는 특수한 사정에 의하여 정당화될 수 있다는 탄력적 판단이 필요하다고 본다. 그러나 북한지역의 선거구 수가 전체 통일한국의 선거구 수의 3분의 1 미만의 수준이 되도록 하는 것은 통일한국에 대한 북한주민의 정치적 대표성을 불합리하게 과소하게 정하는 것으로서 평등 원칙에 위반될 것이다. 이는 북한주민의 이익을 대표하는 북한측 국회의원들로부터 헌법개정에 대한 저지권을 박탈하는 것이 되므로 북한주민의 정치적 자결권을 과도하게 침해한다는 측면에서도 위헌이라고 보아야 할 것이다.[16]

2) 비례대표제의 관련 문제

남북한 간의 선거합의서에 의하여 비례대표제를 도입하여 남북한 총선거에서도

---

16) 선거구 인구 편차 관련 헌법재판소의 판례는 우리 사회의 정치적 발전에 따라 점차 허용편차의 폭을 줄이는 방향으로 변화하고 있다. 1995. 12. 27. 95헌마224 결정에서는 국회의원 선거구의 전국 선거구 평균인구수의 상하 60%까지의 편차가 허용되었으나 2001. 10. 25. 2000헌마92등 결정에서는 상하 50%의 편차로 허용의 폭이 축소되었다. 구체적 정치상황을 참작하는 판례의 이러한 경향에 비추어 북한지역에 대해서도 통일 당시 그 고유한 정치적 풍토를 고려하여 선거구 인구편차의 허용 폭이 새로 판단되어져야 할 것이다.

실시하게 되는 경우 의원정수 배분에 참가할 수 있는 최소한의 득표율 등 소위 저지조항(Sperrklausel)의 내용을 어떻게 정할 것인가 하는 문제가 발생한다. 판단컨대 총선 당시 북한 측에 근거를 둔 정당은 민주정치와 선거에 대한 경험이 일천하고 보다큰 인구를 가진 남측지역에는 그 정치적 기반이 전무할 것이므로[17] 저지조항의 충족여부 판단에 있어서 보다 완화된 기준을 적용받을 수 있도록 하는 규정을 설치하는것도 고려될 수 있을 것이다. 즉 정치적 기반이 취약한 북한 지역의 자생정당에 대해서는 의원정수 배분에 참가할 수 있는 득표율 달성 여부를 판단함에 있어서 전체 한국을 기준으로 할 것이 아니라 북한지역만을 기준으로 산정하는 특칙을 두는 것이가능하다. 이러한 조치로 인하여 비례대표제 의원 배분에 대한 정당참여 진입의 측면에서 북한지역 주민의 투표가치가 남한지역 주민의 투표가치에 비하여 다소 높게 평가되는 효과가 발생하기는 하지만 이는 민주적 정당정치의 발전 정도에서 현격한 차이를 보이는 남북한 정당간의 실질적 평등을 실현시키기 위하여 필요한 조치이기 때문에 입법목적의 합리성이 인정될 수 있으므로 남북한 정당간의 현격한 차별을 조성하는 다른 불합리한 사정이 발견되지 않는다면 평등원칙의 침해는 될 수 없다고 본다.[18]

2. 통일합의서 체결 관련 헌법재판

(1) 통일의 법적 방식과 통일합의서의 내용

남북한이 통일을 실현하는데 있어서 우리 헌법은 평화적 방법에 의할 것을 요구하고 있으며, 따라서 어느 일방이 다른 일방의 의사를 억압하고 강요하는 형태, 특히전쟁 기타 무력행사에 의하는 방법이 통일을 위한다는 명분으로 동원될 수 없다. 결

---

17) 남측정당은 자유민주적 운영의 기반을 가졌으므로 통일 이전이라고 민주화된 북한지역에서 소위 '자매정당'을 결성하는 등의 방법으로 단기간에 보다 더 용이하게 기반을 확대할 수 있을 것으로 보인다. 만약 북측 정당이 남측 정당과 남북한 총선거에서 정치적 연대를 형성할 충분한 시간적 여유가 주어지고 의석배분에 있어서도 그 정당연합을 인정하여 합산이 될 수 있다면 남북한 전체를 단위로 한 저지조항 적용이 허용될 수 있는 소지가 그만큼 더 커질 것이다.
18) 동서독 선거조약에 의한 1990. 8. 3. 연방선거법은 5퍼센트 저지조항을 양독의 전체 선거구를 기준으로 적용하되 비경합 정당간의 명부결합을 인정하였는바, 연방헌법재판소는 최초의 전체 독일 선거에서 이러한 규정을 적용하는 것은 동독 정당들에게 불리하고 동독의 소정당은 적절한 명부결합 상대 파트너 정당을 구하기도 어려울 것이라는 취지에서 전체 독일을 기준으로 한 5퍼센트 저지조항의 적용은 선거에서의 기회균등에 반하여 위헌이라고 판시하였다. BVerfGE 82, 322, 338, 349.

국 남북한 양측 당국의 평화적 합의에 의한 통일만이 합헌적이다. 한편 통일은 헌법이 요청하는 국가적 구조변화로서 통일에 의하여 헌법의 동일성이 파괴되어서는 안될 것임은 당연하다. 따라서 통일을 계기로 민주주의 헌법의 동일성은 유지되어야 하며 자유민주주의 정치체제를 선택한 국민의 근본결단은 지켜져야 한다. 이와 같은 기준을 충족하면서 남북한 당국이 통일합의서를 체결하고 각자의 법규범에 따라 필요한 발효절차를 이행함으로써 통일이 실현될 수 있다.

통일합의서에 관한 헌법재판을 논하기 위해서는 우선 통일합의서의 구조와 내용에 대한 이해가 필요하다. 여기서 규율되어야 할 사항은 크게 대별하여 법질서의 통합과 국가조직의 통합이 되어야 한다. 이하에서 이를 나누어 살펴본다.

1) 법질서의 통합

국가법질서의 최상위에는 헌법이 위치하며 그 아래에 민법, 상법, 형법, 민사소송법과 형사소송법 등의 기본법을 포함하여 다양한 법률들이 존재한다. 또한 이들 법률의 하위에는 법률에 의하여 위임받은 사항이나 그 밖의 고유한 영역을 규율하는 명령·규칙이 있다. 남북한의 통일은 실무적으로는 이러한 양측의 법질서를 단일화하는 작업이 된다. 물론 그 중 헌법의 통합이 통일의 기본골격을 이루는 내용을 포함할 것이라는 점에서 핵심적 중요성을 가지게 될 것이다. 통일한국에 적용될 헌법은 양측 주민들을 대표한 양측 정부의 합의에 의하여 구체화되어야 하겠지만 그 전제는 역시 자유민주주의에 입각하여 전체한국의 정치적 생활을 규정하는 기본 틀이 되어야 한다는 데에 있다. 따라서 당장 통일작업을 실현하여야 할 상황에서는 자유민주주의 체제를 수용하고 있는 기존의 남한 헌법의 기본원칙들을 남북한 양 지역에 확대 적용하는 방법에 의하는 것이 가장 실용적인 방법이 될 것이며, 새로운 헌법을 완전히 고안하여 내는 것은 지나치게 느리고 비효율적인 작업이 될 것이다. 어쨌든 남북한 당국은 양측에 공히 적용될 헌법의 기본적 내용들에 대한 타결을 이루어 이를 통일합의서에 담아내어야만 한다.

이렇게 볼 때 남측의 헌법은 이미 자유민주주의 체제에 입각한 것으로서 통일을 계기로 하여 그 원칙적 사항을 변경할 것이 거의 없다고 보며 다만 분단을 전제로 하여 통일에 관하여 언급하고 있던 조항들, 예컨대 헌법 제4조 등은 더 이상 존재할 이유가 없어지므로 이들을 수정, 삭제할 필요는 발생할 것이다. 반면 체제의 근본적

전환이 필요한 북한측은 기존의 헌법으로는 자유민주주의에 기초한 새로운 헌법질서를 수용할 수 없으므로 일부 수정된 남측 헌법의 효력확장을 받아들이는 합의를 하는 것이 불가피할 것으로 생각된다.

나아가 법률의 통합을 위한 작업이 필요한데, 이는 민·상·형법과 민사·형사소송법 등 기본법과 그 밖의 모든 특별법 등 전체 법령에 대하여 그 내용을 ① 통일로 인하여 잠정적 혹은 최종적으로 북한지역에 확대적용될 남한의 법령 ② 통일로 인하여 잠정적 혹은 최종적으로 남한지역에 확대적용될 북한의 법령 ③ 통일을 계기로 전체지역에 적용될 신 법령으로 나누어 정리하는 작업이 되어야 할 것이다. 이러한 내용이 통일합의서의 주요내용이 될 것임은 물론이나 워낙 방대한 양이 될 것이므로 통일합의서의 본문으로 하기에는 부적당하고 그 부속서의 형태로 정리하는 것이 합리적이다.[19]

2) 국가조직의 통합

국가조직의 통합은 입법부, 행정부와 사법부의 통합을 의미한다. 이 중 입법부의 통합은 총선거에 의할 것이므로 별도로 논하였고 여기서는 행정부와 사법부의 통합이 문제되는데 대통령 선거가 필요한 경우를 제외한다면 이는 양자 간의 합의로 통합원칙을 정하여 구체화하게 될 것인데, 그 통합원칙의 기본사항은 본문에서, 세부사항은 부속서에서 규율함이 적절하다.

또한 국가조직의 통합에는 제도의 통합과 별도로 인적 통합이 필요하다. 즉 북한의 기존 공무원을 그대로 통일한국의 공무원으로 채용할 것인가 하는 문제가 발생한다. 판단컨대 통일한국은 자유민주주의를 기반으로 하는 헌법국가로서 출범하므로 그 공무원은 이러한 가치에 대한 충성의무를 부담하게 된다. 따라서 북한체제의 구 공무원들에 대해서는 자의에 의하여 공무원 조직에 남을 수 있는 기득권을 존중하되 자

---

19) 독일의 통일조약의 내용을 보면 헌법통합의 내용은 조약본문에 존재한다. 일반법의 통합은 원칙에 해당하는 기본사항은 본문에 있고 예외에 해당하는 구체적 사항들은 부속서(Anlage)에 수록하였다. 통일조약 제8조는 부속서에 특별한 규정이 없는 한 연방법을 구동독지역에 확장적용하고 제9조는 일정한 조건 하에서 계속 적용되는 구동독법률을 정하였다. 따라서 통일조약은 연방법으로서 동독지역에 적용되지 않는 부분이나 동독법으로서 잠정 적용되는 부분 등에 관한 방대한 내용을 다루고 있다. 우리나라의 경우에도 남한법의 북한지역에 대한 확장 적용을 원칙으로 하여 이는 통일합의서의 본문에서 규정하고 부속서에서는 구체적 법영역과 법적 쟁점에 따라 북한 법의 북한지역에 대한 잠정 적용, 혹은 북한법의 전 지역에 대한 전면적 확장 적용, 혹은 새로운 절충적 입법의 제정 적용 등 예외사항들을 규정하는 것이 입법기술상 명료하고 체계적이어서 바람직하다고 본다.

유민주주의적 가치체계에 적합한 소양을 가진 것인지 여부에 대한 심사를 거치게 하는 방안이 실행되어야 할 것이다. 이러한 심사는 전문적 식견을 가진 북한출신 인사를 포함한 독립위원회에서 담당하도록 할 수 있을 것이다. 이와 같이 통일합의서는 북한의 구공무원에 대한 재임용의 기본적 제도를 정하게 될 것인바, 그 내용이 과도하고 편파적이어 합리성을 결하고 있는 경우라면 헌법상 과잉금지의 원칙, 평등의 원칙이나 신뢰보호의 원칙에 위배되는 것이 되어 위헌의 소지를 안게 될 수 있다.[20]

(2) 통일합의서의 내용과 헌법재판

통일합의서의 내용은 나라를 새로 세우는 데에 필요한 법률체계 전체를 다루는 방대한 양이 될 것이다. 실제 독일의 통일조약은 그 부속서를 포함하여 볼 때 하나의 대법전(大法典)을 방불케 한다. 이러한 내용 각각에는 그 수범자들의 불만을 사는 점들이 포함될 수 있고 이 때 그들이 활용할 수 있는 구제방법으로서 가장 효율적이고 실효적인 것이 바로 헌법재판이 될 것이다. 그렇다면 통일합의서가 체결되고 그 내용이 공개될 시기에 그 개별적 내용의 위헌을 따지는 수많은 헌법재판이 제기될 수 있다. 여기에 더하여 통일합의서의 위헌여부는 통일의 향방을 결정지우는 문제이므로 헌법재판소로서도 일반의 사건처럼 오랜 기간 동안 심리를 진행할 수도 없다. 사건이 접수되면 통일의 제반 일정을 감안하여 합헌이든 위헌이든 신속히 결정을 내려주어야 하며, 상황에 따라서는 그 심리기간은 1주일이나 심지어 그보다 짧은 기간 내에 선고를 하여주어야 할 필요가 발생할 수도 있다. 그러나 통일에 즈음하여 통일합의서에서 새로 다룰 사항에 관련되어 나오는 헌법문제를 모두 사전에 예상하여 준비적 검토를 하여두는 것은 애당초 불가능한 일이다. 그러한 상황이 발생하였을 때 헌법재판소가 적절히 연구인력을 보강하고 문제된 합의내용에 대한 집중적 심리를 함으로써 대처할 수밖에 없다고 생각된다.

다만 여기서는 통일합의서에 대하여 과연 헌법재판의 대상이 될 수 있는지, 또 헌법재판을 할 수 있다면 그 체결 후 발효 이전의 시기에 제기할 수 있는지 여부 등

---

20) 독일의 경우 공산정권이 붕괴된 후 구동독은 이미 법관법을 제정하여 사임하지 아니하는 판·검사에 대한 임용심사를 받도록 하였고 이 법률은 통일조약에 의하여 통일 이후에도 효력을 유지하였다. 이에 따라 통일을 전후하여 구동독의 판검사의 약 3분의 1이 사퇴하고 잔존인원에 대해서는 재임용절차가 진행되었다. 그 임용기준은 주로 법치국가 원칙 준수에 대한 의지와 이에 어긋난 과거전력의 여부가 기준이 되었다. 법무부, 통일독일의 구동독 체제불법청산 개관, 1995, 138-139면.

헌법재판 제기 가능성에 관한 일반적 문제만을 살피기로 한다.

1) 통일합의서의 헌법재판 대상성

통일합의서는 남북한 당국 사이에 양 체제의 통합에 관하여 법적 효과를 가진 합의를 맺는 것으로서 국제조약은 아니지만 조약에 준하는 성질을 가진다. 따라서 그것이 국내법적 효력을 가지는 범위에서는 헌법재판소법 제68조 제1항 소정의 '공권력의 행사'에 해당하여 헌법소원의 대상이 된다고 볼 것이다. 즉 헌법소원의 대상성의 측면에서 통일합의서는 다른 남북한 간의 합의서와 마찬가지로 조약에 준한 해석을 하는 것이 적절하다고 생각된다.[21]

다만 통일합의서는 남북한 양 체제를 통합하는 결과를 가져오는 만큼 이 합의가 발효됨으로써 우리 헌법조항 중 통일관련 조항들은 실효되어야 하는데, 이는 합의서의 법적 효과 중에 필연적으로 헌법적 효력을 가지는 부분이 혼재함을 의미한다. 나아가 통일합의서에는 북한정권의 과거청산이나 몰수재산권의 처리에 관한 헌법적 규율을 포함할 수도 있다.[22] 이와 같이 통일합의서는 부분적으로 헌법적 합의의 성격을 가지므로 그 헌법적 규범의 변화 부분에 대해서는 헌법재판의 대상성을 인정하기 곤란하다. 이는 사실상 헌법개정이며 헌법개정규범에 대하여서는 헌법소원이 인정될 수 없기 때문이다.[23]

2) 발효전 통일합의서에 대한 헌법재판 가능성

남북한 간 합의서와 국제조약의 규범적 유사성을 고려할 때 발효전의 통일합의서에 대한 헌법소원이 인정될 것인지의 문제도 발효전의 국제조약에 대하여 헌법소원을 인정할 수 있는지 여부의 문제에 준하여 판단함이 적절하다고 생각된다.

따라서 국제조약에 관하여 판단할 때, 먼저 국제법과 국내법이 준별되는 법구조에서는 국내적 발효절차를 거치지 아니한 국제조약은 헌법소원의 대상이 될 수 없음이 원칙이다. 그러나 조약이 '공포절차'를 거쳐 발효된 후에만 헌법소원의 대상이 될 수

---

21) 조약의 헌법소원 대상성을 인정한 판례로 헌재 2001. 3. 21. 99헌마139등 판례집 13-1, 676, 692.
22) 통일합의서에서는 무엇이 헌법개정사항인지 여부를 본문에서 별도의 장을 마련하여 분명히 하여야 할 것이며 이 부분은 헌법의 개정절차와 동등한 절차에 의하여 발효되어야 할 것이다.
23) 통일합의서 내의 헌법개정사항에 대하여 헌법개정절차를 이행하게 되면 그 부분에 한하여 통일합의서의 내용은 헌법개정규범으로서의 성격을 가지게 된다. 따라서 이에 대해서는 헌법재판의 대상이 될 수 없다고 보아야 정당하다. 헌법개정규범의 헌법소원 대상성을 부정한 판례로는 헌재 1996. 6. 13. 94헌바20, 판례집 8-1, 475; 1998. 6. 25. 96헌마47 등 참조.

있다고 한다면 이미 국제법적으로 발효된 조약을 심사하는 결과가 되어 국내법과 국제법이 충돌함으로써 서로 조화가 이루어지지 아니하는 바람직하지 아니한 상태를 야기할 수 있으므로, 비록 아직 공포되지 아니한 단계의 국제조약이라고 하더라도 그 내용이 확정된 것이면 이를 헌법심사의 대상으로 미리 삼을 필요가 있다. 이러한 취지에서 독일에서도 일반법률과는 달리 조약동의법률의 경우에는 그 공포 이전에 헌법소원의 대상이 되는 것으로 하고 있다. 다만 국회의 동의를 요하는 조약의 경우에는 의회의 조약동의권한을 존중하고 동 절차이전에는 아직 국내법적 발효가 명백하지는 아니한 점 등을 고려하여 국회의 동의절차가 완료된 이후부터 헌법소원의 대상성이 인정된다고 봄이 상당하다고 사료된다.[24]

(3) 통일합의서의 발효절차와 헌법재판

헌법은 통일합의서를 발효시키는 절차에 관하여 직접 규정하고 있지는 아니하나, 2005. 12. 29. 제정된 남북관계 발전에 관한 법률(법률 제7763호)에 의하면 입법사항에 관하여 남북한 당국간에 체결된 합의서는 조약과 유사한 점을 고려하여 국회의원 과반수 출석에 과반수 찬성에 의한 국회의 동의를 받아서 발효되도록 있다.[25] 그러나 앞서 본 바와 같이 통일합의서는 그 내용에 헌법개정사항을 담게 된다. 통일합의서의 발효에 관하여 헌법이 정한 절차는 존재하지 아니하지만 통일합의서의 헌법개정적 성격에 비추어 헌법개정절차에 준하는 절차를 필요로 한다고 보아야 할 것이다. 따라서 조약동의절차로는 부족하고 국회의원 2/3 이상의 찬성을 얻고 국민투표까지 거쳐야 할 것으로 본다. 그러나 아직 이 절차에 관하여 제대로 된 논의조차 없는 상태에 있으므로 실제 상황에서 통일합의서가 어떠한 절차를 거쳐 발효될 것인지에 대해서

---

24) 조약동의법률에 대한 헌법소원은 연방대통령이 조약법률에 서명하고 이를 공포하는 단계에까지 입법절차가 완결되지 못하였다고 하더라도, 동 공포 이전에 이미 제기될 수 있는 것이다.(BVerfGE 24, 33: 네덜란드와의 재정조약 사건) Rüdiger Zuck, Das Recht der Verfassungsbeschwerde, 2. Auflage, 1988, München, S. 197. rdnr. 439.

25) 제21조(남북합의서의 체결·비준) ① 대통령은 남북합의서를 체결·비준하며, 통일부장관은 이와 관련된 대통령의 업무를 보좌한다.
② 대통령은 남북합의서를 비준하기에 앞서 국무회의의 심의를 거쳐야 한다.
③ 국회는 국가나 국민에게 중대한 재정적 부담을 지우는 남북합의서 또는 입법사항에 관한 남북합의서의 체결·비준에 대한 동의권을 가진다.
④ 대통령이 이미 체결·비준한 남북합의서의 이행에 관하여 단순한 기술적·절차적 사항만을 정하는 남북합의서는 남북회담대표 또는 대북특별사절의 서명만으로 발효시킬 수 있다.

는 알 수 없으며 일차적으로는 정부의 내부판단에 달려있다고 할 수밖에 없다. 그러나 정부가 선택한 절차에 대하여 국민들의 반대가 있고 헌법재판이 제기된다면 헌법재판소의 최종적 판단에 의할 것이다.

독일의 경우 기본조약 등 동서독간 합의의 처리절차에 관하여 일반조약과 같이 국회의 동의절차를 이행하였다. 그러나 통일조약만큼은 그 헌법조약으로서의 특성을 감안하여 헌법개정의 절차를 적용하여 이에 따른 발효절차를 이행하였고 연방헌법재판소도 이러한 절차의 합헌성을 인정하였던 점은 우리 통일합의서의 경우에도 참고가 될 만한 재판 사례가 될 것이다.[26]

3. 북한정권의 정치적 가해행위의 청산과 헌법재판

통일 실현기에는 조선노동당의 실질적 지배하에 있었던 북한의 정권범죄에 대한 과거극복(Vergangenheitsbewältigung)이 첨예한 헌법적 논란의 대상이 될 것이다. 독일통일의 경험을 참고할 때 이러한 과거청산은 북한으로부터 오랜 기간 격리되어 왔던 남한의 주민들에게 보다는 오히려 북한의 주민들에게 더욱 절실한 문제이기 때문에 북한주민들에 의하여 그 철저한 해결을 더욱 강하게 요구받을 수 있다. 따라서 통일 직후 그 해결과정에서 헌법재판 사건이 다수 발생할 것이 예상된다. 과거청산의 조치에 대한 헌법재판에서는 주로 형사처벌의 합헌성이 문제되는 만큼 죄형법정주의와 법치국가의 파생원칙인 신뢰보호 원칙이 중요한 심사의 잣대가 될 것이다.

북한의 과거정권범죄는 크게 북한주민에 대한 정치적 박해행위와 남한주민에 대한 납치·살해 등 테러행위 및 남한에 대한 간첩행위의 세 가지로 대별될 수 있다고 본다. 이 문제들은 각각 고유한 헌법적 쟁점들을 지니고 있고 헌법재판에서는 이러한 쟁점들에 대한 판단이 내려져야 할 것이다. 이하에서 이 점들에 대하여 살펴본다.

(1) 북한주민에 대한 정치적 박해행위

북한주민에 대한 박해행위는 여러 가지 형태가 있을 수 있으나 주로 정치범에 대한 강제수용소의 운용과정에서의 각종의 반인권적 행위와 탈북자의 납치귀환과 이들에 대한 박해 등을 들 수 있다. 그러나 그 정확한 실상은 통일을 즈음하여 북한의 정

---

26) BVerfGE 82, 316, 320-321. 참조.

치생활의 현실이 밝혀지고 관련 정보가 공개되어야만 제대로 파악될 수 있을 것이다.

죄형법정주의의 원칙에 비추어 북한정권담당자의 북한주민에 대한 정치적 박해행위에 대해서는 그 행위당시의 법률인 북한형법이 적용되도록 함이 상당하다. 그러나 재판당시의 법률은 통일한국의 형법이 될 것이고 이 법은 남한의 형법이 될 가능성이 크다. 그러므로 경한 형의 우선적용 원칙에 의하여 만약 통일한국의 형법(재판시법)이 북한형법(행위시법)보다 경하다면 그 경우에는 통일한국의 형법이 적용될 것이다. 또 북한형법이 적용된다고 하더라도 그 조문을 문리상 의미대로만 적용할 것이며 사회주의 형법의 해석원리까지 도입하여 유추적용을 허용할 수는 없을 것이다.[27]

그러나 실제 재판에서는, 행위 당시 사회주의 형법제도하에서 형법의 조항보다 지도자나 당의 지시가 우월한 효력을 가지므로 비록 형법의 규정에 위반되더라도 지도자나 당의 지시라면 적법하다고 보고 어쩔 수 없이 행위한 것이어서 위법성에 대한 인식이 없었으며 그렇지 않다고 하더라도 다른 행위를 할 기대가능성이 없었다는 주장이 있을 수 있다. 형법상 위법성이나 책임성 면제의 판단을 하지 않는다면 이러한 재판은 헌법적으로는 법치국가의 파생원칙인 신뢰보호의 원칙에 반하며, 나아가 사회주의 형법을 자유주의적 형법원리에 의하여 재해석하여 처벌하는 것은 죄형법정주의의 원칙에 반하여 헌법위반이라고 주장할 수도 있다. 판단컨대 헌법재판소는 결국 북한형법을 통일한국의 법원에서 이와 같이 적용하는 것이 우리 헌법의 원칙에 부합하는 것인지 여부에 관하여 유권적 헌법판단을 하여줄 필요가 있다. 행위 당시에 북한형법에 처벌의 규정이 존재하지 아니하면 모르나 처벌규정이 존재하는 이상 위법성에 관한 착오의 문제에서 다른 견해를 가지고 판단하는 것은 죄형법정주의나 신뢰보호의 원칙에 반하지 않는 것으로 해석함이 정당하다고 생각한다. 그러나 그와 반대되는 견해의 입론을 예상할 수 있으며 그러한 견해가 헌법재판소의 결정이 되는 경우, 헌법재판소는 결과적으로 북한정권의 북한주민에 대한 정치적 박해행위에 대하여 사면하는 효과를 부여하게 된다는 점에 유의하고자 한다. 어떠한 결정을 하는 경우이든

---

27) 독일의 경우 연방헌법재판소는 슈타지 간첩행위 사건에서 구동독에서의 범죄행위의 처벌문제를 통일조약에 의하여 개정된 형법시행법률 제315조의 해석에 의하여 해결하고 있다. 이에 따르면 구동독에서 실행되고 처벌되지 아니한 범죄에 대해서는 형법 제2조의 행위시법 적용 및 처벌이 경한 법률 우위의 원칙이 적용된다고 보게 된다. 그러나 통일조약에 의하여 신설된 형법시행법률 제315조 제4항에 따라서 구동독에서의 범죄라고 하여도 서독형법이 당초부터 적용될 수 있었던 범죄에 대해서는 형법 제2조를 적용하지 아니하고 항상 서독형법 즉 연방형법이 적용되도록 해석하였다. BVerfGE vom 15.5. 1995. S. 46-49. 법무부, 통일독일의 구동독 체제불법청산 개관, 1995, 288-292면. 참조.

헌법재판소의 결정은 통일한국의 초기에 커다란 정치적, 사회적 파장을 가져올 것이다.[28]

(2) 남한주민에 대한 납치 · 살해 등 테러행위

북한정권의 범죄행위 중 남한주민을 상대로 하였던 각종의 테러행위에 대해서는 바로 남한의 형법 등 처벌규정이 행위시법으로서 적용될 수 있다. 그러므로 통일한국의 형법이 주로 남한의 형법체계를 이어받을 것으로 보는 한도 내에서 행위시법과 재판시법의 동일성이 유지된다. 물론 행위자에게 적용되는 행위시법으로서 북한형법의 적용도 통일한국의 법원에게는 선택적으로 가능할 것이지만, 북한형법의 적용과 해석에 관해서는 앞서 본 바와 같은 보다 많은 논란이 제기될 수 있으므로 불필요 · 부적절한 측면에 있고, 남한의 형법을 우선 적용함이 무난하다고 생각된다.

그런데 남한의 형법체계에 의하면 최근까지 살인 등 가장 중한 범죄의 경우에도 15년의 공소시효가 적용되어왔다.[29] 따라서 이 글의 집필 시점을 기준으로 하여 보

---

28) 독일의 경우, 구동독 국방위원회 위원들인 알브레히트와 케슬러 및 슈트렐레츠는 동 국방위원회가 장벽탈출자에 대한 총격사살명령을 내린 데에 대한 책임으로 살인죄 등으로 기소되어 유죄판결을 받았으나, 피고인들에 대한 유죄판결은 기본법 제103조 제2항의 죄형법정주의의 요구에 위반된다는 이유 등으로 위헌이라고 주장하면서 연방헌법재판소에 헌법소원 심판을 청구하였다. 이에 대하여 연방헌법재판소는 1996. 10. 24. 동 헌법소원을 기각하는 결정을 하였는바, 그 이유로서 ① 소원청구인들은 국가행위이론(Act of State)을 적용하여야 할 것을 주장하지만, 이는 영미법의 영역에서 발전하여온 논리로서 아직 국제법의 확립된 원칙으로 수용되었다고 할 수 없으며 통일조약에서 일정한 경우 동독의 반법치국가적 조치를 파기할 수 있도록 이미 규정하고 있어서 이러한 이론을 받아들이지 않는 것을 전제로 하고 있고, ② 특정의 국가가 중대한 범죄에 대한 구성요건을 법률로 규정하고 있지만, 그 국가가 오히려 법규범을 초월하여 불법을 조장하고 장려하며 이에 따라 국제사회에서 승인된 기본권을 심각히 침해하면서 가벌성을 배제하고 있다면 이러한 불처벌에 대한 신뢰의 기초는 더 이상 존재하지 아니하게 되며, 이러한 특수상황에서는 국제법적으로 인정된 인권을 수용하는 실질적 정의에 대한 요구에 따라 상기 정당화 사유는 적용이 배제되고 ③ 불법월경의 저지를 인간의 생명권보다 우위에 두는 정당화사유는 정의의 기본적 명령과 국제법적으로 보호되는 인권에 대한 중대한 위반이므로 효력을 인정할 수 없다는 점 등을 들고 있다. 1996. 10. 24. BVerfGE 95, 96 결정.

29) 2007. 12. 21. 개정된 형사소송법에 의하면 사형 해당죄의 공소시효는 25년으로 연장되었다. 그러나 부칙조항에 의하여 동 조항의 발효 전 이미 범하여진 범죄에 대해서는 종전의 공소시효 규정이 적용되도록 하였으므로 발효일인 2007. 12. 21. 이전의 범죄에 대해서는 여전히 15년의 공소시효가 적용된다. 관련 조항은 다음과 같다.
형사소송법 제249조(공소시효의 기간) ① 공소시효는 다음 기간의 경과로 완성한다. <개정 1973. 1. 25., 2007. 12. 21.>
1. 사형에 해당하는 범죄에는 25년
2. 무기징역 또는 무기금고에 해당하는 범죄에는 15년(이하 각 호 생략)
② 공소가 제기된 범죄는 판결의 확정이 없이 공소를 제기한 때로부터 25년을 경과하면 공소시효가 완성한 것으로 간주한다. <신설 1961. 9. 1., 2007. 12. 21.>

아도 15년 전인 1993년 10월 이전의 북한의 테러행위에 대해서는 공소시효가 만료된 것이 확인된다. 남북한간의 대결구조는 분단 이후 수십년간 지속되면서 북한의 대남 테러는 소위 남조선혁명을 촉발하겠다는 차원에서 계속되었다. 대표적인 사례로서 KNA기납치사건, 청와대습격사건, 울진삼척무장공비사건, 아웅산사건, KAL기폭파사건, 동진호납치사건, 기타 남한주민 납치사건 등을 들 수 있을 것이다. 그러나 이러한 테러행위는 현재 기준으로 모두 15년 이상된 사건들이며 남북한 관계는 1991. 12. 13. 남북기본합의서가 체결된 이래 정도의 차이는 있으나 대화를 지속하여 옴으로써 그 이전과 같은 조직적이고 큰 규모의 테러는 감소되었다.

이와 같은 상황에서 통일 이후 이전의 북한의 테러행위에 대한 완전한 과거청산을 위하여 공소시효의 적용을 배제하는 내용의 입법이 실현될 소지가 없지 않다. 독일은 통일된 이후 구동독의 정권범죄에 대한 과거청산을 위하여 공소시효의 정지를 정하는 특별법을 제정한 바가 있는 바[30] 우리나라의 경우에도 이와 같은 취지의 특별법이 실현될 가능성이 열려있는 것이다.

이러한 특별법의 제정에 있어서는 소급입법의 합헌성 여부가 헌법상의 쟁점이 된다. 판단컨대 공소시효의 정지 여부는 전적으로 범죄의 가벌성(Strafbarkeit) 여부에 관한 문제는 아니며 원칙적으로 소추가능성(Verfolgungsmöglichkeit)에 관한 문제에 해당한다고 보아야 하며 따라서 시효이익을 박탈하는 것은 법치국가 원칙에서 파생하는 신뢰보호의 원칙에 위배하는 문제의 평면에서 검토되어야 하는 것이며 죄형법정주의의 위배여부와는 관계가 없다. 그런 의미에서 시효에 관한 특별법의 문제는 범죄 행위 이후에 사후적으로 구성요건을 설정하는 문제와는 본질적 차이를 가지는 것이다. 특별법이 이미 공소시효가 완성된 행위에 대하여 그 시효의 중지를 정한다면 이는 진정소급효에 관한 입법이 될 것이고 진행중인 시효가 아직 도과되지 아니한 상태에서 그 시효중지를 정한다면 이는 불진정소급효에 관한 입법이 될 것이다. 부진정소급효에 관한 입법은 원칙적으로 합헌일 것이나 진정소급효에 관한 입법은 원칙적으로 피의자와 피고인에 대한 법적 신뢰를 침해하는 것으로 위헌이 된다고 하지 않을 수 없다. 그러나 이는 어디까지나 원칙의 문제이며 예외적 허용이 불가능한 것

부칙 제3조 (공소시효에 관한 경과조치) 이 법 시행 전에 범한 죄에 대하여는 종전의 규정을 적용한다.
30) Gesetz über das Ruhen der Verjährung bei SED-Unrechtstaten(VerjährungsG) vom 26. märz 1993, BGbl, 1993, I, S. 392.

은 아니다. 북한의 정권적 불법행위에 관련하여 그 행위자의 시효에 대한 법적 이익은 전체적으로 경미한 반면 처벌함으로써 실현될 공익은 압도적 중요성을 가진다고 판단한다면 비록 진정소급효를 가지는 경우라고 하더라도 시효이익을 박탈하고 시효의 정지를 정하는 것이 합헌적일 수 있다.[31]

(3) 북한정권의 남한에 대한 간첩행위

통일 후 북한의 대남 정탐·첩보행위의 처벌 가부에 관해서도 헌법적 문제가 제기될 수 있다. 독일의 경우 동독의 대서독 첩보수집을 담당한 국가공안부(슈타지) 요원들은 통일후 간첩죄로 기소되었으나 연방헌법재판소는 이들의 처벌이 법치국가에서 파생되는 신뢰의 원칙과 평등원칙을 위배하는 것으로 위헌이라고 판단한 바가 있다.[32] 우리나라의 경우에도 테러행위를 포함하지 아니한 순수한 정탐·첩보행위는 상호주의와 평등의 원칙과의 위배여부가 크게 다투어질 우려가 있다고 본다. 이에 대하여 북한측의 비인도적 범죄를 청산하는 한 인명에 대한 침해를 수반하지 아니하는 단순 첩보행위의 경우 분단을 극복하고 통일이 실현된 시점에서는 특별히 처벌할 가벌성도 크지 않게 될 것이므로 이를 굳이 처벌하는 것은 평등의 원칙과 신뢰보호의 원칙을 침해하는 것으로 생각된다. 그러나 더 나아가 북한의 대남 정탐행위가 소위 '남조선혁명'의 실현을 위한 것으로 일반적으로 국가가 행하는 정보수집행위의 범위를 넘어선 공격적 도발행위에까지 이르고 타인에 대한 실제 피해를 야기한 경우에는 이러한 행위까지 헌법상 신뢰보호의 원칙이나 평등의 원칙에 의하여 보호되어야 한다고 볼 수 없을 것이다. 결국 통일 이후 북한내의 대남간첩행위 관련자에 대한 처벌은 각각 구체적 사건의 내용에 따라 그에 상응한 헌법적 평가가 이루어져야 할 것이다.

---

31) 이러한 입법의 합헌성 여부에 관하여는 헌법재판소의 5·18특별법 관련 헌법소송의 결정이유에서 이미 상세한 이론전개가 이루어진 바 있다. 헌법재판소 1996. 2. 16. 선고 96헌가2, 96헌바7·13(병합) 5·18 민주화운동 등에 관한 특별법 제2조 위헌제청 등 14건 헌재공보 14, 195-211면 참조.
32) 특히 서독측의 대동독간첩행위는 처벌의 대상도 되지 아니하면서 동독측의 서독에 대한 간첩행위만 처벌하는 것은 평등원칙에 위배된다고 보았다. 1995. 5. 15. BVerfGE 2 BvL 19/91, 2 BvR 1206/91, 1584/91, 2601/93.

4. 몰수재산권 처리와 헌법재판

(1) 외국의 입법례와 헌법재판의 검토

통일의 시기가 다가오면 북한정권에 의하여 몰수된 북한지역의 재산권의 회복이 주요 문제로 부상할 것이고 남북한 당국은 통일합의서에서 이에 대한 해결원칙을 분명히 할 것으로 예상된다.

이에 관한 정책결정의 주요한 사례로서는 통일당시 독일이 취한 방식과 체제전환시 헝가리 등 동구권 국가들이 취한 방식이 주요한 입법례로 꼽히면서 우리나라에서도 집중적으로 연구된 바가 있다. 그 중 독일의 해결방식은 원물반환을 원칙으로 하였다. 그러나 수십년이 지난 후 원소유자에게 토지 등을 반환하도록 하는 것은 반환소송의 소송사태를 몰고 온 바와 같이 통일 직후의 동독지역의 토지소유권 관계를 극도의 불안정상태로 몰아넣었다.[33] 이는 시급히 복구되어야 할 동독지역의 경제에 대한 투자가 제대로 이루어지지 못하게 함으로써 동독의 재건을 어렵게 하는 원인이 되었다. 또한 이러한 원물반환의 원칙에 대한 예외적 입법조치로서 일정한 경우에는 투자우선의 원칙을 인정하여 원소유자에게 원물을 반환하지 아니하고 금전배상을 하도록 하는 입법을 하기도 하였으나 그러한 예외조치의 적용을 위한 절차에 시간이 소요되고 또한 보상에 막대한 국가재정이 투입되어야 함에 따라 강력한 경제력을 가진 서독에게도 감당하기 어려운 부담이 되었고 그 여파로 통일독일은 한동안 경제적 침체를 벗어나지 못하였다.

이에 비하여 체제전환 당시 헝가리의 조치는 보다 현명하여 보인다. 헝가리는 공산당에 의한 몰수재산은 반환하지 않는다는 원칙 하에 불법적 수용에 대한 보상만을 규정하였다. 나아가 보상의 방법에 있어서는 금전보상을 채택하지 아니하고 사유화되

---

33) 독일에서는 통일 직후 몰수재산반환청구권자들로부터 반환신청을 받은 사건 수가 무려 120만 건이 넘었고, 이를 대상 재산별 분쟁 수로 파악하면 270만 건이 넘어선 바 있다. 또 1994. 3.까지 기준으로 해결 비율도 약 35%에 불과하였다. 통일 직후 이러한 재산관계의 혼란이 구동독지역의 경제발전을 지연시키는 주요한 원인이 되었다. 기존 사법조직의 실제 사건 처리능력의 관점에서 보더라도 이와 같은 엄청난 수의 재산권 분쟁이 일거에 제기되어 개개의 구체적 해결을 내려주는 것이 곤란하였을 것이다. 결국 재산권에 대한 분쟁건수가 100만 건을 초과한다는 것은 개개의 구체적 조치를 취하여 주는 방법이 이미 부적절해 지는 것을 의미하는 것으로서 원물반환이 아닌 다른 해결책을 모색하여야 한다는 주장에 강한 설득력을 부여하는 것이라고 하겠다. 김승대, 통일헌법이론, 법문사, 1996. 9. 333면.

는 국유재산에 대하여 그 지분을 취득할 수 있는 권리를 화체한 보상증서를 통한 보상이 이루어지도록 하였다. 헝가리의 이러한 법제는 체제전환 후 토지 재산권 관계의 법적 안정성이 유지되도록 함과 동시에 취약한 헝가리의 경제에 부담을 주지 않고 보상문제를 해결하는 데에 기여하였다.[34)]

현재 우리나라에서의 논의는 위 헝가리식 해결방안이 적절하고 독일식의 해결방안은 남북한의 정치적 경제적 사정에 적합하지 않다는 방향으로 기울어지고 있다.[35)] 독일이 취한 원물반환 원칙은 동독재건의 기반이 될 토지소유관계에 혼란을 가져온 원인이 되어 독일인들 스스로도 실책이었다고 하는 비판적 평가를 받는 만큼 독일보다 경제가 훨씬 취약한 한국에서 모방되기 힘든 조치라는 점에 동의하지 않을 수 없다. 이러한 상황을 고려할 때 통일 실현시기에 이르러 남북한 당국은 원물반환의 원칙을 택하지 아니하고 보상증서에 의한 보상의 원칙에 의하여 이 문제의 해결을 도모할 것임이 거의 틀림이 없다고 생각된다. 따라서 남북한 통일 시 이와 같은 조치가 있을 것을 전제로 하여 논의 범위를 축소하여 논하여도 무방하리라고 본다.

(2) 보상원칙의 헌법적 한계

이 문제와 관련하여 ① 원물반환을 부정하고 보상원칙을 정하는 것이 우리 헌법상 받아들여질 수 있는 것인지 ② 전면적 보상이 아니라 경제적 사정과 국가의 능력 등을 고려한 일부 보상이 합헌적인 것인지 ③ 보상증서에 의한 제한적 보상이 가능할 것인지 등이 헌법적 쟁점으로 떠오르게 된다.

생각건대, 북한정권은 대한민국의 영토 안에서 사실상 수립된 정부로서 그 토지몰수조치는 불법적인 것이므로 논리적으로는 독일의 경우처럼 모든 토지소유자에 대하여 원물이 반환되어야 할 것이다. 그러나 통일합의서에서 원물반환을 배제하고 보상원칙을 정하고 나아가 이것이 통일한국의 법률이 된다면 이는 반환될 원물에 대한 새로운 수용조치가 내려지는 것으로 파악할 수 있다(소위 입법적 수용). 따라서 헌법 제23조 제3항에 따라서 공공필요에 의한 재산권의 수용 및 그에 대한 보상은 법률로서 하되 정당한 보상에 의하여야 한다는 헌법적 요청에 부합하여야 할 것이다.[36)]

---

34) 표명환, 전게 논문, 323-330면 참조.
35) 정영화, 전게 논문, 486-488면, 표명환, 전게논문 331-333면 등 참조.
36) 입법적 수용이 우리 헌법상의 재산권 수용의 한 형태가 되는 것으로 보는 판례로는 헌재 1998. 3. 26. 93헌바12 판례집 제10권1집, 226, 227-228.

여기서 북한지역의 몰수재산권에 대한 일괄적인 수용조치가 헌법상 '공공 필요'에 의한 수용인지 여부가 문제될 수 있으나, 북한지역의 경제부흥과 남북한 전체 경제의 파탄 방지를 위하여 필요한 조치라고 인정될 수 있는 한 공공 필요의 요건이 충족된다고 판단하여야 할 것이다. 그리고 보상증서에 의한 보상도 그것은 어디까지나 보상의 방식과 형태에 관한 문제일 뿐이므로 그 구체적 규율 내용이 평등 원칙 위배의 특별한 문제를 발생시키지 않는 한 헌법적으로 제한되는 것은 아니라고 할 것이다. 그러나 보상을 하지 않는 것이나 일부 보상만을 규정하는 것은 문제를 어렵게 한다. 헌법은 토지 수용에 대한 보상이 정당한 보상이 될 것을 분명히 요구하고 있으므로 통일과 함께 헌법이 개정되어 북한지역에서 몰수된 토지에 관하여 보상을 하지 않거나 일부 보상만을 할 수 있다고 하는 명문의 조항을 두지 않는 한 위헌을 모면하기 어렵다고 생각된다. 이는 아무리 너그럽게 보아도 도저히 헌법상의 정당보상으로 해석하여 주기 어려울 것이기 때문이다.[37]

그러나 어차피 재산권 회복 문제의 판단에 있어서는 국가의 재정능력이 감안되어야만 하고 또 헌법적 논리에 충실하기만 하여 헌법재판이 통일과정에 새로운 사회적 혼란을 야기시키는 요인이 되는 것은 피하여야 할 것이다. 이러한 종합적 상황에 대한 시의적절하고도 신중한 고려가 필요하다고 본다. 요컨대 원물반환과 금전보상을 실시하지 아니하고 보상증서에 의한 보상을 행하는 것은 법률적 차원의 균율이 가능하다고 하겠지만, 이 과정에서 정당한 보상이 이행되지 않도록 하는 것은 헌법적 차원의 해결, 즉 헌법조항의 신설에 의한 해결이 필요하며,[38] 헌법재판소로서는 판단 당시의 헌법과 법률규범의 내용에 의하여 그 위헌 여부를 결정할 수밖에 없다고 생각한다.[39]

---

37) 따라서 보상기준이 될 가격산정에 있어서 남북한 통일 당시의 객관적 평가가격이 적당하다고 할 것이다. 그 이후 북한지역에 대한 새로운 개발계획과 이에 대한 기대심리로 상승하는 가격부분은 이를 보상액 산정에서 제외하더라도 정당한 보상이 되는데 장애가 되지 않는다고 본다. 정당보상에 있어서 개발이익 배제에 관한 판례로는 1990. 6. 25. 89헌마107 판례집 제2권, 178. 참조.
38) 따라서 국가재정을 감안하여 무반환·무보상 원칙을 실현하기 위해서는 반드시 헌법개정에 의한 해결이 필요하다.
39) 이 점은 재산권의 몰수조치 이외의 구 북한체제의 불법, 예컨대 북한 정권 존속 중 북한 권력기관에 의한 불법적 체포 구금행위 등으로 인한 피해보상에 있어서는 통일한국이 구 북한체제의 불법책임을 승계하는 것이 아니고 통일한국으로서는 단지 사회국가원리에 의하여 사회적 약자에 대해 공공부조로서 조정급부를 행하는 것일 뿐이므로 반드시 '완전보상'이 헌법적으로 요청되는 것은 아닌 점과 구분되어야 한다.

Ⅳ. 통일에 즈음한 헌법재판제도의 개혁 문제

통일을 현실화하는 과정에서 헌법재판 제도는 실제 어떻게 달라질 것인가 혹은 달라져야 할 것인가 하는 문제는 두 가지 경우로 나누어 고찰되어야 한다고 본다. 첫째 통일작업을 할 때 헌법재판을 담당하는 헌법재판소의 조직은 어떻게 될 것인가 하는 점이며 둘째 통일을 이루고 난 이후 헌법재판은 새로운 통일국가라는 상황에 맞게 어떻게 개혁·개선되어야 할 것인가 하는 점이다. 이들을 차례로 살펴본다.

1. 통일작업을 담당할 헌법재판소의 조직과 구성

통일이 이루어질 상황이 되어 관련된 헌법재판사건들이 제기되어 올 때 헌법재판소의 모습은 어떠할 것인가. 먼저 분명히 하여야 할 점은 통일에 영향을 미칠 중대사건들을 결정할 상황에서 기존의 헌법재판 제도의 변화는 사실상 불가능하다는 것이다. 헌법재판소의 구성원이나 관할범위 혹은 대법원 등 다른 헌법기관들과의 위상의 측면에서 의미있는 변화를 실현하려면 반드시 헌법개정을 하는 것이 필요하다. 헌법재판소의 조직과 권한에 관한 기본사항들은 모두 헌법에 규정되어 있기 때문이다. 그런데 통일을 이루어야 할 과도적 불안정기에는 평온한 시절에도 이루어지지 아니한 헌법재판소의 조직 권한에 관한 이러한 헌법개정이 새삼스럽게 이루어질 여유는 없을 것이다. 다만 통일합의서에 헌법개정 사항이 들어갈 것이고 여기에 헌법재판소 구성과 권한 등에 관한 문제를 다루어 넣는 것을 생각해 볼 수는 있으나 헌법재판제도 문제는 남북한 통일의 실현과 직접적 연관성이 없을 뿐만 아니라 다른 관점에서 해결하여야 할 허다한 논점들을 가지고 있으므로 여기서 특별히 다루어 줄 것으로 기대할 수도 없다.[40]

그러므로 헌법재판소는 통일 관련 사항들이 중대하고 또한 통일 직후에 관할 인

---

40) 독일의 경우도 통일 당시 통일조약 등에 의하여 헌법재판제도를 변경하는 일은 이루어지지 않았다. 다만 독일의 통일조약 제1부속의정서(법무·사법편) F부문 헌법재판제도 제3절에서는 연방법(연방헌법재판소법)은 구동독지역에 시행됨을 규정하고 있으며, 독일법관법에 의하여 자격을 취득하지는 아니하였으나 동등의 자격이 인정되는 구동독의 직업법관에게도 연방헌법재판관으로 선출될 수 있는 길을 열어주고 있다. 법무부, 독일 법률·사법통합 개관, 법무자료 제165집, 1992, 727면.

구수가 남북한 전체의 약 7,000만명을 통합하게 되었다고 하여 갑자기 재판관의 수를 증가시키거나 부를 확대하는 등의 조직변화를 완성하고 통일문제의 결정에 임할 수는 없을 것으로 본다. 이는 현 제도인 재판관 9인의 단일재판부에 의하여 시급한 통일 관련 헌법재판을 모두 완성해 내어야 한다는 것을 의미한다. 물론 연구관 등 연구인력의 확충은 가능하고 통일관련 사건들에 대한 집중적 연구역량을 가지기 위하여 비상적, 임시적인 연구인력의 보강계획을 가질 수는 있다고 생각된다. 그러나 이는 결국 재판보조인력의 보강에 불과한 것이며, 헌법재판소는 통일의 결정적 시기에 기존의 재판부의 규모로서 대처하여 나갈 수밖에 없다는 사정에 본질적 차이를 가져오지는 않는다.

2. 통일 작업을 실현한 이후의 헌법재판 제도의 쇄신

이 점에 관해서는 허다한 논의가 있을 수 있고 그와 같은 논의가 통일 관련 헌법재판소 제도의 개혁이라는 주제로 다루어지고 있다.[41] 그러나 이 문제는 실제로는 통일문제와의 관련성이 부족하고 단지 통일이라는 총체적 국가개편작업이 있으니까 차제에 헌법재판 제도의 문제점도 고쳐보아야 한다는 식의 논의일 뿐이다. 여기서 다루어지는 논제에는 헌법재판소의 구성원의 확대 등의 범위를 넘어서 헌법재판소의 권한을 재설정하는 문제, 특히 법원의 재판에 대한 헌법소원 인정, 명령규칙에 대한 헌법심사권의 통일, 법원의 법률해석권의 존중 문제 등 헌법재판소와 법원 간의 권한과 위상 재조정의 문제가 포함되고 나아가 사법부를 일원화할 것인지 이원화할 것인지 등의 기본적 문제까지 등장할 수 있다. 그러나 이들은 모두 기존의 남한 헌법재판제도의 운영과 관련하여 이미 드러난 쟁점들로서 특히 통일을 계기로 해서 나오는 문제점이 아니다. 따라서 헌법재판에 관하여 드러나는 모든 제반 상황을 점검하여 충분한 토론과 논의를 거쳐서 신중하게 판단될 문제이므로 통일이라는 특수한 상황적 계기에 지나치게 연관시킬 필요가 없다고 본다.

다만 앞서 본 바와 같이 통일로 인하여 국가의 인구규모가 크게 증대하므로 이로 인하여 헌법재판소가 다루어야 할 사건이 대폭 늘어날 것이 예상되므로 헌법재판소

---

41) 이와 관련된 논의를 본격화한 글로는 김형남, 통일한국의 헌법재판제도에 대한 전망, 헌법학연구 제14권 제2호, 2008. 6., 507면을 들 수 있다.

의 조직을 확대할 필요는 시급하다고 하겠다. 이 점에서 헌법재판제도는 직접적인 통일관련성을 가지게 된다. 판단컨대 통일 이후 우리나라는 인구규모의 면에서 통일독일과 비슷한 위치를 가지게 된다고 생각되므로 적어도 헌법재판소의 조직과 독일과 동등한 규모를 가질 것이 필요하다고 본다. 독일의 헌법재판소가 재판관 8명으로 구성된 2개의 독립된 부(Senat)로 구성되어 도합 재판관 16인의 조직을 가지고 있음을 감안할 때, 우리 헌법재판소도 재판관 정수를 2배로 확대하고 단일 전원재판부를 벗어나 서로 다른 관할을 가지는 두 개의 부를 설치하는 것이 통일한국의 규모에 적절하다고 생각한다. 그러나 이 헌법재판관의 정수를 확대하거나 변경하기 위해서는 헌법의 개정이 요구되는 만큼 통일을 실현한 이후 충분한 토론과 논의를 거쳐서 국민 전체의 여론을 광범위하게 수렴하여 신중히 추진되어야 할 문제라고 할 것이다.

V. 맺 음 말

이상에서 살펴 본 바와 같이 헌법재판은 자유민주주의에 의한 정의로운 남북한 통일이 실현되도록 하는 중대한 기능을 한다. 따라서 헌법재판소는 남북한 통일이 합헌적인 방향을 유지하도록 함으로써 합리적 통합이 이루어지도록 하는 역사적 사명을 다하여야 한다. 통일에 즈음하여 다양한 헌법적 논점들이 부각되어 다투어지겠지만 헌법심사의 중심에는 자유민주주의의 원칙이 자리잡아야 한다. 독일의 경우에는 법치국가의 원칙이 독일통일의 방향을 결정짓는 기본원칙으로서 기능하였지만 법치국가에 대한 일반적 인식이 다른 우리나라의 경우는 독일식의 접근방법이 반드시 타당한 것은 아니라고 본다.

통일 관련 헌법재판은 거의 모든 법적 영역에서 제기될 것이며 다양한 헌법적 쟁점을 가지게 될 것이나, 기본권에 대한 과잉금지와 평등의 원칙 및 신뢰보호의 원칙에 의한 심사가 주를 이룰 것으로 생각된다. 따라서 현재 일반적인 헌법재판사건의 심사방법과 본질적으로 다를 바가 없다. 다만 헌법재판의 사건 수가 폭주할 것이 예상되므로 그때가 되면 연구인력의 적절한 보강은 필요할 것으로 생각된다. 또한 통일을 이루는 기본적 과정으로서 남북한 총선거, 통일합의서의 체결, 북한정권의 정치적 가해행위에 대한 청산과 몰수재산권의 처리 등이 필연적으로 포함될 것인 만큼, 관련 헌법재판에 대한 준비적 연구도 필요하다고 생각된다.

남북한 총선거에 있어서는 북한지역의 주민들의 통일한국에 대한 정치적 참여 기회가 실질적으로 보장될 수 있도록 배려되어야 하며, 특히 남북한 주민들을 상호 비교집단으로 한 평등 심사에 있어서는 이러한 특수성이 참작되어야 한다고 본다. 통일합의서는 그것이 남북한 당국에 의하여 체결되었다면 비록 양 당국의 내부발효절차가 이행되기 전이라고 하더라도 바로 헌법재판의 대상이 될 수 있다고 함이 상당하다. 나아가 헌법재판소는 통일합의서가 헌법개정사항을 포함하는 것을 고려하여 특수한 헌법적 발효절차를 요하게 되는 점에 관하여 그 절차적 합헌성 여부를 확정하여 주는 역할을 다하여야 할 것이다. 북한정권의 과거청산과 관련하여 다양한 헌법재판이 제기될 것이 예상되지만 이러한 사건들이 법적 처리를 위장한 정치적 보복으로 흐르지 않도록 하고 죄형법정주의와 신뢰보호의 원칙 등에 의한 헌법적 한계를 분명히 제시해주는 기능을 다하여야 한다고 본다. 몰수재산권의 처리에 관해서도 공·사익 간의 조화로운 균형이 이루어지도록 하는 선에서 헌법상 재산권 보장과 수용의 원칙이 실현될 수 있도록 함으로써 극단적인 과잉조치가 되는 것을 방지하여야 한다고 본다.

마지막으로 헌법재판 제도 자체가 남북한 통일을 계기로 하여 특별히 질적 쇄신이 되어야 할 근거는 없다고 생각된다. 기존의 헌법재판제도에 상당한 문제점들이 존재하는 것은 사실이지만 이러한 문제들과 분단국가의 헌법적 현실 사이에는 별다른 인과관계가 존재하지 않는다. 이는 기존의 대한민국 헌법체제 특히 사법체제에 관련하여 발생한 문제들이므로 통일에 즈음하여 특별히 급히 해결되어야 할 이유는 없으며 통일 이후에 충분한 시간을 가지고 국민의 여론을 수렴하면서 추진되어야 한다. 다만 남북한 통일은 그 자체가 헌법재판사건의 단기적 폭증을 초래하고 나아가 대한민국이 북한의 인구를 포섭하게 됨으로써 헌법재판소의 관할 인구가 확대되어 장기적 사건 증가의 요인이 됨은 분명하므로 이러한 상황 변화에 대처하기 위하여 헌법재판관의 수를 증원하는 내용의 헌법개정이 고려되어야 한다고 생각된다.

제11장

국가정책결정과 헌법재판

제 11 장
국가정책결정과 헌법재판

I. 머리말

1. 헌법재판소의 민주적 대표성 미흡과 헌법재판의 한계

현행 헌법은 헌법재판소로 하여금 위헌법률심판과 헌법소원심판 등 다양한 형태의 헌법소송을 관장하게 함으로써 헌법재판제도를 수용하고 있으며(제112조), 이에 따라 헌법재판소는 제반 정치적 분쟁에서 나타나는 헌법적 쟁점에 관하여 최종적 판단을 내려주는 최고사법기관으로 기능하고 있다. 그러나 정치세력들 사이에 사활적 이해가 걸려있고 국가의 운영 전체를 좌우하는 중대한 국가정책의 위헌 여부가 문제되는 헌법재판 사건들에서 직업법관들로 구성된 헌법재판소가 국민이 직접 선출한 대통령이나 국회의원들이 결단한 국가의 주요 정책을 파기할 수 있는지, 혹은 명백히 드러나는 국민 여론에 반하는 내용으로 결정할 수 있는지 여부에 대한 의문이 부단히 제기되어 왔다. 특히 2004년에 있었던 대통령 탄핵사건과 수도(首都)이전 사건의 심판과 결정의 전후 과정에서 이러한 문제제기가 극명하게 나타났던 것은 아직도 우리 국민의 뇌리에 선명히 남아있을 것이며,[1] 더 거슬러 올라가면 5·18군사쿠데타가 성공한 내란행위이므로 처벌할 수 없다는 검찰의 불기소처분의 위헌 여부에 대한 헌법재판사건에 관하여 1995년경 벌어진 국민적 논란에서도 그와 유사한 경험을 겪은 바가 있다.

---

* 본 장(章)은 2008년 2월 부산대학교 법학연구 제48권 제2호 1-32면에 게재한 논문인 '헌법재판과 정책결정 – 국가정책결정에 대한 적극적 헌법심사의 이론적 모색 –'을 일부 수정·보완한 것임.
1) 특히 2004. 3. 12. 제기된 대통령 탄핵심판 사건의 심리과정에서 다수의 법학자들이 헌법재판소는 국민이 선출한 대통령에 대한 탄핵을 인용하는데 필요한 민주적 정당성을 가지지 못하였다는 내용을 강조하는 의견서를 헌법재판소에 제출한 바 있다. 동아일보 2004. 4. 10. A10면 기사 참조.

현대 민주국가에서 헌법재판은 법치주의를 실질적으로 구현하기 위하여 반드시 도입되어야 할 필수제도로 인정되고 있으며[2] 헌법상 명문으로 헌법재판소의 권한사항으로 규정하고 있음에도 불구하고, 대통령과 국회 등 헌법기관들이 결정한 중요 정책사항에 대한 헌법재판사건이 있을 때 헌법재판소 심사의 정당성을 부정하는 이러한 주장이 곧잘 등장하는 것은, 헌법재판소의 구성원인 재판관들이 국민으로부터 직접 선출되지 아니한 사법관료적 인사들로 충원되기 때문에 그들의 결정이 이른바 '민주적 정당성'에 의하여 뒷받침되지 못하는 점에 결정적인 원인이 있다.[3] 그리하여 정치적 파장이 큰 국가의 기간(基幹)정책을 대상으로 한 헌법재판사건에서는, 단지 헌법재판제도가 헌법에 규정되어 있으니까 모든 정치적 쟁점에 대하여 헌법재판소의 판단이 가능하다는 식의 규범본위적 설명만으로는 헌법재판소 결정의 권위를 확립하고 추후 집행을 제대로 보장하는데 필요한 설득력을 가지지 못하고 있는 것이다. 이러한 상황은 국가적 중대 정책사안의 헌법적 허부(許否)의 갈림길에 선 헌법재판소로 하여금 자칫 정치세력의 의향과 국민적 여론의 추이를 살펴가며 그때그때 적절히 심판의 한계와 정도 및 나아가 결론을 정해 나가는 무사안일 위주의 헌법재판을 추구

---

2) 헌법재판의 제도적 모태를 탄생시킨 판결로서 잘 알려진 미국 연방대법원의 Marbury v. Madison 판결(1803.2.23.)은 미국 건국 초기의 연방주의파와 반연방주의파의 대립 속에서 우연히 발생한 사건에서 나온 것이지만 입헌주의의 불가결한 논리적 요소로서의 헌법재판제도를 인식하였다는 점에서 헌법재판의 발전에 매우 중요한 이론을 담고 있다. 이 판결은 미국의 연방헌법상 명문의 규정이 없음에도 불구하고 입헌주의 자체로부터 위헌법률심사가 사법부에 의하여 이루어져야 한다는 명제를 연역해 내고 있다. 이 판결에서 표명된 논리의 핵심은 "① 먼저 미국의 주권자인 인민은 성문의 헌법에 의하여 국가권력을 입법, 행정, 사법의 3권으로 분리하여 각 권력의 권한사항을 엄격히 규정함으로써 권력이 남용되지 못하도록 제한하고 있다. ② 또한 입법부가 만든 법률이 헌법에 위반하였음에도 불구하고 이를 유효하게 적용시킨다면 성문헌법에 의하여 입법부를 비롯한 권력기관을 통제하고자 하는 주권자의 취지에 반한다. ③ 그리고 사법부는 미국헌법 하에서 발생하는 모든 법적 분쟁을 다룰 권한을 헌법에 의하여 부여받았으므로 이러한 위헌법률의 심사를 수행할 권한이 있다."라는 것이다. 이 판결은 성문헌법 국가에서는 "헌법상 명확한 규정이 존재하는지 여부에 관계없이" 사법부에 의한 위헌법률심사가 당연히 인정되어야 한다는 결론을 논리적 필연으로 도출하고 있는 점에서 미국뿐만 아니라 세계 각국의 헌법재판제도에 이론적 근거를 제공하였다. Nowak, Rotunda, Young, Constitutional Law, 3d ed, pp. 3-6.

3) 헌법 제111조 제2항 내지 제4항에 의하면 헌법재판관 9인 중 헌법재판소장을 포함한 3인의 재판관은 대통령이 임명하고, 3인은 국회에서 선출하며, 나머지 3인은 대법원장이 임명한다. 그 중 국회에 의하여 선출되는 재판관들은 국회가 국민의 대표기관이므로 간접적 대표성을 가진다고 하겠으며 대통령에 의한 지명의 경우도 대통령의 국민대표성을 고려할 때 약한 정도의 간접적 대표성을 가진다고 할 수도 있을 것이다. 그러나 대법원장에 의하여 3인이 지명되도록 하는 것은 순수한 직업관료의 개별의사에 의거한 충원의 성격을 가지므로 헌법재판관에게 요구되는 민주적 대표성을 배려하지 않은 제도라고 평가된다. 이것은 특히 우리나라 헌법재판관 지명제도의 중대한 문제점이며 장차 헌법개정의 기회에 국민적 의견을 수렴하여 개선되어야 한다고 생각한다.

하는 데 대한 유혹을 받게 할 위험까지 낳게 된다. 그러나 국가적으로 중요한 정책의 향배가 걸린 사건에 관한 헌법재판소의 판단이 보편적 기준을 잃어버리고 강대한 정치력을 가진 사회적 주도세력과 일반대중의 눈치를 살피며 그들의 심기를 건드리지 않는 정도의 선에서 적당히 타협하는 방법으로 이루어져서는 결코 안될 것이다. 이는 입헌주의의 보장제도로서 헌법재판제도 운용의 정당성을 크게 훼손하게 되고, 나아가 제도의 존재 의의 자체도 도전받게 되는 결과를 가져올 것이다. 따라서 특히 우리나라의 헌법재판제도의 현실에서는, 태생적으로 민주적 대표성이 미흡한 헌법재판소가 중대한 국가정책의 결정을 대상으로 한 사건에서 헌법심사를 행할 때 어떠한 한계를 지켜야 하며 어떠한 심사수위를 유지하여야 하는가 하는 점에 관하여 전체적이고 보편적인 기준을 분명히 가지는 것이 극히 중대한 문제라고 생각되며, 이러한 문제 해결을 위한 헌법이론적 모델의 발견 내지 창조를 지향한 진지한 노력이 매우 절실하다고 본다.[4]

2. 연구의 대상 · 방법 및 서술의 순서

이 글에서는 위와 같은 문제의식을 가지고 과연 헌법재판소가 민주적 대표성의 부족이라는 한계에도 불구하고 국가정책을 적극적으로 심사하여야 할 영역이 어디까지 미치는지에 관하여 전체적인 이론적 탐구를 시도하여 보고자 한다. 그러한 의미에서 여기에서의 논의는 특정의 헌법적 주제에 대한 미시적 검토가 아니라 헌법재판제도일반을 염두에 둔 '거시적' 분석의 성격을 가진다. 그리고 종래 이 문제는 통치행위론이라고 하는 판례법이론의 형태로 헌법재판소가 국가정책 결정에 대하여 내용상 심사를 자제하여야 할 범위가 어디까지인가 하는 측면에서 주로 '소극적으로' 논의되어 왔다고 본다. 그러나 모든 사건들이 언제나 다소의 정치적 함의성을 지니는 헌법재판의 성격을 감안할 때 통치행위론 자체가 논리적으로 모호하여 헌법재판의 심사의 한계를 이론적으로 해소하여주는 기준으로서 역할을 제대로 다하지 못하고 있다

---

4) 헌법재판과 정책결정의 문제를 다룬 국내논문으로는 차동욱, 공간분석 모델을 통해 본 헌법재판소의 전략적 판결과정, 한국정치학회보 제40집 제5호, 111면 이하 및 표시열, 행정부의 정책결정 주도에 따른 사법부의 역할 변화와 그 한계: 헌법재판소의 위헌심판을 중심으로, 헌법학연구 제11권 제3호, 2005. 9. 572면 등의 논문들이 발견된다. 그러나 이 글들은 주로 수도이전사건을 중심으로 한 분석에 집중하고 있다.

고 생각될 뿐 아니라, 이 문제에서 통치행위론의 틀을 벗어난 측면의 여러 논의도 필요하기 때문에 종래의 통치행위론만을 추종하는 것은 문제해결에 충분한 방법이 되지 못한다고 본다. 따라서 이 글에서는 민주적 대표성이 미흡한 헌법재판소에 의한 국가정책 헌법심사의 한계성을 각별히 의식하면서, 그럼에도 불구하고 헌법재판소가 오히려 '적극적으로' 엄격히 심사하여야 할 영역이 어떤 범위에 미치는가 하는 점을 비추는 각도에서 검토해 보기로 하며, 아울러 종래 통치행위의 개념으로 포괄되었던 국가정책 결정행위들을 새로운 시각에서 재분류하여 보다 명확히 사법심사에서 배제되는 이론적 근거를 규명함을 시도해 보고자 한다.

이러한 고찰방법에 의거하여 필자는 헌법재판소가 국가의 정책결정에 대한 헌법심사를 함에 있어서, 당해 정책이 취한 규범경로의 헌법적합성과 당해 정책이 결정되기 전에 정책담당자가 취한 국민적 의견수렴 절차의 헌법적합성에 관하여는 민주적 대표성 흠결의 콤플렉스를 떨쳐버리고 엄격하고도 완전한 강도의 헌법심사를 하여야 함을 특히 강조하고자 한다. 또한 정책의 내용 심사에 관하여 전통적인 통치행위론은 심사 배제 여부를 정하는데 요구되는 보편적 기준을 명확히 제시하여 주지 못하고 있으므로 고도의 정치적 성격을 가지는 정책의 결정이 국제법적 영역이나 입헌주의가 배제되는 영역 등 헌법심사가 불가능한 영역에서의 행위라면 사법심사가 불가능하다는 것 등의 논리적 보완을 하는 것이 필요함을 논하고자 한다. 이에 따라 이 글에서는 먼저 헌법재판소가 국회나 대통령의 정책결정에 관하여 적극적으로 헌법심사를 하여야 할 경우에 대한 일반적 분석(Ⅱ)을 하고, 적극적 심사를 하여야 할 분야로서 정책의 내용을 담는 규범형식의 결정에 대한 통제(Ⅲ)와 규범을 형성하는 절차에 관한 통제(Ⅳ)를 살펴보며, 다음으로 규범의 내용 자체에 관한 통제(Ⅴ)를 통치행위론 재검토의 측면에서 검토한 다음, 마지막으로 결론적 정리(Ⅵ)를 하는 순서로 기술하여 보고자 한다. 아울러 각 편에서 논하는 주제와 관련된 대표적 판례로서 Ⅲ편에서는 수도이전사건, Ⅳ편에서는 대통령탄핵사건, Ⅴ편에서는 5·18쿠데타 사건 등을 언급하면서 그 관련 쟁점들을 살펴보기로 한다.

Ⅱ. 국가정책에 대한 적극적 헌법통제의 기본적 조건

1. 정책결정의 절차적·형식적 과정에 대한 적극적 헌법통제

헌법재판소는 중요한 국가정책에 대한 헌법재판에서 국민으로부터 직접 선출되어 국민의 의사를 대표하는 헌법기관의 "내용" 판단은 가급적 존중하여야 할 것이나, 이들 기관이 헌법상 요구되는 "절차와 형식"을 벗어나서 국민적 참여를 배제한 채 그들의 파당적 정책을 간편하게 실행하려 하는 경우에는 적극적으로 개입하여 그 절차적, 형식적 위헌 여부를 판단해 주어야 한다. 이러한 절차·형식적 판단을 함에 있어서는 판단 주체의 민주적 대표성 부족이 그 심사의 적극성을 방해할 장애 요인이 될 수 없다. 이 경우 헌법재판소의 국가정책에 대한 개입은 국민에게 일정한 정책 내용을 강요하는 것이 아닐 뿐 아니라 절차와 형식에 관하여 개입하는 경우에도 국민의 의사가 더 충실하게 반영될 수 있게 하는 엄격한 절차·형식을 요구하는 때에만 정책입안기관에게 새로운 부담을 주기 때문에 정책의 국민적 정당성을 침해하지는 아니하고 오히려 강화하는 방향으로 기능하기 때문이다.

2. 융합된 국가권력의 정책결정에 대한 적극적 헌법통제

(1) 정책결정에 있어서 입법·행정부의 형성권 존중의 원칙

국가의 정책 결정이 입법부의 입법형성권의 영역 혹은 행정부의 전문적 판단에 필요한 형성의 영역에 속하는 경우 그에 대한 헌법심사는 이들 헌법기관의 판단을 존중하는 범위에서 행하여져야 하며 그 정책적 판단을 무시하여서는 안된다. 다만 이러한 정책이 국민의 기본권을 침해하거나 헌법의 규정에 명백히 위반된 경우에만 적극적인 헌법심사가 진행되어야 할 것이다. 이와 같은 기본적 사고에서 헌법 각론적으로 많은 개별적 이론과 원칙이 정립되어 적용되고 있다. 예컨대 경제적 자유권과 정신적 자유권을 구분하여 심사의 강도를 결정하는 이중기준의 이론, 특별권력관계 내에서의 기본권 제한에 있어서는 완화된 심사를 적용하는 원칙, 평등심사에서 헌법규범의 존재 혹은 기본권 제한의 중대성 여부를 따져서 이중적 심사기준을 적용하는 원칙, 사회적 기본권의 제한에 있어서는 완화된 심사를 적용하는 원칙, 합헌적 헌법 해석론 및 한정합헌과 헌법불합치 결정이론 등이 헌법심사에 있어서 모두 입법·행정부의 정책적 형성권과 재량권을 가능한 한 존중하여야 한다는 사고에 기초하고 있다고 본다. 요컨대 국가정책의 내용을 심사함에 있어서는 국민에 의하여 선출된 대표기관의 정책적 견해를 존중하여야 하며 헌법재판소는 그 중 주로 기본권 침해 관련 영역만을 추출하여 그 영역에 한정된 매우 신중한 헌법심사를 할 수 있을 뿐인 것이다.[5]

(2) 융화된 국가권력의 발생시의 적극적 헌법심사의 필요성

이와 같이 헌법재판에서는 정책결정자 형성의 재량을 원칙적으로 인정하여야 하는 것이지만, 이를 존중하는 정도는 여대야소 혹은 여소야대 등 정국(政局) 상황의 구체적 변화에 따라 다른 측면에서 나누어 살펴볼 필요가 있다고 생각한다.

먼저 헌법에 의하여 국정을 통할할 권한을 부여받은 대통령이 국회 다수당의 지원을 받게 되는 경우, 더 이상 국민의 여론과 정치적 소수파의 반대를 두려워할 필요가 없이 국가적으로 중대한 정책을 결단하고 시행하여버릴 수 있는 힘을 가지게 된다. 이러한 정치적 구도 하에서 정부·집권당은 협상과 설득, 타협과 양보를 전제로하는 민주적 정치제도의 번거로운 절차·형식과 입헌주의의 까다로운 내용상 한계의 틀을 벗어던지고 국가의 중요정책을 그 의지대로 강행할 유혹을 받게 되며, 그러한 정책실행과정이 현실화될 경우 이에 반대하는 소수파는 관련 분쟁을 정치적으로 해결할 가능성이 없어지게 되어 부득이 사법적 분쟁해결 장치인 헌법재판에 호소할 수밖에 없게 된다. 이와 같이 국회와 대통령이 다수 여당에 의하여 정치적 권력을 독점하고 국가적 변혁을 임의적으로 시도할 때에는 헌법재판소가 정권담당자의 급격한 정책적 방향전환에 맞서서 자유민주주의 혹은 법치주의 등 헌법의 기초 원칙을 수호할 필요는 극대화되며 이 경우 헌법재판은 적극적으로 기능하여야 한다고 본다. 정당정치를 통하여 집행부와 입법부가 서로 결합하여 권력집중이 실현되고 삼권의 분립에 의한 견제와 균형을 기대할 수 없게 되는 경우 헌법재판은 소수자의 정당한 이익과

---

5) 헌법재판의 일반적 한계와 심사기준의 종합적 체계에 관하여는 한수웅, 헌법재판의 한계와 심사기준 — 헌법재판소와 입법자의 관계를 중심으로 —, 헌법논총 제8집, 1997, 185면 이하 참조.

헌법체제의 수호를 위한 중심적 제도장치로서 역할을 다하여야 할 것이기 때문이다.

반대로 대통령이 이끄는 집권당이 국회에서 소수파에 그치는 경우에는 집권세력의 국가정책적 방향전환은 한계를 가지게 된다. 국가정책의 중대한 변화는 대부분 국가조직의 개편이나 국민의 자유와 권리를 제한하게 되어 법률의 제정 내지 개정을 수반하여야 하므로 국회의 협조가 필요하기 때문이다. 따라서 여소야대의 정치적 구조 하에서 대통령의 급격한 정책적 방향전환은 곤란하게 되며 이 상황에서의 정책결정은 절차적 난폭성이 완화되고 온건성을 띨 수밖에 없을 것이다. 이와 같이 정치적 권력체의 대표적인 국회와 대통령 간에 권력이 분산되는 경우에는 정치적 타협이 국민의 이익을 위하여 기능하고 국민적 여론수렴은 정치제도에 의하여 원활히 이루어질 것이 기대되므로 굳이 헌법재판소가 국가의 중대정책 결정에 내용상 직접 관여하여 헌법원칙을 수호할 기능적 필요성이 줄어든다. 따라서 이러한 상황에서는 앞서 본 원칙으로 돌아가서 입법과 행정부분의 정책적 형성권을 최대한 존중하는 방향으로 완화된 심사를 하는 것이 합당할 것이다.[6]

이하에서는 이와 같은 기본적 사고와 접근방법에 입각하여 국가정책 결정의 전후 과정에서 헌법재판이 마땅히 수행하여야 할 역할의 정도를 규범에 대한 형식적 통제와 절차적 통제 및 내용적 통제로 나누어 살펴보기로 한다.

Ⅲ. 정책을 구체화하는 규범의 형식에 대한 통제

1. 헌법재판 전철수(轉轍手)론

정부와 집권당이 자신들의 정견에 부합하는 정책을 추진하기 위해서는 국가법질서가 부여하는 일정한 규범경로(voie normative)를 선택하여 해당 정책의 내용을 동 규범의 틀 속에 담아내어야 한다. 국가는 그 자체가 위계질서를 가진 법규범의 총체라고 할 수 있으며, 일반적으로 국가 권력담당자가 추구하는 모든 정책들은 각기 적합한 법규범의 형태를 취하여 실행되어야 하는 것이다. 국가법질서에서 법규범의 형

---

6) 다수파권력의 전능에 대한 균형장치로서의 헌법재판제도의 의미에 관하여는, ルイ・ヴォル-, 憲法裁判における政策決定問題-フランス, 日仏法學會 '日本とフランスの裁判觀' 有斐閣, 1991年, 241面 이하 참조.

식은 위계상 높은 순으로 헌법, 법률, 명령, 규칙이 존재하는바, 모든 국가정책은 이러한 규범적 형식을 근거로 삼고 최종적으로는 집행부의 구체적인 집행행위를 통하여 당해 정책이 실행되는 것이다.[7]

이와 같이 정부와 집권당이 시행하는 정책은 위의 각 단계의 규범 중 어느 한 경로를 선택하게 되는데, 여기서 반드시 법률에 의하여야 할 정책을 행정입법에 의하여 시행한다든지 반드시 헌법개정에 의하여야 할 정책을 단순 법률에 의하여 시행한다든지 하는 일이 현실적으로 발생할 수 있다. 이러한 조치는 '규범경로(規範經路)의 잘 못된 선택'이라고 평가될 수 있는데 이를 확인하고 정책이 올바른 규범통로를 거치도록 유도하는 것이 헌법재판의 중요한 역할의 하나이다.[8]

이것을 철도의 선로변경에 비유한다면, 국가정책에 관한 헌법재판의 전철(轉轍, aiguillage) 기능이라고 할 수 있고, 여기서 헌법재판소는 전철수(aiguilleur)의 역할을 하게 된다.[9] 헌법재판소는 다수당의 지지를 받는 집권자가 법률에 의하여 개혁을 시행하고자 할 때 그것이 헌법개정의 경로를 거쳐야 한다고 판단한다든지 행정입법의 통로를 활용하고 있는 정부의 조치에 법률의 경로를 경유할 것을 요구함으로써 집권세력의 기본정책에 헌법적 통제를 가하게 된다.

이러한 규범형식의 통제, 특히 법률의 규범형식의 요구는 집권당이 국회의 다수당이 되지 못할 경우에 정책실행을 가로막는 큰 장애가 될 것임은 사리상 분명하지만, 가사 집권당이 국회의 다수당의 위치에 있다고 하더라도 정치적으로 부담스러운 요구가 될 수 있다. 민주주의는 제도적으로 다수결 원칙을 전제로 하고 있으므로 여당이 국회의 다수를 장악하고 있는 한 법률의 경로를 통한 정책실현은 어렵지 않을 것으로 생각될 수 있으나, 정책의 추진주체가 현실에서 체감하는 바는 반드시 그러하지

---

7) 프랑스 헌법에 의하면 국가정책이 취하여야 할 규범의 통로에 관하여 명문의 규정을 두어서 법률사항과 행정명령 사항을 구분하고 있어서 이와 같은 논의가 보다 용이하게 이해될 수 있다. 그러나 법률사항(여기서 다시 조직법률과 일반법률을 구분한다)과 행정입법사항을 이와 같이 헌법상의 명문으로 규정하여 구분하지 아니하는 우리 헌법구조에 있어서도 헌법 제37조 제2항에 따른 법치주의 원칙의 일반적 요구에 의하여 기본권 제한은 반드시 법률의 형식을 취하여야 하기 때문에 법률사항과 행정입법사항은 서로 구분될 수 있다. 따라서 헌법재판 전철수론은 프랑스에서 보다 용이하게 입론될 수 있는 것이지만 우리나라의 경우에도 그 이론적 의의가 그대로 인정될 수 있다고 본다. 프랑스에서의 헌법재판 전철수 기능에 관하여 파보뢰는 법률과 행정규칙, 일반법률과 조직법률, 헌법과 법률, 헌법과 국제법의 규범형식을 구분한다. Louis Favoreu, Droit constitutionnel, 8e édition, 2005, pp. 290-300.
8) 西原博史, 憲法裁判所制度の 導入?, ジュリスト, 2005. 5.1-15. 1289號, 46-47面.
9) Louis Favoreu, op. cit., p. 290.

아니하기 때문이다. 민주주의의 요소로서의 다수결 원칙은 공개적 토론과 반대자에 대한 논리적 설득의 가능성을 전제로 하는 까다로운 조건을 가진 집행원리이며 단지 표결에 참여하여 찬성하여줄 의원의 수가 많다고 하여 모든 정책결정을 독점하면서 법률로 실현할 수 있다는 것을 의미하지 않는다. 국회에서 다수 의석을 차지하고 있다고 하더라도 그들이 추구하는 정책이 합리적 논리에 의하여 뒷받침받지 못하고 야당의 설득에 실패하게 되면 표결과정에서 야당과 물리적으로 충돌하여 입법의 실현이 현실적으로 어렵게 될 수 있고, 우리 국회의 의정현실에서는 이와 같은 일이 부단히 발생하고 있다. 그럼에도 불구하고 입법을 강행한다면 그 절차적 하자의 중대성 여부에 따라 법적 효과가 부정될 수도 있는 것이다.[10] 이 경우 법률이 적법하게 통과되었는지 여부에 관계없이 정치적으로도 심대한 타격을 입게 될 수도 있다. 따라서 중요 정책을 집행함에 있어서 행정입법의 규범통로를 거치는 것으로 족한가 아니면 반드시 법률의 규범통로를 취하여야 하는가의 여부는 국회의 다수를 차지한 집권세력에게도 현실적으로 무시할 수 없는 정치적 중요성을 가지는 문제이다. 그러한 의미에서 특히 여대야소의 정국에서는 헌법을 무시한 국가정책의 급격한 방향전환을 견제하기 위하여 헌법재판소의 규범형식에 대한 통제는 그 엄격성과 적극성을 유지하여야 한다고 본다.

2. 규범형식 통제의 구체적 형태

(1) 법률 규범형식의 요구

헌법재판소가 집권당과 정부의 정책에 대하여 가하는 형식적 규범통제는 행정입법 또는 단순 집행행위에 의하는 것을 금하고 반드시 법률에 의하여야 하도록 하는 '법률유보 원칙'의 요구가 주된 것이다. 특히 우리 헌법은 제13조에서 '죄형법정주의'를, 제59조에서 '조세법률주의'를 천명하여 과형과 과세의 분야에서 법률유보가 엄격히 준수되어야 함을 분명히 하고 있다. 그러나 그 이외의 분야라고 하더라도 국민의

---

10) 예컨대 헌법재판소는 국가안전기획부법 등 4대 입법안의 변칙통과가 문제된 '국회의원과 국회의장간의 권한쟁의' 사건에서 그 날치기통과의 위법성을 확인하였으나 헌법이 요구하는 절차를 위반한 것에는 미치지 못한다는 이유로 법안 통과의 법적 효력까지는 부인하지 아니하는 판결을 한 바 있다. 1997. 7. 16. 96헌라2 판례집 9-2권 154. 참조. 그러나 위 판결의 법리에 의하더라도 장래에 법률안의 변칙처리의 하자의 중대성이 보다 큰 사건이 발생하면 그 법률안통과의 효력이 부인될 수도 있을 것이다.

권리와 자유에 대한 제한은 반드시 법률에 의하여야 한다는 헌법 제37조 제2항이 일반적으로 적용된다. 즉 기본권의 제한이 초래되는 정책의 실현은 반드시 법률의 규범경로를 통하여야 하는 것이다.

그런데 정부의 정책입안자들은 이러한 법률유보의 헌법원칙을 외관상 지켜나가면서도 행정입법권을 활용하여 실제 핵심적 내용은 모두 법률보다 하위의 행정입법에 위임하여 국회의 통제 없이 정책을 실현하려는 유혹을 언제나 받고 있다. 그리하여 집권세력의 정책을 실현하는 규범적 근거로서 법률에 관련조항을 설치해 두기는 하지만 실제로는 권한사항을 일괄적으로 위임받은 대통령령에 의하여 모든 정책결정을 실행에 옮기는 일이 발생한다. 그러나 이러한 방식도 헌법 제75조와 제95조에서 규정하는 '포괄적 위임입법의 금지' 원칙에 반하게 되어 헌법적 통제의 대상이 된다. 그리하여 특정의 정책이 국민의 자유와 권리를 제한하는 내용의 핵심을 대통령령 등 행정입법에서 정하게 될 때 헌법재판소는 위 원칙의 위반으로 위헌이라고 판단하게 되는바, 이는 당해 정책이 법률의 규범경로를 취하여야 함에도 불구하고 행정입법의 잘못된 규범경로를 택하고 있음을 확인하는 것이 된다.

이와 관련하여 우리나라의 조세관계 법률들은 1990년대 중반에 이르기까지 과세요건의 핵심사항 중 많은 부분을 대통령령과 부령 등 행정입법에 위임하는 것을 통례로 하여 왔던 점을 상기하고자 한다. 헌법상 명문에 의하여 천명된 조세법률주의를 무색케 하는 이러한 입법관행은 헌법재판이 활성화 이전까지 아무런 견제를 받지 아니한 채 유지될 수 있었다. 그러나 1990년대 중반 이후 헌법재판소는 행정입법에 의한 과세요건의 설정은 헌법에 위반한다는 판결을 반복하여 냄으로써 이러한 규범통로의 선택이 잘못임을 지적하였다. 헌법재판소의 이러한 결정들을 통하여 정부와 집권당은 조세법률 규정의 백지위임을 통하여 과세요건을 행정입법에 포괄적으로 위임하는 것은 헌법적 통제를 받아 무효가 된다는 실제 경험을 얻게 됨으로써 조세법 분야에서 조세법률주의가 현실로 실현되게 하는 계기를 이루어 가히 '조세법률주의 혁명'이라고 일컬을 만한 성과를 거두었다고 본다. 이는 헌법재판소가 국가정책의 일정 분야에서 종래 정책결정자가 행한 규범경로 선택의 잘못을 바로잡아 국민의 권리 신장에 크게 기여한 대표적인 경우로서 높은 평가를 받아야 한다고 생각한다.[11]

---

11) 헌법재판소는 1994. 7. 29. 92헌바 49 등 토지초과이득세법 사건, 1995. 11. 30. 94헌바14 법인세법 제32조 제5항 등 위헌소원사건, 1995. 11. 30. 91헌바1·2·3·4 등 기준시가 양도소득세 사건 등 일련

(2) 헌법 규범형식의 요구

집권세력이 추구하고자 하는 정책 결정이 기본적 헌법사항에 직접 영향을 미치는 경우나 헌법규정의 내용에 바로 배치되는 경우에는 이러한 정책의 결정은 법률의 경로에 의하여서도 실현될 수 없다.[12] 이러한 정책을 실현하기 위해서는 국가규범의 위계질서상 법률보다 상위에 있는 규범, 즉 헌법을 개정함으로써 헌법적 장애를 해소하여야 한다. 물론 여기서 자유민주주의나 입헌주의의 기본원칙과 기본권 보장의 기초가 되는 내용으로서 헌법의 핵에 해당하는 사항의 변경은 이러한 헌법규범의 경로에 의하여서도 추구될 수 없다. 국회의 다수를 점하는 정파가 반대세력을 절차적으로 압도할 수 있는 수적(數的) 힘을 활용하여 반입헌주의적 정책을 실현하고자 한다면 그들이 취하는 규범경로의 종류에 관계없이, 즉 헌법개정이든 법률제정 · 개정이든 관계없이 그들은 헌법의 파괴자에 지나지 않게 된다. 따라서 헌법의 핵에 해당하지 아니하면서 기존의 헌법규범에 반하는 내용을 가진 정책은 법률규범의 형식으로는 추진할 수 없으며 반드시 헌법개정의 절차를 밟아야 할 것이다. 그러나 헌법개정의 규범경로는 가장 상위의 것이므로 집권자가 헌법개정에 의거하여 국가의 기간 정책을 집행할 경우 헌법재판소는 더 높은 차원의 규범경로를 요구할 여지가 없으며, 따라서 더 이상 이에 대한 규범통제권을 가질 수 없게 된다.

(3) 국민투표 규범형식의 요구

여기서 필자가 특히 주목하고자 하는 것은 우리 헌법의 구조상 헌법규범의 경로와 법률규범의 경로의 중간적 방도라고 할만한 규범통로가 존재한다는 점이다. 이것은 바로 '국민투표의 경로'이다. 즉 국민투표를 통하여 정부가 구상하는 정책결정을 실현하는 것이 여기에 해당한다. 이는 법률의 제 · 개정을 통하거나 헌법개정을 통하는 규범통로와는 다른 제3의 규범통로라고 할 수 있다.[13]

의 조세법사건들에서 토지초과이득세, 법인세 및 양도소득세 등의 과세요건들을 대통령령 등 하위 행정입법에 백지위임하고 있는 조세법 조항들이 모두 헌법에 합치하지 아니함을 선고하였다. 이들은 조세법률주의를 형해화하고 있던 당시의 행정부의 조세입법의 정책적 관행을 깨뜨리고 동 원칙이 실질적으로 준수되도록 하는 계기가 된 중요한 의미가 있는 판결들이었다고 평가된다.

12) 기본적 헌법사항의 개념과 의미에 대하여는 헌재 2004.10.21, 2004헌마554, 판례집 제16권 2집 하, 39-40. 및 김승대, 헌법관습의 법규범성에 관한 고찰, 헌법논총 제15집, 2004, 141-144면 참조.

13) 국가의 기간정책의 결정에 있어서 규범적 정당성을 부여받는 방도로서, 헌법제정자가 헌법을 만들 때에

우리 헌법 제72조에 의하면 외교·국방·통일 기타 국가안위에 관한 중요정책은 대통령의 판단에 의하여 국민투표에 회부하는 것이 가능하다. 이러한 사항들에 있어서 국민투표의 선택은 의무적인 것이 아니며 행정부의 수반인 대통령의 재량판단에 의하여 결정되도록 되어 있다.[14) 그러나 헌법상 국민투표의 규범경로로서의 역할은 이와 같은 소극적·재량적인 것에 그치지 아니한다고 본다. 특히 헌법관습법의 변경에 관한 것이 문제될 때에는 독자적인 규범경로로서도 기능할 수 있게 되기 때문이다.

예컨대 2004. 10. 21. 선고된 신행정수도의 건설을 위한 특별조치법 위헌사건에서 헌법재판소는 수도이전을 실행하는 내용을 담은 법률이 우리나라의 수도를 서울에 위치토록 한다는 취지의 관습헌법에 위반된다는 결론에 이르고 있다. 그런데 관습헌법은 국민의 법적 확신을 존속요건으로 하는 관습법으로서의 일반적 본질을 지니므로 국민투표에 의하여 그 존재의 근거가 되는 국민적 확신을 상실하였음을 확인하게 되면 저절로 붕괴되는 것이다. 이러한 법리를 감안할 때 이 결정은 대통령과 국회의 다수당이 정책적으로 수도의 이전을 추진하는 것 자체가 헌법위반이 된다고 하는 것이 결코 아니며, 수도이전을 실행하려면 반드시 헌법개정의 경로만을 취하여야 함을 요구하고 있는 것도 아니다. 이 결정은 수도이전의 정책을 추진하는 데 있어서는 최소한 국민투표의 경로를 취하여 함을 요구하고 있는 것이다. 즉 국회가 법률로써 수도이전을 실행하고자 한 것이 규범경로의 잘못된 선택에 해당되며, 이 경우 올바른 규범경로는 헌법개정이거나 아니면 최소한 국민투표의 통로에 의하여야 함을 지적하였던 것이다.[15) 그리하여 국민투표의 규범경로의 선택은 대통령과 여당이 추구하는 수도이전의 정책을 구현하는 데에 있어서는 반드시 이행되어야 할 절차적 최소요건이 되며, 여기서 국민투표는 일반적으로 헌법 제72조에서 규정한 바와 같이 대통령이 그 정책을 실행함에 있어서 재량을 가지고 임의적으로 선택할 수 있는 규범경로 이

이를 헌법전에 넣는 방식으로 결정하든지(헌법유보 방식, Verfassungsvorbehalt) 아니면 적어도 국민의 대표자인 의회에서 국민의 의견을 수렴한 결의에 의하여 결정하든지(의회유보 방식, Parlamentsvorbehalt), 혹은 제3의 방법으로 국민투표에 의하여 결정하는 방식이 채택될 수 있다(민중유보 방식, Popularvorbehalt). 특히 민중유보의 여지에 관한 언급으로 Peter Häberle, Die Hauptstadtfrage als Verfassungsproblem, DöV, 1990. 12. SS. 990-991. 참조.
14) 헌법재판소도 대통령 탄핵사건에서 헌법 제72조에 의한 국민투표는 대통령의 판단재량에 의하여 실시 여부가 결정되는 '임의적' 국민투표임을 분명히 밝히고 있다. 2004. 5. 14. 2004헌나1, 판례집 제16권 1집, 609, 648.
15) 2004.10.21, 2004헌마554, 판례집 제16권 2집 하, 48면에 있는 국민투표에 관한 언급의 의미는 이와 같은 것으로 보아야 할 것이다.

상의 의미, 즉 필요적 국민투표로서의 의미를 가지게 된다.

요컨대 이 결정은 수도이전의 정책결정과정에서 취한 규범형식의 적부 심사를 하는데 초점을 맞추고 있으며 그 정책의 내용적 위헌성을 확정한 것이 아니다. 이 결정에서 헌법재판소는 소위 '규범 선로(線路) 변경의 전철수' 역할을 수행하였으며, 이 경우 민주적 대표성 부족의 한계와 관계없이 엄격하고 적극적인 심사 태도를 유지하여야 하는 것이다. 헌법재판소가 이 결정에서 대통령과 국회가 선택하였던 법률의 규범통로가 잘못된 것이라고 판단함에 있어서 불문헌법 상의 심사규범을 발견·적용하는 이례적이고 적극적인 심사태도를 취한 것은 이와 같은 맥락에서 이해될 수 있다.

3. 규범형식 통제의 정도

헌법재판소는 정부·여당이 정책을 추진함에 있어서 선택한 규범의 경로를 헌법적합성을 확인하여 주는 기능을 하는 것이므로 앞서 지적한 바와 같은 규범선로(線路)의 전철수와 같은 역할을 하게 된다. 그런데 문제되는 정책이 국민의 기본권을 제한하는 효과를 가지는 한, 헌법재판소의 전철수 기능은 정책 추진의 경로를 취함에 있어서 행정입법만으로는 부족하고 보다 상위인 법률에 의하여야 할 것임을 확인하여 주는 역할을 하게 될 것이다. 즉 정부·여당의 정책 추진이 법률 이상의 상위 규범에 의하여 추진되도록 제어하는 역할을 하게 된다. 그리고 일정한 경우 이러한 법률적 규범통로의 요구를 넘어서 헌법 혹은 국민투표의 경로로 이행할 것을 요구할 수도 있다.

그런데 여기서 다시 주목하여야 할 것은 헌법재판소의 이러한 기능이 집행부 정책의 내용을 통제하는 것은 아니며 그러한 의미에서 소극적이라는 점이다. 헌법재판소의 심사에 의하여 규범경로를 잘못 밟은 것이라고 하여 위헌 무효를 선고받더라도 집행부의 정책 추진이 '내용적으로 불가능'해지는 것은 아니다. 헌법재판소가 요구하는 규범의 경로를 새로이 이행하여 해당 정책을 그대로 추진하는 것이 얼마든지 가능한 것이다. 물론 새로 요구되는 규범의 경로는 절차적으로 보다 엄격한 것이므로 정책의 추진 자체를 실질적으로 어렵게 하는 효과를 가지는 것이겠지만 이는 정책의 내용에 대한 통제가 아니라 어디까지나 규범형식에 대한 통제에 그치는 것이다.

그러므로 이러한 형식적 통제는 아무리 정치성이 강한 사건에서도 엄격하게 행하여겨야 한다. 내용상 통제에 있어서는 사법조직으로서 재판관들이 가지는 전문성의 한계나 권력분립에서 오는 집행부와 입법부의 판단의 존중 등의 문제가 발생하지만, 형식적 통제에 불과한 헌법심사의 경우에는 해당 정책에 대한 행정부나 입법부의 전문적 견해나 판단을 파기하는 것이 아니며, 헌법재판소는 단지 이를 추진하는 규범경로를 달리 하라고 요구하는 것에 불과하므로 이것은 사법관이 직업적 전문성을 가지는 법적 분야에 속할 따름이다. 헌법재판소가 정부·여당의 정책을 구체화하는 규범을 심사함에 있어서 그 규범형식이 헌법원칙에 위배하여 위헌이라고 결정함에 있어서는 내용상 통제에서 나타나는 바와 같은 어떠한 자제나 제약도 이론상 존재하지 않는다고 보아야 한다. 따라서 이 분야에 있어서는 언제나 최대한 엄격한 헌법심사가 하여야 하며 여기서 사법자제는 적절하지 아니하다.

Ⅳ. 정책을 형성하는 절차에 대한 통제

1. 절차적 통제기준으로서의 적법절차의 원칙

정부와 집권당은 자신들의 정견에 부합하는 정책을 추진함에 있어서 국민의 기본권을 제한할 경우에는 사전에 헌법이 요구하는 일정한 절차를 거쳐야 하며 이를 이행하여야만 이러한 정책을 구체화하고 실행할 수 있다. 소위 '적법절차의 원칙(due process of law)'을 준수하여야 하는 것이다. 이와 관련하여 헌법 제12조 제1항 후문은 "모든 국민은 …… 법률과 적법절차에 의하지 아니하고는 처벌·보안처분 또는 강제노역을 받지 아니한다"고 규정하여 적법절차를 형사절차의 하나로서 규정하고 있지만 행정절차에도 적용된다고 해석하여야 하며, 국가의 중요정책 결정과정에 있어서도 기본권 제한 관련성이 있는 한 적법절차의 원칙은 당연히 준수되어야 한다. 여기까지는 모두 통설적 견해로서 별다른 이견이 있을 수 없다고 본다.[16]

그런데 헌법상 적법절차의 보장은 헌법재판소 판례에 의하면 실체적 적법절차의 보장을 포함하는 광의의 것으로 보고 있지만 그 본래적 의미는 기본권을 제한하는 내용의 공권력 행사는 그 절차가 합리적이고 공정하여야만 한다는 절차적 적법절차

---

16) 권영성, 헌법학원론, 법문사, 2007, 424면; 김철수 헌법학개론, 박영사, 제17전정신판, 461면; 허 영, 한국헌법론, 박영사, 2007, 352면 등 참조.

의 보장에 있는 것이다.[17] 일반적으로 이러한 절차적 적법절차의 원칙을 충족하기 위
한 여러 절차적 요소 중에는 당사자에 대한 사전의 고지(notice), 공정하고 충분하며
합리적으로 행하여지는 청문(hearing) 등이 그 대표적인 유형으로 포함된다고 보고
있다.[18] 그러나 절차적 적법절차의 구체적 내용은 그 절차를 요구하는 상황과 무관하
게 고정된 것이 아니고 공권력으로 기본권을 제한하는 구체적인 경우에 나타나는 개
별적인 여러 사정들을 고려하여 이에 적합한 절차적 보장이 주어질 것을 요청한다는
의미에서 매우 광범위한 신축성을 가지는 것이다.[19][20]

---

17) 우리 헌법은 미국 헌법과는 달리 기본권 제한의 일반원칙조항을 두고 있으므로 기본권 제한 법률의 내
용을 심사하기 위하여 적법절차의 원칙을 끌어들일 필요가 전혀 없으므로 미국헌법의 판례이론상 인정
되는 실체적 적법절차의 원칙론을 우리 헌법해석론으로 받아들일 합리적 이유가 없다. 이를 수용하는
것은 실정헌법을 무분별하게 확대해석하는 것이 되고 헌법이론의 혼란을 초래하는 것이므로 해롭기까
지 하다고 생각한다. 따라서 헌법재판소가 적법절차의 원칙을 실체적 영역으로까지 확대하여 보는 판
례는 시급히 변경되어야 하고 이는 절차적 영역에 한정하여야 한다고 본다.

18) 헌재 1994. 7. 29. 93헌가3등, 판례집 6-2, 1, 11 ; 1996. 1. 15. 95헌가5, 판례집 8-1, 1, 16-17 ; 2002.
6. 27. 99헌마480, 판례집 14-1, 616, 634. 참조.

19) 절차적 적법절차의 핵심적 내용은 의무부과나 쟁점에 대한 고지, 실질적인 청문의 기회 보장, 공정한
결정자의 존재와 같은 사항으로 인정되어 왔다. Mullane v. Central Hanover Bank & Trust Co. 사
건에서, 연방대법원은 "적법절차조항이라는 함은, 재결에 의하여 생명, 자유 또는 재산이 박탈될 수 있
는 경우에는, 최소한 사건의 성격에 적합한 고지와 청문의 기회를 보장하고 그 절차를 진행하여야 한
다는 것을 의미한다"고 하였다.(339 US 306, 313) 그러나 고지와 청문이 필요한 때에도 그것을 제공
하는 방법은 다양하다. 예컨대, '어떤 형태의 고지가 필요한가? 개별적으로 통지하는 고지여야 하는가
아니면 게시하거나 공표하는 것으로 충분한가? 어떤 형태의 청문을 제공하여야 하는가? 완전한 재판
절차 형태의 대심구조의 청문이어야 하는가 아니면 그 보다 훨씬 비전형적인 절차로 충분한가? 청문
에 어떠한 절차적 보장이 주어져야 하는가? 정부는 청문에서 변호사의 조력을 받을 권리를 부여하여
야 하는가? 그러하다면 정부가 변호사를 선임할 자력이 없는 자에게 무료변호인을 제공하여야 하는
가? 언제 청문절차를 개시하여야 하는가? 생명, 자유 또는 재산의 박탈이 일어날 수 있기 전에 하여야
하는가 아니면 그 박탈후 청문으로 충분한가? 입증의 기준은 무엇이며 누가 입증책임을 부담하는가?
허용될 수 있는 결정자(decision maker)는 누구인가? 반드시 판사여야 하는가 아니면 판사 이외에 다
른 자로 충분한가?' 등이다. 이와 같은 것들이 어떠한 적법절차가 필요한가에 대하여 결정되어야 할
선택사항들이다. Erwin Chemerinsky, Constitutional Law-Principles and Politics -, 3rd ed, 2006,
NY, pp. 580-581.

20) 미국 연방대법원은 "적법절차란 시간, 장소 및 상황과 무관하게 고정된 내용을 가진 기술적인 개념은
아니고, 오히려 특별한 사정에 따른 절차적 보장의 요청이며 신축적인(flexible) 개념이다"라고 하여
{Mathews v. Eldridge, 424 U.S. 319, 334 (1976)} 이러한 문제에 대한 해답이 생명, 자유 또는 재산
의 박탈이 있는 모든 경우에 똑같은 것이 아니고, 구체적 사건에 따라 개별적으로 판단되어야 함을 분
명히 하고 있다. 또한 Cleveland Board of Education v. Loudermil 사건에서, 연방대법원은 적법절차
에 요구되는 절차의 성격은 사법부가 판단하여야 할 헌법적 문제이지, 입법자의 재량에 의하여 결정될
법규제정의 문제는 아니라고 판시한 바 있다{470 U.S. 532 (1985)}.

2. 심사기준에 대한 헌법해석

특정의 국가정책을 시행하기 전에 사전에 이행되어야 할 적법절차는 어느 정도의
것이 되어야 할지를 정하는 것이 문제의 핵심이 된다. 이에 관하여 헌법재판소는 "적
법절차원칙에서 도출할 수 있는 가장 중요한 절차적 요청 중의 하나로, 당사자에게
적절한 고지(告知)를 행할 것, 당사자에게 의견 및 자료 제출의 기회를 부여할 것을
들 수 있겠으나, 이 원칙이 구체적으로 어떠한 절차를 어느 정도로 요구하는지는 일
률적으로 말하기 어렵고, 규율되는 사항의 성질, 관련 당사자의 사익(私益), 절차의
이행으로 제고될 가치, 국가작용의 효율성, 절차에 소요되는 비용, 불복의 기회 등 다
양한 요소들을 형량하여 개별적으로 판단할 수밖에 없을 것"이라고 판시한 바가 있
으나, 더 이상의 상세한 논의를 전개하지 아니하고 있다.[21] 헌법재판소가 제시하고
있는 적법절차의 요구기준은 내용상 다소 간결하고 포괄적인 것으로서 좀더 구체적
인 기준 설정이 필요하다고 할 것인데, 우리 판례의 취지는 어차피 적법절차 원칙
(due process of law)의 내용에 관한 미국의 판례법을 본받고 있다고 생각되므로 이
점에 관하여 미국 연방대법원의 판례에서 정립된 기준을 참고하여 보는 것이 우리
판례의 연구에도 실제적 유용성을 가질 것이다. 그런데 미국연방대법원이 Mathews
v. Eldridge 사건[22]에서 구체적인 경우에 적법절차의 원칙상 어떠한 절차가 제공되
어야 할 것인지를 판단하는데 있어서 고려하여야 할 사정에 관한 보편적인 기준을
제시한 바가 있음을 주목하고자 한다. 여기서 미국 연방대법원은 ① 문제된 기본권
내지 관계된 권리의 중요성, ② 기존 절차를 통하여 그러한 권리가 잘못 박탈될 위험
의 정도, ③ 절차를 대체함으로써 얻을 수 있는 효과의 정도, ④ 절차의 대체에 수반
될 재정적·행정적 부담 내지 공익 희생의 규모 등 여러 요소들을 종합적으로 형량
하여 구체적 절차의 종류와 내용, 엄격한 정도를 결정하여야 한다고 판시한 바 있다
(이른바 'Mathews test').[23] 이에 따르면 기본권의 제한이 중대하면 할수록 적법절차의

---

21) 2003. 7. 24. 2001헌가25 판례집 제15권 2집(상) 1, 18.

22) 424 U.S. 319.

23) 동 사건에서 연방대법원은 생명, 자유 또는 재산에 대한 박탈이 있어 적법절차가 요청된 때에 어떠한
절차가 필요한가를 판단하기 위하여 형량심사기준(balancig test)을 제시한 바 있고, 그 후 동 심사기
준을 거듭 적용하여 왔다. 연방대법원이 Mathews사건에서 제시한 3가지 형량요소는 첫째, 직무행위
에 의하여 영향을 받을 개인의 이익(private interest), 둘째, 경유된 절차를 통하여 그러한 이익이 잘

요구도 비례하여 커지는 것이며 고도의 적법절차의 요구는 결국 사법절차의 내용에 수렴·동화하는 것이 된다.[24] 즉 고도의 적법절차의 요구는 결국 재판청구권의 실현을 위하여 필요한 정도의 절차적 보장에 접근하게 될 것이다.

3. 적법절차 원칙에 의한 적극적 심사 필요성

정부와 집권당이 추구하는 중대한 개혁정책이라고 하더라도 국민의 전부 혹은 일부의 자유와 권리에 영향을 주게 되는 경우 그러한 정책을 구체적 규범으로 형성하여 추진하여 나가기 전에 관계된 국민의 의견이 정당하게 수렴될 수 있는 절차적 기회가 반드시 보장되어야 한다. 헌법재판은 정책결정에 앞서 주어진 절차의 규모와 충실도에 대하여 심사하여 과연 구체적 타당성이 있는 것이었는지 여부를 심사하여야 하며 이는 순수한 법적 문제에 대한 판단으로서 정책결정자가 취한 견해에 구애될 필요가 없다고 본다. 정부와 집권당은 사전적 절차를 생략하거나 가급적 경미한 절차를 거치도록 하여 행정적 편의를 도모하는 방안을 선호하겠지만 헌법재판소는 이러한 정치부문의 합목적성 우선적 태도를 의식적으로 견제하여야 하며 적법절차를 엄격히 준수함을 요구하는데 보다 적극적이어야 할 것이다.

그러나 지금까지의 우리 헌법재판소의 입장은 절차적 적법절차의 내용을 단지 고지(告知)와 의견진술의 기회 제공 및 법률이 인정하는 청문의 경우로 정형화하고 이에 한정하여 볼 뿐 구체적 경우마다 기본권 침해의 중대성과 공익의 규모를 비교형량하여 적정한 적법절차의 다양한 정도를 찾아내어 그 절차준수를 요구하는 정도에까지 이르지 못하고 있다. 적법절차 원칙의 이러한 소극적 운용은 기본권의 절차적 보장이 사실상 이루어지지 못하고 이 분야의 헌법적 보호가 상당부분 공백상태인 것

못 박탈될 위험(risk)과 부가적인 또는 대체적인 절차적 보장에 의하여 얻을 수 있는 개연적 가치, 셋째, 부가적이거나 대체적인 절차적 요청에 필연적으로 수반될 재정적·행정적 부담과 관련 기능을 포함하는 정부의 이익(government's interest)이다. 즉, 첫 번째 요소인 개인에 대한 이익의 중요성이 크면 클수록 그 절차적 보장의 요청 또한 더 크게 된다. 두 번째 고려사항은 사실 확인의 정확성을 높이기 위한 부가적인 절차의 성능이다. 법원이 추가적인 절차로 인하여 더 낫고 정확하며 오류가 적은 결정을 하게 될 것이라고 확신하면 할수록, 그러한 절차적 요청의 개연성은 커지게 된다. 세 번째 고려사항은 법원이 그러한 절차를 요청함으로써 정부가 안게 될 부담인데, 절차에 대한 비용이 크면 클수록 그 절차적 요청의 개연성은 적어질 것이다. 연방대법원은 구체적 사건에서 적법절차의 원칙상 어떠한 절차가 제공되어야 하느냐라는 문제들을 판단함에 있어서 반드시 위 3가지 요소가 형량되어야 한다고 판시하고 있다.

24) 2003. 7. 24. 2001헌가25 판례집 제15권 2집(상) 1, 25-26.

으로 남겨져있는 결과를 초래하고 있다는 점에서 우리 헌법재판의 실무에서 드러나고 있는 가장 큰 문제점의 하나라고 생각한다.[25]

관련하여 대통령탄핵사건에서 헌법재판소는 국가기관인 대통령에게는 국민의 기본권으로 주어지는 적법절차의 원칙에 의한 보호를 받을 수 없다고 판시하여 국회에서 탄핵소추를 결정함에 있어서 발생한 절차상의 하자에 대하여서는 대통령이 소송상 이의를 제기할 여지가 없도록 봉쇄하고 말았는데, 대통령은 일면에서는 국가기관이지만 타면 국민의 한 사람이므로 굳이 양면을 분리하여 공무원의 탄핵절차에 적법절차의 원칙이 적용될 여지가 없도록 한 것은 이 원칙의 적용범위를 지나치게 좁힌 것이라고 생각한다. 물론 헌법재판소의 결정취지에 형식논리적인 타당성이 있기는 하지만, 일반인의 인권 보호를 위하여서도 인정되는 이 원칙을 탄핵소추절차에 적용하지 않도록 하는 이러한 헌법해석은 탄핵소추절차의 중대성을 감안할 때 균형을 잃은 것이고 또한 공무원 탄핵소추에 관한 국회의 정책결정 과정에서의 절차적 오류에 대한 헌법적 심사를 포기하는 것에 다름 아니어서 실질적으로는 정당하지 않다고 본다. 우리나라와 비슷한 시기에 대통령에 대한 탄핵심판을 행하였던 리투아니아의 헌법재판소가 그 판결에서 의회의 탄핵소추 절차에 있어서 탄핵소추의 대상자에게 절차에 참여하고 절차 내에서 자신을 방어할 권리가 반드시 보장되어야만 그 절차의 합헌성이 인정될 수 있다고 판시하고 있는 것은 우리 헌법재판소의 결정과 같은 형식논리적 판단이 반드시 필연적인 것이 아님을 잘 보여준다.[26] 또한 헌법재판소는 이 사건

---

25) 헌법재판소가 적법절차 위반을 이유로 하여 위헌결정의 사례는 희소하다. 특히 헌법재판소는 2001헌가25 과징금 사건에서 공정거래위원회의 부당내부거래 과징금 부과절차의 합헌성 여부에 관하여, 독점규제 및 공정거래법이 당사자에 대한 고지와 의견진술의 기회를 부여한 것으로 충분하다고 보고 적법절차에 위배되지 않는다는 결론을 내렸으나, 이는 행정편의만을 중시하고 적법절차의 실질적 의미를 간과한 결정이라고 하지 않을 수 없다. 당시 소수의견에서 밝힌 바와 같이 위 과징금은 당해 기업에게 사활적 이해를 가진 제재가 될 수 있을 뿐만 아니라 경제 전반에도 중요한 영향을 미칠 수 있는 것임을 생각할 때, 그 부과절차는 적법절차의 원칙상 적어도 재판절차에 상응하게 조사기관과 심판기관이 분리되어야 하고, 심판관의 전문성과 독립성이 보장되어야 하며, 증거조사와 변론이 충분히 보장되어야 하고, 심판관의 신분이 철저하게 보장되어야만 할 것인데도, 현행 제도는 이러한 점에서 매우 미흡하므로 적법절차의 원칙에 위배된다고 하여야 정당하다고 본다. 위 과징금제도는 정부가 재벌을 다루는 데 있어서 제재수단이 되는 중요한 의미를 가진 제도이므로 만약 이를 위헌으로 선고한다면 국가와 헌법재판소의 관계에서 긴장과 마찰을 일으킬 것이 예상되기도 한다. 그러나 여기서도 적법절차의 원칙은 온전한 형태로 통용되어야 할 것이다. 현행법상 주어진 절차는 특히 청문의 기회가 포함되지 않으므로 당사자가 받는 과벌의 정도에 비추어 그 정당한 권리를 확보하는 데에 매우 미흡하다고 할 것이며 이는 적법절차 위반이라고 보는 것이 상당하다. 이 결정에서 헌법재판소가 위헌결정을 하였더라면 우리나라의 헌법재판에서 적법절차의 중요성이 크게 부각될 수 있는 기회가 될 수 있었을 것이라는 점에서 여운을 남긴 사건이라고 생각한다.

에서 본안 판단을 함에 있어서 심판대상범위를 엄격히 소추의견서에 기재된 내용에
만 한정하고 대통령 당선자 시절의 뇌물수수 등 비리행위가 심판의 대상이 될 수 없
도록 좁게 해석한 다음 다시 탄핵의 요건인 직무상의 위헌·위법행위의 개념에 창설
적 해석을 가하여 중요성의 요건을 설정하는 등 해석상 3중의 장애를 설정하였는바,
이를 극복하지 못한 상당수의 위헌·위법행위가 당초부터 심판의 대상에서 아예 제
외되었지만 그래도 남은 상당수의 위헌·위법행위가 확인되었음에도 불구하고 결국
탄핵심판을 기각한 것은 논리적 무리가 수반된 것이라는 느낌을 지울 수 없다.[27] 당
시 이 사건에 대한 국민적 여론은 국회의 다수당이던 야당이 주도한 대통령 탄핵소
추가 정치적으로 지나친 것이었고 민주적 정당성이 부족한 헌법재판소는 국민이 선
출한 대통령을 파면케 하여서는 안된다는 쪽으로 기울어져 있었음을 감안할 때, 헌법
재판소로서는 대통령의 위헌·위법행위가 확인됨에도 탄핵을 인용할 수 없다고 판단
하여 대통령의 파면을 모면케 하는 것보다는 아예 국회의 탄핵소추 절차 자체에 대
한 적법절차 원칙의 적용을 인정하고 그 위배성 여부를 엄격히 심사하여 그 위배가
확인된다면 사건을 각하하는 것이 정책적인 면에서나 논리적인 면에서 모두 더 타당
하지 않았을까 하는 생각이 든다.

　어쨌든 앞으로 헌법재판소가 특히 중요 국가정책 결정을 추진하는 절차에 대하여
헌법상 요구되는 적법절차를 판정하는 역할을 적극적으로 실행함으로써 대통령과 국
회 등 타 헌법기관으로 하여금 국민들에게 중대한 이해관계가 있는 국가정책을 변경
함에 있어서 그 중요도에 합당한 까다로운 국민의사 수렴절차를 거치지 않으면 헌법
위반이 될 수 있다는 인식을 충분히 심어주어야 할 것이다.

---

26) 리투아니아 헌법재판소 2004. 3. 31. 선고 14/04호 대통령탄핵사건 판결(Venice Commission Codices
　　No. LTU-2004-1-002)의 판결이유 Ⅳ. 4.의 3번째 문단 참조.
27) 실제로 이 사건의 결정문 이유는 대통령의 위헌·위법행위를 차례로 인정하여 나가다가 결론에 이르
　　러서는 탄핵을 기각하는 방식을 취하고 있어서 논리의 흐름이 마지막에 역전되는 느낌을 주고 있다.

V. 정책의 내용에 대한 통제

1. 내용적 통제의 자제원리로서의 통치행위론

헌법심사의 대상이 고도의 정치성을 가지는 이른바 통치행위에 해당한다는 이유만으로 과연 심사를 포기하여야 하는가 하는 문제에 관하여는 이론적 혹은 실무적으로 상당한 혼란상태가 계속되고 있다고 생각된다. 통치행위는 어느 나라이든 실정 헌법상 인정된 개념이 아니라 판례법으로 형성되어온 개념으로서[28] 그 인정 근거에 논란이 많으며, 권력분립설, 내재적 한계설, 자유재량설 및 사법부자제설 등이 주장되고 있으나,[29] 어느 이론도 명쾌한 설명이 된다고 보기에 부족하다고 본다. 그러나 어쨌든 대부분의 학자들은 헌법의 현실 내지 헌법정책적 고려를 이유로 통치행위의 존재를 최소한 받아들이고 있는바, 이러한 입장은 결국 사법부자제설에 귀착된다고 생각된다.

한편 이 문제를 선도하는 미국과 프랑스의 판례이론으로 눈을 돌려보면, 당연한 현상이기도 하겠으나 양국의 통치행위의 인정범위는 반드시 서로 일치되지 않고 있고,[30][31] 일본의 경우를 보아도 미국·프랑스와 조금씩 다른 경향을 보이고 있으며,[32]

---

28) 일반적으로 통치행위는 단순한 법집행적 작용이 아니라 국정의 기본방향을 제시하거나 국가적 이해를 직접 대상으로 하는 고도의 정치성을 띤 집행부의 행위(정치적 행위)로서 사법적 심사의 대상으로 하기에 부적합한 성질의 것(사법심사 부적합성)이며, 그것에 관한 판결이 있는 경우에도 그 집행이 곤란한 성질의 행위(판결의 집행곤란성)를 말하는 것으로 설명된다. 권영성, 전게서, 829면.

29) 주지하는 바와 같이, 권력분립설은 권력분립에 따라 사법적 문제는 주권자가 법원에 의하여 결정되어지도록 정한 문제이고, 정치문제(통치행위)는 주권자가 그 결정을 정치부문에 위임한 문제라고 하고, 내재적 한계설은 사법권에는 그에 내재하는 일정한 한계가 있으며, 동태적인 정치문제는 지위가 독립되어 있고 정치적으로 책임을 지지 아니하는 법원이 심사하기에 부적합하다고 하며, 자유재량설은 정치문제가 집행부의 자유재량에 속하는 행위이므로 사법적 심사의 대상에서 제외된다는 것이고, 사법부자제설은 통치행위도 집행행위이고 법률문제의 성격을 가지므로 법원은 이를 심사하여야 할 것이나, 고도의 정치성을 띤 타 국가기관의 행위에 사법부가 관여하는 것을 자제하는 것이 바람직하는 것을 요지로 하는 이론적 설명들이다. 권영성, 전게서, 832-833면.

30) 미국의 판례상으로 '정치문제'로 인정되는 사항의 목록(List)을 제시하여 본다면 다음과 같다. 먼저 대내사항으로서 ① 주정부가 확립된 정부인지 여부(Luther v, Boden, 48 US 1), ② 주정부가 共和政體를 가진 것으로 볼 수 있는지 여부(Luther v, Boden, 48 US 1), ③ 법률의 의회통과의 합헌성 여부(Field v. Clark, 143 US 649), ④ 의회 의원의 자격에 관한 판정(Roudebush v. Hartke, 405 US 15), ⑤ 州權에 관한 사항(Pacific States Telephone & Telegraph Company v. Oregon 223 US 118), ⑥ 대통령선거인 선출방법의 결정에 관한 州의 정치활동(O'Brien v. Brown, 409 US 1), ⑦ 헌

독일의 경우에는 연방헌법재판소가 헌법소원의 대상성을 부인하지 아니하는 입장을 보이고 있다.[33] 이와 같이 선진제국의 판례이론을 살펴보아도 사법심사가 배제되는

법수정발의에 대한 주의회의 승인의 효력(Coleman v. Miller, 307 US 433) 등이 있고, 대외사항으로 서는 ① 내란을 포함하여 전쟁의 개시·종료(Commercial Trust Company v. Miller, 262 US 51), ② 募兵, 포로의 처리에 관한 대통령의 결정(Martin v. Mott 25 US 19), ③ 국가, 정부, 교전단체의 승인(In re Baiz 135 US 403), ④ 인디언 부족에 대한 승인(United States v. Sandoval 231 US 28), ⑤ 조약의 체결, 비준, 해석 등 조약에 관한 제 문제(Goldwater v. Carter 444 US 996) 등이 이에 속한다.

31) 프랑스의 판례에서 통치행위로 인정되는 사항의 목록(List)을 제시하여 본다면 다음과 같다. 첫째로 정부의 의회에 대한 행위로서 ① 헌법개정안의 발의 거부(CE, 26 février 1992, *Allain*), ② 의회 해산 (CE, 20 février 1989, *Allain*), ③ 입법절차에 관한 정부의 행위로서 정부의 법률안의 제출거부(CE, Sect., 18 juillet 1930, *Rouché; CE, 29 novembre 1968, Tallagrand*), 제출지연(CE, Sect., 25 juillet 1947, *Société l'Alfa*)과 제출된 법률안의 취소(CE, Ass., 19 janvier 1934, *Compagnie marseillaise de navigation à vapeur Fraissinet*) 및 법률의 공포행위 (CE, Sect., 3 novembre 1933, *Desreumeaux*)등을 들 수 있고, 둘째 1958년 헌법과 관련되어 인정되는 통치행위로서 ① 대통령의 헌법 제16조 상의 비상대권의 발동 결정(CE, Ass., 2 mars 1962, *Rubin de Servens et autres*) ② 헌법 제11조에 기한 대통령의 법률안 기타 문제의 국민투표에의 회부 행위(CE, Ass., 19 octobre 1962, *Brocas*), ③ 대통령에 의한 헌법평의회 구성원의 3분의 1에 해당하는 위원의 임명행위 (CE, Ass., 9 avril 1999, *Mme Ba*), ④ 대통령의 사면권 행사(CE 30 juin 1893, *Gugel*)를 들 수 있다. 셋째로 국제관계에 관한 행위로서 ① 조약의 체결 및 폐기행위(CE, Sect., 1er juin 1951, *Société des étains et wolfram du Tonkin*), ② 조약의 이행에 관련된 행위(CE, Ass., 18 décembre 1992, *Préfet de la Gironde c. Mahmedi*), ③ 외교적 보호권의 행사(CE, 2 mars 1966, *Dame Cramencel*), ④ 국제사법재판소에의 제소 여부에 관한 결정(CE, 9 juin 1952, *Gény*), ⑤ 전쟁행위(CE, 5 juillet 2000, *Mégret et Mekhantar*), ⑥ 핵실험시 국제수역 안전지대의 설정(CE, Ass., 11 juillet 1975, *Paris de Bollardière*) 및 핵실험 결정(CE, Ass., 29 septembre 1995, *Association Greenpeace France*) 등을 들 수 있다.

32) 일본판례상의 통치행위 목록을 열거하면 ① 美日安全保障條約과 미군의 국내주둔(砂川事件判決), ② 衆議院의 해산처분(苫米地 判決; 그러나 중의원 해산에 따른 총선거일의 결정은 직접 국가통치의 기본에 관련된 극히 고도의 정치성을 가지는 행위로까지 보기는 어렵다고 한다. 昭和 62년 3월 25일 名古屋高裁 判決), ③ 평화조약 등 고도의 정치성을 가지는 조약의 체결과 그 해석(昭和 45년 9월 1일 東京高裁判決), ④ 아스팍(아시아태평양협의회)의 성격과 정치적 사명에 관한 법적 판단(昭和 48년 4월 24일 東京高裁判決), ⑤ 자위대의 존재(昭和 51년 8월 5일 札幌高裁判決), ⑥ 獨島에서의 한국군 철퇴의 방책의 適否(昭和 35년 10월 18일 東京地裁 判決) 등을 들 수 있다.

33) 독일의 경우 사법부 자제의 입장에서 통치행위의 관념을 인정하다가 기본법체제하에서는 특히 기본법 제19조 제4항에서 기본권 침해자의 법적 구제를 보장한 점을 의식하여 통치행위의 영역을 부정하는 것이 일반적 경향이다. Jarass/Pieroth, Grundgesetz für die Bundesrepublik Deutschland, Kommentar, 8. Auflage, München, Art. 19. rdnr. 43. 참조. 연방헌법재판소는 기본조약 판결에서 정치적 문제에 대한 심사권의 한계를 인정하면서도 조약의 체결은 통치행위에 속하지 않는다고 하였으나(BVerfGE 36,14), 실제에 있어서 연방헌법재판소는 국가정책적 지도결정(Staatspolitische Führungsentscheidung), 예를 들어 의회 해산의 결정(BVerfGE 62, 397), 의회내부의 정치적 결정(BVerfGE 60, 374), 기본법 제65조 제1항에 의한 정책의 노선 결정과 같은 국가법적 통치행위(BVerfGE 55, 349) 등에서 성격상 개인의 권리를 직접 침해한다고 볼 수 없으므로 청구적격이 결여되었다는 이유로 헌법소원을 각하하여 왔다. 또한 학자들은 국가의 승인, 외교적 면책특권의 인정, 대통령의 훈장수여행위 등도 이와 같이 처리됨이 타당하다고 보고 있다. Schmidt-Bleibtreu Klein, Kommentar zum Grundgesetz, 10. Auflage, München, Art. 19. rdnr. 75. 참조.

통치행위의 개념과 범위에 대한 보편적 논리의 발견이 매우 곤란하며, 다만 대외관계의 통치행위는 여전히 그 고유한 범위가 인정되고 있는데 비하여 대내관계의 통치행위는 점차 축소되고 있는 경향 정도가 세계적 흐름으로서 파악될 수 있을 뿐이다. 그리하여 통치행위는 결국 그 나라가 처한 헌법현실 속의 구체적 사안에 따라 판단할 수밖에 없는 것이 되며, 그 범위는 각국의 정치문화적 사정을 고려하여 그 최고법원이 판례를 통하여 인정한 행위의 총체, 즉 '통치행위 목록(List)'으로 구체화되는 것이라고 하는 것 외에 달리 이론적 설명은 불가능하다는 결론에 이르는 것이다.

한편 우리 헌법재판소의 입장을 보면, 소위 금융실명제 사건에서 통치행위라고 하더라도 헌법소원 심판의 대상이 됨을 확인하였던 것이 가장 중요한 선도결정이 되는 바, 이후 이라크파병결정 사건에서 통치행위의 헌법소원 대상성을 재론하여 다수의견으로 통치행위의 사법심사 대상성을 부인하기도 하였으나 재판관 5인의 찬성에 의한 것에 불과하여 통치행위 대상성을 인정한 위 판례를 변경하는 데까지는 이르지 못하였으며, 수도이전 사건에 이르러 헌법소원의 대상성을 재확인하여 위 금융실명제 사건의 입장을 유지하였던 것이 주목되는 흐름이라고 할 수 있다.[34] 그렇다면 우리 헌법재판소는 비록 고도의 정치성이 인정되는 국가정책에 관한 문제라고 하더라도 헌법재판의 요건을 충족하여 재판소의 관할범위 안으로 들어오는 사건에 대하여서는 적극적 심사를 할 수 있다는 입장에 있는 것으로 일단 판단되는데, 앞서 본 바와 같이 5인의 재판관이 특정의 국가정책 결정(국외파병결정)에 대하여서는 헌법소원 대상성을 부인한 바도 있고 또한 재판부는 6년마다 갱신되어 왔으므로 현재 재판부가 앞으로 어떠한 입장을 취할지 정확히 예측하기 어려우며, 이 문제에 관하여 우리 헌법재판소의 확고하고 안정된 견해가 정립되어 있다고 평가하기는 아직 곤란하다고 생각된다.

---

34) 통치행위를 포함하여 모든 국가작용은 국민의 기본권적 가치를 실현하기 위한 수단이라는 한계를 반드시 지켜야 하는 것이고, 헌법재판소는 헌법의 수호와 국민의 기본권 보장을 사명으로 하는 국가기관이므로 비록 고도의 정치적 결단에 의하여 행해지는 국가작용이라고 할지라도 그것이 국민의 기본권 침해와 직접 관련되는 경우에는 당연히 헌법재판소의 심판대상이 될 수 있는데, 대통령 긴급재정경제명령은 국가긴급권의 일종으로서 고도의 정치적 결단에 의하여 발동되는 행위이고 그 결단을 존중하여야 할 필요성이 있는 행위라는 의미에서 이른바 통치행위에 속한다고 할 수 있다. 헌재 1996. 2. 29. 93헌마186, 판례집 8-1, 111, 116.

2. 헌법재판소의 심사권한을 벗어난 영역에서의 정책결정 행위

이상에서 살펴 본 바와 같이 통치행위는 정치부문의 국민의 대표기관이 내리는 고도의 정치적 결단으로서 주로 직업법관들로 구성되어 민주적 정당성이 결여된 사법부가 그 당위의 판단을 하는 것이 곤란한 정책결정 분야에서 인정되고 있다. 그러나 아무리 정치적으로 중요한 문제라고 할지라도 그것이 법적 분쟁으로서의 성격을 띠고 있는 한 반드시 사법심사에서 제외되어야 할 논리적 필연성은 존재하지 않는다. 특히 군사쿠데타 관련자의 처벌이나 대통령의 탄핵 혹은 수도이전 등과 같이 그야말로 정권의 향배와 밀접히 관련된 사활적 정치문제에 이르기까지 이미 사법심사의 범위가 확대되어 있는 현행 헌법재판의 실무에서 정치적으로 고도의 중요성을 가진다는 점 자체가 반드시 사법심사를 배제시킬 논리필연적 근거가 된다고 볼 수는 없다.

또한 헌법재판소의 기본적 책무가 헌법적 분쟁이 발생하였을 경우에 무엇이 헌법인가를 밝혀 주는 데에 있다고 볼 때 사법부는 헌법적 분쟁 일체, 그것이 정치적으로 중요하건 아니건 관계없이 모든 헌법적 분쟁에 대하여 포괄적인 관할권을 가진다고 보아야 논리가 일관된다. 내재적 한계설을 취할 때 사법권에 내재하는 일정한 한계가 있다고 하지만 무엇이 한계인지 근거를 대어서 밝혀야만 할 것이고 이를 다시 이론화하자면 권력분립 내지 자유재량론 등으로 회귀하여 설명할 수밖에 없을 것으로 생각된다. 결국 각국의 최고법원의 판례에 의하여 인정되는 부분이 그 나라의 통치행위라고 결론지을 수밖에 없는 것은 이러한 이론들이 일관된 논리에 의하여 통합에 성공하지 못하였음을 시사하고 있다.

그렇다면 고도의 정치성을 가지는 정책이라는 점만으로는 이에 대한 헌법심사를 배제하기에 족한 충분조건이 된다고 하기는 어렵고 이러한 정책에 대하여 헌법재판소의 헌법심사가 미칠 수 없는 데에는 헌법재판의 대상이 될 수 없는 별도의 특별한 사유가 있기 때문이라고 보아야 할 것이다. 즉 국가권력 담당자의 정책결정 행위라고 하더라도 국내법의 최고규범인 헌법의 효력이 제대로 미칠 수 없는 범위에서 행하는 것이 존재할 수 있으며, 여기서의 행위에 대하여서는 헌법심사도 정상적으로 이루어질 수 없다고 본다. 여기서 헌법심사가 작동할 수 없는 규율영역은 국제법 영역, 입헌주의의 예외 영역 및 헌법에 의하여 배제된 영역의 세 가지 경우가 있을 수 있다고 생각된다. 이하에서 이를 나누어 살펴본다.

(1) 국제법적 규율 영역

순수한 국제법적 영역에서의 국가행위에 대해서는 국내적 차원의 사법심사가 배제될 수밖에 없다. 집행부는 외교권을 가지고 있으므로 국내법적 통치활동을 하는 외에 국제법적 외교활동을 하게 되는데, 이러한 영역에서의 국가활동에 대한 법적 규율은 국제법에 의하여 이루어지며 이 영역에서 국내법의 최고법원인 헌법재판소가 관할을 주장할 수는 없기 때문이다. 따라서 조약의 체결이나 외국과의 통상교섭, 국가의 승인 등의 문제는 전형적인 국제법적 행위로서 헌법 등 국내법질서에 의한 심사의 대상이 될 수 없다.[35] 그러나 국제조약이라고 하여도 그것이 국내법적으로 발효되어 국내법질서에 편입되는 때에는 헌법에 의한 심사가 이루어져야 할 것이다. 국내법질서에 속하지 아니하는 규범이 국내법질서에 진입하는 것을 감시하는 것은 헌법재판소가 수행하여야 할 규범형식의 선로변경 결정의 전철수 기능에 포함되는 것이기도 하다.[36]

그리고 국군의 해외파병은 관계 동맹국 혹은 파병대상국 등 외국과 관계에서 국제법적 활동이 된다고 할 것이지만 그 파병의 정책결정 자체는 동시에 국내법적인 것이기도 하므로 반드시 헌법심사가 배제되어야 할 논리적 이유는 없다고 본다. 특히 우리 헌법은 침략전쟁의 부인을 명시하고 있으므로(제5조 제1항) 헌법이 직접 이 점에 대한 사법적 통제를 요구하고 있다고 새겨야 한다. 따라서 국군의 해외파병의 문제에 대하여서는 국제평화주의에 입각하여 적절한 헌법심사의 기준, 예컨대 파병의 목적, 파병부대의 성격, 개인화기 내지 공격형 무기의 소지 여부, 파병기간의 한정 여

---

35) 여기서 국제조약의 경우 약간의 예외가 인정되어야 한다. 국제법과 국내법이 준별되는 법구조에서는 국내적 발효절차를 거치지 아니한 국제조약은 헌법재판의 대상이 될 수 없다고 봄이 논리적이다. 그러나 이렇게 조약이 국내적으로 발효되는 '공포'절차 이후에만 헌법소원의 대상이 될 수 있다고 한다면 이미 국제법적으로 발효된 조약을 헌법심사하는 결과가 되어 국내법과 국제법이 충돌함으로써 서로 조화가 이루어지지 아니하는 바람직하지 아니한 상태를 야기할 수 있다. 따라서 비록 아직 공포되지 아니한 단계의 국제조약이라고 하더라도 이를 헌법심사의 대상으로 미리 삼을 필요가 있다. 이러한 취지에서 독일에서도 일반법률과는 달리 조약동의법률의 경우에는 그 공포 이전에 헌법소원의 대상이 되는 것으로 하고 있다. 독일연방헌법재판소는 "동의법률에 대한 헌법소원은 연방대통령이 조약법률에 서명하고 이를 공포하는 단계에까지 입법절차가 완결되지 못하였다고 하더라도, 동 공포 이전에 이미 제기될 수 있다."고 판시한 바 있다(BVerfGE 24, 33 :네덜란드와의 재정조약사건). Rüdiger Zuck, Das Recht der Verfassungsbeschwerde, 2. Auflage, 1988, München, S. 197., rdnr. 439. 참조.

36) Louis Favoreu, op. cit., p. 290. 同旨.

부 등을 종합적으로 고려한 파병의 헌법적 한계를 설정하고 이를 집행부와 입법부에 준수하도록 요구하는 것이 필요하다고 생각한다.[37]

(2) 입헌주의의 예외 영역

법치주의가 배제되는 경우, 즉 입헌주의의 예외가 되는 비상 상황에 있어서의 입법·집행부의 정책 결정에 대하여서는 헌법심사가 제대로 이루어질 수 없다. 헌법재판 제도는 입헌주의 체제가 정상적으로 작동하는 평시적 상황을 전제로 한 것이며 이러한 조건에서 헌법재판도 정상적으로 이루어질 수 있다. 그러나 헌법재판은 법치주의 보장의 법적 수단이기 때문에 입헌주의의 예외상황에 들어가게 되면 헌법재판도 그 기능을 완전히 발휘할 수는 없게 된다. 예컨대 대통령의 비상대권이 발동된 상황에서는 법치주의의 제반 제도가 제대로 기능할 수 없게 되고 헌법재판도 여기에 포함된다. 따라서 대통령이 국가긴급권을 정당하게 발동한 경우에는 그러한 긴급사태 하에서 실행한 국가정책의 결정은 입헌주의의 작동을 전제로 한 헌법심사의 영역에서 벗어난다고 보는 것이 논리적으로 합당하다고 본다.[38]

다만 여기서 입헌주의의 예외상황으로 진입하는 요건의 경우와 입헌주의의 예외상황에 이미 진입된 후 비상조치로서의 정책결정의 경우는 구분되어야 할 것이다. 입헌주의의 예외상황으로 들어가는 '진입요건'이 충족되었는지 여부에 대한 심사는 관점을 달리 하여 볼 때 입헌주의적 규범통로에서 초헌법적 규범통로로의 선로변경을 의미한다고 할 수 있으며 여기서 헌법재판소는 넓은 의미에서의 규범통로 변경의 허부 기능, 즉 전철수적 기능을 수행하여야 하는 것이다. 따라서 헌법재판소의 규범통제기능은 여기서 오히려 강화되어야 마땅하다. 다만 헌법이 사법기관 외 타 헌법기관에게 그러한 심사권한을 부여함을 명시적으로 규정하고 있다면 헌법재판소의 심사는 배제된다고 해석하는 것은 불가피하다고 본다. 이러한 까닭에 우리 헌법이 대통령의

---

37) 이러한 입장에서 헌법재판소의 두 번에 걸친 이라크파병결정에 대한 각하판결은 비판의 여지가 있다고 생각한다. 헌법소원의 자기관련성의 범위도 보다 너그럽게 파악할 수도 있었을 것이며 특히 통치행위로서 헌법재판의 대상성을 부인할 것이 아니라 헌법 제5조를 심판규범으로 삼아서 보다 적극적인 판단을 하였어야 합당하다고 본다. 해외파병에 대한 헌법심사의 기준과 관련된 독일에서의 논쟁과 판례에 관하여서는 김승대, 통일헌법이론, 법문사, 1996, 193~198면 참조.

38) 학설상 국회의 승인을 얻은 대통령의 긴급명령에 대하여 헌법심사가 가능하다고 보는 것이 일반적이나 (예컨대, 성낙인, 헌법학, 법문사, 제5판, 853면 등), 긴급상황에서 위기를 극복하기 위하여 행한 조치에 대한 내용적 적부를 입헌주의가 회복·정상화된 평상시 기준에 의하여 판단할 수 없으므로 헌법심사는 다만 긴급상황으로의 진입요건에 대하여서만 행한다고 보는 것이 논리적이라고 생각한다.

비상계엄 선포나 긴급재정경제명령 발포의 경우와 같이 그러한 권한을 행사할 수 있
는 헌법적 요건이 존재하는지 여부에 대하여 국회가 통제권을 가짐을 직접 명시하고
있으므로(제76조 제3항, 제4항, 제77조 제4항, 제5항) 이러한 비상대권 행사의 진입요건
의 헌법적합성 여부에 대하여서는 헌법재판소가 심사할 수 없다고 보아야 할 것이다.
요컨대 국가긴급권의 발동요건 충족 여부에 관하여서는 국민이 직접 선출한 대표기
관이 그 적부를 심사하여 통제하도록 한다는 것이 헌법의 취지라고 보아야 하기 때
문이다.39)

　그러나 '초헌법적 국가긴급권'을 발동하는 요건에 관하여는 헌법이 국회 등 특정
의 헌법기관으로 하여금 이에 대하여 판단하도록 특별히 규정하는 바가 없으므로 그
행사의 타당성 여부는 헌법재판소의 심사를 받을 수밖에 없다. 여기서 초헌법적 국가
긴급권이 발동될 당시에는 사태의 긴급성과 위기성으로 인하여 물리적 힘이 우월한
상황이 조성된 탓에 헌법재판소의 심사가 사실상 불가능하더라도 그 후 상황이 안정
되어 입헌주의가 회복되면 헌법재판소는 그 국가긴급성의 헌법적 적합성 여부를 심
사할 수 있다고 보아야 할 것이다. 그러한 의미에서 헌법재판소가 5·18쿠데타 사건
에서 이른바 '성공한 쿠데타는 처벌할 수 없다'는 논리에 의한 사법자제론을 배척하
고 국민적 추인(追認)의 존부라는 거시적 관점에 입각하여 군사쿠데타의 위헌성 여부
를 판단하고자 하였던 것은 정당하다고 본다.40)

(3) 헌법이 명문으로 사법심사를 배제한 영역

　헌법은 주권자의 최고 결단이며 주권자가 여기에서 사법부의 통제에 맡기지 아니
하고 입법부 혹은 집행부의 정치적 판단에 맡김을 분명히 한 경우에는 헌법재판소의
헌법심사가 미칠 수 없게 됨은 당연하다. 이러한 예 중 대표적인 것은 대통령의 국민

---

39) 그런 의미에서 대통령의 계엄선포행위를 사법심사의 대상으로 삼지 아니한 대법원의 판례(대판 1981.
　　1. 23. 80도 2756 등)는 정당한 논리에 따른 것이다.

40) 5·18 쿠데타가 내란과 반란 등 범죄에 해당한다는 취지로 고소된 사건에서 쿠데타의 주체가 되었던
　　군부인사들에 대하여 '성공한 쿠데타는 처벌할 수 없다'는 논리로 공소권 없음의 불기소처분이 내려지
　　자 이에 헌법소원이 제기되었다. 이 사건에서 결정 결론의 사전누출 의혹 속에서 예측되는 결과에 불
　　만을 품은 헌법소원청구인들이 선고예정당일 소를 취하함으로써 헌법재판소는 합의된 내용을 선고하
　　지 못하고 심판종료선언을 하게 되었다. 그러나 동 결정의 소수의견에서는 원래 재판관 전원일치로 선
　　고하고자 예정하였던 결정문을 그대로 적시하였다. 이에 의하면 헌법재판소는 초헌법적 국가긴급권의
　　실행에 대하여 그 합헌성 인정의 조건을 제시하면서 동 쿠데타가 위헌임을 적극적으로 판단하고자 하
　　였음을 알 수 있다. 헌재 1995.12.14. 95헌마221, 판례집 7-2, 697-759.

투표 부의권의 행사이다. 헌법 제72조는 '대통령은 필요하다고 인정하는 때에는 외교·국방·통일 기타 국가의 안위에 관한 중요정책을 국민투표에 붙일 수 있다'고 규정한다. 여기에서 대통령의 국민투표 회부권은 대통령이 '필요하다고 인정하는 때' 행사될 수 있는 것임을 명문으로 분명히 하여 해석상의 혼란이 발생할 여지가 없도록 하고 있으며 헌법논리적으로 보더라도 우리 헌법은 국민의 정치적 의사를 국회라는 국민의 대표기관에 의하여 결정하는 간접민주주의를 채택하고 있으며 직접민주주의 제도는 헌법상 특별히 허용한 경우에만 가능한 구조를 취하고 있으므로 대통령의 필요성 인정 여부에 대한 판단에 사법부가 개입하여 국민투표 회부의 헌법적 필연성을 발견해 내는 심사를 할 수는 없다고 보는 것이 정당하다.[41]

3. 민주주의 실패론과 적극적 내용심사의 영역

이상 논한 것처럼 사법관료로 구성된 비민주적 기구인 헌법재판소나 법원이 그 판결로서 국민에 의하여 선택된 민주적 기구인 입법·집행부의 기본적 정책결정을 폐기하고 변경하는 데 있어서는 그 권한 행사가 신중하게 이루어져야 마땅하다. 그러나 한편으로 사법부가 오히려 민주주의 정치체제의 올바른 작동이 가능케 하기 위하여 때로는 국가정책 결정에 적극적으로 개입하여야 한다는 유력한 주장이 있다. 이는 미국에서 등장한 이른바 '민주주의 실패론(democratic failure theory)'인데, 지금도 미국의 헌법학자들의 기본적 사고를 상당부분 지배하고 있는 점에 유의할 필요가 있다.[42]

이 이론에 의하면 다수결의 원칙에 의하여 운영되는 민주주의 정치체제는 법원이 소위 '민주주의의 실패'에 대한 보장장치로서 기능할 때에만 제대로 존속·번영할 수 있다. 여기서 민주주의 실패의 현상은 두 가지 경우에 나타난다. 하나는 흑인과 같이 정치공동체 내의 특정한 집단이 조직적으로 정치적 의사결정과정에서 배제될 때 나타난다. 둘째는 사회의 전체적 자원배분을 권력을 가진 집단이 왜곡하여 이익을 차지

---

41) 따라서 신행정수도특별법 위헌사건에서 수도이전의 정책결정을 함에 있어서 대통령은 이를 헌법 제72조에서 정한 국민투표에 회부하여야 하며 이를 이행하지 아니한 것은 위헌이라는 취지의 소수의견은 헌법 제72조의 의미를 지나치게 확대하여 문리해석의 한계를 넘어선 것으로서 현행 헌법의 해석론으로서는 수용하기 어려운 무리한 논리라고 생각한다.
42) John Hart Ely, Democracy and Distrust, A Theory of Judicial Review, Harvard University Press, 1980, 14th Printing 2002. p. 73.

하고 권력으로부터 소외된 집단에게 복지면에서 불이익을 전가시키는 경우에 나타난
다. 결국 민주주의의 실패는 민주주의 정치체제 내에서 민주주의적 방법으로 권력을
잡은 집단은 일단 권력을 확보하고 나면 민주주의적 정치운영에 불가결한 정치적 경
쟁구조를 허물어뜨리면서 권력을 자의적으로 행사하여 민주주의 체제 자체를 약화시
키려든다는 점을 말하는 것이다.[43]

이러한 경우에는 비민주적 기구인 사법부의 국가정책에 대한 개입이 정당화된다.
그런데 여기서 논하는 민주주의 정치체제(democracy)는 각 국가별로 형성되는 것이
며, 각각의 민주주의 정치체제의 내용과 그 운영은 그 정치체제의 구성원으로서의 인
민, 즉 '데모스(demos)'에 의하여 결정되어야 하는 것이다. 다시 말하여 민주주의 정
치체제 내에서 사법부가 입법부와 행정부의 정책결정에 적극적으로 개입하는 점에
대한 정당한 근거로서의 민주주의 정치체제의 존속과 번영은 민주주의 정치체제를
결정한 인민을 위한다는 점에서만 의미를 가지는 것이다.[44]

여기서 민주주의 정체를 구성하는 데모스의 범위가 어디까지인가 하는 점이 문제
된다. 데모스의 범위에는 그 나라의 국적을 가진 국민이 포함되어야 함은 명백하다.
그러나 그 국가의 주권적 영토에 진입하여 거주 생활하거나 혹은 소재하는 외국인도
제한된 범위에서는 당해 공동체에 관심을 가지고 그 존속과 번영에 기여하고 있으므
로 한정된 범위에서 데모스의 범위에 들어갈 수 있다고 할 것이다. 그러한 의미에서
국민과 당해 국가에 거주하는 외국인들까지도 민주주의적 실패현상에 의하여 나타나
는 부당한 처우에 대하여 법원이 이들을 보호하여 주어야 할 책무를 지게 된다. 그러
나 국외에 소재하는 외국인에 대하여, 입법부나 행정부가 이들을 부당하게 처우한다
고 하여 사법부에게 이들을 보호하여줄 헌법상의 권한이 발생할 수 있을 것인지는
의문시될 수밖에 없다. 이들은 당해 민주주의 정치체제의 구성원이 아니며 당해 체제
의 존속과 번영에 기여하는 주체가 아닐 뿐만 아니라 그들의 이익은 당해 민주주의
정치체제의 구성원의 이익과 경쟁관계에 있거나 서로 배치되기도 한다. 따라서 그 정
치체제 내에서의 민주주의의 존속과 번영을 보장하기 위한 소수자 보호의 역할에 충
실하여야 하는 그 국가의 사법부가 이들 국외 소재 외국인의 권익보호를 위하여 적

---

43) J. H. Ely, Id. at 103.; Eric Posner, Boumediene and the uncertain march of judicial
    cosmopolitanism, 2008 Cato Sup. Ct. Rev. 23, 35.
44) E. Posner, Id. at 35-36.

극적으로 관여하는 것은 민주주의 정치체제 내에서 사법부의 정당한 역할 범위를 넘어서고 있기 때문이다.

요컨대 이 이론을 기초로 사고를 확장하여 볼 때, 민주적인 구성을 가진 사법부의 적극적 인권보장 기능은 민주주의 정체 내부에서 정치권력을 가진 입법부와 행정부의 권력 남용에 의하여 당해 정치체제의 구성원 집단 중 소외된 집단을 구제하여 민주주의 정체제도의 존속과 번영을 보장하는 데 있는 것이다.

미국에서의 이러한 논의는 인종과 계층 형성이 복잡하고 다양한 미국 사회의 정치적 현실을 반영한 것이라고 생각되지만 우리나라의 경우에도 해당되는 민주주의 정치체제의 일반적 현상이요 약점이라고 생각된다. 따라서 국가정책결정에 대한 간섭이 된다고 하더라도 그 정책의 내용이 기성의 권력집단이 민주주의적 경쟁체제를 허물고 권력과 이익을 독점하며 민주주의 체제 자체를 약화시키는 것일 경우에는 정책결정에 대한 헌법재판소의 적극적 헌법심사가 요청된다고 할 것이다.

Ⅵ. 맺음말

국민적 대표성을 가진 대통령 혹은 국회가 결단한 중대한 정책결정을 담은 규범에 대하여 헌법재판이 제기된 경우 국민적 대표성이 부족한 헌법재판소가 어디까지 헌법심사를 할 수 있으며 어떠한 강도를 가지고 심사를 하여야 하는가의 문제에 관하여, 헌법재판소는 그러한 규범이 담고 있는 정책의 내용을 건드리는 것이 아니라 단지 그 규범 경로를 잘못 선택하였는지 여부에 관한 심사를 함에 있어서는 거리낌 없는 엄격한 헌법심사를 진행하여야 한다고 본다. 이 점이 필자가 이 글에서 제시하고자 하는 결론의 핵심이며, 여기서 헌법재판소의 민주적 정통성 미흡은 그 심사권을 약화시킬 아무런 장애사유가 되지 않는다는 점을 다시 강조하고 싶다. 헌법재판소의 이러한 규범형식 심사는 국민의 정책참여권을 강화시키는 방향으로만 작용하기 때문이다.

아울러 법률 혹은 헌법의 규범형식의 선로 선택의 잘못 뿐만 아니라 정책결정 전에 거쳐야 할 국민참여의 절차의 내용과 정도를 잘못 채택한 경우에도 헌법재판소는 엄격한 심사를 하여야 한다고 본다. 그러나 지금까지 우리 헌법재판소의 태도는 규범경로의 형식판단에 있어서는 비교적 적극적인 심사를 하여 왔지만 적법절차의 적용에 관하여서는 전혀 그러하지 아니하였다고 판단된다. 이 분야에 대한 보다 엄격한 심사가 이루어지는 판결이 장래에 많이 등장하기를 기대하여 본다. 필자는 이 절차적 적법절차의 분야야말로 앞으로 우리 헌법재판소가 관심을 가지고 새로 개척하여 나가야 할 미답(未踏)의 영역이라고 생각한다.

마지막으로 정책결정의 내용 심사에 관하여는 대통령과 국회 등 결정주체의 형성권이 충분히 존중되어야 하겠지만 헌법심사가 완전히 배제되는 영역으로서의 통치행위의 인정은 신중을 기하여야 할 것이다. 여기서 외국의 판례이론을 참작해 보아도 알 수 있지만 오직 고도의 정치성이 있다는 이유만으로 헌법재판의 대상에서 제외한다는 것은 논리적이지 않다. 다만 헌법재판이 가능한 행위영역에는 한계가 있으므로 이러한 한계를 넘어서는 영역, 즉 입헌주의의 예외영역이나 국제법 영역 혹은 헌법 자체가 심사를 배제한 영역에서 행한 국가정책의 결정은 헌법심사에서 배제된다고 보는 것이 합당하다. 이처럼 헌법재판소의 민주적 정당성 부족으로 인하여 국가정책의 내용 심사는 원칙적으로 신중히 이루어져야 하겠지만, 민주정치로부터 소외된 국민집단을 보호하는 문제에 있어서는 철저한 헌법적 감시가 필요하고, 헌법재판소의 적극적 내용심사도 그 한도에서는 민주적 정당성 부족의 한계를 극복할 수 있다.

참고문헌

제 1 장 일제의 과거청산과 법치주의 원칙

〈단행본〉

권영성, 헌법학원론, 법문사, 2006.

민족문제연구소, 친일파의 축재과정에 대한 역사적 고찰과 재산환수에 대한 법률적 타당성 연구 보고서-국회법제사법위원회 정책연구개발용역과제-, 2004. 12.

법무부, 독일법률·사법통합개관 1992.

Joachim Nawrocki, Die Beziehungen zwischen den beiden Staaten in Deutschland. - Entwicklung, Möglichkeiten und Grenzen, 2. ergänzte Auflage, Verlag Gebr. Holzapfel, 1988.

Dominique Turpin, Droit constitutionnel, Paris, Puf. 2003. 7.

〈논 문〉

문준영, 대한제국기 형법대전의 제정과 개정, 법사학연구 제20호, 1999, 52.

백충현, 한국의 일본병합에 대한 국제법적 고찰, 한국병합의 불법성 연구, 234.

윤진수, 동서독 통일조약에 관한 독일연방헌법재판소 91. 4. 23. 판결 평석, 판례월보 253호.

이승우, 동서독 통일과 불법청산문제-미해결 재산문제를 중심으로-(독일통일의 법적 조명), 146.

이헌환, 반민족행위자 재산환수에 관한 헌법적 검토, 친일반민족행위자의 재산환수 특별법 공청회 자료집, 2004. 9. 17. 13.

이완범, 친일파 처리문제에 대한 일 연구; 일제 강점하 반민족행위 진상규명에 관한 특별법 형성과정과 쟁점, 전망을 중심으로, 105.

조세열, 면죄부가 된 친일진상규명법, 특집 미룰 수 없는 친일파 청산, 68.

허종, 1947년 남조선과도입법의원의 '친일파 처벌법' 제정과 그 성격, 한국근현대사연구 2000년 봄호 제12집, 150.

Josef Isensee, Der deutsche Rechtsstaat vor seinem unrechtsstaatlichen Erbe, Vergangenheitsbewältigung durch Recht, S. 91.

Bodo Pieroth/Thorsten Kingreen, Die Verfassungsrechtliche Problematik des Verfährungs gesetzes, NJ 1993. 9. S. 388.

제 2 장   한반도 영토 국경과 헌법

〈단행본〉

권영성, 헌법학원론, 법문사, 2009.

허 영, 한국헌법론 전정4판, 박영사, 2008.

이한기, 한국의 영토, 서울대학교 출판부, 1996.

법무부 발간자료, 키프로스 통일방안 연구, 2004.

이태진 편저, 한국병합 성립하지 않았다, 태학사, 2001.

John E. Nowak, Ronald D. Rotunda, Constitutional Law, 7th ed, Thomson West, 2007.

Paul Reuter, Introduction to the Law of Treaties, English translation, 1989.

Dominique Turpin, Droit constitutionnel, PUF, Paris, 2003.

Otto Kimminich, Der Grundvertrag, Hansischer Gildenverlag-Joachim Heitmann & Co., 1975.

Georg Ress, Die Rechtslage Deutschlands nach dem Grundlagenvertrag, Springer Verlag, 1978.

Wolfgang Schäuble, Der Vertrag: wie ich über die deutsche Einheit verhandelte, Deutsche Verlags-Anhalt, 1991.

〈논 문〉

도회근, 헌법 제3조(영토조항)의 해석, 권영성교수 정년기념논문집-헌법규범과 헌법현실-, 법문사, 1999, 849면.

도회근, 헌법의 영토와 통일조항 개정론에 대한 비판적 검토, 헌법학연구 제12권 제4호, 2006. 11. 35면.

백충현, 한국의 일본병합에 대한 국제법적 고찰, 한국병합의 불법성 연구, 2003, 209-244면.

이태진, 1904-1910년 한국국권 침탈조약들의 절차적 불법성, 한국병합의 불법성 연구, 2003, 3-61면.

이근관, 국제조약법상 강박이론의 재검토, 한국병합의 불법성 연구, 2003, 245-288면.

이석우, 영토취득과 관련한 국제법의 일반원칙과 한국의 간도영유권 주장의 향후 연구방향에 대한 시론적 제언, 백산학보 제72호, 2005. 8, 261-290면.

이석우, 한국의 간도영유권 주장을 위해 극복하여야 할 현대 국제법의 법리연구, 백산학보 제74호, 2006. 4, 295-340면.

이현조, 조중국경조약체제에 관한 국제법적 고찰, 국제법학회논총 제52권 제3호, 2007. 12. 177면.

최장근, 한중일 삼국의 간도영유권에 관한 인식, 일어일본학 19집, 2003, 215면.

Jochen Abr. Frowein, Die Verfassungslage Deutschlands im Rahmen des Völkerrechts, VVDStRL 49, 1990, S.7.

Josef Isensee, Staatseinheit und Verfassungskontinuität, VVDStRL 49, 1990, S. 39.

Christian Starck, Der Rechtsstaat und die Aufarbeitung der vorrechtsstaatlichen Vergangenheit, VVDStRL Heft 51, S.15.

제 3 장 한반도 해양주권과 헌법

〈단행본〉

공노명 외 2인, 독도가 우리 땅인 이유, 제이앤씨 출판사, 2013.

권영성, 헌법학원론, 법문사, 2009.

김명기, 독도의 영유권과 국제해양법, 2014,

김부찬, 국제해양법과 이어도 문제, 온누리디앤피, 2015.

김철수, 헌법학개론, 18전정신판, 박영사, 2006.

다케우치 다케시, 독도＝죽도 문제 고유영토론의 역사적 검토. 선인출판사, 2013.

배종인, 헌법과 조약체결: 한국의 조약체결 절차, 삼우사, 2009.

백봉흠, 독도와 배타적 경제수역, 경세원, 2003.

성낙인, 헌법학원론, 법문사, 2016.

와다 하루키 외 5인, 독도문제는 일본에서 어떻게 논의되고 있는가, 서울대학교 일본연구소, 2015. 6.

와다 하루키, 동북아시아 영토문제, 어떻게 해결할 것인가, 사계절출판사, 2013.

이석우, 동아시아의 영토분쟁과 국제법, 집문당, 2007.

이한기, 한국의 영토, 서울대학교 출판부, 1996.

존 반 다이크(Jon van Dyke), 독도영유권에 관한 법적 쟁점과 해양경계선, 해양수산개발원, 2008.

콘라드 헷세, 계희열 역, 독일헌법원론 제20판, 박영사, 2001.

호사카 유지, 독도 1500년의 역사, 교보출판사, 2016.

David J. Attard, The IMLI Manual on International Maritime Law, Oxford University Press, 2014.

James Harrison, Making the Law of the Sea, Cambridge University Press, 2011.

Jarras/Pieroth, GG kommentar 8. Aufl. C. H. Beck, 2006.

von Münch/Kunig, Grundgesetz-Kommentar, Band 2, 3. Aufl. C.H.Beck, 1995.

Dominque Turpin, Droit Constitutionnel, PUF, 4ème éd, 2003.

〈논 문〉

모리가와 고이치(森川幸一), "독도문제의 기능적 해결을 위하여", 독도논문번역선 I (2005).

박선영, "영토헌법주의와 대한민국 영토 독도", 한국헌법학회 제90회 학술대회 '대한민국 영토 독도의 헌법적 검토' 자료집(2016. 5. 3).

박진완, "독도의 헌법적 지위-신한일어업협정에 대한 헌법재판소의 결정을 중심으로-", 공법학연구 제9권 제4호(2008. 11. 3).

박진완, "한반도의 부속도서로의 독도의 헌법상의 지위", 한국헌법학회 제90회 학술대회 대한민국 영토 독도의 헌법적 지위 자료(2016. 5).

벤자민 시벳(Benjamin K. Sibett), "독도냐 다케시마냐, 일본과 한국간의 영토분쟁", 독도논문 번역선 II (2005).

이창위, "일본의 해양관할권 주장과 해양경계획정", 일본연구 제32호, 중앙대학교 일본문제연구소(2012. 5).

이창위, "일본의 도서와 해양경계 문제", 국제법학회 논총 제54권 1호(2009. 8).

제 4 장   수도이전과 관습헌법

〈단행본〉

허 영, 한국헌법론, 박영사, 2004.

George Burdeau, droit constitutionnel, 21. éd. Paris.

Charles Debbasch, Jean-Marie Pontier, Jacques Bourdon, Jean-Claude Ricci, Droit constitutionnel et institutions politiques, 2 éd, 1986, Paris.

André Hauriou, Droit constitutionnel et institutions politiques, 5e éd.

Benoit Jeanneau, Droit constitutionnel et institutions politiques, 1987.

Bonner Kommentar, Art. 79 Abs. 1 u. 2 / April 1986.

Heinrich Amadeus Wolff, Ungeschriebene Verfassungsrecht unter dem Grundgesetz, Tübingen, Mohr, 1999.

〈논 문〉

정재황, 헌법관습과 헌법판례의 불문헌법 법원성 여부, 고시계 91/10, 97-109면.

차동욱, 공간분석모델을 통해 본 헌법재판소의 전략적 판결과정, 한국정치학회보 제40집 제5호, 2006, 111, 126.

川添利幸, 憲法の變遷と憲法慣習, 法學敎室, 21面.

樋口陽一, 憲法學の對象としての 憲法, 法學協會百周年記念論文集, 1983. 10, 236面.

樋口陽一, 憲法慣習の 觀念についての 再論, 法律時報 47卷 7號, 1975. 6, 135-136面.

René Capitant, la coutume constitutionnelle, Revue du droit public, 1979, pp. 959-970.

Jacques Chevallier, La coutume et le droit constitutionnel français, Revue du droit public, 1970, p. 1375.

Jean-Claude Maestre, A propos des coutume et des pratique constitutionnelle, Revue du droit public, 1971, p. 1275.

Peter Häberle, Die Hauptstadtfrage als Verfassungsproblem, DöV, 1990. 12, S. 989.

Manfred Wochner, Hauptstadt als Rechtsbegriff, ZRP, 1991, S. 207.

제 5 장 군사쿠데타와 민주주의 수호

〈단행본〉

H. L. A. Hart, The Concept of Law, second edition, Oxford University Press, 1997, p. 307.

John Hatchard & Tunde I. Ogowewo, Tackling the unconstitutional overthrow of democracies: Emerging Trends in the Commonwealth, Commonwealth Secretariat, 2003, p. 212.

Hans Kelsen, General theory of Law and State, Harvard University Press, 1949. p. 516.

Lars Vinx, Hans Kelsen's Pure Theory of Law, Legality and Legitimacy, Oxford University Press, 2007, p. 230.

〈논 문〉

심헌섭, 5·18불기소처분의 논거에 대한 법철학적 재검토-분석과 비판-, 서울대법학 제

35권 3 · 4호, 1995, 62면.

이재승, 쿠데타의 법리, 민주법학 제16호, 1999, 195면.

임준호, 성공한 내란과 옐리네크의 사실적인 것의 규범력 이론, 인권과 정의, 대한변호사협회지 제234호, 1996, 20면.

J. M. Eekelaar, Principles of Revolutionary Legality, Oxford Essays in Jurisprudence, 2nd Series, 1973, 22.

Ambrose O. Ekpu, Judicial response to coup d'état: A reply to Tayyab Mahmud (from a Nigerian perspective), Arizona Journal of International and Comparative Law, Spring, 1996, 1.

Yash Ghai & Jill Cottrell, A tale of three constitutions: ethnicity and politics in Fiji, International Journal of Constitutional Law, 2007, 5(4), 639.

Richard N. Kiwanuka, On revolution and legality in Fiji, 1988, International & Comparative Law Quarterly, 961.

Tayyab Mahmud, Jurisprudence of successful treason: coup d'état and common law, 27 Cornell International Law Journal. 49, Winter, 1994. 55.

Tayyab Mahmud, Praetorianism and common law in post-colonial settings: Judicial response to constitutional breakdowns in Pakistan, Utah Law Review, 1993, 1225.

Paul Rishworth, Qarase v Bainimarama: Fiji-military regime dismisses judges, rejects Court of Appeal decision that coup unlawful, P.L. 2009, Oct, 841.

Theodor Schilling, The Court of Justice's revolution: its effects and the conditions for its consummation. What Europe can learn from Fiji, E. L. Rev. 2002, 27(4), 445.

Philip St. J. Smart, Revolutions, constitutions and the Commonwealth: Grenada, International & Comparative Law Quarterly, 1986, 35(4), 950.

제6장 테러와의 전쟁과 입헌주의의 위기

〈단행본〉

Bingham, Tom, The rule of law, Penguin Books, London, 2010, p. 211.

Blum, Stephanie Cooper, The necessary evil of preventive detention in the war on terror, Cambria Press, New York, 2008, p. 260.

Chemerinsky, Erwin, The conservative assault on the constitution, Simon &

Shuster, New York, 2010, p. 325.

Cohen, David B. and Wells, John W. American national security and civil liberties in an era of terrorism, Palgrave Macmillan, New York, 2004, p. 248.

Ely, John Hart. Democracy and Distrust, A Theory of Judicial Review, Harvard University Press, 1980, 14th Printing 2002, 268.

Fein, Bruce, Constitutional peril: The life and death struggle for our constitution and democracy, Palgrave Macmillan, New York, 2008, p. 238.

Fisher, Louis, The Constitution and 9/11: Recurring threats to America's freedoms, University Press of Kansas, 2008, p. 394.

Genovese, Michael A. Presidential prerogative: Imperial power in an age of terrorism, Stanford University Press, 2011, p. 200.

Pohlman, H. L. Terrorism and the Constitution: The post-9/11 Cases, Rowman & Littlefield Publishers, Inc., Lanham, 2008, p. 321.

Posner, Eric. and Vermule, Adrian. Terror in the balance; Security, Liberty and the Courts, Oxford, 2007.

Posner, Richard A. Not a Suicide Pact, The constitution in a time of national emergency, Oxford University Press, 2006. p. 171.

Sievert, Ronald J. Defence, liberty and the Constitution: Exploring the critical national security issues of our time, William S. Hein & Co., Inc., 2005, p. 161.

Van Bergen, Jennifer. The Twilight of Democracy: The Bush Plan for America. Common Courage Press, 2004.

Wong, Kam C. The Impact of USA Patriot Act on American Society: An Evidence Based Assessment, N.Y., Nova Press, 2007.

〈논 문〉

권영설, 반테러의 사전적 보호법리와 기본권 제한, 미국헌법연구 제17권 2호, 2006, 33-65면.

권영설, 반테러과정의 법치주의와 인권보호: Hamdan판결의 의의, 미국헌법연구 제19권 1호, 2008, 35-62면.

김지영, "대테러입법의 헌법적 문제-미국 애국법을 중심으로-", 비교헌법재판연구 2014-B-3, 헌법재판연구원, 2014. 1-73면.

이계수, "반테러법과 위험에 처한 인권", 민주법학 제21호, 2002, 233-258면.

이계수, "테러방지법안의 쟁점", 민주법학 제25호, 2004, 371-401면.

제성호, "미국의 반테러법과 우리에 대한 시사점", 중앙법학 제5집 제3호, 129-162면.

Janet Cooper Alexander, John Yoo's War Powers: The Law Review and the World, 100 Calif. L. Rev. 167(2012)

Michael Anderson, Boumediene v. Bush: Flashpoint in the ongoing struggle to determine the rights of Guantanamo detainees, Maine Law Review 2008. 235.

Jason Binimow, Constitutional validity of terrorism prosecutions and enemy combatant detention and proceedings—Supreme Court cases, 2008 A.L.R. Fed. 2d 5.

Jason Binimow, Designation as unlawful or enemy combatant, 185 A.L.R. Fed. 475.

Megan Gaffney, Boumediene v. Bush: Legal realism and the war on terror, Harvard Civil Rights-Civil Liberties Law Review, Winter 2009, 197.

Jill M. Marks, Jurisdiction of federal court to grant writ of Habeas Corpus in proceeding concerning alien detainees held outside the United States, 192 A.L.R. Fed. 595.

Eric Posner, Boumediene and the uncertain march of judicial cosmopolitanism, 2008 Cato Sup. Ct. Rev. 23.

Wallace Tashima, The War on Terror and the rule of law, Asian American Law Journal, may 2008, 245.

Mark Tushnet, The political constitution of emergency powers: some lessons from Hamdan, 91 Minn. L. Rev. 1451.

John C. Yoo, The Constitution of Politics by Other Means: The Original Understanding of War Powers, 84 Calif. L. Rev. 167(1996)

제 7 장   핵무기 개발과 헌법상 평화주의

〈단행본〉

권영성, 헌법학원론, 법문사, 2009.

김철수, 헌법학신론, 박영사, 2009.

허 영, 한국헌법론, 박영사, 2010.

성낙인, 헌법학, 박영사, 2014.

한수웅, 헌법학, 법문사. 2011.

이정훈, 한국의 핵주권, 글마당, 2011.

박휘락, 북핵 위협과 대응, 한국학술정보(주), 2014.

워드 윌슨, 임윤갑 옮김, 핵무기에 관한 다섯가지 신화, 플래닛 미디어, 2014.

芦部信喜, 憲法 第5版, 岩波書店, 2012.

樋口陽一, 五訂 憲法入門, 勁草書房, 2013.

Jarrass/Pieroth, GG-kommetar, C. H. Beck. 8. Aufl. 2006.

Schmidt-Bleibtreu Klein, Kommentar zum Grundgesetz, 10. Aufl.

von Münch/Kunig, Grundgesetz-Kommentar, Bd. 2., 4. Aufl. 1992.

〈논 문〉

권태영·신범철, 북한 핵보유 상황 대비 자위적 선제공격론의 개념과 전략적 선택방향, 전략연구 통권 제51호, 2011. 3, 7쪽.

김석현, 자위권 행사로서의 무력사용의 제한-필요성과 비례성을 중심으로-. 국제법학회논총 제58권 제4호, 2013. 12, 21쪽.

김영원, 국제법상 예방적 자위권에 관한 연구-핵무기의 위협과 무력공격의 개념 변화를 중심으로- 고려대학교 박사학위논문, 1994. 8쪽.

김정균, 핵무기 규제의 법리, 인도법논총 제24호, 2004. 7. 13쪽.

민경길, 북한의 핵무기체계에 대한 국제법상 규제, 전략연구 제20호, 2000. 10. 114쪽.

서경석, 헌법상 평화주의의 실천적 의미, 민주법학 제25권, 2004, 49쪽.

손용우, 신현실주의 관점에서 본 북한의 핵정책 고찰(1945~2009), 국제정치논총 제52집 3호, 2012, 257쪽.

에이치 카타하라, 일본의 정상국가로의 도약이 동아시아에 미치는 영향, 전략연구, 제41호, 2007, 109쪽.

이경주, 원자력과 평화주의-한국과 일본의 경우-, 민주법학 제54호, 2014. 3. 13쪽.

전종익, 헌법 제5조 제1항 '침략적 전쟁 부인'의 의미, 헌법논총, 545쪽.

정천구, 북한핵문제의 성격과 한국통일전략의 방향 -인식의 코페르니쿠스적 대전환-, 통일전략 제10권 3호, 2010. 12. 13쪽.

鄭惠仁, 大韓民國 憲法における平和的生存權の認定可能性, 법학논총, 제28집 1호, 2011. 3. 145쪽.

제성호, 국제법상의 자위권과 국지도발, 국방정책연구 제27권 2호, 2011. 133쪽.

조성렬, 일본의 핵정책의 이중성과 핵무장 옵션, 국제정치논총 제39집 3호, 1999. 159쪽.

Mark E. Brandon, War and American Constitutional Order, Vand. L. Rev. 56, Nov, 2003, p. 1815.

Rachel A. Weise, How Nuclear Weapons Change the Doctrine of Self-defense,

N.Y.U. J. Int'l L. & Pol., 44,. summer 2012, p. 1331.

제8장 남북한 통일의 헌법적 과정

〈논 문〉

국순옥, 통일국가의 헌법과 기본권 분야의 체계, 공법연구 제21집, 1993, 53.

권영성·신우철, 남북한 통합과 국가형태·국가체제 문제, 서울대법학 34권 1호, 1993. 2, 102.

권오승, 통일에 대비한 경제법적 대응방안, 한국법제연구원, 남북통일에 대비한 법적 대응방안-제6회 법제세미나, 56.

김성수, 남북한 통일헌법의 경제질서 문제, 공법연구 제21집, 1993, 89.

김철수, 한국통일과 통일헌법제정문제, 헌법논총 제3집, 1992, 150.

나인균, 한국헌법과 통일의 법적문제, 헌법논총 제6집 1995, 459.

변해철, 남북한통합과 통치구조 문제, 공법연구 제21집, 1993, 73.

이승우, 동서독 통일과 불법청산문제-미해결 재산문제를 중심으로-(독일통일의 법적 조명), 159면.

이장희, 남북한 UN가입과 국제법적 과제, 법과사회 제5호, 6.

이장희, 남북합의서의 법제도적 실천과제, 아시아사회과학연구원 92년 제1회 통일문제 학술세미나 자료, 1.

장명봉, 남북한 통일에 대비한 헌법적 대응 방안, 한국법제연구원 제6회 법제세미나자료집, 1995. 12, 8.

정영화, 통일후 북한의 재산권 문제에 대한 헌법적 연구(서울대 법학과 박사학위논문), 1995. 2, 310면.

최대권, 남북합의서와 관련된 제반 법문제-특히 「특수관계」의 의미를 중심으로, 서울대 법학, 34권 3·4호, 22.

최대권, 남북교류협력 본격화시 예상되는 국내법체계상의 문제점과 대책, 서울대법학 34권 1호 1993. 2, 39.

杉山茂雄, 日韓基本條約 および 財産, 請求權處理協定 等의 諸問題, ジュリスト, 1965. 8. 1. (327號) 10.

Thomas Geiger, Verjährungsprobleme von in der ehemaligen DDR begangenen Straftaten, JR 1992 Heft 10, S. 404.

Volker Kramer, Zur Verfährungsproblematik bei SED-Unrechtstaten-Kritische Betrachtung zum Beschluß des OLG Braunschweig vom 22. 11. 1991, NJ,

1992. 6. S. 233.

Michael Lemke, Das 2. Verfährungsgesetz Versuch einer Analyse eines schwierigen Gesetzes, NJ, 1993. 12. S. 529.

Hans Lilie, Laßt verfähren, was verjährt, DtZ 1993. 12. S. 354.

Bodo Pieroth, Thorsten Kingreen, Die verfassungsrechtliche Problematik des Verjähungsgesetzes, NJ, 1993. 9. S. 385.

Albrecht Randelzhofer, Deutsche Einheit und Europäische Integration, VVDStRL. 49, 1990, S. 111.

Friedrich Schroeder, Zur Verjährung von SED-Unrechtstaten, ZRP 1993. Heft 7, S. 244.

Hubert Weis, Verfassungsrechtliche Fragen im Zusammenhang mit der Herstellung der staatlichen Einheit Deutschlands, AöR, Bd. 116., Heft.1., 1991.3. S. 3.

제9장 남북한 통일과 헌법개정

〈단행본〉

Erwin Chemerinsky, Constitutional Law, 3. ed., ASPEN, 2006.

von Münch/Kunig, Grundgesetz Kommentar, 4. Auflage, Bd.2. 1992.

〈논 문〉

한국헌법학회, 헌법개정연구 -2006 헌법개정연구위원회 최종보고서, 2006. 11.

강현철, 남북한 통일헌법상의 정부형태에 관한 연구, 외법논집 제9집, 2000.12. 481쪽.

도회근, 헌법의 영토와 통일조항 개정론에 대한 비판적 검토, 헌법학연구 제12권 제4호, 2006. 11. 35쪽.

성낙인, 통일헌법상 권력구조에 관한 연구, 공법연구 제36권 제1호, 2007. 10. 453쪽.

이희훈, 남북한 통일 헌법상 바람직한 통치구조에 대한 연구 중앙법학, 제10권 제2호, 2008, 9쪽.

표명환, 통일한국의 헌법적 과제-북한주민의 재산권 형성을 위한 방법론적 기초를 중심으로 하여-공법연구 제32집 제2호, 2008, 12. 311쪽.

정영화, 남북한 통일과 재산권 문제에 관한 헌법적 논의, 공법연구 제25집 제4호, 1997. 8. 463, 486-488쪽.

Rupert Scholz, Deutsche Einheit und Reform des Grundgesetzes, 1995, 한독국제

학술대회 '개혁정책의 추진방향과 전망', 45쪽.

Bernard Rowan, American Federalism and Korean Unification, 신아세아, 제12권 제4호, 2005년 겨울, 29호, 29쪽.

제10장   남북한 통일과 헌법재판

〈단행본〉

법무부, 독일 법률·사법 통합 개관, 1992.

법무부, 통일독일의 구동독 체제불법청산 개관, 1995.

Caesar/Heitmann/Lehmann-Grube/Limbach, Die Entwicklung der Rechtsstaat-lichkeit in den neuen Bundesländern, C. F. Müller Juristischer Verlag, Heidelberg, 1992.

Rüdiger Zuck, Das Recht der Verfassungsbeschwerde, 2. Auflage, München, 1988.

〈논 문〉

강현철, 남북한 통일헌법상의 정부형태에 관한 연구, 외법논집 제9집, 2000. 12. 481.

김병록, 통일헌법의 국가형태에 관한 연구, 공법연구 제25집 제4호, 1997. 8. 622.

김형남, 통일한국의 헌법재판제도에 대한 전망, 헌법학연구 14-2, 2008. 6, 507.

김형성, 한반도 통일의 헌법적 과제, 헌법학 연구 제4집 제2호, 1998, 359.

도회근, 헌법의 영토와 통일조항 개정론에 대한 비판적 검토, 헌법학연구 제12권 제4호, 2006. 11. 35.

박정원, 구동독의 헌법개혁과 남북한 통일헌법 구상, 공법연구 제25집 제4호, 1997. 8., 574.

박정원, 통일헌법의 이념과 기본질서에 관한 일고, 헌법학연구 제3권, 1997. 10. 615.

박정원, 통일헌법에 관한 골격구상, 공법연구 제27집 제1호, 1998. 12. 317.

성낙인, 통일헌법상 권력구조에 관한 연구, 공법연구 제36권 제1호, 2007. 10. 453.

이희훈, 남북한 통일 헌법상 바람직한 통치구조에 대한 연구, 중앙법학 제10권 제2호, 2008, 9.

최용기, 통일헌법상의 입법부, 헌법학연구 제2권, 1996. 12., 277.

최용기, 통일헌법의 기본원리, 헌법학연구 제4권 제2호, 1998. 10. 313.

표명환, 통일한국의 헌법적 과제-북한주민의 재산권 형성을 위한 방법론적 기초를 중심으로 하여-, 공법연구 제32집 제2호, 2008. 12. 311.

한림대학교 민족통합연구소, 총서 1, 민족통합의 전략 종합토론, 토론자 권영빈(중앙일보)·김승대(법무부)·김인영(한림대)·김형기(통일부)·김재한(한림대)·함광복(강원도민일보), 1999, 201.

Volker Busse, Herausforderung für den Rechtsstaat nach Schaffung der deutschen Einheit, ZRP 1991 Heft 9, S.332.

Josef Isensee, Der deutsche Rechtsstaat vor seinem unrechtsstaatlichen Erbe, Vergangenheitsbewältigung durch Recht, S.91.

Ingo Müller, Die DDR-ein Unrechtsstaat? NJ 7. 1992., S.281; Robra, Rainer, Der Innenausbau des Rechtsstaates-Drei Jahre nach Gründung der neuen Länder, Neue Justiz, 1993. 11, S. 485.

Herwig Roggemann, Die deutsche Einigung als rechts- und verfassungspolitische Herausforderung, Neue Justiz 1992. 9, S. 377.

Bernhard Schlink, Deutsch-deutsche Verfassungsentwicklung im Jahre 1990, der Staat, 1991, Heft 2, Bd 30, S.164.

Christian Starck, Der Rechtsstaat und die Aufarbeitung der vorrechtsstaatlichen Vergangenheit, VVDStL Heft 51. S. 15.

제11장　국가정책결정과 헌법재판

〈단행본〉

권영성, 헌법학원론, 법문사, 2007.

김철수 헌법학개론 제17전정신판, 박영사, 2007.

허 영, 한국헌법론 전정 3판, 박영사, 2007.

성낙인, 헌법학 제5판, 법문사.

헌법재판소 판례집 7-2, 8-1, 9-2, 14-1, 15-2(상), 16-1, 16-2(하).

Erwin Chemerinsky, Constitutional Law-Principles and Politics -, 3rd ed, 2006. N.Y.

John Hart Ely, Democracy and Distrust, A Theory of Judicial Review, Harvard University Press, 1980, 14th Printing, 2002.

Nowak, Rotunda, Young, Constitutional Law, 3rd ed, N.Y.

Louis Favoreu, Droit constitutionnel, 8e édition, 2005, Paris.

Dominique Turpin, Droit constitutionnel, 2003, Paris.

Jarass/Pieroth, Grundgesetz für die Bundesrepublik Deutschland, Kommentar, 8.

Auflage, München.

Schmidt-Bleibtreu Klein, Kommentar zum Grundgesetz, 10. Auflage, München.

von Münch/Kunig GG Kommentar, Bd 1. Präambel bis Art. 20, 4. Auflage, München.

Rüdiger Zuck, Das Recht der Verfassungsbeschwerde, 2. Auflage, 1988, München.

〈논 문〉

차동욱, 공간분석 모델을 통해 본 헌법재판소의 전략적 판결과정, 한국정치학회보 제40집 제5호, 111면.

표시열, 행정부의 정책결정 주도에 따른 사법부의 역할 변화와 그 한계: 헌법재판소의 위헌심판을 중심으로, 헌법학연구 제11권 제3호, 2005. 9. 572면.

한수웅, 헌법재판의 한계와 심사기준 -헌법재판소와 입법자의 관계를 중심으로-, 헌법논총 제8집, 1997, 185면.

Peter Häberle, Die Hauptstadtfrage als Verfassungsproblem, DöV, 1990. 12. S. 989.

ルイ・ヴォル-, 憲法裁判における政策決定問題-フランス, 日仏法學會‘日本とフランスの裁判觀’有斐閣, 1991年, 240面.

西原博史, 憲法裁判所制度の 導入?, ジユリスト, 2005. 5.1-15. 1289號, 42面.

찾아보기

[저자 약력]

서울대학교 법과대학 및 동 대학원 졸업
법학박사(서울대) / 변호사
프랑스국립사법관학교 수료
법무부 특수법령과장
서울지검 남부지청 부장검사
헌법재판소 헌법연구부장
부산대학교 법학전문대학원장
현, 부산대학교 법학전문대학원 교수

[저서]

통일헌법이론(1996)
러시아헌법론(1998)
헌법학강론(제4판, 2017)

한반도 헌법국가의 주요문제

2017년 3월 2일 초판 인쇄
2017년 3월 7일 초판 발행

저 자 김 승 대

발 행 인 배 효 선

발행처 도서
출판 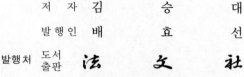 法 文 社

주 소 10881 경기도 파주시 회동길 37-29
등 록 1957년 12월 12일 / 제2-76호 (윤)
전 화 (031)955-6500~6 FAX (031)955-6525
E-mail (영업) bms@bobmunsa.co.kr
(편집) edit66@bobmunsa.co.kr
홈페이지 http://www.bobmunsa.co.kr
조 판 법 문 사 전 산 실

정가 35,000원   ISBN 978-89-18-09078-8